INTELIGÊNCIAS MÚLTIPLAS
AO REDOR DO MUNDO

I61 Inteligências múltiplas ao redor do mundo / Howard Gardner ...
    [et al.]; tradução Roberto Cataldo Costa, Ronaldo Cataldo
    Costa; revisão técnica Rogério de Castro Oliveira. – Porto
    Alegre : Artmed, 2010.
    432 p.; 23 cm.

    ISBN 978-85-363-2251-3

    1. Psicologia – Inteligência. 2. Inteligência múltipla.
    I. Gardner, Howard.

                                                    CDU 159.9

Catalogação na publicação: Renata de Souza Borges CRB-10/1922

HOWARD GARDNER
JIE-QI CHEN
SEANA MORAN
e colaboradores

INTELIGÊNCIAS MÚLTIPLAS
AO REDOR DO MUNDO

Tradução:
Roberto Cataldo Costa
Ronaldo Cataldo Costa

Consultoria, supervisão e revisão técnica desta edição:
Rogério de Castro Oliveira
Doutor em Educação. Professor Titular da UFRGS

2010

Obra originalmente publicada sob o título: *Multiple Intelligences Aroud the World*

ISBN 978-0-7879-9760-1

© 2009 by John Wiley Sons. Inc. All rights reserved. This translation published under license.

Capa: *Gustavo Macri, a partir do original*

Preparação de originais: *Kátia Michelle Lopes Aires*

Leitura final: *Marcos Vinícios Martim da Silva*

Editora Sênior – Ciências Humanas: *Mônica Ballejo Canto*

Editora responsável por esta obra: *Carla Rosa Araujo*

Projeto e editoração: *Techbooks*

Reservados todos os direitos de publicação, em língua portuguesa, à
ARTMED® EDITORA S.A.
Av. Jerônimo de Ornelas, 670 - Santana
90040-340 Porto Alegre RS
Fone (51) 3027-7000   Fax (51) 3027-7070

É proibida a duplicação ou reprodução deste volume, no todo ou em parte, sob quaisquer formas ou por quaisquer meios (eletrônico, mecânico, gravação, fotocópia, distribuição na Web e outros), sem permissão expressa da Editora.

SÃO PAULO
Av. Embaixador Macedo Soares, 10.735 - Pavilhão 5 - Cond. Espace Center
Vila Anastácio 05095-035 São Paulo SP
Fone (11) 3665-1100 Fax (11) 3667-1333

SAC 0800 703-3444

IMPRESSO NO BRASIL
PRINTED IN BRAZIL

AUTORES

Howard Gardner (org.) é Hobbs Professor de cognição e Educação na Escola de Pós-Graduação em Educação de Harvard. É autor de mais de 20 livros traduzidos para 27 línguas. Gardner também exerce os cargos de professor adjunto de psicologia na Universidade de Harvard e diretor sênior do Projeto Zero, na mesma instituição.

Jie-Qi Chen (org.) professora de desenvolvimento infantil e educação de crianças pequenas do Instituto Erikson, em Chicago, trabalha com pesquisas e prática relacionadas às IM desde 1989, quando começou a trabalhar com o Harvard Project Zero.

Seana Moran (org.) é pesquisadora associada no Stanford Center on Adolescence. Seu trabalho tem sido apoiado pela Arete Initiative/Fundação Templeton, Fundação Spencer, American Association of University Women e Universidade de Harvard. Fez doutorado em desenvolvimento humano e psicologia na Universidade de Harvard e tem mestrados em educação e em administração de empresas.

Áine Hyland se aposentou recentemente como professora de educação e vice-presidente do University College, em Cork, na Irlanda.

Anna Craft é professora de educação na Universidade de Exeter e na Open University, ambas na Inglaterra. Coordena o grupo de pesquisa CREATE em Exeter. Atualmente é a editora-chefe da publicação internacional *Thinking Skills and Creativity*.

Antonio M. Battro é o coordenador do One Laptop Per Child e membro da Pontifícia Academia das Ciências e da Academia Nacional de Educación, Argentina. Cursou medicina na Universidade de Buenos Aires e é Ph.D. em Psicologia pela Universidade de Paris. Foi membro do Centre International D'épistemologie Génétique, Universidade de Genebra; diretor associado da École Pratique des Hautes Études, Laboratoire de Psychologie Expérimentale et Comparée, Paris, e professor visitante da cátedra Robert F. Kennedy na escola de pós-graduação em educação da Universidade de Harvard.

Brian Boyd é professor emérito de educação da universidade de Strathclyde, em Glasgow, na Escócia, e co-diretor da Tapestry, uma organização que visa a levar a criatividade à educação escocesa.

C. Branton Shearer é neuropsicólogo e leciona aplicações criativas e práticas das inteligências múltiplas desde 1990 na Kent State University em Kent, Ohio, Estados Unidos. É fundador do grupo de Interesse Especial da American Educational Research Association sobre Inteligências Múltiplas: teoria e prática.

C. June Maker é professora de educação especial, reabilitação e psicologia escolar na Universidade do Arizona, em Tucson. É pesquisadora sênior e diretora do projeto DISCOVER, um programa pioneiro para inserir a teoria das IM em currículos que levem em conta a cultura e desenvolver avaliações com base em desempenho.

Carissa Gatmaitan-Bernardo trabalha na Multiple Intelligences International School, nas Filipinas, nos últimos dez anos, inicialmente como professora e atualmente como coordenadora de projetos especiais da escola. Também coordena o MI-Comprehensive School Reform Project no município de Tagbilaran.

Charlotte Sahl-Madsen é executiva-chefe da Danfoss Universe. Também é presidente da Universe Foundation e trabalha junto com o Universe Research Lab. Foi diretora do LEGO VisionLab (incluindo LEGO Learning Institute e LEGO Serious Play), do Departamento de Pesquisa da LEGO e diretora-executiva do Museu do Vidro de Ebeltoft. Foi membro da diretoria da Escola de Administração de Aarhus e do MINDLAB (Ministry of Economic and Business Affairs Innovation Unit) e membro do grupo de especialistas do Ministério de Negócios.

Chris Kunkel começou a participar do grupo da Key School em 1990 para desenvolver a Key Middle School. Diretora do Key Program.

David Howland é especialista em aprendizagem com base nas artes. Exerce atividade de consultor, autor e professor em Tóquio e Yokohama.

Florence Mihaela Singer é professora da Universidade de Ploiesti, Romênia.

Hans Henrik Knoop é professor associado de psicologia na Universidade de Aarhus e diretor do Universe Research Lab, comprometido com o estudo da aprendizagem, da criatividade, do ensino e da inovação de formas que conectem teoria e prática. Knoop foi responsável pelo ramo nórdico do Projeto GoodWork liderado por Howard Gardner, Mihaly Csikszentmihalyi e William Damon.

Happy Hoi-Ping Cheung   nasceu em Hong Kong. Mestre em educação pela escola de pós-graduação em educação de Harvard, atualmente preside a Multiple Intelligences Education Society da China e é editora da revista *Multiple Intelligences*.

Keiko Ishiwata   é professora-assistente e orientadora de estudantes estrangeiros na Universidade Nacional de Yokohama.

Ketty Sarouphim   é professora associada de psicologia e educação na Lebanese American University, em Beirute, e foi importante na introdução das IM a seus concidadãos libaneses. Sua pesquisa sobre a identificação de estudantes superdotados por meio de avaliação baseada em desempenho DISCOVER foi única no Líbano.

Kwok-Cheung Cheung   é professor de currículo e instrução na Universidade de Macau, China. Também é diretor do Educational Testing and Assessment Research Centre e gerente nacional de projetos do Macau-China Programme for International Student Assessment 2009 Reading Literacy Study.

Kyung-Hee Cha   é pesquisadora sênior do Centro de Ensino e Aprendizagem da Universidade de Hanyang, Seul, Coreia. Desde meados da década de 90, tem liderado o desenvolvimento de programas baseados em IM na Coreia.

Ligia Sarivan   é especialista em currículo, formadora de professores e pesquisadora sênior do Institute for Educational Sciences (IES), Bucareste, Romênia. Iniciou uma parceria com Florence Mihaela Singer para uma abordagem baseada em IM em programas de formação de professores

Marcela Rogé   especialista em tecnologia da informação e comunicação (TIC), trabalhou em projetos que visavam à inclusão da TIC em práticas de ensino cotidianas. Participou do desenvolvimento de "The Symbolism of the Candle," um projeto global de currículo para sala de aula e um CD-ROM educativo de técnicas de estudo.

María Ximena Barrera   é educadora e especialista em tecnologia. Trabalha com desenvolvimento profissional a educadores da América Latina e Espanha. É membro ativo da FUNDACIES e da Vision Action, organizações sem fins lucrativos dedicadas à pesquisa educacional e ao desenvolvimento profissional para educadores.

Marian McCarthy   é professora de educação e coordenadora de programas em cursos certificados em ensino e aprendizagem em educação superior no University College Cork. Recebeu influência específica do trabalho do Projeto Zero na Escola de Pós-Graduação em Educação de Harvard e da Carnegie Foundation for the Advancement of Teaching.

Mary Joy Canon-Abaquin fundou a primeira instituição de inteligências múltiplas das Filipinas, criando uma cultura escolar alternativa que respeita as diferenças individuais das crianças.

Masao Kamijo é presidente da Japan MI Society (JMIS), professor emérito adjunto da escola de pós-graduação da Universidade de Nagoya e representante da Office Kannonzaki Consulting.

Mia Keinänen tem doutorado em educação na Universidade de Harvard, onde foi orientada por Howard Gardner. Realiza pesquisa sobre intuição como bolsista de pós-doutorado da Academia da Finlândia e leciona dança.

Michael Fleetham é consultor de aprendizagem e autor. Trabalha com escolas e empresas em todo o Reino Unido para ajudar a tornar sua aprendizagem mais eficaz, agradável e relevante para contexto do século XXI.

Mindy L. Kornhaber é professora associada do Departamento de Estudos sobre Políticas de Educação da Pennsylvania State University. Na Escola de Pós-Gradução em Educação de Harvard, realiza estudos sobre desenvolvimento cognitivo e políticas sociais.

Myung-Hee Kim é professora de educação na Universidade de Hanyang, em Seul, na Coreia. Em 1996, foi a primeira estudiosa no país a aplicar a teoria das IM em sala de aula, com uma bolsa do Ministério da Educação.

Osman Nafiz Kaya desenvolveu cursos de métodos orientados às IM para professores de ensino fundamental e médio na Faculdade de Educação da Universidade Gazi, em Ancara. Trabalhou com formação de funcionários e consultor de teoria e práticas das IM na Private Gazi Elementary School, uma das principais escolas de IM na Turquia.

Patricia Kyed é assistente-executiva de Charlotte Sahl-Madsen, executiva-chefe da Danfoss Universe.

Patricia León-Agustí fundou o Colégio San Francisco de Asís e durante 11 anos foi diretora do Colégio Rochester in Bogotá, Colômbia. É membro ativo da FUNDACIES e da Vision Action, organizações sem fins lucrativos dedicada à pesquisa educacional e ao desenvolvimento profissional para educadores.

Paula Pogré é professora de educação na Universidade General Sarmiento. Com formação em psicologia social, suas pesquisas se concentram na transformação de professores por meio do desenvolvimento profissional. É cofundadora da L@titud e dirigiu muitos projetos de pesquisa na Argentina aplicando a teoria das IM e a estrutura de ensino para a compreensão do Projeto Zero de Harvard.

René Díaz-Lefebvre   é professor de psicologia do Glendale Community College, Glendale, Arizona. Nos anos de 1990, foi pioneiro de métodos de aplicação da pesquisa em IM nessa faculdade, por meio de Inteligências Múltiplas/Aprendizagem para a compreensão (Multiple Intelligences/Learning for Understanding, MI/LfU).

Thomas Armstrong   foi professor de educação especial de níveis fundamental e médio e tem trabalhado com a teoria das IM desde 1986. Terminou seu doutorado sobre IM em 1987. Tem cinco livros sobre inteligências múltiplas, entre eles *Inteligências múltiplas na sala de aula*, publicado pela Artmed.

Thomas R. Hoerr   é diretor da New City School, em St. Louis, Missouri.

Tomoe Fujimoto   é presidente da Tomoe Soroban (Japanese Abacus) Ltd. e chefe da Tomoe MI Academy. Seus interesses profissionais estão na implementação das IM no ensino do ábaco a crianças pequenas. É co-fundadora da Japan MI Society.

Vincent Rizzo   é diretor da Howard Gardner School for Discovery (HGSD) em Scranton, Pensilvânia. Atualmente, é membro da direção da NALS: International Association of University Affiliated and Laboratory Schools.

Wilma Vialle   fez seu Ph.D. nos Estados Unidos, depois de 12 anos lecionando artes dramáticas e inglês na Tasmânia.

Zhilong Shen   é professor de físico-química e educador musical em Pequim, China. Para estudar e popularizar a teoria, visitou Harvard duas vezes, trabalhando com Howard Gardner em 1997 e 2006.

Ziya Selçuk   é fundador da Private Gazi Elementary School, organizada e estruturada em torno de estruturas de IM em 1998. Organizou centenas de conferências, palestras e painéis sobre a teoria das IM em toda a Turquia. A teoria das IM adquiriu importância fundamental no sistema depois que Selçuk se tornou presidente da Comissão de Educação da Turquia em 2003.

SUMÁRIO

PARTE I VISÃO GERAL 15

1 O Nascimento e a Difusão de um "Meme" 16
HOWARD GARDNER

2 **Quando Culturas se Conectam:** A teoria das inteligências múltiplas como um bem-sucedido produto de exportação norte-americano. 31
THOMAS ARMSTRONG

PARTE II ÁSIA E REGIÕES DO PACÍFICO 41

3 **A Assimilação da Teoria das Inteligências Múltiplas na Educação Chinesa:** Ênfase na família e na harmonia 42
JIE-QI CHEN

4 **Inteligências Múltiplas na China:** Desafios e esperanças 56
HAPPY HOI-PING CHEUNG

5 A Teoria das Inteligências Múltiplas na China Continental.... 69
ZHILONG SHEN

6 **Uma Década de Ensino da Teoria das Inteligências Múltiplas com Base em Escolas:** Experimentos em Macau 80
KWOK-CHEUNG CHEUNG

7 **Inteligências Múltiplas:** Perspectivas a partir do Japão 90
DAVID HOWLAND | TOMOE FUJIMOTO | KEIKO ISHIWATA | MASAO KAMIJO

8 A Integração da Teoria das Inteligências Múltiplas à Prática Educacional na Coreia do Sul 109
MYUNG-HEE KIM | KYUNG-HEE CHA

9. As Inteligências Múltiplas Fazem a Diferença 125
MARY JOY CANON-ABAQUIN

10. A Teoria das Inteligências Múltiplas e a Reforma
das Pré-Escolas no Município de Tagbilaran 136
CARISSA GATMAITAN-BERNARDO

11. Dinossauros e Táxis: Educando alunos com
necessidades diversas 146
WILMA VIALLE

PARTE III EUROPA 159

12. Inteligências Múltiplas na Noruega 160
MIA KEINÄNEN

13. A Aplicação da Teoria das Inteligências Múltiplas
na Educação Dinamarquesa 171
HANS HENRIK KNOOP

14. O Explorama: Inteligências múltiplas no parque de
ciências do Danfoss Universe......................... 184
CHARLOTTE SAHL-MADSEN | PATRICIA KYED

15. Uma Tradução Inglesa? Inteligências múltiplas na Inglaterra 199
ANNA CRAFT

16. Será que Toda Criança Importa na Inglaterra?........... 212
MIKE FLEETHAM

17. Inteligências Múltiplas na Irlanda 221
ÁINE HYLAND | MARIAN MCCARTHY

18. A Contribuição das Inteligências Múltiplas para a
Criação de uma Cultura de Ideias na Educação Escocesa 234
BRIAN BOYD

19. O Currículo Reformulado: As inteligências múltiplas e as
novas rotas de ensino e aprendizagem em universidades romenas 246
FLORENCE MIHAELA SINGER | LIGIA SARIVAN

20 Práticas de Inteligências Múltiplas na Turquia 262
   OSMAN NAFIZ KAYA | ZIYA SELÇUK

PARTE IV   AMÉRICA DO SUL............................ 273

21 A Teoria das Inteligências Múltiplas na Argentina: Uma estrutura teórica que favorece a educação para todos 274
   PAULA POGRÉ | MARCELA ROGÉ

22 Inteligências Pessoais e uma Experiência Colombiana...... 283
   MARÍA XIMENA BARRERA | PATRICIA LEÓN-AGUSTÍ

23 Inteligências Múltiplas e o Construcionismo na Era Digital 294
   ANTONIO M. BATTRO

PARTE V   ESTADOS UNIDOS 303

24 A Primeira Escola Baseada nas Inteligências Múltiplas no Mundo: A história da Key Learning Community 304
   CHRIS KUNKEL

25 Inteligências Múltiplas ao Redor do Mundo: A história da New City School 318
   THOMAS R. HOERR

26 E se Eles Aprendem de Outro Modo? Inteligências múltiplas: desperte o potencial de aprendizagem!............... 332
   RENÉ DÍAZ-LEFEBVRE

27 Resolução de Problemas e o Projeto DISCOVER: Lições do povo Diné (Navajo)... 344
   C. JUNE MAKER | KETTY SAROUPHIM

28 Howard Gardner School for Discovery................... 357
   VINCENT RIZZO

29 Os Desafios da Avaliação das Inteligências Múltiplas ao Redor do Mundo......................... 367
   C. BRANTON SHEARER

PARTE VI SÍNTESE, REFLEXÃO E PROJEÇÃO 379

30 Por Que Inteligências Múltiplas?...................... 380
SEANA MORAN

31 O Que as Políticas Têm a Ver com Isso? Uma perspectiva sobre a teoria das inteligências múltiplas a partir das políticas 390
MINDY L. KORNHABER

32 Zona de Desenvolvimento Proximal Cultural: Um construto para fazer avançar nossa compreensão em torno do mundo das IM 402
JIE-QI CHEN

Apêndice.. 415

Índice Onomástico 419

Índice Remissivo 425

PARTE I
VISÃO GERAL

Gardner e Armstrong preparam o caminho para a investigação das várias maneiras de se aplicar a teoria das inteligências múltiplas (IM) em ambientes educacionais ao redor do mundo. Apresentam os fundamentos da teoria das IM e iniciam processos que serão encontrados ao longo do livro: descrição, análise, avaliação e síntese. Sua chamada por aprofundamento do pensamento sobre as IM antecede a jornada do livro da Ásia à Europa, através da América do Sul e de volta aos Estados Unidos. As culturas e os contextos educacionais diversos descritos no livro oferecem uma oportunidade única para se obter novas visões sobre como os contextos culturais podem moldar a prática educacional. Muitas pessoas ao redor do mundo estão trabalhando diligentemente para aplicar a teoria das IM e melhorar a educação para todos os estudantes. Sua vitalidade, seu entusiasmo e sua perseverança são notáveis.

O NASCIMENTO E A DIFUSÃO DE UM "MEME"

HOWARD GARDNER

Em 1983, publiquei *Frames of Mind: The Theory of Multiple Intelligences* [Estruturas da Mente: A Teoria das Inteligências Múltiplas, Artmed, 1994]. Na época, era pesquisador e psicólogo, trabalhando em tempo integral na região de Cambridge/Boston. Dividia meu tempo entre dois centros de pesquisa: o Boston Veterans Administration Medical Center, onde trabalhava e desenvolvia estudos com indivíduos que haviam sofrido alguma forma de dano cerebral, e no Projeto Zero, um grupo de pesquisa na Escola de Pós-Graduação em Educação de Harvard, que tratava de questões de desenvolvimento humano e cognição, principalmente nas artes. Meu trabalho dentro do Projeto Zero examinava o desenvolvimento, em crianças, de diferentes habilidades em várias formas de arte. Eu possuía formação como psicólogo do desenvolvimento, nas tradições de Jean Piaget, Lev Vygotsky e Jerome Bruner, e me considerava parte desse segmento da comunidade acadêmica, e alguém que se dirigia a ele.

Se não tivesse trabalhado junto dessas populações – crianças normais e superdotadas e as que haviam sido normais e sofreram dano cerebral – eu nunca teria concebido minha teoria das inteligências múltiplas (IM, como veio a ser chamada depois). Como a maioria das pessoas leigas e a maior parte dos outros psicólogos, teria continuado a acreditar na ortodoxia do quociente de inteligência (QI): na existência de algo único chamado inteligência, que nos permite fazer uma série de coisas mais ou menos bem, dependendo do quanto somos "inteligentes". Nascemos com um determinado potencial intelectual que é, em grande parte, herdável (ou seja, nossos pais biológicos são os principais determinantes de nossa inteligência), e os psicometristas são capazes de nos dizer nosso nível de inteligência administrando testes nesse campo.

Entretanto, todos os dias em que trabalhava, eu entrava em contato com exceções evidentes a essa ortodoxia. Encontrei indivíduos com dano cerebral cuja linguagem havia sido muito prejudicada, mas que conseguiam bons resultados em contextos desconhecidos; observei pacientes com dano cerebral com dificuldades em termos espaciais, mas que conseguiam realizar todos os tipos de tarefas linguísticas. Observavam-se dissociações duplas desse tipo em todo o espectro cognitivo. Eu estava tão intrigado com esses fenômenos que, em 1975, publiquei *The Shattered Mind: The Person After Brain Damage*.

As mesmas anomalias surgiam em meus estudos com crianças. Alguém com pouca idade pode ter um desempenho excelente em poesia, ficção e expressão oral, mas ter dificuldades para desenhar uma pessoa, uma planta ou um avião. Um colega dessa pessoa pode ser excelente desenhista, mas ter dificuldade para falar, escrever ou ler. Essa ideias começaram a ser expressadas em meu livro de 1973, *The Arts and Human Development*, e no de 1980, *Artful Scribbles*. Mais uma vez, esse padrão de dissociações não é compatível com a ortodoxia que eu havia absorvido crescendo nos Estados Unidos dos anos de 1950 e como estudante de psicologia do desenvolvimento e cognitiva na década de 1960.

A vaga intuição de que "há algo de podre no estado da teoria sobre a inteligência" provavelmente teria permanecido sem verificação se não fosse por uma organização filantrópica holandesa, a Fundação Bernard Van Leer. Em 1979, a fundação concedeu uma verba generosa à Escola de Pós-Graduação em Educação de Harvard para responder à seguinte pergunta: "O que se sabe sobre a natureza e a realização do potencial humano?". Essa era uma questão de peso – eu costumava brincar dizendo que era "uma pergunta mais típica da Costa Oeste dos Estados Unidos do que da Costa Leste". No evento, pediram-me que preparasse uma síntese daquilo que já se havia determinado sobre cognição humana a partir das ciências biológicas, psicológicas e sociais.

O NASCIMENTO DA TEORIA

Alguns anos antes, eu havia feito um rascunho muito inicial de um livro chamado *Kinds of Minds*, mas a ideia nunca chegou a ser lançada. Ter recebido cinco anos de apoio generoso da Fundação Van Leer me deu uma oportunidade valiosa. Com a ajuda de vários assistentes de pesquisa talentosos, fiz o levantamento de uma ampla literatura sobre cognição, incluindo estudos em genética, neurociência, psicologia, educação, antropologia e outras disciplinas e subdisciplinas. Esse levantamento não apenas fortaleceu minha crescente intuição de que a cognição não era monolítica, como também proporcionou as evidências empíricas duras com as quais embasar essa afirmação.

Restavam dois passos. O primeiro era como chamar essas faculdades humanas dissociáveis. Cogitei uma série de nomes e, por fim, decidi chamá-las "inteligências humanas". Essa virada léxica ofendeu alguns ouvidos e ainda gera destaque quando a digito em meu computador, mas tinha a vantagem de chamar a atenção para a teoria, em parte porque invadia um território até então pertencente a um determinado tipo de psicólogo. (Nunca subestime a reação quando pisar nos calcanhares de um grupo que acha que sabe tudo.) Tenho certeza de que não estaria escrevendo esta introdução, 25 anos depois, se houvesse produzido o mesmo livro, mas o chamando de *Seven Human Faculties* ou *Seven Cognitive Talents*.

O segundo passo implicava a definição de uma inteligência e de um conjunto de critérios para aquilo que deveria significar inteligência. Passei a considerar inteligência um potencial biopsicológico de processar informações de determinadas maneiras para resolver problemas ou criar produtos que sejam valorizados por, pelos menos, uma cultura ou comunidade. Mais coloquialmente, considerava a inteligência como um computador mental configurado de forma especial. Enquanto a teoria padrão sobre a inteligência postulava um computador multiuso, que determinava as melhores habilidades da pessoa dentro de um espectro de tarefas, a teoria das IM postulava um conjunto de dispositivos de informática. Ter um ponto forte em um deles não significaria força ou fraqueza em outro. O que observei de forma intensa em indivíduos com danos cerebrais, o que Oliver Sacks e Alexander Luria escreveram sobre perspicácia, é, na verdade, a condição humana. O que costumamos chamar de "inteligência" é uma combinação de determinadas habilidades lógico-linguísticas, particularmente as que são valorizadas na escola secular moderna.

Os critérios foram consequência das várias disciplinas que eu vinha pesquisando. Como eu disse no capítulo 4 de *Frames of Mind*, uma inteligência se enquadra razoavelmente bem em oito critérios:

1. Isolamento potencial por dano cerebral.
2. Existência de *idiots savants*, prodígios e outros indivíduos excepcionais.
3. Operação central ou conjunto de operações identificáveis.
4. Trajetória de desenvolvimento característica, culminando em desempenho especializado.
5. História e plausibilidade evolutivas.
6. Apoio de tarefas psicológicas experimentais.
7. Apoio de dados psicométricos.
8. Suscetibilidade à codificação em um sistema simbólico.

Considero o conjunto de critérios como a mais original e mais importante característica da teoria das IM. Qualquer um pode criar outras inteligências, mas, a menos que elas se ajustem a alguns critérios, postular uma inteligência se torna um exercício de imaginação, e não um trabalho com base no conhecimento acadêmico. Curiosamente, nem os apoiadores nem os críticos da teoria prestaram muita atenção aos critérios. Desde o começo, deixei claro que sua aplicação era, em alguma medida, uma questão de avaliação. Não há regra inamovível para determinar se uma candidata a inteligência cumpre ou não os critérios. Dito isso, tenho adotado uma postura muito conservadora para aumentar a lista de inteligências. Como listado no parágrafo seguinte, em 25 anos acrescentei apenas uma inteligência e ainda tenho minhas dúvidas a seu respeito.

Em relação às inteligências em si, já mencionei as duas geralmente valorizadas nas escolas seculares modernas e invariavelmente avaliadas pelos testes de inteligência: habilidade em língua (inteligência linguística) e em operações lógico-matemáticas. As outras inteligências são a inteligência musical, a espacial, a corporal-cinestésica (uso do próprio corpo ou de partes dele para resolver problemas ou fazer algo), a interpessoal (entendimento dos outros), intrapessoal (entendimento de si mesmo), a naturalista e uma possível nona inteligência, a inteligência existencial (a que gera e tenta responder às maiores perguntas sobre natureza e preocupações humanas).

Em nível científico, a teoria faz duas afirmações. Em primeiro lugar, todos os seres humanos possuem essas inteligências; dito informalmente, elas são o que nos torna humanos, falando em termos cognitivos. Em segundo, não há dois seres humanos – nem mesmo gêmeos idênticos – que possuam o mesmo perfil em suas qualidades e suas limitações em termos de inteligência, pois a maioria de nós é diferente dos de nossa espécie, e mesmo os gêmeos idênticos passam por diferentes experiências e são motivados a se diferenciar um do outro.

REAÇÕES INICIAIS

Quando apresentei a teoria das IM, minha expectativa era de que fosse lida, analisada e criticada principalmente por psicólogos, mas ela despertou um interesse maior nos educadores (além de pais e do público em geral). Esse lócus de interesse me fascinou porque havia relativamente pouco sobre educação no livro e, justamente porque eu nada escrevera sobre as implicações educacionais da teoria das IM, os leitores ficavam livres para usá-la como quisessem.

De fato, minha teoria se tornou uma espécie de teste de Rorschach do educador-leitor. Alguns consideravam que a teoria estava relacionada ao currículo; outros, à pedagogia ou à avaliação. Alguns achavam que a teoria era voltada particularmente a crianças superdotadas; outros, às que tinham problemas de aprendizagem. Alguns usaram a teoria para defender o agrupamento homogêneo e a utilidade da divisão dos alunos segundo habilidades; outros, pelo agrupamento heterogêneo e a eliminação dessa divisão. Algumas dessas predileções contrastantes são expressadas nos capítulos que seguem. O interessante é que nenhuma dessas ideias foi defendida em *Frames of Mind*.

Os leitores é que usaram o livro para sustentar ideias que já defendiam por outras razões. Mais uma vez, pode-se ver essa tendência nos capítulos subsequentes deste livro.

Não sendo imune ao que o mercado me dizia, comecei a refletir sobre questões educacionais e a pensar em como minha teoria das IM poderia ser útil aos educadores. Também prestei atenção às aplicações específicas desenvolvidas por educadores e comecei a me comunicar diretamente com aqueles que se interessavam pela teoria. Em meados dos anos de 1980, eu estava em contato com os oito professores que em breve lançariam a Key School (agora, Key Learning Community) em Indianápolis – segundo todas as informações, a primeira escola do mundo baseada em IM (ver Capítulo 24). No final da década, eu tinha bastante contato com Tom Hoerr, que era e continua sendo o diretor da St. Louis New City School e que usou minhas ideias sobre IM de forma bastante diferente da dos professores da Key Learning Community (ver Capítulo 25).

Como eu não havia estabelecido meus próprios objetivos quanto à educação e como estava intrigado pelas diversas formas de uso da minha teoria, levei uma década para tratar a questão de uma "educação com base nas IM". Por fim, quando encontrei um uso particularmente lastimável, protestei. Fui à televisão na Austrália para denunciar um programa educativo que, entre outras coisas, listava os vários grupos étnicos de um estado e mencionava as inteligências que eles tinham e aquelas das quais careciam. É claro que isso era pseudociência (além de racismo velado) e como tal merecia ser rotulado. Felizmente, o programa foi cancelado pouco depois.

MAL-ENTENDIDOS

Também comecei a delimitar alguns dos mal-entendidos comuns da teoria, incluindo alguns que se destacavam entre educadores. Em um artigo de 1995, *Reflections on Multiple Intelligences: Myths and Realities*, e em publicações subsequentes, alertei os educadores sobre vários pontos:

- Uma inteligência não é o mesmo que um sistema sensorial. Não existe inteligência "visual" ou "auditiva".
- Uma inteligência não é um estilo de aprendizagem. Os estilos são modos como os indivíduos tacitamente abordam uma ampla gama de tarefas. Uma inteligência é uma capacidade computacional cuja força varia entre indivíduos.
- Uma inteligência não é o mesmo que um domínio ou uma disciplina. Um domínio ou uma disciplina é um construto social. Refere-se a uma profissão, uma disciplina acadêmica, um passatempo, um jogo ou uma atividade que é valorizada em uma sociedade e apresenta níveis de especialização. A habilidade em um domínio pode ser realizada usando

diferentes combinações de inteligências. Ser hábil em uma determinada inteligência não informa em que domínios ela será aplicada.
- As pessoas não nascem com uma determinada quantidade de inteligência, que serviria como uma espécie de limite. Cada um de nós tem potenciais dentro do espectro de inteligência. Os limites de realização desses potenciais dependem da motivação, da qualidade do ensino, dos recursos disponíveis e assim por diante.
- Um indivíduo não deveria ser descrito, a não ser em linguagem informal, por exemplo, como uma pessoa "espacial" ou "musical", ou, ainda, como uma pessoa que não tem "inteligência interpessoal". Todos possuímos todo o espectro de inteligências, e as qualidades intelectuais mudam com a experiência, com a prática ou de outras formas.
- Não existem escolas de IM nem Gardner oficiais. Muitos princípios, objetivos e métodos são coerentes com as principais afirmações da teoria das IM.

IMPORTANTES IMPLICAÇÕES EDUCACIONAIS

Depois de duas décadas refletindo sobre as implicações educacionais da teoria das IM, conclui que duas delas são fundamentais. Em primeiro lugar, os educadores que assumirem a teoria devem levar a sério as diferenças entre indivíduos e devem, ao máximo possível, moldar a educação de forma a atingir cada criança de maneira ideal. O advento dos computadores pessoais torna essa individuação mais fácil do que antes. O que só era possível para quem tinha dinheiro (professores particulares) em breve estará disponível para milhões de estudantes em todo o mundo. Em segundo lugar, qualquer ideia, disciplina ou conceito importante deve ser ensinado de várias formas, as quais devem, através de argumentos, ativar diferentes inteligências ou combinações de inteligências. Essa abordagem rende dois enormes dividendos: uma pluralidade de abordagens garante que o professor (ou o material didático) atinja mais crianças; além disso, sinaliza aos alunos qual é o significado de ter uma compreensão profunda e equilibrada de um tópico. Só os que conseguem pensar em um tópico de várias formas têm uma compreensão minuciosa desse tópico; aqueles cujo entendimento se limita a uma única visão têm uma compreensão frágil.

O MEME DAS IM

Entretanto, obviamente não sou dono da teoria das IM. Para usar a expressão de Richard Dawkins, as IM são um meme – uma unidade de sentido, criada em determinado lugar e tempo, que se propagou muito no último quarto de século. Inicialmente, espalhou-se nos círculos educacionais dos Estados Unidos, mas em pouco tempo se aventurou no exterior e passou a ser um item de discussão e aplicação não apenas em escolas, mas também em casas, em museus e em parques temáticos, em lugares de culto, no local de trabalho e no *playground*.

O objetivo deste livro é examinar a forma como o "meme das IM" foi apreendido e aplicado em uma série de países do mundo. Em 2006, Branton Shearer organizou um simpósio sobre múltiplas inteligências em perspectiva global no encontro da American Educational Research Association em São Francisco. Na esteira do simpósio, os editores decidiram convidar pessoas, na maioria, educadores, para escrever sobre como as ideias a respeito das IM tinham sido entendidas e aplicadas em sua escola, sua comunidade, sua região ou seu país. Para nossa satisfação, quase todos aceitaram o convite. Lesley Iura, da editora Jossey-Bass, deu seu apoio entusiástico ao projeto. Assim, em março de 2008, a maioria dos autores foi a Nova York para discutir as ideias que estavam desenvolvendo em seus artigos, que foram finalizados na metade daquele mesmo ano e dos quais resultou, pouco depois, este livro.

A GERAÇÃO E A DIFUSÃO DE UM MEME

Uma vez criado o "meme" das MI, e tendo começado a se espalhar pelos Estados Unidos, perguntava-se se teria vida curta como tantas modas educacionais ou meia-vida mais longa e, caso assim fosse, com que amplitude e de que formas.

Fiquei surpreso e gratificado de ver até onde o meme se espalhou. É provável que o meme das IM tenha sido difundido principalmente por livros – traduções de meus livros e livros de orientação mais prática, como os escritos em inglês por Thomas Armstrong, David Lazear, Linda e Bruce Campbell, e muitos outros, que acabaram sendo publicados em várias línguas. Em meu livro de 1999, *Intelligence Reframed*, a lista de fontes primárias e secundárias ocupou 35 páginas, e hoje, mesmo com mecanismos de pesquisa muito eficientes, não seria possível listar todas as obras geradas na "indústria das IM".

Em 1995, a publicação de *Emotional Inteligence*, de Daniel Goleman, catalisou uma virada inesperada. O livro, que citava generosamente o meu, teve uma influência muito grande, sem igual em qualquer obra na memória recente e qualitativamente maior do que qualquer de meus trabalhos. Suas ideias eram mais acessíveis do que as minhas e por vezes nossos trabalhos eram confundidos. Na verdade, nós mesmos nos confundíamos às vezes. Na América Latina, pediram-me que autografasse exemplares do livro de Dan. Toda uma indústria cresceu em torno da avaliação e da formação do que foi chamado de "inteligência emocional", ou QE. Na década seguinte, os escritos a respeito das IM foram complementados por livros sobre um conjunto vertiginoso de candidatas a inteligência: inteligência sexual, inteligência empresarial, inteligência espiritual e inteligência financeira, para citar apenas algumas. Na verdade, quando os gênios das IM e do QE foram libertados da lâmpada, não havia maneira de limitar os livros escritos, as sessões de treinamento e as apresentações feitas sob o guarda-chuva de uma visão pluralística de inteligência. (Se você duvida dessa afirmação, teste-a em um mecanismo de pesquisa na Internet.)

Indo além dos Estados Unidos, surgiu um grupo nativo de autores. Na China, por exemplo, há dúzias de livros sobre IM escritos por pessoas que não conheço. Outros trabalhos, como artigos conhecidos em revistas acadêmicas e, consequentemente, teses de doutorado (em 1999, segundo o estudioso e arquivista canadense Clifford Morris, havia mais de 200 teses), também difundiram esse conhecimento. Observemos que não houve discussão na psicologia e em outras disciplinas acadêmicas, mas, de longe, o grosso da disseminação ocorreu em escritos de orientação educativa, mesmo com a grande crítica aos acadêmicos, como a de John White, no Reino Unido, que parece ter dedicado uma parte importante de sua carreira a atacar as IM. Podemos reconhecer os méritos de White e de outros autores, por propor um meme que se contraponha ao das IM, seja ele um retorno a uma única inteligência, seja outra forma de pensar sobre uma pluralidade de inteligências.

Os indivíduos podem ser muito importantes na difusão das ideias, e Zhilong Shen foi uma grande força para popularizar as IM na China. Minhas próprias viagens àquele país ao longo dos anos e as apresentações de outros colegas, como Jie-Qi Chen e Happy Cheung, também tiveram seu peso. Em 2003, uma importante conferência sobre IM em Pequim atraiu milhares de participantes e centenas de artigos. Além da influente escola de IM que fundou, Mary Joy Canon-Abaquin coordenou uma enorme conferência nas Filipinas em 2005, na qual foram homenageadas pessoas que empregaram suas inteligências beneficiando a sociedade como um todo.

Às vezes, as ideias das IM foram introduzidas junto de outras ideias e práticas complementares. Na Irlanda, Áine Hyland e seus colegas combinaram as perspectivas de IM e uma iniciativa do Projeto Zero chamada "ensino para a compreensão". Esses esforços exerceram influência em vários níveis educacionais. Na Escócia, Brian Boyd, Katrina Bowes e o grupo Tapestry têm cumprido um papel catalítico ao vincular as artes e a criatividade usando a estrutura das IM. Por meio do contato com professores atuais e futuros, o desenvolvimento de currículos e avaliações, e a realização de pesquisa empírica, Myung-Hee Kim e seus colegas na Coreia do Sul mostraram a grande parte do mundo educacional (e a muitos fora dele) as ideias das múltiplas inteligências.

Os que assumiram a teoria das IM nem sempre tiveram tanto êxito em seu território de origem. Tim Brighouse levou as ideias de IM ao órgão educacional de Birmingham, Inglaterra, mas estas raramente passaram a outras jurisdições. A Sociedade de IM do Japão tem atuado por uma década e acolheu a minha família e a mim em diversas ocasiões. Contudo, em comparação com Coreia e China, o Japão se revelou bastante incompatível com o meme das IM. Não sei por que, mas suspeito de que, como um todo, a população japonesa relute em pensar psicologicamente (em vez de sociologicamente) e a reconhecer e respeitar diferenças individuais. Além disso, o sistema educacional do Japão tem sido considerado excelente há muitos anos, e esse consenso pode ter reduzido a tentação de modificá-lo. Meus livros estão traduzidos para o francês, mas, que eu saiba, nunca houve um forte defensor de minhas ideias na França, muito menos uma sociedade de IM ou uma escola baseada na teoria. É relevante mencionar que o teste de QI foi desenvolvido na França e que esse país, mais do que qualquer outro país desenvolvido, há muito se organiza em torno de um conjunto de escolas de elite que seleciona quem as frequenta com base em medidas de inteligência linguísticas ou lógicas. A possibilidade de que as ideias das IM auxiliam a lidar com indivíduos que não são considerados inteligentes no sentido tradicional não foi aceita amplamente – pelo menos não ainda.

Embora eu costumasse pensar que a ideia não havia repercutido na União Soviética por razões econômicas, até agora há poucas evidências de interesse na Rússia pós-comunista. Acho que, assim como parte da "velha Europa", os russos consideram que sua educação está muito bem organizada e talvez vejam poucas razões para consultar um psicólogo norte-americano que virou estudioso da educação (e talvez tenham razão). Se não fosse pela heroica atividade de Mihaela Singer, seria improvável que meus livros estivessem disponíveis na Romênia, e até onde sei, eles têm pouca disponibilidade em outros países do antigo bloco soviético. Minhas obras podem ser facilmente encontradas na Escandinávia e na Holanda, nas línguas sueca e dinamarquesa, assim como em inglês. As pessoas desses países do norte da Europa parecem aceitar as IM, mas não há um movimento tão claro de ampliação e descoberta, talvez porque a promoção dessas ideias em um terreno educacional progressista seja como empurrar uma porta que já está entreaberta.

Nos últimos anos, observei dois fenômenos. Vários educadores na Índia estão descobrindo as ideias da IM e tentando implementá-las. Imagino que, assim como ocorre com a China, a afluência cada vez maior do país e a abertura de muitas escolas privadas catalisaram o interesse por ideias que já se tornaram correntes nos países mais desenvolvidos. Também observo um fluxo contínuo de pessoas que escrevem do Oriente Médio, incluindo o Iraque e o Irã, mas não muito interesse em nível de governo ou de publicações, com exceção de Israel. (Observemos, contudo, o relatório de Thomas Armstrong sobre as madrassas islâmicas que adotam ideias de IM. Ver Capítulo 2.)

Além da influência de autores ou promotores individuais, os memes podem ser divulgados por instituições carismáticas ou por práticas eficientes. Instituições que declaram fundamentar-se nas IM nos Estados Unidos e em outros países podem se revelar um importante campo de provas para a difusão de ideias. Em seus 20 anos de existência, a Key Learning Community, em Indianápolis, e a New City School, em St. Louis, tiveram milhares de visitantes, muitos do exterior. Essas visitas podem ter um efeito relevante. Ao participarem da abertura da Biblioteca de IM na New City School, visitantes procedentes da Noruega afirmaram que abririam uma biblioteca de IM em seu país e realmente o fizeram. Os meios de comunicação que publicam matérias sobre IM podem exercer bastante influência. Quando a ABC-TV News e a Newsweek informaram sobre a Key Learning Community, milhões de pessoas ficaram conhecendo os experimentos educacionais baseados nas IM. As publicações e os programas de Happy Cheung têm eco semelhante na China.

A existência de instituições baseadas nas IM, como o Explorama, Danfoss Universe, pôs as famílias e os empresários em contato com formas de pensar baseadas nas IM, mesmo que esses indivíduos nunca encontrem o "meme das IM" em si. Instrumentos de avaliação – os qualitativos, como o Spectrum na Escandinávia, e os quantitativos, como o MIDAS no sul da Ásia – divulgam o meme das IM com tanta eficácia quanto livros ou defensores individuais. Da mesma forma, os instrumentos projetados para populações especiais, como a abordagem DISCOVER, de June Maker e colegas, introduzem ideias das IM para além dos círculos mais centrais.

É relativamente simples fazer uma narrativa de viagem e mencionar os lugares onde as IM ganharam força e onde não o fizeram e especular sobre os portadores dessas ideias, mas esse panorama geral levanta duas questões relacionadas e que implicam mais pesquisas: Por que algumas regiões são mais receptivas do que outras? Quais mensagens a teoria das IM está trazendo a esses solos distintos?

A natureza do solo

É útil pensar nas IM como uma planta nova (sempre com cuidado para não exagerar na metáfora). Tendo se desenvolvido em seu solo de origem, suas sementes agora se propagam a terrenos distantes. O novo solo, contudo, pode ser tão resistente, tão estranho, a ponto de a semente não conseguir criar raízes e simplesmente morrer.

Pode ser o caso de o solo já estar tão sobrecarregado com outras sementes e plantas que não haja espaço para mais flora. Algumas vezes, as instituições e as escolas estão tão ocupadas, tão autoconfiantes ou tão carregadas que não demonstram qualquer interesse por novas ideias ou práticas. Em outras vezes, o solo pode estar tão empobrecido, tão carente de nutrientes, que não consegue absorver qualquer matéria viva. Suspeito de que haja algumas instituições, regiões e mesmo sociedades inteiras às quais faltam recursos para tentar qualquer coisa nova, para prestar atenção a qualquer ideia ou prática nova.

No extremo oposto do contínuo, algumas sementes crescem naturalmente e com facilidade em um terreno rico, mas, até então, pouco carregado de raízes. Uma semente de IM tem poucas dificuldades de brotar em um ambiente com muitos recursos, que há muito é receptivo a ideias como diferenças individuais, ensino de múltiplas formas, foco nas artes e em atividades criativas, e assim por diante. Essas instituições podem adotar ideias das IM sem ser abaladas por elas. Seria como se declarassem, razoavelmente: "Estamos fazendo isso, estamos levantando com prazer a bandeira das IM, mas [para cunhar uma expressão!] só o que se fez foi trazer tulipas à Holanda".

É claro que também existem os falsos positivos. Como observaram Mindy Kornhaber e colegas, muitos lugares afirmam estar desenvolvendo práticas de IM e inclusive levantam bandeiras, têm *slogans* e coisas do tipo. Contudo, desprovidas do que é necessário, essas instituições parecem indistinguíveis daquelas que nunca ouviram falar em IM e que, na prática, são escolas uniformes (implementando uma maneira única de ensinar e avaliar). Acreditam que o solo é receptivo, mas, na verdade, esse solo não consegue, por alguma razão, realmente absorver a semente. Por assim dizer, a semente morre na parreira, mas continua pendurada ali, enganando aos que não conseguem ver as diferenças entre as pseudopráticas de IM e as práticas verdadeiras.

De muito interesse são aqueles lugares, instituições e lideranças que inicialmente oferecem resistência à teoria das IM ou a entendem da maneira mais superficial. Usando nossa analogia, esses lugares inicialmente se mostram muito resistentes à semente das IM. Mesmo assim, com o tempo, ou o solo se torna mais receptivo à semente ou uma versão mutante dessa semente consegue criar raiz e acaba florescendo no ambiente que lhe havia sido hostil. Lembro-me de uma história muito interessante com Pat Bolaños, a carismática líder da Key Learning Community. No 15º aniversário da escola, ela falou a um público grande e receptivo, reunido em uma sala de eventos no centro de Indianápolis. Depois de agradecer às muitas pessoas que haviam apoiado a escola ao longo dos anos, ela declarou: "Por fim, eu gostaria de agradecer aos seis superintendentes que estiveram em Indianápolis desde que pensamos na escola pela primeira vez. Sem sua oposição ferrenha, nunca teríamos realizado nada!".

Por que as IM criam raízes em determinados escolas

Como progenitor das IM, gostaria de pensar que o poder, a beleza e a verdade que lhes são intrínsecos explicam o sucesso que a teoria teve em vários lugares. De fato, acho que muitos defensores da teoria são atraídos pela ideia com base em seus méritos. Mesmo assim, para que uma ideia como essa se difunda em várias regiões, para ir além da defesa por parte de algumas pessoas especiais, é preciso que haja razões que atraiam a um grupo mais amplo. Ao revisar minhas próprias experiências e observações durante os últimos 25 anos, identifiquei quatro fatores que se destacam.

Redescoberta das tradições Em algumas culturas, há a crença de que determinadas normas ou práticas, valorizadas no passado, foram ignoradas ou minimizadas nos últimos anos. No Japão, por exemplo, as antigas escolas e os lugares de ensino de ofícios de uma época anterior trabalhavam com muitas artes e atividades práticas (ver Capítulo 7). Da mesma forma, a tradição confuciana da China reconhecia toda uma gama de competências que diferenciavam a pessoa educada (ver Capítulos 4 a 6). O grupo diné no sudoeste dos Estados Unidos costumava honrar muitas tradições relacionadas aos ofícios, e abordagens como o método DISCOVER, criado por Maker, permitem um reconhecimento dessas práticas e das faculdades cognitivas e sensoriais associadas a elas.

Por vezes, essa nova busca de valores tradicionais pode ter efeitos inesperados e até engraçados. Na China, em 2004, tentei descobrir as razões pelas quais minha teoria das IM havia se estabelecido ali. O mistério foi esclarecido por um jornalista em Xangai, que me disse: "Dr. Gardner, no Ocidente, quando as pessoas ouvem falar nas IM, vão diretamente ao que é especial em *seu* filho, a descobrir seu 'gênio especial'. Na China, ao contrário, as múltiplas inteligências são simplesmente oito talentos que devemos desenvolver nos filhos de *todas* as pessoas".

Desejo de ampliar currículos, pedagogia e avaliações Em muitas regiões do mundo, tem havido um estreitamento permanente do currículo, dando destaque às disciplinas do grupo STEM (*science, technology, engineering* e *mathematics*, ou ciência, tecnologia, engenharia e matemática) e diminuindo o espaço para artes, educação física e algumas das humanidades e ciências sociais. A teoria das IM pode ser um veículo útil para ampliar o alcance da educação: incluir temas que tratem das várias inteligências e formas de pensar, bem como métodos de ensino que falem às diferenças individuais e avaliações que vão além dos instrumentos de linguagem e lógica, padronizados e de respostas curtas (ver Capítulos 8, 12, 14, 15, 24, 25 e 29). Mesmo quando o foco se mantém na ciência e na matemática, uma abordagem baseada nas IM pode abrir novas possibilidades de domínio dos temas (ver Capítulos 14 e 19).

Desejo de chegar a alunos que dispõem de poucos serviços Mesmo com a tendência ao estreitamento curricular nos últimos anos, em muitas regiões o currículo é voltado a estudantes típicos, havendo relativamente pouco esforço para ajudar os estudantes que fogem da média. Assim, as ideias das IM têm sido muito usadas na educação especial (Capítulo 11), na educação de superdotados (Capítulo 27) e na educação de estudantes que tradicionalmente dispõem de menos serviços (Capítulos 13, 16, 18, 23 e 26). A propósito, essa finalidade tão elogiável pode sofrer abusos. Com muita frequência, escutei que um determinado grupo étnico ou racial "teria" determinadas inteligências e "careceria de outras". Essa afirmação não possui base científica e pode causar muitos danos.

Afirmação de práticas e valores democráticos Hoje em dia, poucos países no mundo, se é que há algum, declarariam que se opõem a valores democráticos. Mesmo os países mais autoritários se dizem democráticos, até mesmo incorporam a palavra democracia ao nome do país. Mesmo assim, as práticas verdadeiramente democráticas são difíceis de ver. As escolas por vezes são instituições autoritárias que suprimem o debate, a controvérsia e os pontos de vista individuais, há anos-luz de comunidades democráticas cujos membros participam das decisões e de sua condução. Em vários dos capítulos deste livro, vemos claras indicações de que as pessoas envolvidas na educação em IM se dedicam a oferecer um modelo de instituição democrática em um solo que tem sido hostil a essas ideias, por exemplo, na Argentina (Capítulo 21), na Colômbia (Capítulo 22), nas Filipinas (Capítulo 9) e na Romênia (Capítulo 19).

O NÍVEL DAS POLÍTICAS

Muitas vezes, esses objetivos são propostos por pessoas ou instituições individuais que simplesmente querem fazer mudanças em nível local, mas, como documentam alguns dos capítulos, têm sido lançados esforços mais ambiciosos para alterar práticas em escala mais ampla. Na Inglaterra, na Escócia, na China e na Noruega, por exemplo, as abordagens de IM são promovidas como alternativa a práticas predominantes, mas que são vistas por alguns como de visão limitada, contraproducentes e mesmo destrutivas. Às vezes, mesmo nesses países, anunciam-se políticas que parecem mais sintonizadas com as abordagens das IM. Sem causar surpresa, os apoiadores das IM rapidamente assumem essas inclinações reformistas (China, Coreia, Escócia, Turquia). Como os ministros da educação no mundo estão muito concentrados nos desempenhos comparados dos países nos exames do Programa de Avaliação Internacional de Estudantes (PISA)[1], pode-se esperar que os apoiadores das IM preparem contraofensivas. No caso de ocuparem cargos de formulação de políticas, esses apoiadores tentarão instituir políticas mais "receptivas à teoria das IM".

Ainda me fascina um evento. Há alguns anos, um colega visitou Pyongyang, capital da Coreia do Norte. Em uma grande biblioteca, só viu dois livros em inglês. Um era *Stupid White Men*, de Michael Moore; o outro, *Fra-*

mes of Mind: The Theory of Multiple Intelligences. Não posso deixar de me perguntar como esses dois memes conseguiram se plantar em um solo aparentemente tão resistente.

NOTA DE CONCLUSÃO: O PESSOAL E O POLÍTICO

A teoria das IM foi desenvolvida por um psicólogo. Inicialmente, era uma proposta de como deveríamos pensar sobre mentes individuais. Essa forma de pensar se mostrou, em princípio, mais afim a indivíduos que têm, eles próprios, uma perspectiva psicológica sobre o mundo e que se sentem entusiasmados, em vez de ameaçados, pela ideia de uma pluralidade das diferenças individuais.

Fiquei surpreso ao ver como esse meme da "psicologia interior" se difundiu rapidamente para a educação, primeiramente nos Estados Unidos e depois em outros países. Fiquei surpreso com a capacidade de resistência do meme. E estou surpreso que esse meme tenha começado a interessar às pessoas da esfera política, fundindo o pessoal e o político. É impressionante que uma ideia surgida como descrição de como o cérebro/mente humano evoluiu e como se organiza hoje possa acabar juntando forças com movimentos que dão mais voz a indivíduos e promovem aulas, escolas e, talvez, até mesmo sociedades mais democráticas. Penso que essa conexão agradaria a John Dewey, filósofo e psicólogo norte-americano que esteve eternamente enraizado no pessoal e no político.

Ainda assim, é salutar lembrar que a ideia das múltiplas inteligências continua sendo uma visão minoritária na psicologia e que a maioria das escolas do mundo permanecem sendo instituições uniformes, nas quais se ensina um grupo estreito de temas da mesma forma a todas as crianças e se ousa pouco nos modos de avaliação, para dizer o mínimo. Minha própria visão – ou, talvez, para ser mais preciso, minha esperança – é a de que os novos meios digitais permitam tanta educação individualizada no futuro que o meme das IM seja considerado como algo dado. Se esse for o caso, os autores deste livro merecerão muito crédito por sustentar e enriquecer as ideias e as práticas da IM nesse meio-tempo.

Referências

Gardner, H. (1973). *The arts and human development*. New York: Wiley.
Gardner, H. (1975). *The shattered mind: The person after brain damage*. New York: Knopf.
Gardner, H. (1980). *Artful scribbles*. New York: Basic Books.
Gardner, H. (1983). *Frames of mind: The theory of multiple intelligences*. New York: Basic Books. [*Estruturas da mente*: a teoria das inteligências múltiplas. Porto Alegre: Artmed, 1994]

Gardner, H. (1995). *Reflections on multiple intelligences: Myths and realities*. Phi Delta Kappan, 77, 200-209.
Gardner, H. (1999). *Intelligence reframed*. New York: Basic Books.
Goleman, D. (1995). *Emotional intelligence*. New York: Bantam Books.
Moore, M. (2004). *Stupid white men*. New York: HarperCollins.

Nota

1. Teste mundial trienal de escolares de 15 anos, sobre seu desempenho escolar, com o propósito de fazer comparações de sua aprendizagem escolar intercultural.

QUANDO CULTURAS SE CONECTAM

A teoria das inteligências múltiplas como um bem-sucedido produto de exportação norte-americano

Thomas Armstrong

Neste capítulo, descreve-se contatos entre a teoria das IM em três contextos culturais diferentes: a aplicação de um plano de aula do ensino médio baseado na teoria das IM em um subúrbio de Pequim, na China; a prática norueguesa da educação natural em uma *uteskole* (escola ao ar livre) e sua relação com a inteligência naturalista; o paradoxo de uma teoria pluralista (IM) adotada por tradições religiosas monísticas do Ocidente. Em cada um dos casos, o contato cultural é favorável, e são investigadas as razões por que a teoria das IM foi tão exitosa em integrar seu viés cultural ocidental aos valores e às crenças de outras culturas. O fato de que a teoria IM tem, como parte de sua estrutura nuclear, uma apreciação profunda pelas manifestações de inteligências em culturas ao redor do mundo é visto como uma das principais razões para seu sucesso como produto de exportação norte-americano para outras terras.

As culturas são como elementos químicos. Você mistura duas e obtém algo útil, como água ou sal de cozinha. Contudo, também é possível explodir a cozinha. Quando os jesuítas portugueses chegaram à corte do imperador mongol Akbar, na Índia do século XVI, ficaram surpresos porque o imperador muçulmano se prostrou perante as imagens de Cristo (Dalrymple, 2007). Contudo, quando o almirante Perry entrou na baía de Uraga perto de Tóquio, em 1853, e foi informado por representantes do shogunato Tokugawa de que devia ir a Nagasaki, onde o comércio era mais limitado, Perry ameaçou iniciar um bombardeio naval, fazendo com que os oficiais japoneses voltassem atrás e, ainda que relutantes, o deixassem desembarcar (Walworth, 1946).

De modo semelhante, embora não tão dramático, a teoria de Howard Gardner das inteligências múltiplas (teoria das IM) representa uma expressão da cultura norte-americana que tem sido cada vez mais exportada para outras culturas nas duas últimas décadas. Neste capítulo, analiso como a teoria das IM tem se saído nesses contatos culturais e determino onde, ao longo do espectro da aceitação transcultural, da prostração entusiástica à ameaça de bombardeio, a teoria das IM pode ser localizada nessa colisão potencial de culturas. Em particular, exploro três encontros culturais diferentes de que participei pessoalmente: uma observação de sala de aula na República Popular da China, a experiência de uma *uteskole* na Noruega e as reflexões sobre a aceitação da teoria das IM em tradições culturais e religiosas ortodoxas e fundamentalistas no Ocidente.

A teoria das IM tem um forte componente multicultural. No cerne da teoria de Howard Gardner está a afirmação de que cada inteligência representa a manifestação de produtos culturalmente valorizados e a formulação e a resolução de problemas culturalmente relevantes. Ao estabelecer esse conjunto de critérios e pré-requisitos para o que uma inteligência deve conter, Gardner escreve: "Reconheço que o ideal do que é valorizado difere notavelmente, às vezes até radicalmente, entre as culturas humanas, e a criação de novos produtos ou a proposta de novas questões têm pouca importância em determinados locais. Os pré-requisitos são um meio de garantir que uma inteligência humana deve ser genuinamente útil e importante, pelo menos em certos ambientes culturais" (Gardner, 1983, p. 61). Acredito que a teoria das IM tem sido bem recebida por culturas ao redor do mundo exatamente porque as oito inteligências incorporam capacidades encontradas em praticamente todas as culturas. Todas as culturas têm sistemas de música, literatura (ou tradições orais), lógica (mesmo que oculta sob estruturas simbólicas; ver, por exemplo, Lévi-Strauss, 1966), organização social, formação física, expressão pictórica, integração intrapessoal e classificação da natureza. Em essência, as culturas podem se reconhecer facilmente nessas oito manifestações da atividade inteligente. A teoria das IM, desse modo, tem algo de camaleão, sempre mudando suas cores para satisfazer as expressões culturais específicas que encontra em cada sociedade ao redor do mundo.

Ao mesmo tempo, a teoria das IM em si já é um produto culturalmente valorizado (assim como resultado de um conjunto de problemas propostos e talvez resolvidos) que é específico de um determinado contexto social e histórico: os Estados Unidos do final do século XX e início do XXI. Dessa forma, ela traz consigo certos tipos de valores culturais implícitos na cultura norte-americana. Talvez o mais importante entre eles seja a ideia de pluralismo – a noção de que existem muitas verdades, não apenas uma verdade superior, e muitas maneiras de saber e pensar (ver, por exemplo, James, 1966; Berlin, 2000). Além disso, a teoria das IM reflete o valor norte-americano do pragmatismo, conforme observado, por exemplo, nas obras de John Dewey (um claro precursor de Howard Gardner na história de educação norte-americana), William James e, mais recentemente, Richard Rorty (Rorty, 1989; James,

1991, Dewey, 1998; ver também Menand, 2001). Nesse sentido, a teoria das IM deve ser julgada não por sua capacidade de resolver verdades centrais em filosofia (como uma definição absoluta da natureza da inteligência), mas por seu "valor prático", ou seja, sua capacidade operacional de gerar novas questões. (Essa questão merece ser considerada por críticos recentes da teoria das IM que costumam atacar a teoria por sua "nebulosidade" e falta de amparo empírico; ver, por exemplo, Waterhouse, 2006.) Também existe uma percepção dos bons e velhos valores americanos do otimismo e do individualismo na teoria das IM, como se pode ver no trabalho de muitos profissionais ao redor dos Estados Unidos (ver, por exemplo, meus próprios livros de autoajuda: Armstrong, 1999, 2000a, 2002). Isso inclui a ideia americana do "nós podemos" – a crença de que cada pessoa pode alcançar todo o seu potencial –, bem como o valor de usar criatividade ou inovação para gerar soluções novas para problemas difíceis. Finalmente, a teoria das IM defende o valor do igualitarismo, segundo o qual cada uma das oito inteligências tem igualdade relativa com as outras sete, e os indivíduos que possuem superioridade nos domínios acadêmicos e elitistas ocidentais da inteligência linguística e lógico-matemática não são mais considerados necessariamente merecedores de sua inaudita hegemonia na arena educacional ou no mercado intelectual de ideias.

Com essa base, analiso minhas próprias experiências de observar as IM adotadas ou aplicadas em três contextos culturais diferentes. Em primeiro lugar, analiso uma viagem que fiz à República Popular da China em agosto de 2002 para uma conferência organizada pelo Instituto de Educação de Pequim. Nessa conferência, fiz uma palestra e também tive a oportunidade de assistir a uma aula dada com o uso das IM em uma escola do ensino médio, em um subúrbio da periferia de Pequim. Minha esposa e eu sentamos no fundo da sala, enquanto a professora, na faixa de 20 ou 30 anos, falou a seus alunos de 14 anos sobre o cantor, compositor, ator e ativista político irlandês Bob Geldof, que foi um dos principais organizadores do espetáculo de rock Live Aid, realizado simultaneamente em Londres e na Filadélfia em 1985 e que levantou 150 milhões de dólares para aliviar a fome no mundo. Enquanto praticavam o inglês, os alunos apresentavam estatísticas sobre o evento; compartilhavam músicas, letras e imagens; interagiam socialmente e analisavam suas emoções pessoais. Fizeram até uma dramatização sobre a vida de Geldof.

Enquanto assistia à aula, meu queixo caiu quando notei que estava observando algo que nunca vivi antes: uma demonstração precisa de um plano de aula ideal com as IM, como havia imaginado em meu livro *Multiple Intelligences in the Classroom* (Armstrong, 2000b). Minha primeira reação foi de entusiasmo. Durante visitas anteriores a salas de aula onde se praticavam as IM, nunca havia visto uma apresentação tão clara e concisa de uma aula que conectasse estratégias específicas com um objetivo instrucional claramente identificado. Muitas vezes, o que eu via em minhas visitas a salas de aula eram apenas exemplos típicos de crianças trabalhando em projetos de maneira congruente com os ideais da educação progressista, educação aberta e aprendizagem construtivista (não que haja algo de errado com isso). O que era novo para mim era a abordagem de ensino, claramente ligada às IM sem que pudesse ser confundida com nenhuma outra abordagem. Obviamente, havia mais que apenas um pouco de orgulho em minha garganta enquanto eu assistia a meu próprio livro sendo demonstrado em cores vivas, à minha frente, a seis mil milhas da minha terra natal.

De repente, tive outra reação. A questão "será que o que estou vendo é verdadeiro?" passou por minha mente. O que eu assistia naquela sala de aula em um subúrbio de Pequim não seria apenas uma orquestração artificial das minhas instruções para o plano de aula preparada para impressionar o autor? Haveria algo acontecendo em um nível superior, mais na linha de "a imitação é a forma mais sincera de elogio" ou mesmo reflexões de algum ideal nobre chinês? Eu tinha lido o livro *To Open Minds* (1991), de Howard Gardner, sobre suas experiências em visitas à China na década de 1980 e sabia da tendência chinesa na arte de copiar, em oposição à criatividade. Em seu livro, Gardner tenta se acomodar ao sistema de valores chinês da reprodução exata de obras de arte e à maneira como ele difere do valor atribuído nos Estados Unidos à criação de algo totalmente novo. Ele parecia, ao final do livro, ter chegado a uma reconciliação, pelo menos até certo ponto, com a imitação como ideal artístico junto da originalidade criativa. Talvez eu também pudesse entender o fato de que a professora havia criado algo que refletia precisamente o que eu tinha passado anos cultivando e aperfeiçoando em meus textos e em minha prática.

Quando estávamos no ônibus, retornando para a sede da conferência, a professora me perguntou o que ela poderia melhorar no que havia feito. Francamente, eu estava tão impressionado com a aula que não conseguia pensar em uma única coisa, exceto, tive que dizer, uma sugestão de que ela havia soletrado inadequadamente o nome Bob Geldof – que se soletrava Geldorf. Isso, como descobri mais adiante, não estava correto. A professora estava certa, e eu estava errado. Alguns anos antes, um amigo com dificuldades em discriminação auditiva havia me falado do trabalho de Geldo[r]f (ou quem sabe era eu que tinha problemas com a discriminação auditiva). Essa pequena gafe ressaltou para mim novamente o fato de que talvez a imitação exata não seja algo tão ruim afinal.

O segundo encontro cultural está relacionado com minha experiência ao visitar a Noruega, em 2005, quando participei de uma conferência em Skien, a terra da infância de Henrik Ibsen. Durante a viagem, tive a oportunidade de visitar a Kollmyr Skole (escola), em Skien, para observar crianças do ensino fundamental envolvidas em uma variedade de tarefas escolares e práticas refletindo a ampla variedade de IM. O que mais me impressionou é o que os noruegueses chamam de *uteskole*, ou escola ao ar livre. A *uteskole* faz parte de um modelo naturalista mais amplo em educação, chamado de *friluftsliv*, que pode ser traduzido aproximadamente como "vida natural ao ar livre". Esse modelo abrange uma variedade de atividades físicas na natureza, a maioria das quais tem dimensões ambientais e culturais. A página da Internet do Parlamento do Reino Unido diz que a *friluftsliv* é um aspecto que define a identidade nacional na Noruega (Higgins, 2004). Pode-se certamente compreender isso olhando a vastidão da natureza na Noruega, a forte ênfase em esportes de inverno, como esquiar e andar de tobogã, e os ricos elementos da natureza em seu folclore e literatura (veja, por exemplo, a obra orquestral de Edvard Grieg, "In the Hall of the Mountain King", baseada em um trecho da maravilhosa peça de Ibsen, *Peer Gynt*). Como resultado dessa visão abrangente da educação natural, a maioria das crianças do ensino fundamental na Noruega passa um dia inteiro a por semana envolvida em aprendizagem ao ar livre, grande parte das atividades ocorrem em uma estrutura simples ou choupana, chamada *gapahuk*, que é separada da escola regular.

Por acaso, visitei a Kollmyr Skole durante um dia em que alunos de 9 e 10 anos estavam em uma das duas *gapahuker* da escola, fazendo réplicas de utensílios de cozinha nórdicos com ramos caídos de árvores e outros materiais naturais. Lembro que começou a chover, e refleti que, naquela hora, a reação típica de um educador norte-americano nessas circunstâncias seria juntar todos os alunos e correr para o calor do prédio da escola, que, neste caso, estava a centenas de metros, por um caminho de terra. Ninguém voltou para a escola. Existe um lema em outra *uteskole* na Noruega: "Não existe tempo ruim, somente roupas ruins" (Ellevol Oppvekstsenter, s. d.). As crianças haviam ido para a *gapahuk* com suas mochilas preparadas para a chuva. Vestiram suas capas, bonés, jaquetas e outras roupas para "tempo bom", e continuaram a trabalhar em suas atividades.

Kari Birkeland, diretora da Kollmyr Skole, me disse que alunos que tinham dificuldade com a sala de aula fechada (a instrução regular na sala de aula) muitas vezes se saíam particularmente bem quando estavam ao ar livre. Outra professora da *uteskole* comentou: "Já observei muitas crianças com 'formigas nas costas' [uma expressão norueguesa], que não gostam quando ensinamos na frente da classe, e muitos professores desistem delas e lhes fazem um diagnóstico [o transtorno de déficit de atenção/hiperatividade, TDAH, é comum]. Porém, já vi crianças desabrocharem quando saem para a rua e usam seus corpos. Crianças que não conseguem soletrar seus nomes conseguem cavar um túnel e ser 'engenheiros construtores inteligentes'" (I. M. Misje, comunicação pessoal, 19 de dezembro de 2007). Isso parece estar de acordo com pesquisas realizadas nos Estados Unidos que mostram que ambientes verdes ajudam indivíduos rotulados com TDAH a se concentrar e aprender de maneira mais efetiva (Taylor, Kuo e Sullivan, 2001).

Esse caso específico de contato cultural entre a teoria das IM e a educação ao ar livre na Noruega difere do exemplo chinês citado, no sentido de que não é a teoria das IM que traz algo de novo – uma estratégia de planejamento de aula – para a mesa, como era o caso na República Popular da China. Ao invés disso, o ideal norueguês da *friluftsliv* está oferecendo algo novo à teoria das IM: um modelo no qual a inteligência naturalista (bem como cada uma das outras inteligências) pode se desenvolver e florescer. Até o meu contato com a *uteskole*, a maior parte das minhas observações da inteligência naturalista em ação em escolas nos Estados Unidos havia consistido de visitas ocasionais ao jardim, ao terrário, do currículo de ecologia ou do animal de estimação da classe, que eu observava durante minhas visitas. O que me impressionou particularmente na *uteskole* foi a sua visão abrangente da aprendizagem ao ar livre.

A educadora que era meu contato enquanto visitava Skien, Mette Bunting, me disse em uma comunicação recente que toda a aprendizagem que possa ocorrer dentro do prédio da escola também pode ocorrer fora dele, na *gapahuk*. Isso me lembrou das várias estratégias que escrevi em meu livro *The Multiple Intelligences of Reading and Writing* relacionadas com o ambiente externo – por exemplo, "ler ao ar livre", "soletrar ao ar livre", "escrever ao ar livre" (Armstrong, 2003). É muito mais difícil trazer o ambiente externo para dentro do que fazer as atividades fora dele. Isso também me lembrou de certas afasias exóticas relatadas pelo psicolinguista Steven Pinker, nas quais o indivíduo afetado tem a capacidade de dizer o nome das coisas que são encontradas na rua, mas não dentro de prédios, ou consegue dizer o nome de coisas vivas, mas não de objetos inanimados (Pinker, 1994). Parece haver uma propensão a atividades naturalistas no cérebro, o que faz sentido na perspectiva evolucionista, pois a nossa espécie passou muito mais tempo aprendendo a sobreviver na natureza do que vivendo em edifícios fechados e isolados. Esse mesmo fato parece enfatizar a importância de usar a *friluftsliv* em outros países e culturas ao redor do mundo. Mette Bunting me disse que, em certas escolas na Noruega, as crianças passam todo o dia ao ar livre. Isso me deixou pasmo, vindo de uma cultura norte-americana, na qual as crianças pequenas cada vez mais têm a sua sesta, recreio e tempo de brincar cortados para proporcionar mais tempo à aprendizagem acadêmica formal e inadequada (Swidey, 2007). De maneira clara, a *uteskole* é uma dádiva cultural para a teoria das IM e, em particular, para a inteligência naturalista, especialmente da maneira como a teoria das IM é praticada nos Estados Unidos.

Finalmente, faço algumas reflexões sobre o que, para mim, tem sido um fenômeno surpreendente: a ampla aceitação da teoria das IM em pelo menos alguns segmentos das alas ortodoxa e fundamentalista de todas as três grandes tradições religiosas ocidentais – judaísmo, cristianismo e islamismo. Digo que isso é surpreendente porque a teoria das IM parece estar enraizada em um ideal americano de pluralismo, que reconhece o conceito de muitas verdades. As tradições culturais e religiosas fundamentalistas e ortodoxas com as quais tive experiência como autor e profissional das IM parecem aceitar mais o ideal do monismo, o sentido de que existe apenas uma verdade incorporada nas tradições, crenças e práticas religiosas de uma determinada fé. Já dei treinamento em IM para a Torah Umesorah, uma organização educacional judaica ortodoxa; vi o trabalho de Gardner ser discutido de maneira favorável em publicações fundamentalistas cristãs para pais (ver, por exemplo, Tobias, 1994), e meu livro *Multiple Intelligences in the Classroom* (2006) foi traduzido para o árabe por uma editora da Arábia Saudita. A partir da minha perspectiva como não muçulmano, esta última forma de aceitação talvez tenha sido a mais chocante. Reconheço que minha reação advém, em grande medida, do violento ataque da mídia bitolada dos Estados Unidos depois dos eventos de 11 de setembro de 2001 e, em parte, das visões distorcidas que as fontes culturais ocidentais e não muçulmanas promulgaram sobre o Islã ao longo de muitos séculos (Said, 2003). Ainda assim, fico surpreso quando vejo um artigo na Internet intitulado "Reforming Pakistan's 'Dens of Terror'"*, alegando que a teoria das IM de Howard Gardner está sendo ensinada e recebida favoravelmente nas madrassas do Paquistão (Schmidle, 2007).

Posso imaginar várias razões para explicar por que a teoria das IM tem sido tão bem recebida nesses contextos culturais e religiosos aparentemente bitolados. Primeiramente, existe um forte componente de aprendizado em cada uma dessas crenças, e a teoria das IM é considerada um meio de amparar essa tradição. No judaísmo, existe a tradição popular de dar a uma criança sua primeira tábua do alfabeto coberta de mel, para que ela sempre associe a aprendizagem com a doçura. Em *Frames of Mind*, Gardner cita a tradição das escolas islâmicas de memorizar o Alcorão (Gardner, 1983). Pode-se acrescentar a isso a longa tradição na cultura islâmica de investigações em filosofia, matemática, astronomia, história, geografia, poesia e muitos outros campos de estudo (Esposito, 2000). Em segundo lugar, nessas tradições religiosas, existem elementos que enfatizam maneiras alternativas de aprender, que são superiores à abordagem acadêmica intelectual tradicional. A história que mais uso para começar minhas diversas palestras e oficinas sobre as IM é "O Gramático e o Barqueiro", que faz parte da monumental obra do poeta sufi Jalal al din Rumi, *Masnavi*, uma das obras-primas da literatura islâmica e mundial (Jalal al din Rumi, 2002). Nessa história, um gramático critica um remador por cometer erros gramaticais, para depois se deparar com uma tempestade em um bote e ouvir o remador ralhar com ele por não saber nadar. A ideia

---

* N. de T.: Algo como "Reformando os 'Antros do Terror' do Paquistão".

de que existem muitos tipos diferentes de capacidades é um tema que ocorre em todas as tradições religiosas. No cristianismo, existe a conhecida história do "investimento dos próprios talentos", em Mateus, 25:14-30. Um educador da Algéria com quem tive contato recentemente está investigando a relação entre as IM e os múltiplos – existem 99 – nomes de Alá (Abdelhak, 2008).

Também há a questão de olhar essa aceitação do outro lado da equação. O que a teoria das IM fez para se adaptar a essas tradições culturais e religiosas? Sugiro que talvez a principal contribuição nesse sentido seja que Gardner encontrou um lugar na teoria para o impulso religioso (na inteligência existencial, uma candidata a inteligência), enquanto rejeitou a ideia de uma inteligência "espiritual" que poderia ter trazido consigo uma grande controvérsia entre diferentes grupos religiosos. Afinal, qual ideia do espiritual seria incorporada como a correta? Gardner (2000, p. 56) observa que "os crentes ou porta-vozes da espiritualidade [alegam] que preocupações espirituais levam a um encontro com uma verdade mais profunda ou superior. [...] Existe um conteúdo específico – uma verdade espiritual – à qual somente alguns ou aqueles que houverem seguido certo caminho podem ter acesso. Esse dilema com frequência leva à visão de que o mundo pode ser dividido entre aqueles que se qualificam, por alguma base espiritual, religiosa ou metafísica, e aqueles que não se qualificam. [...] Aqui, deixamos o domínio da inteligência e penetramos na esfera do dogma".

Gardner adotou provisoriamente a ideia de uma inteligência existencial, que não tem um dogma ou uma crença fixa conectado a ela, mas reconhece a existência de indivíduos que possuem uma capacidade maior que a normal de ter visões, influenciar as pessoas eticamente, refletir sobre questões religiosas e filosóficas, e engajar-se em outras buscas relacionadas com as questões essenciais da vida. Desse modo, existe algo na teoria das IM com que cada fé religiosa pode se identificar, em termos de um modelo científico bem fundamentado, e com o apoio de Harvard, que valida suas próprias práticas. Posso sugerir também que, ainda que Gardner tenha conferido apenas um *status* provisório à inteligência existencial – mantendo-a separada, como se fosse, do resto da teoria –, isso pode servir como uma forma de estratégia pragmática para reduzir o potencial de conflito, caso a inteligência recebesse aceitação plena no panteão das IM.

Embora cada encontro cultural descrito neste capítulo tenha suas características singulares, em todos os três casos, existe um resultado favorável na interação entre a teoria das IM e os valores das respectivas culturas. Evitou-se o cenário do almirante Perry! A razão para o encaixe entre a teoria da IM e as culturas diversas parece residir mais na capacidade de a teoria validar as tradições de cada cultura, não apenas no nível cultural elevado (literatura publicada, música, ciência, e outros), mas também no nível das tradições populares da nação, suas identificações nacionais básicas, seus ideais estéticos, e outras dimensões sutis das práticas culturais profundas de uma sociedade.

Além disso, deve-se dizer uma última palavra aqui reconhecendo a abertura pessoal de Gardner à aplicação da sua teoria em uma ampla variedade de contextos como uma das principais razões para o sucesso da teoria ao redor do mundo. Com relação às pessoas que usam suas ideias e as tornam relevantes para suas próprias e singulares circunstâncias, Gardner (2000, p. 89) escreve: "De um modo geral, meu conselho reproduz o tradicional adágio chinês 'que cem flores floresçam'". Adotando essa postura aberta, Gardner garantiu que a teoria das IM continuará a florescer em várias culturas por muitos anos no futuro.

Referências

Abdelkah, H. (2008). *Multiple intelligences and English language learning: A case study*. Tese de doutorado inédita, Ferhat Abbes University, Setif, Algéria.

Armstrong, T. (1999). *Seven kinds of smart: Identifying and developing your multiple intelligences*. New York: Plume.

Armstrong, T. (2000a). *In their own way: Discovering and encouraging your child's multiple intelligences*. New York: Tarcher/Penguin.

Armstrong, T. (2000b). *Multiple intelligences in the classroom* (2nd ed.). Alexandria, VA: Association for Supervision and Curriculum Development. *Inteligências múltiplas na sala de aula*, 2.ed. [*Inteligências múltiplas na sala de aula*. 2 ed. Porto Alegre: Artmed, 2001]

Armstrong, T. (2002). *You're smarter than you think: A kid's guide to multiple intelligences*. Minneapolis, MN: Free Spirit Publishing.

Armstrong, T. (2003). *The multiple intelligences of reading and writing: Making the words come alive*. Alexandria, VA: Association for Supervision and Curriculum Development.

Armstrong, T. (2006). *Multiple intelligences in the classroom* (2nd ed.) [Tradução em árabe] (H. Abdulghani, Trad.). Al Khobar, Saudi Arabia: Educational Book House and Dhahran Ahliyya Schools.

Berlin, I. (2000). *The proper study of mankind: An anthology of essays*. New York: Farrar, Straus, & Giroux.

Dalrymple, W. (22 de novembro de 2007). The most magnificent Muslims. *New York Review of Books, 27*.

Dewey, J. (1998). *The essential Dewey, Vol. 1: Pragmatism, education, democracy*. Bloomington: Indiana University Press.

Ellevol Oppvekstsenter (n.d.). *Outdoor schooling*. Download em 10 de março de 2008, de http://home.no.net/elvevoll/.

Esposito, J. L. (Ed.). (2000). *The Oxford book of Islam*. New York: Oxford University Press.

Gardner, H. (1983). *Frames of mind: The theory of multiple intelligences*. New York: Basic Books. [*Estruturas da mente*: a teoria das inteligências múltiplas. Porto Alegre: Artmed, 1994]

Gardner, H. (1991). *To open minds.* New York: Basic Books.
Gardner, H. (2000). *Intelligence refrained: Multiple intelligences for the 21st century.* New York: Basic Books.
Higgins, P. (outubro de 2004). Memorandum submitted by Peter Higgins, Outdoor and Environmental Education Section, School of Education, University of Edinburgh, executive summary. Download em 10 de março de 2008, de http://www.publications.parliament.uk/pa/cm200405/cmselect/cmeduski/120/120we06.htm.
Jalal al din Rumi. (2002). *Tales from the Masnavi* (A. J. Aberry, Trad.). London: RoutledgeCurzon.
James, W. (1966). *A pluralistic universe: Hibbert Lectures at Manchester College on the present situation in philosophy.* Lincoln: University of Nebraska Press.
James, W. (1991). *Pragmatism.* Buffalo, NY: Prometheus Books.
Lévi-Strauss, C. (1966). *The savage mind.* Chicago: University of Chicago Press.
Menand, L. (2001). *The metaphysical club: A story of ideas in America.* New York: Farrar, Straus, & Giroux.
Pinker, S. (1994). *The language instinct.* New York: Morrow.
Rorty, R. (1989). *Contingency, irony, and solidarity.* Cambridge: Cambridge University Press.
Said, E. (2003). *Orientalism.* New York: Penguin.
Schmidle, N. (2007, January 22). *Reforming Pakistan's "dens of terror".* Download em 10 de março de 2007, de http://www.truthdig.com/report/item/20070122_nicholas_schmidle_reforming_pakistans_dens_of_terror/.
Swidey, N. (28 de outubro de 2007). Rush, little baby: How the push for infant academics may actually be a waste of time or worse. *Boston Globe.* Download em 10 de março de 2007, de http://www.boston.com/news/globe/magazine/articles/2007/10/28/rush_ little baby/.
Taylor, A. F., Kuo, F. E., & Sullivan, W. C. (2001). Coping with ADD: The surprising connection to green play settings. *Environment and Behavior,* 33(1), 54-77.
Tobias, C. U. (1994). *The way they learn: How to discover and teach to your child's strengths.* Colorado Springs: Focus on the Family Publications.
Walworth, A. (1946). *Black ships off Japan: The story of Commodore Perry's expedition.* New York: Knopf.
Waterhouse, L. (outono de 2006). Multiple intelligences, the Mozart effect, and emotional intelligence: A critical review. *Educational Psychologist,* 41(4), 207-225.

Parte II

ÁSIA E REGIÕES DO PACÍFICO

Na Ásia, é fácil deparar-se com encontros entre o meme das IM e as tradições educacionais antigas. Apesar das diferenças entre as tradições antigas e as modernas, os educadores asiáticos descobriram que certos valores básicos e práticas do passado encontram-se em confluência com os princípios educacionais das IM. A tradição japonesa da educação em artes e o pensamento confuciano são dois exemplos dessa confluência. Aspectos significativos dos capítulos desta parte incluem fortes iniciativas de cooperação, ênfase na educação do caráter e efeitos positivos do apoio governamental. O uso disseminado de testes padronizados na Ásia, como vestibulares enquanto condição para o ingresso na faculdade, representa um grande desafio para as práticas educacionais inspiradas nas IM. Uma transformação notável documentada nos capítulos é a passagem do currículo centrado no professor para a educação centrada na criança.

A ASSIMILAÇÃO DA TEORIA DAS INTELIGÊNCIAS MÚLTIPLAS NA EDUCAÇÃO CHINESA
Ênfase na família e na harmonia

Jie-Qi Chen

A integração bem-sucedida da teoria das Inteligências Múltiplas (IM) nas escolas da China se vê em todas as séries e em todas as áreas geográficas. Forças políticas, culturais e educacionais contribuíram para sua ampla difusão. Operando dentro da zona de desenvolvimento proximal cultural, a teoria cresceu na onda da reforma educacional chinesa e contribuiu para o seu avanço. A implementação da IM na China não é uma transferência direta, e sim o resultado de um forte processo de aculturação. Especificamente, o povo chinês conceitua a inteligência como um atributo da família. Assim, as práticas da teoria das IM na China envolvem toda a família. Comprometidos com o valor da harmonia, os educadores chineses das IM buscam adquirir equilíbrio entre diferentes componentes de ensino e aprendizagem, como interesses individuais e propósitos coletivos. O processo de assimilação cultural na China sugere novas aplicações e aprofunda nossa compreensão do papel fundamental que a cultura cumpre à medida que a teoria das IM se estende pelo mundo.

A teoria das inteligências múltiplas (IM) está muito difundida e tem sido bem recebida na educação chinesa (Using MI Theory to Guide Discovery of Students' Potential Project, 2007). Como dito neste livro (ver Capítulos 5 e 6), centenas de milhares de professores, administradores escolares e pesquisadores da educação em toda a China têm realizado formação em IM por meio de conferências internacionais, sessões de desenvolvimento profissional vinculadas a universidades e programas educacionais das províncias. Como exemplo particularmente contundente da popularidade da teoria das IM, metade dos professores da província de Shanxi participou de um programa intensivo de verão para formação em teoria e práticas de IM. Até onde sei, a escala desta iniciativa não tem igual em outros países, ainda que, é claro, a porcentagem de educadores chineses com formação em IM seja pequena.

Embora não haja registro oficial de quantas escolas chinesas usam a teoria das IM como princípio orientador para a reforma curricular, muitos tipos diferentes de escolas estão envolvidos na implementação das IM: públicas e privadas, regulares e de educação especial; pré-escolas, escolas de ensino fundamental e médio, escolas técnicas; escolas localizadas nas zonas urbanas, em subúrbios e zonas rurais, escolas de elite, que atendem a uma população estudantil altamente selecionada, e escolas distritais, que recebem matrícula principalmente de crianças de famílias de classe trabalhadora. Muitas escolas formaram equipes de estudo em IM, compostas pelo diretor, por professores, por coordenadores de currículo e por pais, que apoiam e avaliam a eficácia da implementação das IM.

Materiais impressos e informações relacionadas à teoria das IM estão prontamente acessíveis nas grandes cidades, por meio de livrarias, bibliotecas e páginas na Internet. Mais de 100 livros sobre a teoria e suas aplicações foram escritos ou traduzidos por acadêmicos na China Continental, Taiwan, Hong Kong, Macau e Cingapura. Um projeto de porte nacional, patrocinado pela Chinese Educational Society (Sociedade Chinesa de Educação), o Using MI Theory to Guide Discovery of Students' Potential Project (Uso da Teoria das IM para Orientar a Descoberta de Potencial dos Estudantes), publicou uma dúzia de livros descrevendo a implementação das experiências de IM em escolas-projeto. O projeto também produziu um DVD com mais de 300 estudos de caso exemplares sobre a implementação de IM em uma gama de séries escolares e em diferentes tipos de escolas. Centralizando o acesso dos educadores a materiais impressos, a equipe do projeto reuniu um conjunto de mais de 3 mil ensaios e relatórios relacionados à teoria das IM, escritos por líderes escolares e professores.

O grau de impacto da teoria é ainda muito mais impressionante considerando-se que se trata de uma teoria ocidental sobre a inteligência, que não oferece soluções a problemas educacionais específicos da China. Sua popularidade na China coloca duas perguntas relacionadas ao papel da cultura em sua disseminação. Em primeiro lugar, quais fatores explicam o atual *status* da teoria das IM entre os educadores chineses? Segundo, como ela foi transformada por meio de sua implementação por esses educadores? Para tratar dessas duas perguntas, examino a aceitação de práticas da teoria das IM na China em relação aos contextos políticos, culturais e educacionais a partir de perspectivas históricas e contemporâneas. Na análise, presto especial atenção ao reconhecimento que os chineses fazem da família, em lugar do indivíduo, como unidade para conceituar inteligências, e também trato do compromisso cultural chinês para com a harmonia, que enfatiza um equilíbrio entre componentes do processo de ensino e aprendizagem. Essa análise conceitual ajuda a explicar por que a China recebeu tão bem a teoria das IM e como os valores orientais e ocidentais se mesclaram no processo de aculturação da teoria.

FATORES QUE CONTRIBUEM PARA A SITUAÇÃO DA TEORIA DAS IM NA CHINA

O sucesso de uma teoria depende de suas características internas e de fatores externos do ambiente em que é introduzida (Feldman, 2003; Gruber, 1981). As principais características internas que chamaram a atenção dos chineses à teoria das IM são sua acessibilidade diferenciada a quem a pratica, as fontes de dados confiáveis usadas para sustentá-la e a visão positiva que ela tem do potencial humano para o desenvolvimento. Quatro importantes fatores externos contribuíram para o sucesso da teoria na China: a política de portas abertas, as necessidades que a sociedade tem de mudança educacional, consoante com o pensamento tradicional chinês, e a centralização do sistema educacional do país. Enquanto as características internas da teoria podem atrair educadores de todo o mundo, os fatores externos são específicos em termos culturais e, portanto, podem demandar uma análise contextual.

Mudanças provocadas pela política de portas abertas

Refletindo uma ideologia forte e compartilhada, a atmosfera política na República Popular da China (RPC) é a força maior que direciona o pensamento educacional da sociedade. Por mais de três décadas, depois da fundação da RPC em 1949, a China ficou fechada ao mundo exterior. Tudo – a ideologia política, o desenvolvimento econômico, a educação e mesmo a vida social – era controlado pelo governo. As ideologias ocidentais, principalmente as dos Estados Unidos, eram condenadas como envenenamento imperialista ou capitalista dos adeptos da revolução proletária. John Dewey (1948), cuja filosofia da educação costumava ser venerada como a brisa fresca que vinha do Ocidente, foi condenado como defensor de valores ocidentais. Nesse ambiente político, teria sido extremamente difícil, se não completamente impossível, que uma teoria ocidental de inteligência que enfatizasse diferenças individuais penetrasse na hegemonia ideológica profundamente controlada da China.

A política de portas abertas de Deng Xiaoping, adotada no início dos anos de 1980, restabeleceu o contato com o resto do mundo. Depois de mais de 30 anos de isolamento, o povo chinês estava ávido para explorar o mundo além das fronteiras de seu país. Em sua estratégia de governo, a liderança política chinesa se tornou mais utilitária do que ideológica. Deng fez a seguinte declaração, tão repetida que se tornou famosa: "Não importa se o gato é preto ou amarelo; caçando ratos, o gato é bom".

Com essa mudança na atmosfera política, os chineses deram um enorme passo à frente para assumir ideias e práticas ocidentais, entre elas, a concorrência de base capitalista, a propriedade privada, os métodos de ensino de Montessori e a teoria do vínculo infantil, só para citar alguns exemplos isolados. A mudança na atmosfera política abriu caminho para transformações em outras esferas da sociedade, incluindo a educação. Essa abertura do contexto político tornou possível a introdução da teoria das IM na China. Sem a história recente de uma política e prática de portas abertas, não haveria teoria das IM na China.

Necessidades sociais de mudança educacional

A consequência mais evidente da política de portas abertas da China tem sido o rápido crescimento econômico, que cria uma forte demanda por mão de obra que não tenha apenas conhecimento e habilidades, mas que também seja criativa e capaz de resolver problemas. Os educadores chineses não estavam preparados para atender a essa demanda. Como dito no Capítulo 6, com professores formados no uso de práticas educativas tradicionais e sob pressão para preparar os estudantes para vestibulares, o sistema educacional chinês há muito é conhecido por produzir alunos com ótimas notas em provas de habilidades restritas, que não podem ser mobilizadas para atender novos desafios. Os educadores se manifestaram sobre a necessidade de novas práticas de ensino e aprendizagem para dar continuidade ao desenvolvimento econômico da China.

Em resposta às necessidades sociais e ao clamor dos educadores, o Ministério da Educação da China lançou uma série de orientações para reforma educacional, incluindo as Diretrizes da Reforma do Sistema Educacional Chinês (1985), as Diretrizes da Reforma e Desenvolvimento Educacional da China (1993) e a Diretriz para a Reforma de Currículo na Educação Compulsória (2001). Essas diretrizes estabeleciam que, para que a educação chinesa atendesse os desafios da modernização, do mundo e do futuro, era imperativo adotar métodos de currículo e de ensino com vários atributos, entre eles respeitar as características evolutivas das crianças, prestar atenção às diferenças individuais e enfatizar a aprendizagem ativa. Como formulação de políticas, essas diretrizes não especificavam bases teóricas para a reforma educacional. Como a teoria das IM sustentava os preceitos básicos das diretrizes, os líderes rapidamente a identificaram como uma estrutura teórica fundamental para a reforma curricular na China.

Consonância com o pensamento tradicional chinês

Como enfatizado nos Capítulos 4 a 6, as ideias das IM se enquadram bem no pensamento chinês tradicional nos campos da filosofia e da educação. Filosoficamente, a visão pluralista sustentada pela teoria é conhecida. A sociedade chinesa se caracteriza por distintas escolas de pensamento. O pluralismo, em vez do reducionismo, dominou o pensamento filosófico por milhares de anos. No Período dos Estados Combatentes (475-221 a.C.), por exemplo, havia 100 escolas de pensamento ou ideologias. Mesmo depois de um longo período de síntese, quatro delas permaneceram: confucianismo, taoísmo, budismo e legalismo. O pluralismo se manteve dentro de cada uma dessas escolas de pensamento. Muitos ditados chineses de sábios antigos e clássicos sagrados enfatizaram ideias semelhantes àquelas proclamadas pela teoria das IM. Confúcio, por exemplo, definiu o termo *humanidade* (ren) de mais de uma dúzia de maneiras. Sua posição era clara: um conceito tão complexo quanto humanidade incorpora muitos elementos e deve ser estudado a partir de diferentes ângulos e abordado de uma série de perspectivas. As diferenças individuais no ensino e na aprendizagem são um tópico frequente discutido em clássicos tão sagrados como o *Grande Estudo* (Da Xue). Usando história de sábios como Confúcio e Mêncio, assim como de pais e professores comuns, os clássicos formularam muitos princípios de ensino individualizados, incluindo *Yin Cai Shi Jiao* ("Adequar o estudo à aptidão do aluno"), *Yin Ren Er Yi* ("Variar a aprendizagem conforme cada indivíduo") e *Zhang Shan Jiu Shi* ("Potencializar as qualidades para diminuir as limitações").

Em função da lavagem cerebral feita pelo Partido Comunista Chinês entre 1949 e 1979, os ocidentais podem questionar até onde os educadores chineses entendem essas ideias filosóficas e educacionais tradicionais. Para tratar dessa questão, resumo evidências de que o Partido Comunista não destruiu essas ideias tradicionais nem conseguiria fazê-lo. Em primeiro lugar, em contraste com a ideologia comunista na China, de vida curta, a caracterização da cultura chinesa como pluralista, com princípios de ensino confucianos, está enraizada nos 5 mil anos de história anteriores a 1949. O pluralismo e os princípios confucianos estão tão profundamente embutidos na cultura que penetram em quase todos os aspectos da vida chinesa. Profundamente enraizada, essa história cultural não pode ser facilmente destruída nem substituída. Em segundo, o próprio Mao, presidente do Partido Comunista Chinês de 1949 a 1979, era um discípulo diligente dos clássicos confucianos. Muitas de suas frases sobre educação, como "A análise se aplica a situações específicas" (*Ju Ti Wen Ti Ju Ti Fen Xi*) e "Fazer o que seja adequado a cada pessoa" (*Yin Ren Zhi Yi*), eram semelhantes aos ditos de Confúcio. Para os educadores chineses da época, implementar o pensamento educacional de Mao era a continuação da boa pedagogia baseada nos clássicos sagrados. Em terceiro lugar, talvez o fator mais importante relacionado à antiga tradição confuciana na sociedade chinesa seja sua linguagem. Há um ditado comum: "O processo de aprender o idioma chinês é o processo de se converter ao confucianismo". Não é necessário ir a uma escola confuciana formal para aprender sobre suas doutrinas, porque muitas expressões chinesas cotidianas são muito influenciadas pelo confucianismo e pelos clássicos sagrados. Fale com qualquer professor chinês, iniciante ou experiente, urbano ou rural: todos conhecerão muitas expressões derivadas dos clássicos confucianos, apesar de talvez não conhecerem a origem desses ditos.

Como indica essa breve revisão histórica, a teoria das IM destacou, reforçou e renovou conceitos e práticas enraizados na pedagogia tradicional chinesa e embutidos na língua do país. Foi muito mais difícil para outras ideias ocidentais, como o vínculo infantil, que não têm expressão correspondente em chinês, serem contempladas e discutidas. Como a teoria das IM parte do que é conhecido, muitos chineses acreditam que a entendem, apoiando seu uso na educação e se sentindo psicologicamente conectados a ela.

A centralização do sistema educacional chinês

O Ministério da Educação da China tem o poder final de tomar decisões sobre a direção das políticas e práticas educacionais. Como a educação é centralizada no país, os documentos que detalham as políticas do governo, como as diretrizes mencionadas antes, têm um impacto muito maior sobre o currículo e sobre o ensino em sala de aula do que as ações no âmbito de um sistema descentralizado, como o dos Estados Unidos. Seguindo os princípios educacionais apresentados nas diretrizes, a People's Education Press, de Pequim, desenvolveu vários conjuntos de currículos para escolas de ensino fundamental e médio, que incentivavam professores e alunos a usar múltiplos pontos de entrada para sustentar a aprendizagem. A teoria das IM foi mencionada explicitamente nos guias do professor que acompanhavam os currículos. Como a editora funciona sob orientação do Ministério da Educação e, portanto, as escolas do país seguem sua autoridade para desenvolver o currículo, o uso desses currículos relacionados à teoria das IM se difundiu rapidamente por toda a China.

Consideremos outro exemplo de como o poder do sistema educacional centralizado da China acelerou a assimilação da teoria das IM. Em 2002, a Chinese Educational Society escolheu o projeto Using MI Theory to Guide Discovery of Students' Potential como um de seus principais projetos de pesquisa e desenvolvimento. Esse apoio proporcionou patrocínio financeiro, chamou atenção nacional e atraiu participantes de todas as regiões do país. Mais importante do que qualquer outra coisa, a implementação sistemática e em grande escala das IM nas escolas da China passou a ser prioridade. Para garantir que o projeto fosse levado a cabo segundo padrões elevados, duas importantes instituições de educação superior, o Instituto de Educação, em Pequim, e a Universidade Normal do Leste da China, em Xangai, assumiram a liderança nas regiões norte e sul do país. Muitos líderes intelectuais de destaque, como Xiping Tao, ex-diretor do Departamento de Educação, em Pequim, e Fang Li, presidente do Instituto de Educação de Pequim, ocuparam a liderança no projeto e, portanto, cumpriram papéis fundamentais no processo de implementação da teoria das IM na China. As vozes desses destacados líderes educacionais atraíram atenção, ganharam apoio e tiveram impacto considerável sobre o pensamento e sobre a ação dos educadores.

O ambiente ideal

Para concluir a discussão dos fatores que contribuíram para o sucesso da teoria das IM na China, devem-se reconhecer os efeitos da associação de Gardner com a Harvard University e sua relação pessoal com a China. A teoria das IM nasceu em Cambridge, Massachusetts, nos Estados Unidos, um fator raramente mencionado, mas de inegável contribuição para sua popularidade na China. Para os chineses, a educação superior norte-americana é a melhor do mundo, e Harvard University, com sede em Cambridge, é seu carro-chefe. Se alguém quiser o melhor do melhor em educação, seu destino é Harvard. As pessoas e as ideias associadas a essa instituição são admiradas e têm uma vantagem competitiva na China. Gardner foi à China várias vezes, seu livro *To Open Minds: Chinese Clues to the Dilemma of Contemporary Education* (1989) é resultado dessas viagens, bem como de uma residência que realizou no país. Muitos chineses sabem que ele se interessa verdadeiramente pela cultura chinesa e tem uma postura simpática em relação ao povo chinês. Seguindo o ensinamento de Confúcio, "que bom ter amigos que chegam de longe", os chineses assumiram Gardner e a teoria das IM com a mais carinhosa das boas-vindas.

Os quatro fatores mencionados – política de portas abertas, surgimento de demandas por mão de obra, sistema educacional centralizado e pedagogia sintonizada com o pensamento chinês tradicional – interagiram para criar um ambiente ideal para a difusão da teoria das IM na China. Através de sua influência conjunta, esses fatores levaram a um estado de prontidão para a assimilação de novas ideias. Ampliando o conceito de Vygotsky (1978) da zona de desenvolvimento proximal de um indivíduo, sugiro a expressão *zona de desenvolvimento proximal cultural* para fazer referência ao nível de prontidão de uma cultura a aceitar novas ideias e realizar práticas alternativas. Quando a China estava pronta para assumir ideias e práticas úteis a seu desenvolvimento, a teoria das IM foi introduzida. Como essa teoria estava em sintonia com fatores centrais, sua recepção foi forte, e sua implementação, eficaz. A IM tem continuado a funcionar nessa zona de desenvolvimento proximal cultural na China durante a última década.

IMPLEMENTAÇÃO DA TEORIA DAS IM POR MEIO DE UM PROCESSO DE ACULTURAÇÃO

Ao longo de sua história de 5 mil anos, a China aceitou ideias estrangeiras, assimilando-as a suas próprias tradições culturais (Spence, 2002). A introdução do budismo, do marxismo e do cristianismo no país é um exemplo desse processo de assimilação. A teoria das IM não é exceção, e sua implementação na China não foi uma transferência direta, e sim o resultado de um forte processo de aculturação. Entre muitas questões intrigantes que fazem parte desse processo de aculturação, destaco aqui duas para comparação com a implementação da teoria das IM nos Estados Unidos: distintas concepções de inteligência e distintos valores orientadores do processo educativo.

A conceituação de inteligência

A mente individual é central às teorias ocidentais de inteligência que foram desenvolvidas no decorrer do último século. Independentemente de a teoria sobre a inteligência dizer que ela é singular ou pluralista, inata ou ecológica, o foco das concepções ocidentais está no indivíduo. Desde o nascimento até a idade adulta, o indivíduo é considerado como agente e expressão principal da inteligência. Representando uma mudança nos últimos 20 anos, agora se reconhece a influência do contexto no desenvolvimento da inteligência. A teoria das IM de Gardner (1993), a teoria triárquica da inteligência de Sternberg (1988) e a teoria bioecológica das inteligências de Ceci (1996) estão entre as que atraem a atenção ao contexto. Entretanto, comparado com a mente do indivíduo, o contexto muitas vezes permanece como pano de fundo em vez de estar em primeiro plano nos estudos sobre desenvolvimento intelectual.

A concepção chinesa de inteligência é diferente. A origem dessa concepção pode ser identificada na tradição confuciana, tão fundamental na cultura chinesa. A inteligência é atribuída à família, e não ao indivíduo. Particularmente, quando as crianças são pequenas, a família é considerada como um agente coletivo da inteligência. Não há limite claro entre pais e seus filhos, seja do ponto de vista existencial, seja do emocional ou intelectual. A relação entre a família e seus membros pode ser comparada àquela entre um corpo e suas partes. Embora se possam distinguir partes como um braço e uma perna, elas não funcionam de forma independente do corpo. Da perspectiva da tradição confuciana, a família é uma unidade fundamental e irredutível quando os filhos são pequenos. Qualquer tentativa de reduzir a família a um conjunto de indivíduos isolados viola a integridade e o sentido da unidade constituída pela família.

Os chineses implementaram a teoria das IM de maneiras coerentes com sua concepção de inteligência. Por exemplo, o perfil intelectual diferenciado de uma criança é examinado no contexto da família, e não tratado como representação de um indivíduo isolado. Com frequência se pede que os pais descrevam um perfil intelectual familiar, indicando pontos fortes, interesses ou habilidades dos pais e do filho, bem como os que estão desenvolvendo. O perfil familiar não é visto como vários códigos de barras separados, e sim como um sistema intelectual dinâmico no qual cada membro complementa, sustenta ou contribui ao desenvolvimento de outro. Observando os perfis familiares, os educadores das IM exploram até onde os pontos fortes específicos de uma criança refletem os interesses dos pais e como um ambiente doméstico pode dar apoio à educação das inteligências do filho.

Para os educadores chineses que trabalham com as IM, as inteligências, como atributos da família, são recursos compartilhados, e não propriedade de um indivíduo. As inteligências de todos os membros da família são aplicadas para se atingir objetivos, resolver problemas e realizar atividades da vida cotidiana. Um dos objetivos familiares centrais é a educação dos filhos, vista como uma extensão das inteligências da família. Em lugar de tratar somente de como usar as qualidades intelectuais de uma criança individual, os educadores chineses fundamentados nas IM buscam constantemente mobilizar a unidade familiar como recurso educativo e como agente ativo para ajudar a desenvolver as habilidades intelectuais da criança. A família ocupa uma posição de destaque no processo de implementação das IM na China.

Baseado na ideia de que desenvolver o intelecto de uma criança é uma responsabilidade compartilhada por pais, filhos e professores, muitas escolas dirigidas às IM fazem aulas à noite e nos fins de semana para ajudar os pais a conhecer a teoria das IM e suas aplicações em sala de aula. Como descrito no Capítulo 4, para os educadores chineses que usam essa teoria, educar os pais é um elemento integrante da educação dos filhos, porque ambos crescem juntos em uma família. Da perspectiva dos pais, seu envolvimento ativo ajuda a garantir que eles entendem claramente o que os professores esperam das crianças e que estão oferecendo oportunidades educativas relacionadas a isso em casa.

Esse mesmo foco na unidade familiar pode ser visto no currículo das IM. Vários educadores chineses que trabalham com IM enfatizam que um objetivo curricular prioritário para o desenvolvimento da inteligência interpessoal das crianças é aprender a entender os sentimentos, valores, necessidades, interesses e esforços de seus pais ao criá-los. Como as inteligências são compartilhadas por indivíduos que compõem uma família, a compreensão das crianças sobre seus pais é tão importante quanto que estes saibam muito sobre seus filhos. Quanto mais os filhos entenderem os pais, mais provável será que apreciem os esforços que esses pais fazem e os reconheçam quando seu comportamento refletir ou desviar de seus valores e expectativas. Entender de que forma os filhos se parecem ou não com os pais também contribui para o surgimento da autoconsciência e para a formação da identidade da criança. Assim, os pais dão uma contribuição singular ao desenvolvimento das inteligências interpessoais e intrapessoais de uma criança.

Outro caso de reconhecimento da centralidade da família é partir da compreensão da criança sobre os papéis dentro dela e sobre as responsabilidades dos membros. Esse fator leva ao uso frequente por parte dos professores de uma abordagem coletiva nas escolas chinesas. Baseando-se em sua experiência na família, os membros da equipe assumem papel de irmãos, trabalhando juntos dentro e fora da escola. Em equipes, os estudantes se fundamentam nas qualidades e nos conhecimentos uns dos outros para a aprendizagem baseada em tarefas específicas. Assumindo os papéis de irmão e irmã, estudantes mais velhos e mais jovens ficam mais dispostos a compartilhar ideias e materiais e podem auxiliar na realização de tarefas. Os professores informam que as equipes de irmãos e irmãs realizam trabalhos superiores a outras equipes. É importante dizer que o uso da compreensão das crianças sobre a família para estruturar equipes não está relacionado à prática de formar grupos de idade mista, uma abordagem educacional usada em muitas escolas nos Estados Unidos. Em lugar disso, vem da prática de apoio mútuo como valor fundamental nas famílias chinesas e enfatiza o papel central que a família cumpre na consciência da criança.

A harmonia como valor cultural fundamental

A teoria das IM promove o pluralismo e o igualitarismo na conceituação da inteligência. Segundo Gardner (1993), os seres humanos evoluíram no decorrer dos milênios para usar várias inteligências distintas, relativamente autônomas, e essas inteligências reivindicam igual prioridade, validação e importância. A teoria das IM tem como foco a independência em vez da interdependência e a igualdade entre indivíduos em vez da unidade do grupo.

Para os chineses, as relações e o benefício mútuo são tão, se não mais, apreciados do que a independência e a igualdade, porque constituem as chaves para a harmonia, um dos valores mais caros à sociedade chinesa. Como sua influência atravessa milhares de anos e toca tantos aspectos da vida chinesa, harmonia não é um termo que se possa traduzir com facilidade. Para os propósitos deste capítulo, o termo é interpretado com um foco no equilíbrio, que se refere às relações entre diferentes componentes de um sistema, como diferentes gerações em uma família e diferentes membros da força de trabalho. A harmonia reconhece diferenças, que demandam ajuste e sincronização entre componentes. Os diferentes componentes de um sistema não são autônomos, como se existissem por si sós. Em vez disso, entram em um todo maior, no qual são complementares e benéficos entre si.

Com a cultura valorizando e praticando a harmonia, os educadores chineses implementaram as IM por meios de assimilações que a preservam. Consideremos a situação de se observarem os perfis e identificarem as qualidades intelectuais de uma criança – uma marca da prática das IM em outros lugares. Os educadores chineses que trabalham com IM relutam em usar o termo *qualidades*. Segundo sua visão, as pessoas com bastante frequência consideram as qualidades realizações relacionadas a uma única inteligência, como o uso de inteligência linguística para escrever um romance ou de inteligência musical para se apresentar no palco. Para os chineses, essas caracterizações correm o risco de sugerir que uma inteligência funciona e tem correlação única com um determinado tipo de desempenho.

Em lugar de se concentrar fundamentalmente nas qualidades, os chineses consideram-nas, assim como as limitações, partes de um todo maior. As qualidades são relativas às limitações e vice-versa, e ambas coexistem por um propósito. A identificação das qualidades intelectuais específicas de um estudante deve vir acompanhada de uma compreensão de suas vulnerabilidades. Caso contrário, entende-se a criança de forma desequilibrada e incompleta. Na prática, partir das qualidades dos alunos é uma forma de a educação nas IM auxiliá-los. Ajudá-los a entender suas vulnerabilidades ou limitações e trabalhar para superá-las é outra forma de eficácia das IM. Para desenvolver uma pessoa equilibrada, os professores precisam conhecer o perfil intelectual completo de cada aluno com base em uma gama de áreas curriculares e extracurriculares. Também precisam ajudar o estudante a ficar ciente de suas qualidades e limitações.

Um segundo exemplo de preservação da harmonia quando se assimila a prática das IM é equilibrar a relação entre mais e menos no currículo e no ensino. Como defendido pelo projeto nacional *Using MI Theory to Guide Discovery os Student's Potential*, a ideia de que "menos é mais" se tornou um princípio pedagógico em algumas escolas chinesas. Inicialmente, para expor os estudantes a distintas áreas de aprendizagem, essas escolas acrescentaram disciplinas eletivas, que chegaram a 50 em algumas escolas. Aos poucos, entenderam que a quantidade deveria ser balanceada com a qualidade para atingir harmonia em ensino e aprendizagem. A atenção a conceitos e habilidades fundamentais que sustentam o desenvolvimento em áreas disciplinares é tão importante quanto uma exposição introdutória a uma ampla gama de áreas curriculares.

Os professores dessas escolas começaram a entender o significado e o valor de ensinar "menos", usando a estrutura das IM. Ensinar "menos" significa que os professores e seus alunos buscam o conhecimento profundo sobre conceitos relacionados que possam ser aplicados a atividades cotidianas. O domínio desse conhecimento profundo, na forma de conceitos e habilidades fundamentais, leva os estudantes a explorar aplicações de conceitos em uma ampla gama de áreas curriculares. Ao explorar aplicações, os alunos encontram novos conceitos e habilidades fundamentais que passam a ser objetivos do novo ciclo de aprendizagem. Durante esses ciclos, os professores equilibram profundidade de conhecimento e compreensão com amplitude de exposição e diversidade de oportunidades de aprendizagem.

O desenvolvimento do indivíduo por meio da educação coletiva oferece um exemplo final da abordagem singular à prática das IM no valor chinês da harmonia. A educação coletiva se refere à prática que considera a melhoria do coletivo, em vez do desenvolvimento do individual, como propósito da educação. Os membros de um coletivo compartilham objetivos e valores, que levam ao apoio e à cooperação entre indivíduos. Na educação coletiva, o sucesso de todos os estudantes depende do sucesso de cada membro do grupo. Cada um é responsável por ajudar os outros a aprender a realizar.

Para muitos ocidentais, os conceitos de indivíduo e coletivo são incompatíveis e opostos. Do ponto de vista chinês, os dois conceitos são complementares: a harmonia se adquire quando os indivíduos se complementam enquanto mantêm sua identidade. Um exemplo simples é o símbolo *yin yang*. Embora sejam opostos em forma e cor, sua união compõe um todo integral. A educação coletiva é uma condição importante para o desenvolvimento da inteligência individual. Um coletivo saudável respeita e aprecia a individualidade em vez de depreciá-la; por sua vez, os indivíduos se beneficiam de um coletivo saudável. A educação coletiva individualizada – ou seja, aquela que leva em consideração as diferenças individuais no contexto das atividades de grupo – é o objetivo que os educadores chineses se esforçam agora para atingir.

Ao implementar a educação em IM, os educadores chineses dedicam esforços consideráveis para avançar rumo à educação coletiva individualizada. Consideremos os exames vestibulares chineses, um requisito necessário, ainda que muitas vezes não bem-vindo, na China contemporânea. No passado, a fim de preparar os estudantes para o vestibular, experientes professores de ensino médio revisavam todos os possíveis conteúdos relacionados ao exame enquanto todos os estudantes despendiam muito tempo estudando as mesmas questões e memorizando os mesmos fatos. Inspirados na reforma curricular relacionada às IM, os professores atualmente pedem que os alunos gerem perguntas baseadas em materiais de revisão, em vez de simplesmente responder às apresentadas pelos professores. Em lugar de dar atenção igual a todos os materiais de revisão para os testes, cada estudante do último ano possui um caderno para anotar seus erros frequentes, principalmente os que tenham relação com conceitos fundamentais. Os erros são compartilhados com membros do grupo de estudos do aluno e passam a ser o foco da revisão desse aluno.

Tendo deixado de enfatizar uma ou algumas "melhores" abordagens de estudos, várias escolas de ensino médio pedem agora que os alunos do último ano escrevam ensaios sobre suas opções de métodos de estudo ou sobre as formas de assistência que preferem receber do professor. A reflexão envolvida na escrita desses ensaios ajuda os alunos a obterem mais consciência das abordagens que melhor respondem a suas necessidades de aprendizagem. No processo, os estudantes fortalecem sua inteligência interpessoal. Trabalhando com alunos em grandes grupos, os professores tratam das diferenças individuais por meio do envolvimento ativo deles na identificação do conteúdo e na escolha dos métodos de estudo para o processo de revisão que visa aos testes. O objetivo de melhorar o desempenho de todos os alunos é atingido reconhecendo-se as necessidades e habilidades de cada um. Em vez de competir com outros membros do grupo, cada um deles acrescenta suas qualidades à equipe, e esta funciona como um todo. Os indivíduos contribuem ao esforço coletivo. Ganham com o apoio e com a ajuda da equipe, as diferenças individuais são compreendidas com relação a objetivos comuns, e as limitações de um aluno são compensadas pelas qualidades de outro. A apreciação profunda da harmonia e do equilíbrio, tão fundamental na cultura chinesa, leva naturalmente à relação entre o indivíduo e o coletivo em termos de equilíbrio. À medida que as práticas relacionadas à teoria das IM são implementadas, essa relação se torna mais equilibrada.

CONCLUSÃO

Ao longo da última década, a teoria das IM teve uma influência arrebatadora na reforma educacional chinesa. Na verdade, ela tornou-se mais popular e alcançou um impacto maior na China do que nos Estados Unidos, onde nasceu. A entrada e a disseminação da teoria das IM na China constituiu um processo de aculturação desencadeado pela frequência cada vez maior de intercâmbios entre Ocidente e Oriente. As implementações bem-sucedidas das IM na China não são cópias do uso que se fez da teoria nos Estados Unidos. Acolhendo a perspectiva válida e autêntica das IM sobre a natureza humana e sobre as habilidades intelectuais humanas, o povo chinês assimilou as ideias das IM a suas tradições culturais, ao mesmo tempo em que mantinha os valores principais da teoria. Esse processo de aculturação, em si, é um exemplo do valor chinês em relação à harmonia e foi um pré-requisito para a implementação bem-sucedida das IM na China.

Os educadores chineses chegaram à etapa da prática reflexiva em IM. Após o estágio inicial de exploração da teoria, seguida de amplas atividades de implementação, agora sentem a necessidades de realizar o que se chama de "processo de reflexão calma". No centro desse processo está como integrar mais a teoria ao contexto chinês contemporâneo. O objetivo da prática reflexiva é usar a teoria das IM para atender às necessidades da reforma educacional chinesa e implementar as práticas baseadas nessa teoria que são marcadas por características chinesas específicas. A China enfrenta muitos desafios em educação. O tamanho típico das turmas, de 50 a 60 alunos, por exemplo, torna quase impossível individualizar o processo de ensino. Os recursos escassos e o vestibular são grandes obstáculos ao cultivo das diferentes qualidades de cada aluno. A China está se tornando uma sociedade cada vez mais individualista e de mercado. Como resultado da política que só permite um filho por família, o país em pouco tempo será dominado por gerações de filhos únicos. Embora a harmonia e o equilíbrio continuem sendo um valor e um objetivo, ainda não se sabe como isso vai se comportar em um ambiente de rápido crescimento, rápidas transformações, competitivo, orientado ao mercado e de filhos únicos. Para que a prática das IM chegue ao nível seguinte de sucesso na China, esses e muitos outros desafios devem ser tratados de forma direta e criativa. Com as conclusões obtidas a partir da reflexão, os educadores chineses estarão prontos para adentrar novo território. A partir de seu êxito com as IM, continuarão a ajudar os alunos a atingir seus potenciais individuais e coletivos e a auxiliar a China a chegar a seus objetivos globais.

Referências

Ceci, S. J. (1996). *On intelligence: A bio-ecological treatise on intellectual development* (2nd ed.). Cambridge, MA: Harvard University Press.
Dewey, J. (1948). *Reconstruction in philosophy*. New York: Holt.
Feldman, D. H. (2003). The creation of multiple intelligences theory: A study in high level thinking. In R. K. Sawyer, V. John-Steiner, S. Moran, R. Sternberg, D. H. Feldman, J. Nakamura, et al. (Eds.), *Creativity and development* (p. 139-185). New York: Oxford University Press.
Gardner, H. (1993). *Multiple intelligences: The theory in practice*. New York: Basic Books. [*Inteligências múltiplas*: a teoria na prática. Porto Alegre: Artmed, 1995]
Gardner, H. (1989). *To open minds: Chinese clues to the dilemma of contemporary education*. New York: Basic Books.
Gruber, H. (1981). *Darwin on man: A psychological study of scientific creativity* (2nd ed.). Chicago: University of Chicago Press.
Spence, J. (2002). *To change China: Western advisers in China*. Penguin: New York.
Sternberg, R. J. (1988). *The triarchic mind: A new theory of human intelligences*. New York: Viking.
Using MI Theory to Guide Discovery of Students' Potential Project. (2007). *Multiplicity and harmony: Reports from the field of multiple intelligences theory practice*. Shanxi, China: Shanxi Teachers University Press (in Chinese).
Vygotsky, L. (1978). *Mind in society*. Cambridge, MA: Harvard University.

INTELIGÊNCIAS MÚLTIPLAS NA CHINA
Desafios e esperanças

Happy Hoi-Ping Cheung

Os chineses acreditam que as inteligências humanas são diversificadas e que deveriam ser usadas para cultivar o desenvolvimento integral de estudantes em ética, esportes e conteúdos acadêmicos. A pedagogia tradicional chinesa valoriza o ensino e a aprendizagem individualizados, mas tem uma longa história no uso de provas generalizantes para selecionar os alunos de mais alto desempenho. A pressão dos vestibulares hoje em dia, assim como os esparsos recursos educativos, causou muitos problemas na educação – situação que chamou a atenção dos educadores chineses e do governo. A teoria das IM se tornou o suporte teórico das políticas educacionais do governo. Os chineses adotaram a ideia das IM, mas questionam as realidades de implementação das práticas das IM. Neste capítulo, trato dos esforços feitos pela MIESC fora de contextos educacionais. Por meio de seminários, artigos de revistas, programas de rádio e entrevistas de televisão, a organização tenta influenciar professores, pais e formuladores de políticas para levar as IM aos campos da educação familiar, da educação técnica e até mesmo da reforma dos vestibulares.

Quando os educadores chineses estavam fazendo tudo o que podiam para aliviar a pressão sobre os estudantes, ao mesmo tempo em que os preparavam para obter um bom desempenho em um mundo que passa por rápidas transformações, a teoria das inteligências múltiplas (IM) foi introduzida na China. A teoria é coerente com a nova política educacional chinesa chamada de "Educação para a Qualidade" (*Su Zhi Jiao Yu*), que enfatiza formas diferentes de aprender e de se desenvolver. A excelência acadêmica tradicional não deve ser a única medida do desempenho dos alunos. Professores e pais devem prestar a mesma atenção às outras habilidades dos estudantes, como artes, esportes, música e educação moral. O conceito foi adotado de maneira entusiasmada.

A China tem uma grande população, mas recursos limitados investidos em educação. Possui uma longa história de exames, e essa prática é considerada a forma mais justa hoje de se avaliar talentos. Além disso, levando-se em conta a crença de que o diploma universitário é o único caminho para uma vida melhor, o vestibular certamente persistirá. Quando as pessoas oscilam entre "educação para a qualidade" e "educação para os exames", as práticas de IM em sala de aula provavelmente permanecerão como um experimento, em vez de uma abordagem aceita universalmente.

Alguns chineses questionam como essa teoria psicológica ocidental pode se aplicar à condição de seu país. Sendo uma das descobertas importantes no século XX, esperamos que mais chineses aprendam sobre ela e a entendam. Procuramos introduzir essa teoria em toda a sociedade em vez de somente dentro de contextos educativos tradicionais. Outros colegas descreveram como a teoria das IM foi aplicada nas escolas chinesas neste livro (ver Capítulos 3 e 5). Neste capítulo, examino de forma breve o que a Multiple Intelligences Education Society of China (MIESC) fez fora de ambientes educativos tradicionais.

AS CONDIÇÕES DE INTRODUÇÃO DAS IM: OBSTÁCULOS E FACILIDADES

"Educação para a qualidade" e "educação para os exames"

Por mais de mil anos, o povo chinês adquiria mobilidade social fazendo o exame imperial, uma abordagem que refletia a seleção hierarquizada de talentos. Nas três últimas décadas, o exame vestibular chinês (conhecido como *GaoKao*) se tornou uma ponte para milhares de estudantes que ingressaram na universidade.

O resultado acadêmico passou a ser uma preocupação muito grande em termos de ensino e aprendizagem. Os estudantes com alto desempenho nos exames são considerados "bons alunos", enquanto os que têm notas baixas são tidos como "maus alunos". A educação voltada aos exames produziu uma grande quantidade de estudantes que receberam notas altas, mas foram considerados de "baixa capacidade". À medida que a pressão dos estudos e da vida escolar criava pressões emocionais e frustração para pais e filhos, os suicídios de alunos passaram a ser mais frequentes.

Esse ciclo destrutivo chamou a atenção de educadores chineses e do governo. Ambos estão buscando formas mais eficazes de preparar os estudantes para que obtenham bons desempenhos em um mundo que passa por rápidas transformações. Em 1999, o governo introduziu o conceito de *educação para a qualidade*.

Em um esforço para encontrar sustentação teórica a essa ideia, a teoria das IM serviu quase como uma poção mágica para a educação para a qualidade na China.

Apresentando a teoria das IM à China

As IM ficaram muito conhecidas em nível nacional na China no final da década de 1990, quando a obra *Frames of Mind* (1983), de Howard Gardner, foi traduzida para o chinês.

Nas faculdades de educação, as IM se tornaram uma das teorias educacionais mais importantes no currículo. Da educação infantil ao ensino médio, sua prática tem sido aplicada em salas de aula de todo o país, e vários livros a respeito do tema foram traduzidos e publicados em chinês. A teoria enriquece os critérios dos professores para avaliar seus alunos. Uma professora tinha a seguinte opinião: "Ao contrário de antes, quando observo meus alunos agora, todos são bons alunos. Todo mundo tem pontos fortes a serem apreciados". Outro professor disse: "Observei que alguns de meus alunos que não tinham boas notas na escola acabaram alcançando mais êxito. A teoria das IM me mostra a razão: as inteligências interpessoais desses alunos podem ser mais elevadas, cada um deles é único". No passado, os testes de QI eram a única forma de os professores avaliarem seus alunos. Agora, a teoria das IM oferece aos professores uma nova perspectiva para apreciar outros talentos dos alunos.

Recursos educativos limitados

A maioria das escolas de ensino fundamental e médio na China é pública, financiada pelo governo. As "escolaspadrão" (ou de mais prestígio) têm melhores professores e melhores instalações, e recebem mais apoio financeiro do governo do que as comuns. Comparadas com estas, as escolas padrão geralmente possuem um longo histórico de bom desempenho acadêmico. Para manter a alta taxa de aprovação, essas escolas preferem recrutar estudantes com notas altas em matemática, chinês e inglês e, talvez, também em um teste de QI. Os pais matriculam seus filhos em aulas de inglês ou "olimpíadas de matemática" para ajudá-los a obter as altas notas de que necessitam para entrar e permanecer nas escolas padrão.

Também é difícil promover um ensino em sala de aula mais voltado ao aluno na China, em função dos enormes tamanhos das turmas. Na maioria das cidades, o tamanho padrão das turmas é de 40 a 50 alunos em uma escola padrão e de 50 a 60 em uma comum. Além disso, cada professor geralmente leciona duas disciplinas ou mais. Alguns reclamam que é muito difícil usar a iniciativa individual em sua sala de aula em função do tamanho das turmas. Formas tradicionais de ensino, seguindo um roteiro e incentivando os alunos a serem passivos, possibilitam que o professor controle a classe com mais facilidade. Os salários dos professores são vinculados às notas dos alunos. Para se certificar de que os alunos obtenham notas altas, muitas escolas praticam o que se chama "educação para a qualidade nas palavras, educação voltada aos exames nas ações".

Novos critérios para o sucesso

Não obstante, alguns estudantes que não obtiverem um bom desempenho no ensino médio alcançaram sucesso, tornando-se, por exemplo, autores bastante populares, astros do esporte, dançarinos ou cantores. Han-Han, que não completou o ensino médio, tornou-se um famoso romancista. Seus livros têm tanta popularidade entre os jovens que é o escritor mais bem pago da China. Ding Jun-hui era sempre reprovado nas provas de matemática do ensino médio. Por isso seu pai o tirou da escola e o treinou para que se tornasse campeão de sinuca. Além desses casos, muitos empreendedores bem-sucedidos que impressionaram o público com seus talentos especiais e com as fortunas que ganharam não possuem diplomas universitários.

Esses exemplos têm chamado a atenção e inspirado educadores chineses a pensar nas verdades contidas na noção de inteligências múltiplas. As pessoas deveriam se esforçar para se desenvolver de forma mais integral ou investir um tempo significativo no desenvolvimento de seus talentos especiais? À medida que a sociedade chinesa começa a aceitar a existência de vários tipos de sucesso, como cantar, atuar e praticar esportes, o ditado chinês de que "todo ofício tem seus mestres" se torna uma realidade vívida.

Compreensão equivocada da teoria das IM

Na China, a ideia da teoria das IM tem uma influência mais forte sobre as pessoas do que sobre suas práticas. As IM são mais praticadas e apreciadas na educação infantil e nas séries finais do que nas séries iniciais de ensino fundamental e no ensino médio. São mais utilizados em institutos de educação especial, como escolas para crianças com problemas de aprendizagem e adolescentes com problemas de comportamento, do que no ensino fundamental. Em geral, quanto mais longe estiverem os alunos no momento do vestibular, melhor as IM serão praticadas. Entre escolas e educadores que as praticam, contudo, muitos não entendem realmente o que significam.

Uma jornalista em Xangai fez, certa vez, uma observação interessante: "Nos Estados Unidos, as pessoas se interessaram pelas IM porque buscam aquilo que é especial em cada criança, querem cultivar seus dons especiais e trazer à tona a individualidade da criança. Na China", especulou, "as IM indicam oito áreas nas quais de fato se espera que as crianças tenham bom desempenho".

Na verdade, a teoria das IM e a Educação para a Qualidade refletem perspectivas um tanto diferentes. A tradição dos chineses é cultivar o que chamam de alunos "completos" (*San Hao Sheng*), ou seja, os que apresentam bom desempenho em estudos de ética, esportes e conteúdos acadêmicos. Enquanto as IM demandam o desenvolvimento individualizado de uma mescla diferenciada de talentos inatos, a educação para a qualidade enfatiza o domínio das múltiplas inteligências, cultivando-se as habilidades dos estudantes de pensar de forma crítica e criativa para resolver problemas.

INTELIGÊNCIAS MÚLTIPLAS NA EDUCAÇÃO DA SOCIEDADE CHINESA

A China tem um solo fértil para se cultivar a semente das IM, embora permaneçam alguns obstáculos. Após vários anos de estudo e prática das IM, alguns professores, administradores e formuladores de políticas buscaram fazer uma reflexão conjunta sobre suas experiências. Em maio de 2004, quando a influência das IM chegou a seu pico, mais de mil educadores participaram da Conferência Internacional sobre a Teoria das Inteligência Múltiplas em Pequim. Quando o comitê preparatório da conferência me pediu que convidasse Howard Gardner para fazer a palestra de abertura da conferência, tive a oportunidade de prestar atenção às práticas de IM na China e comecei a conversar com muitos professores e administradores chineses que estão interessados na teoria e nas práticas das IM.

Como ex-aluna de Gardner, tive a sorte de aprender a teoria das IM quando estudava em Harvard. Embora passados muitos anos, ainda acredito que é uma das mais importantes teorias sobre a mente, além de corporificar partes importantes do pensamento chinês tradicional e poder inspirar as reformas educacionais na China de hoje.

Em 2004, a teoria das IM ficara muito conhecida e influente na China. Na verdade, estava muito na moda. As escolas, principalmente as privadas, buscavam novos atrativos para que os pais matriculassem seus filhos. Não importava o quão pouco entendessem as IM, algumas escolas afirmavam ser escolas de IM. Uma escola de educação infantil no sul distribuiu violinos a cada criança e prometeu formá-las como bons músicos antes que terminassem aquela fase de sua educação, e a diretora dizia que o currículo deles fora elaborado, segundo as IM, para enfatizar o estudo das artes. Treinar o potencial musical de cada criança certamente é algo relacionado à ideia das IM.

Nossa pesquisa, contudo, mostrou que um número relativamente pequeno de educadores entendia bem as IM. Felizmente, muitos professores estão ávidos por aprender mais sobre a teoria e sobre os métodos se conseguirem encontrar a formação adequada. Com base em solicitações de professores e administradores, e com apoio da Sino Capital Education Foundation, fundou-se a MIESC, como organização sem fins lucrativos, em abril de 2003, compondo-se de escolas, professores e pais dedicados às ideias e práticas das IM. A organização se propõe a apresentar as IM a mais educadores e a formá-los para que tenham uma melhor compreensão da teoria e da prática das IM.

A MIESC tenta construir uma plataforma para professores, pais, administradores escolares e formuladores de políticas internacionais que estejam interessados em IM. Esses educadores podem compartilhar suas experiências e questões relacionadas à teoria e prática das IM.

O trabalho dentro das escolas

Durante os últimos cinco anos, a MIESC organizou oficinas, seminários e conferências para professores, administradores escolares e formuladores de políticas. A maioria dessas atividades é realizada em cooperação com a comissão local de educação, que dá acesso à maioria dos professores e administradores. A MIESC também ajuda às escolas que praticam a teoria das IM a compartilhar experiências com outras escolas, nacionais e internacionais; ajuda a avaliar seu currículo, suas instalações, seus programas de formação de professores e os voltados aos pais; traz resultados e informações de pesquisas sobre IM às escolas chinesas, e realiza pesquisa, intercâmbios e cooperação acadêmicos. Trabalhando com as equipes, nós, da MIESC, ajudamos as escolas a estabelecer seus próprios objetivos para as crianças em geral e para cada uma delas em particular. A teoria das IM não é um objetivo educacional, e sim uma ferramenta. Somente depois de formulados os objetivos é que as equipes decidem como as IM podem ajudar a atingi-los.

Em função do vestibular competitivo, a luta entre "educação voltada aos exames" e "educação para a qualidade" continua. A prática em IM nas escolas formais do ensino fundamental enfrenta dificuldades e limitações, mas a educação especial não sofre a pressão dos exames públicos, porque as crianças desse nicho apresentam dificuldades intelectuais e de desenvolvimento, e não possuem expectativas de entrar na universidade. A MIESC descobriu que as IM funcionam bem com dois tipos de educação especial: centros que trabalham com problemas intelectuais e de desenvolvimento e aquilo que se chama de "escolas de oportunidade".

A escola Xicheng Peichi, de Pequim, tem mais de 200 alunos com diferentes níveis de problemas intelectuais e de desenvolvimento. Antes de aplicar a teoria das IM, a equipe da escola seguia a avaliação e o currículo tradicionais, baseados em linguística e matemática. Os professores classificavam os alunos segundo testes de QI e agrupavam os que obtinham notas semelhantes, independentemente de diferenças etárias. Os professores ficavam exaustos de ensinar os alunos a fazer cálculos e a escrever a cada dia, e estes se cansavam de tentar fazer coisas que mal conseguiam entender.

A contribuição mais importante das IM à escola Peichi foi formular seu objetivo na educação especial: preparar esses alunos para que possam cuidar de si mesmos e se adaptar socialmente. O conceito de IM ofereceu à escola e a seus professores uma nova forma de ver as capacidades e as limitações singulares de cada aluno, e de elaborar atividades para eles. Os alunos adoraram os novos programas e ganharam mais autoconfiança, porque seus talentos foram identificados e incentivados, e suas dificuldades, evitadas. Vários deles participaram das paraolimpíadas e ganharam prêmios.

Como exemplo, uma professora descobriu que uma de suas alunas, chamada SiruiJia, era hábil em atividades corporal-cinestésicas e a treinou para ser ginasta, especializada em exercícios sobre o cavalo. Jia ganhou uma medalha de ouro nas paraolímpíadas e se tornou embaixadora internacional da organização. Já foi convidada para ir à Casa Branca, primeiro para um encontro com o Presidente Bill Clinton e depois com o Presidente George W. Bush. Ela falava bem em público. Atualmente, trabalha como formadora no departamento de relações corporativas no Grupo Bayer da China, um importante grupo da área da saúde.

A história de Jia serve de estímulo para que a escola Peichi e seus professores adotem as ideias e as práticas das IM. As aulas de música e de trabalhos manuais na escola também passaram a ser muito procuradas. É impressionante ver os alunos controlarem martelos e formões para desenhar cuidadosamente em pratos de porcelanas (as marcas nos pratos mostram imagens diferentes). Em nítido contraste com as práticas chinesas tradicionais, a escola não pede que todos os estudantes de uma turma aprendam as mesmas coisas. Alguns aprendem a cozinhar, enquanto outros trabalham em pintura. Quando os alunos, com sorrisos grandes, mostram-me seus bordados ou pinturas ou me servem a comida que cozinharam, fico tocada e pasma pelo que se conquistou com a reforma do currículo nessa escola especial.

Outro exemplo de que tratarei aqui é o da Haidian Opportunity School, de pequim, que tem cerca de 200 alunos entre a 8ª e a 12ª séries. São alunos que haviam abandonado os estudos, ou que se esperava que o fizessem em suas antigas escolas. Esses alunos apresentavam problemas comportamentais ou emocionais, usavam drogas ilícitas, faltavam muito às aulas ou estavam envolvidos com a justiça juvenil. A maioria carecia da paixão e da motivação para se sentar e escutar as aulas e não gostava do currículo escolar formal. Tampouco havia expectativa de que fossem à universidade. A escola decidiu que deveria reformar o currículo para atingir esses alunos.

A MIESC assessorou a escola Haidian e recomendou que reduzisse o tempo de aulas expositivas. Por exemplo, há 12 unidades na disciplina de chinês durante o semestre, e os professores escolhem quatro delas para lecionar, de forma que agora dispõem de tempo suficiente para ajudar os alunos individualmente a entender o que lhes está sendo ensinado. Depois que reduziu o tempo de aulas expositivas, a escola aumentou os experimentos práticos e outras disciplinas específicas. Atualmente, os alunos demonstram mais interesse por aprender. Por exemplo, em física, usam bacias e cilindros plásticos para fazer guitarras e tambores. Os alunos que são bons em música, física ou trabalhos manuais trabalham juntos, usando seu conhecimento de música e eletrônica para criar instrumentos. Além disso, aprendem a importância do trabalho em equipe. Um foguete construído por um grupo de alunos ganhou o segundo lugar em uma competição nacional de ciências. Agora, a escola convida alguns artesãos tradicionais chineses para que deem formação a alunos interessados.

Sem a pressão dos exames públicos, os professores dessas escolas conseguem criar planos de ensino flexíveis. Os talentos especiais dos alunos nessa escola são descobertos, apreciados, incentivados, e cultivados e, nesse processo, os alunos adquirem autoconfiança e boa autoestima. A MIESC pretende levar essa experiência a escolas técnicas.

Em 2005, o Departamento de Pessoal da China convidou a MIESC para que realizasse um projeto de pesquisa sobre a aplicação de IM no treinamento de profissionais e técnicos. O projeto se tornou um dos mais influentes projetos de pesquisa do departamento naquele ano, sendo o primeiro esforço da MIESC para introduzir a teoria das IM na educação técnica.

A National Association of Vocational Education of China (Associação Nacional da Educação Técnica da China), a organização não governamental com a história mais longa do país nesse campo, queria organizar fóruns regulares sobre educação técnica e empreendedorismo e convidou a MIESC para participar de seu comitê. Esses fóruns oferecerão orientações a formuladores de políticas. Espera-se que a teoria das IM proporcione os alicerces teóricos para a política de educação técnica da China.

Trabalhando com os professores

O domínio de disciplinas e conceitos disciplinares é importante para a educação. As IM podem ser usadas para determinar diferentes formas de introduzir esses conceitos desafiadores e os modos distintos de refletir inteligências diferentes.

Quando se trabalha com professores, o foco está em mostrar-lhes como avaliar as qualidades e as limitações intelectuais dos alunos e como usar diferentes tipos de pontos de entrada para introduzir conceitos disciplinares a alunos diferenciados. Convidamos professores experientes para demonstrar ideias de IM no ensino em sala de aula e deixar que discutissem e levantassem outras questões. Também coletamos artigos de pesquisa e estudos de casos dos professores para compartilhar com outros. Muitos aprendem com os outros e se tornam criativos no ensino.

Alguns deles querem saber como outros praticam e como "copiam" determinados procedimentos em suas próprias salas de aula. Isso pode gerar um problema. Enfatizamos aos professores que não há fórmula nesse caso: cada turma e cada aluno é singular e diferente, e todos os professores devem encontrar sua própria maneira de ensinar. Mesmo assim, alguns professores persistem na tentativa de seguir essas demonstrações com precisão, passo a passo, não conseguindo entender o espírito das IM. Quando os que não entendem o espírito enfrentam novos problemas, não sabem como criar soluções e não atingem os objetivos e resultados que esperam. A cópia leva a práticas estereotipadas e prejudica a ideia que estamos buscando transmitir. Além disso, quando se prendem muito ao currículo e seguem roteiros de ensino ao pé da letra, em vez de se concentrar nos alunos, os professores passam a considerar a prática das IM como um fardo.

Trabalhando com os pais

Muitos livros, livros-texto e materiais didáticos já foram publicados com base na teoria das IM, e muitas creches, pré-escolas e *playgroups* (grupos que reúnem pais, alunos e professores) foram instalados ou possuem nomes que os identificam como escolas de IM. Até mesmo alguns brinquedos são anunciados como produzidos "segundo a teoria das IM". Embora vários desses estabelecimentos de ensino beneficiem as crianças, alguns usam o nome da teoria para aumentar a matrícula. É difícil para os pais julgar quais escolas verdadeiramente se baseiam na teoria das IM, por isso eles têm buscado nossa ajuda nessa área.

Para certificarem-se de que seus filhos ingressarão em boas escolas e acabarão estudando em faculdades de prestígio, os pais desejam que sejam ótimos em inúmeras áreas. Para alguns pais, teoria das IM indica oito áreas em que se pode esperar que seus filhos tenham alto desempenho.

A maioria dos pais espera que seus filhos alcancem notas altas em provas escolares, sem considerar suas inteligências especiais, bem como suas qualidades e limitações nessas áreas. Quando pais e professores têm consciência da capacidade das crianças para sobreviver nesse mundo em rápida transformação, escolhem a "educação para a qualidade", mas, quando pensam na pressão do vestibular, escolhem a "educação para os exames". Seu *slogan* é "não deixe que seu filho perca na largada", com relação a passar por todos os níveis da escola. Os pais querem que os filhos façam o que os outros estão fazendo, e mais. Caso contrário, acreditam que seus filhos podem ficar para trás.

Em março de 2004, a estação de rádio da província de Shanxi me convidou para ser coapresentadora de um programa sobre criação de filhos chamado "MI Parents Time", que atinge 25 milhões de ouvintes, incluindo, é claro, muitos pais. Por mais de quatro anos, tenho participado desse programa, que já foi reconhecido como o mais popular nessa estação de rádio por quatro anos seguidos. Nesse programa de uma hora, apresentado ao vivo nos sábados pela manhã, respondemos às perguntas dos pais. Tentamos não dar simplesmente respostas padronizadas, e sim apresentar casos que inspirem eles e outros ouvintes a encontrarem soluções. No programa, as ideias de IM são o mais importante. Convencemos os pais de que cada criança tem uma combinação única de qualidades e dificuldades em termos de inteligências. Se incentivarmos cada uma delas a desenvolver suas qualidades e a não perseverar nas áreas em que possuem dificuldades (principalmente se forem aquelas que o sistema de exames prioriza), as crianças obterão melhor desempenho e crescerão mais felizes.

Os pais nos oferecem histórias relevantes sobre como criaram seus filhos segundo a teoria das IM. Por exemplo, estudante do ensino médio que fora reprovado na maioria das disciplinas não gostava da escola e tinha autoestima baixa. Faltava às aulas com frequência e passava seu tempo em oficinas mecânicas. Era fascinado por carros e aprendeu muito sobre eles. Acabou não passando no vestibular por dois anos seguidos, mas a mãe lhe pediu que repetisse mais um ano de escola para que se preparasse mais uma vez. O garoto não queria voltar à escola, e sim trabalhar em uma oficina, e pediu que a mãe ouvisse nosso programa. Um dia, a mãe telefonou e disse que decidira respeitar a escolha do filho. Aos poucos, os pais aceitam que a universidade não é o único caminho a ser seguido por seus filhos.

Em outro exemplo, uma menina foi declarada, por sua professora de 4ª série, com transtorno de déficit de atenção. Ela tinha medo de ir à escola, não conseguia se sentar e ouvir a exposição da professora em sala de aula. O pai a levou a um campo de golfe e descobriu que ela tinha um talento especial para esse esporte. Começou a treiná-la para ser jogadora profissional, e, com o passar dos anos, a garota ganhou muitos prêmios em torneios nacionais e internacionais. Ao se interessar pelo desenvolvimento das habilidades para mover-se em um campo de golfe, ela entendeu que a matemática e o pensamento lógico eram importantes e contratou professores particulares para a auxiliarem nessas disciplinas.

Essas e outras histórias inspiradoras oferecem esperanças a quem não obtém sucesso em provas escolares. Mais e mais pais passam a aceitar que os filhos, com inteligências diferentes das que costumam ser comuns nas escolas, podem ter êxito.

Usando a mídia

A mídia representa uma forma influente de difundir ideias sobre as IM. Como convidada e comentarista no canal 10 de televisão, CCTV, o canal de ciências e educação da China Central, uso minhas ideias sobre IM para analisar tópicos sociais e educacionais. Entrevistamos profissionais e celebridades em nosso programa. A partir das vívidas histórias de suas experiências escolares e de seu trabalho, os telespectadores avaliam com quais inteligências possuem mais habilidade e descobrem como desenvolvê-las, bem como a evitar suas dificuldades. As inteligências bem desenvolvidas não são necessariamente linguísticas ou lógico-matemáticas. Um conhecido assistente social formado em música não conseguia ganhar o suficiente para viver até descobrir que a música não era seu talento, que seu interesse residia em ajudar os outros. Um famoso escritor declarou que a matemática o havia entediado até ele descobrir que conseguia impressionar os outros contando histórias. Esses exemplos incentivam as pessoas a reconhecer e a desenvolver suas próprias inteligências.

Esperamos que a teoria das IM fique muito conhecida do público e tenha influência sobre toda a sociedade chinesa. Por meio do poder da mídia, procuramos ampliar o uso da teoria das IM. Esperamos que as pessoas entendam as ideias essenciais dessa teoria, desenvolvam atitudes adequadas às inteligências humanas e apreciem seus próprios talentos especiais. Existe um ditado chinês que diz o sguinte: "Seja qual for a sua ocupação, você pode exercê-la no mais alto nível". Quando as pessoas estiverem felizes com o que são e com o que fazem, a sociedade será mais harmoniosa.

Muitos livros sobre IM foram traduzidos e apresentados aos leitores chineses, e os educadores do país também estão escrevendo livros para compartilhar suas experiências de prática ou estudo das IM. Diferentes autores podem oferecer diferentes perspectivas e sugestões, e os leitores que não conhecem a teoria talvez fiquem confusos. Não são muitos os chineses que conseguem ter acesso ou entender as obras originais de Howard Gardner em inglês, de forma que, para oferecer aos leitores chineses uma noção mais sistemática da teoria das IM, a MIESC planejou traduzir uma série de seus livros. Facilitei a tradução e a publicação das versões chinesas de sua obra *The Disciplined Mind and The Unschooled Mind*.

Por solicitação de professores e administradores interessados na teoria e na prática das IM, a primeira edição de uma revista, *Multiple Intelligences*, foi publicada na China e em Hong Kong em janeiro de 2004. Ela oferece uma plataforma para que pais e professores que usam as IM compartilhem suas experiências, conectem ensino em sala de aula e formulação de políticas, e inspirem a reforma educacional na China. A revista está sob supervisão da MIESC e é patrocinada financeiramente pela Sino Capital Education Foundation. Apresenta a teoria das IM, sua implementação e seus projetos; informa sobre eventos na área; faz resenhas de livros sobre IM, e entrevista pessoas cujo trabalho está relacionado ao tema. Entre os artigos, os casos de educação familiar e as resenhas de livros são as colunas mais lidas. Os autores são professores que praticam teoria das IM em sala de aula, diretores que a aplicam na administração escolar, pais que se beneficiam dela na comunicação com seus filhos e formuladores de políticas e pesquisadores interessados nas teorias e práticas de IM. Nossos artigos mostram casos reais e são práticos e interessantes. Entre os leitores estão administradores, formuladores de políticas, pesquisadores, professores e pais.

Em 2007, o título da revista foi mudado para *Multiple Intelligences Science Magazine* pelo mais respeitado e conhecido confuciano da China, Nan HuaiJin. Mestre Nan acredita que as IM representam ciência de ponta. Essa nova versão da revista é digital e estará prontamente acessível a muitos leitores.

FUTUROS DESAFIOS

A National Education Examinations Authority of China (NEEAC) está sob supervisão direta do Ministério da Educação. Sua tarefa é realizar exames educacionais, incluindo o vestibular para ingresso na universidade, e exercer autoridade administrativa. A teoria das IM é uma das que devem ser estudadas pelos funcionários da NEEAC. Esperamos que a imersão nas principais ideias da teoria das IM tenha um impacto na política de exames da China.

Na verdade, o sistema de vestibulares tem mudado gradualmente. As universidades e as escolas de ensino médio começaram a aceitar estudantes com talentos especiais (*Te Chang Sheng*) que tenham habilidades extraordinárias em música, artes visuais, dramáticas ou esportes (geralmente, receberam prêmios em competições). Isso envia ao público a mensagem de que os resultados escolares não são mais a única medida para entrar na universidade. A média de corte no vestibular para esses estudantes com talentos especiais pode ser 10% mais baixa do que as de outros.

Alguns pais atualmente enviam seus filhos para escolas onde serão expostos aos currículos ampliados e se tornarão *Te Chang Sheng*. Acreditam que "o esforço, em vez de talentos e domínio, gera a criatividade". Mesmo assim, muitos deles se preocupam mais com qual programa vai ajudar seus filhos a entrar na faculdade mais facilmente do que com os próprios talentos e interesses deles. Enquanto os pais ainda acreditarem que um diploma universitário é a única garantia de futuro melhor, a ideia da teoria das IM permanecerá uma influência forte sobre a mente das pessoas, e não sobre sua prática.

No entanto, depois de implementar a "Educação para a Qualidade", o governo adotou a matrícula universitária independente: as universidades podem reservar uma pequena porcentagem de vagas para os estudantes mais destacados ou àqueles com talentos especiais. Os que estiverem interessados em uma determinada universidade (geralmente alguma de prestígio) podem se candidatar diretamente àquela universidade antes de fazer o vestibular. Os procedimentos de admissão incluem uma declaração pessoal, uma entrevista e um teste escrito aplicado pela universidade. Embora necessite ser melhorado, o sistema revela que a sociedade começou a reconhecer os talentos individuais de cada pessoa, o que claramente é um grande passo adiante na reforma do sistema de vestibulares.

Além disso, o governo aumentou bastante o investimento em educação, incluindo os salários dos professores, as instalações de ensino e os equipamentos. As turmas estão ficando menores, e o currículo também foi reconstruído. O estudo e a pesquisa criativos são os critérios usados para avaliar o ensino. Tomadas juntas, essa ideias e tendências oferecem melhor terreno para as IM na China.

Referências

Gardner, H. (1983). *Frames of mind: The theory of multiple intelligences.* New York: Basic Books. [*Inteligências múltiplas*: a teoria na prática. Porto Alegre: Artmed, 1995]

Gardner, H. (1995). *The unschooled mind: How children think and how schools should teach.* New York: Basic Books.

Gardner, H. (1999). *The disciplined mind: Beyond facts and standardized tests, the K-12 education that every child deserves.* New York: Simon & Schuster.

A TEORIA DAS INTELIGÊNCIAS MÚLTIPLAS NA CHINA CONTINENTAL

Zhilong Shen

A teoria das IM foi aceita e acolhida amplamente por inúmeros educadores, administradores e supervisores educacionais, artistas e mesmo químicos na China continental, pois coincide com a cultura chinesa e sua ancestral ideologia educacional, com os novos passos da reforma e com o princípio da educação do caráter, que tem muita popularidade. Sob orientação da teoria das IM, os chineses mudaram suas perspectivas sobre os estudantes, seus objetivos e suas políticas educacionais, seus métodos de ensino, bem como sobre aprendizagem e avaliação nas escolas. Alguns arte-educadores confirmam que há uma inteligência existencial em conexão com as artes, e tentam inspirar a experiência cristalizadora dos estudantes com a inteligência existencial por meio da apreciação da música.

A China é um país enorme, com a maior população do mundo. Como condiz com um país tão grande, incontáveis histórias relacionadas à teoria das inteligências múltiplas (IM) circulam desde 1985, quando Howard Gardner visitou o país e apresentou sua teoria a músicos chineses. Como educador chinês, visitei o Projeto Zero duas vezes e trabalhei com Gardner. Também fui um de seus anfitriões quando ele visitou a China em 2004. Tenho uma responsabilidade importante na introdução das histórias relacionadas à teoria das IM no país.

UMA TEORIA BEM-VINDA À EDUCAÇÃO

Quando a teoria das IM foi importada para a China em 1985, alguns músicos demonstraram interesse imediato. Infelizmente, a maioria dos psicólogos e dos educadores chineses não prestou atenção na época.

Entretanto, a situação tem mudado rapidamente desde o final do século XX. Na época, a China adotou um novo princípio educacional: a educação para o caráter. Por coincidência, o livro de Gardner, *Multiple Intelligences. The Theory in Practice* (1993) [*Inteligências múltiplas*: a teoria na prática, Artmed, 1995], que traduzi para o chinês, foi publicado na mesma época. Desde então, mais e mais pessoas, incluindo educadores profissionais, professores de várias escolas, administradores e supervisores de educação, formuladores de políticas e legisladores, estudantes e pais na China continental tomaram conhecimento da teoria e entenderam sua importância. Muitas pessoas foram atraídas pela teoria das IM e a aceitaram, e ela tem seus convertidos e apoiadores, que vão desde professores e pais até líderes de ponta do governo central do Partido Comunista Chinês.

À medida que as IM foram ficando mais conhecidas, a Associação Educacional da China (*China Education Association*) estabeleceu um projeto fundamental, chamado Pesquisa Aplicada da teoria das Inteligências Múltiplas no Desenvolvimento do Potencial dos Estudantes (*Applied Research of Multiple Intelligences Theory on Developing Students Potential*), em fevereiro de 2002. Mais de 150 escolas, de pré-escolas a universidades em 13 províncias, estiveram envolvidas em pesquisa e prática em IM. O projeto patrocinou uma conferência internacional todos os anos de 2002 a 2005, na qual os participantes poderiam discutir a teoria das IM.

Segundo meus cálculos, 3.145 artigos de membros do projeto foram publicados em jornais, revistas e publicações acadêmicas, ou intercambiados nas reuniões anuais. Desde 2000, cerca de 100 livros relacionados à teoria das IM foram traduzidos ou escritos em chinês. No início de 2004, um artigo na publicação *China Educational Daily* declarou que a tradução de *Multiple Intelligence. The Theory in Practice* ocupava o primeiro lugar na lista dos 100 livros mais vendidos sobre educação em 2003.

Esses eventos tiveram um profundo efeito em minha própria vida. Deixei meu cargo de diretor do departamento de química de uma universidade para dedicar meus esforços a estudar e divulgar a teoria. Atualmente, tenho convites para fazer mais de 100 apresentações sobre a teoria das IM em 15 províncias da China, em Harvard e na Universidade de Illinois, em Urbana-Champaign. Traduzi três livros de Gardner e supervisionei a tradução de quatro de suas outras obras. Publiquei, ainda, meu próprio livro: *Howard Gardner, Arts, and Multiple Intelligences* (Shen, 2004).

Algumas pessoas achavam que a teoria das IM só poderia ser bem recebida nas grandes cidades da China, mas a minha experiência desmente isso. No inverno de 2004, fiz minha apresentação sobre a teoria em uma cidade da província de Shanxi, com mais de 1.100 diretores de escolas reunidos, em uma sala enorme e fria, sem calefação, porque os organizadores não tinham como pagá-la (fiz minha apresentação de três horas enrolado em dois cobertores). Como a maioria dos diretores vinha de aldeias pobres e remotas e não podia pagar nem mesmo pelo hotel mais barato da cidade, haviam levantado às 3 da manhã e caminhado duas ou três horas na região montanhosa para pegar o ônibus que ia à cidade e assistir às palestras sobre a teoria das IM. Fiquei profundamente comovido com seu entusiasmo e sua paixão.

IMPLEMENTANDO AS IM NA CHINA

De três formas, a teoria da IM mudou a perspectiva chinesa sobre estudantes, objetivos e políticas educacionais, métodos de ensino, aprendizagem e avaliação nas escolas. Em primeiro lugar, como filosofia educacional, a teoria das IM amplia as perspectivas chinesas. Os educadores do país têm sido estimulados a repensar seus pressupostos com relação a inteligência, capacidade dos alunos, organização de escolas e métodos de avaliação. Por exemplo, o diretor de uma escola islâmica localizada no distrito Chongwen, em Pequim, comprou 120 exemplares do livro de Gardner para que seus funcionários estudassem. O diretor do Departamento de Educação da cidade de Changzhou, na provincia de Jiangsu, comprou 33 exemplares e presenteou todos os diretores de escolas da cidade. Pediu-se ainda aos professores das escolas que receberam os livros que escrevessem artigos, depois de lê-los e estudá-los intensivamente.

No passado, os educadores chineses prestavam mais atenção aos alunos que apresentavam boa inteligência linguística e lógico-matemática medida por exames escritos. Os educadores identificavam os que obtinham as melhores notas e lhes ofereciam oportunidades especiais, muitas vezes em escolas de elite. Atualmente, um número crescente de educadores e professores está prestando atenção aos alunos hábeis em outras inteligências. Depois de estudar e praticar a teoria das IM, um professor em Pequim escreveu: "Não há alunos que não sejam passíveis de educação, e há professores que deveriam ser educados". Essas novas ideias têm levado as pessoas a aceitar o novo princípio da educação para o caráter e tentar encontrar as qualidades intelectuais dos estudantes cujo desempenho em testes tradicionais não foi considerado adequado.

Na Terceira Escola de Ensino Médio (Third High School), no distrito de Changping, em Pequim, um aluno aparentemente apresentava baixo rendimento em inteligência linguística, pois não conseguia recitar sequer um poema curto da dinastia Tang, com apenas 20 caracteres chineses, mas sua professora ficou impressionada com seu desempenho corporal, de modo que fez com que ele fosse o heroi de uma peça de teatro encenada em sala de aula, que lhe deu confiança para dominar tarefas linguísticas e avançar em termos escolares. Por fim, ele conseguiu recitar um famoso ensaio com mil caracteres.

A teoria também fez avançar a reforma dos métodos de ensino e aprendizagem nas escolas. Os professores da Segunda Escola de Ensino Fundamental (Second Experimental Primary School) de Pequim não usam mais o método de "explicar palavras com palavras" ao ensinar a língua chinesa. Em vez disso, os alunos usam múltiplas formas, como imagens ou música, para contar suas experiências de vida de modo a mostrar sua compreensão de palavras, frases e provérbios. Seu vocabulário se tornou parte de suas atividades de vida, o que resultou em uma atmosfera em sala de aula bem mais dinâmica.

Na Quarta Escola de Ensino Fundamental (Fourth Primary School of Hepingli), em Pequim, os professores desenvolveram métodos de ensino e aprendizagem para tarefas dos alunos segundo a experiência da Key School em Indianápolis, nos Estados Unidos (ver Capítulo 24). A escola trabalhava com muitos temas. Um foco no tema da primavera estimulou os alunos a observar tudo ao seu redor nessa estação, a escrever diários sobre as mudanças na natureza e a levantar questões sobre as estações. Esse trabalho envolveu não apenas a inteligência naturalista dos alunos, mas também outras capacidades intelectuais. Nesse caso, crianças de 6 e 7 anos elaboraram 34 perguntas, como "Por que há tempestades de areia na primavera?". Posteriormente, o professor orientou os alunos a escolherem seus temas para mais discussão, e eles coletaram muitas palavras para descrever a primavera, assinalaram em gráfico os dados estatísticos sobre a temperatura em Pequim e os apresentaram com uma série de diagramas. Esses exercícios enriqueceram o conhecimento e a compreensão dos alunos e desenvolveram sua inteligência interpessoal.

Na escola de ensino médio de Zhucheng, na província de Shandong, os diretores e os professores têm estimulado as inteligências dos alunos em uma série de contextos, dentro e fora das escolas. O sistema de avaliação possui sete categorias com 42 itens, incluindo os diferentes métodos elaborados para avaliar sete inteligências. Consequentemente, quase 90% dos alunos receberam prêmios e foram levados a fazer mais avanços, entre eles, muitos dos que teriam sido considerados não inteligentes em exames tradicionais.

Como terceira área de mudança, os educadores chineses promovem intercâmbios internacionais efetivos em educação. Em maio do 2004, como parte da reunião anual do projeto mencionado anteriormente, Howard Gardner foi convidado para fazer uma palestra especial sobre suas reflexões acerca da teoria das IM. Mais de 700 estudiosos, professores e representantes de 13 províncias da China e dos Estados Unidos, Reino Unido, Canadá, Austrália, Japão e Cingapura foram a Pequim para ouvir a palestra de Gardner e participar das discussões em grupo. Como resultado dessa reunião e de outras semelhantes, forjaram-se muitos vínculos interculturais, com benefício mútuo para o sistema educacional chinês e outros.

RAZÕES PELAS QUAIS A TEORIA DAS IM É AMPLAMENTE ACEITA NA CHINA

A combinação das culturas ocidental e oriental

A teoria das IM é um empreendimento intercultural, que combina as essências das culturas ocidental e oriental. Em vários aspectos, coincide com a cultura e com a ideologia ancestral da educação na China. Essas confluências ajudam os cidadãos chineses a entender os principais conceitos.

Há dois princípios basilares das noções confucianas sobre educação. Um é *You Jiao Wu Lei*, que significa "sem distinção entre diferentes estratos sociais e perfis de inteligência dos alunos para a educação". O outro é *Yin Cai Shi Jiao*, ou seja, "ensinar os alunos usando diferentes materiais e abordagens, segundo suas diferentes facetas de inteligência".

Essas duas ideias expressam o mesmo pensamento da teoria das IM: as inteligências humanas são variadas, e todas as suas combinações devem ser reconhecidas e cultivadas. Gardner afirmou que os estudantes nos parecem tão diferentes em grande parte porque têm diferentes perfis de inteligência.

O autocultivo dos chineses e sua capacidade de ser membros aceitos de um grupo ou comunidade são os núcleos da antiga moralidade na China. Quais são os indicadores da moralidade nos comportamentos dos estudantes? Segundo a teoria das IM, as respostas são possuir as inteligências interpessoais e intrapessoais e usá-las corretamente.

Educação para o caráter e reforma educacional

A teoria das IM surgiu nesse cenário em 1999, quando o Governo Central da China lançou um documento: *A Decisão de Aprofundar a Reforma da Educação e Promover uma Educação para o Caráter*. A educação para o caráter se aplica a todos os estudantes e significa que nenhum deles deve ser deixado para trás, e que o propósito da educação é promover seu desenvolvimento em termos morais, intelectuais, físicos e estéticos.

Um importante propósito para se realizar a educação para o caráter é dar, por meio de métodos educativos diversos, a oportunidade para as crianças trazerem à tona o melhor de suas aptidões individuais e sua paixão, enquanto recebem uma educação unificada em disciplinas básicas.

A introdução da educação para o caráter representou a mais importante reforma da educação nos últimos anos. É uma reforma do conteúdo e da metodologia do ensino, das avaliações de ensino e aprendizagem, e dos métodos para desenvolver e selecionar profissionais capazes. O movimento de reforma recebeu um grande impulso quando Li Lanqing, ex-vice-premier da China, publicou um livro de reflexões (Li, 2004). No Capítulo 6, "The Philosophy of Character Education", apresentou Howard Gardner e a teoria das IM à

China e escreveu: "A teoria do Dr. Gardner, das inteligências múltiplas, evita as teorias tradicionais sobre inteligências e afirma que cada pessoa tem suas qualidades devido a diferenças nessas oito categorias. Sua teoria oferece um panorama amplo das capacidades individuais das pessoas e defende adágios como 'os céus nos concederam o talento e também encontrarão seu uso um dia' e 'todo ofício gera seus próprios mestres'. [...] Ela proporcionou uma importante inspiração e valiosas referências para nossos esforços de realizar a educação para o caráter" (Li, 2004, p. 316).

Segundo a teoria das IM, o propósito da escola deve ser desenvolver uma série de inteligências nos estudantes e ajudá-los a atingir objetivos educacionais adequados a seu espectro de inteligências. A teoria das IM dá sustentação aos principais preceitos da educação para o caráter e incentiva os envolvidos na reforma educacional. Além disso, podem-se recolher pistas para efetivar a reforma educacional a partir da teoria das IM.

Educação estética e arte-educação

Tanto a antiga sabedoria chinesa quanto a teoria das IM enfatizam a importância da arte-educação. Embora Confúcio (551-479 a.C.) seja conhecido como político, filósofo e educador, há muitas pessoas que não sabem que ele também foi um excelente músico, compositor, esteta e educador musical (Shen e Zhao, 1999). Ele pregava a importância de ensinar poesia e música, acreditando que elas seriam uma necessidade na vida. Também afirmava que o desenvolvimento da moralidade começa com uma formação em literatura e artes, depois avança para o tópico da responsabilidade moral e termina com habilidades musicais. Confúcio declarou: "Inspire-se nos poemas, fortaleça sua moralidade com ritos e encontre sua realização na música" (Confucian Disciples, 1977, p. 33). Em termos mais gerais, Confúcio valorizava as características emocionais e a função social da arte, e enfatizava, particularmente, a associação da educação estética como meio de educação moral.

A reforma educacional levada a cabo há uma década incluiu uma nova ênfase na educação artística e estética, refletindo uma reação à Revolução Cultural, que foi, em muito aspectos, devastadora para as artes, principalmente para as artes clássicas associadas à tradição confuciana. A ênfase também refletia o sentimento crescente por parte de muitos chineses – tanto líderes quanto pessoas comuns – de que as artes deveriam receber mais atenção.

A teoria das IM tem enfatizado não apenas a importância da interação entre disciplinas, mas também a conexão entre ciências e artes. Como psicólogo evolutivo, neurocientista, pianista e consumidor de literatura sobre genética, Gardner chamou a atenção à centralidade das artes na educação ao mesmo tempo em que corporificou essa crença em suas próprias teoria e prática.

Gardner afirma que qualquer inteligência pode funcionar artisticamente. De fato, quatro das inteligências – musical, espacial, corporal-cinestésica e linguística – são usadas diretamente na produção, apresentação e apreciação artísticas. Além disso, as inteligências interpessoal e intrapessoal estão presentes nas artes. Elas estão relacionadas às emoções e são cruciais aos processos artísticos. As artes também englobam a comunicação, processo que se baseia na inteligência interpessoal. Também acredito que os estudantes que possuem inteligências interpessoais e intrapessoais mais elevadas entendem as obras artísticas com mais profundidade. É bem possível que o ensino e a aprendizagem em estética e moral sejam mais eficazes com pessoas tenham desenvolvido mais essas duas inteligências.

A conexão entre inteligência naturalista e arte, por sua vez, está indicada em muitas obras artísticas e musicais, como a Sinfonia n$^{\underline{o}}$ 6, em fá maior, Pastorale, de Beethoven, o poema sinfônico La Mer, de Claude Debussy, e o Carnaval dos animais, de Saint-Saëns. Por todas essas razões, a teoria das IM está inextricavelmente conectada a uma série de formas de arte e processos artísticos. Não surpreende que muitos artistas e arte-educadores chineses tenham expressado interesse por ela.

Em outubro de 2004, o presidente da Academia de Dança de Pequim me convidou para dar uma palestra. Ele queria que seus alunos entendessem a inteligência corporal-cinestésica, aplicando-a melhor em seus estudos e em suas apresentações. Ocorreu um evento dramático e inesperado: estava presente em minha apresentação o teórico e crítico internacional de dança Ou Jianping, que me disse que o único livro que não tratava de dança que ele havia lido foi o meu livro sobre teoria das IM, e o lera em uma sentada! Pouco depois, ele me mandou um ensaio breve sobre sua visão da teoria das IM.

Política de planejamento familiar

Desde 1979, a China vem aplicando a política do filho único. Talvez de forma inesperada, essa política estimulou o interesse pela teoria das IM. Se as pessoas acreditarem que só existe um tipo de inteligência, e se o filho único não apresentar bom desempenho nesse tipo, pode ser bastante deprimente para os pais. Agora que as outras inteligências são reconhecidas e incentivadas, as famílias renovaram as esperanças de que seu filho ou sua filha possa ser muito hábil em alguma área.

Sustentação científica

A teoria das IM é apresentada como científica, e pode e deve ser avaliada à luz das evidências oriundas de várias disciplinas. Os chineses aprenderam a avaliar as variedades das teorias psicológicas e educacionais do mundo ocidental desde que o país se abriu, em 1979.

A teoria das IM é resultado de pesquisa e inovação interdisciplinar. Ela usa e sintetiza descobertas da psicologia do desenvolvimento, da neurociência, da biologia evolutiva e da genética, bem como da antropologia, da linguística, da cognição artística, das belas artes, das artes dramáticas e musicais, do atletismo e de outras áreas. A determinação da natureza e da extensão de uma inteligência se baseia em oito critérios, apresentados em *Frames of Mind: The Theory of Multiple Intelligence*. Possivelmente, outra razão para o apelo que a teoria das IM tem na China é o interesse cada vez maior em estudos sobre o cérebro. Essa teoria foi a primeira abordagem da inteligência construída a partir do conhecimento recente sobre as funções cerebrais especializadas.

A INTELIGÊNCIA EXISTENCIAL NA CHINA

Até agora, Gardner mantém suas oito inteligências e meia. As oito são bem conhecidas mas a "meia", a inteligência existencial, quase foi esquecida por várias pessoas em todo o mundo, incluindo os chineses. Contudo, eu a considero como séria candidata a inteligência.

Lao Zi, o fundador do taoísmo e uma importante figura da filosofia chinesa, viveu no século IV a.C. No Capítulo 33 de seu livro *Lao Zi*, escreveu: "A pessoa que entende as outras é inteligente, a que tem autoconhecimento é sábia, já a que consegue se situar tem uma vida muito mais longa" (Lao, 2003, p. 73). A primeira parte da frase sugere a inteligência interpessoal; a segunda, a inteligência intrapessoal, e a terceira, a inteligência existencial.

Pergunto: quem pode escapar de nascer, envelhecer, adoecer e morrer? Quem nunca se pergunta qual é o sentido e qual é o valor da vida? Não é possível que os seres humanos estejam envolvidos na "experiência culminante" definida pelo psicólogo humanista Abraham Maslow e imersos no júbilo e na grande felicidade ao longo de toda a vida (LeBon, 2006). O sofrimento, a solidão, a opressão, a ansiedade e o desespero não podem ser negados. A reflexão filosófica sobre a existência implica a gama de sentimentos e experiências – os do sofrimento, tanto quanto os do prazer. Como a língua, a capacidade existencial também é um traço distintivo dos seres humanos, um domínio que nos separa das outras espécies. Considero a inteligência existencial intimamente conectada à filosofia existencial associada a Jean-Paul Sartre e Martin Heidegger.

Como sugere Gardner, uma das características importantes da inteligência existencial é a íntima conexão com a arte e com as obras de arte. Alguns artistas, incluindo Vincent van Gogh e Fiódor Dostoiévski, sofreram de epilepsia no lóbulo temporal, mas, mesmo assim, canalizaram seus sintomas e seu sofrimento para obras de arte relevantes e dramáticas com considerações existenciais (Gardner, 1999). Mais do que isso, sugiro que vários compositores o fizeram em suas obras sinfônicas monumentais, como Beethoven, Gustav

Mahler e Peter Tchaikovsky. O famoso pintor francês Paul Gauguin descreveu o tema filosófico do existencialismo mais de meio século antes de Paul Sartre em sua poderosa pintura. De onde viemos? Quem somos? Para onde vamos?

Para resumir, Howard Gardner ainda não confirmou a existência da inteligência existencial, mas acredito que nosso conhecimento, nossa intuição e nossos *insights* sobre a vida cotidiana, sobre a natureza, a sociedade e a filosofia, e sobre as obras de arte confirmam essa plausibilidade.

PROBLEMAS E IMPACTOS NO CONTEXTO DA CULTURA CHINESA

Há vários problemas associados às formas de entendimento e implantação das IM na China.

Dissonância

Em minha apresentação em Harvard, em 14 de abril de 2006, alguém presente não acreditou nos dados estatísticos que eu apresentei sobre a relação entre pessoas que se opunham à teoria das IM e as que a aceitavam na China. Meus dados sugerem que 99,9% das pessoas que conhecem a teoria na China a aceitam. Quando eu disse a essa pessoa qual era a fonte dos dados, o cético finalmente se calou. Eu havia olhado mais de 3 mil artigos sobre pesquisa e prática da teoria das IM; apenas um deles questionava a teoria, enquanto todos os outros a apoiavam.

Esse artigo diferenciado foi escrito por um conhecido psicólogo de Pequim ("Doubtable MI Theory", 7 de setembro de 2004). Não encontrei qualquer ponto ou base de argumento no artigo que sustentasse o ponto de vista do autor. Tenho minhas dúvidas de que ele conhecia os oito critérios. O artigo expressa sua desconfiança da teoria das IM, mas não oferece qualquer prova.

Compreensão e aplicação duvidosos

A teoria das IM é psicológica e também um tipo de filosofia da educação, mas muitos professores chineses a veem como um objetivo da educação. Seguem fielmente um *slogan* estranho e duvidoso – "ensinar para a teoria das IM". Em suas mentes, o propósito principal da educação é desenvolver as oito inteligências nos alunos.

Em algumas escolas, a teoria das IM tem sido aplicada a todos os programas educacionais, novos e antigos, não importando se foram realmente construídos a partir de uma compreensão das afirmações e implicações da teoria. Em algumas escolas, educadores e professores tratam a teoria das IM como uma nova ferramenta para servir à educação chinesa dirigida a exames. Tentam desenvolver todas as inteligências segundo a lista na teoria das IM, mas seu único propósito é fazer com que os alunos obtenham boas notas em provas e exames.

Alguns professores e estudiosos tampouco fazem esforços para entender as afirmações precisas das IM. Em vez disso, invocam concepções suspeitas, como inteligência rítmico-musical ou visuoespacial. Como disse Gardner, o ritmo não se restringe à música, já que também é parte integrante da inteligência linguística e da corporal-cinestésica. Também poderia ter observado que algumas músicas modernas e eletrônicas não possuem ritmo. Tenho dúvidas de que estudiosos e professores que insistem no conceito de inteligência rítmico-musical entendam os elementos musicais básicos ou as características da música moderna.

No ponto de vista de Gardner, não há conexão certa entre inteligência espacial e sensibilidade individual. Segundo ele, a pesquisa com sujeitos cegos indicou que a inteligência espacial não depende totalmente do sistema visual e que os cegos podem apreciar determinados aspectos das imagens (Gardner, 2006). Assim, questiono se os estudiosos chineses que insistem no conceito de inteligência visuoespacial leram os livros de Gardner.

Implementações comerciais e mal-utilizadas

Muitos empresários queriam trabalhar comigo para fundar escolas, jardins de infância e cursos associados ao nome da teoria das IM, mas recusei essas ofertas. Vi uma propaganda em que uma empresa vai realizar uma competição nacional em IM para selecionar oito crianças, cada uma delas representando o melhor em cada uma das oito inteligências. Meu nome aparecia na lista dos especialistas que julgariam a melhor criança em cada uma das oito inteligências, mas eu nada sabia sobre a competição, e ninguém me havia feito qualquer convite anterior. É claro que os pais deveriam pagar a inscrição para que seus filhos participassem da competição.

Canal de aprendizagem equivocado e tradução questionável

Algumas confusões sobre a teoria das IM surgem porque certos professores e estudiosos não leram a obra original de Gardner nem suas traduções autorizadas. Em vez disso, dependem de duvidosos materiais de segunda mão – ou de terceira, quarta, até sexta – em chinês, relacionados à teoria das IM.

No verão de 2003, o gerente de uma editora que eu conhecia me pediu que traduzisse um dos livros de Gardner sobre a teoria das IM em um mês. Respondi que precisava de, pelo menos, seis meses para apresentar uma boa tradução, mesmo já tendo lido o livro várias vezes. O gerente nunca mais me contatou. Pouco depois, a editora lançou a tradução, que havia sido feita por vários estudantes, com o nome de seu professor listado como primeiro autor. Encontrei nela vários erros visíveis, que desde então têm confundido muitos leitores que não tiveram oportunidade de ler os livros de Gardner em inglês ou suas traduções autorizadas.

CONCLUSÃO

Muitos educadores, professores, administradores e supervisores educacionais, artistas e pais aceitaram e acolheram a teoria das IM na China. Como demonstrei, essa teoria acaba por corresponder à cultura chinesa e à sua ancestral ideologia educacional, aos novos passos para a reforma e ao princípio popular da educação – a educação para o caráter. Também oferece conforto a pais que só podem ter um filho.

Sob a orientação dessa teoria, os chineses mudaram suas perspectivas sobre os alunos, sobre os objetivos e políticas educacionais, sobre métodos de ensino, sobre aprendizagem e avaliação em muitas escolas, em diversos níveis educacionais. Alguns músicos chineses e eu confirmamos a existência da inteligência existencial e discernimos seu funcionamento nas artes. Tentamos inspirar a experiência concreta dos estudantes com a inteligência existencial por meio da apreciação da música na educação em estética.

Referências

Confucian Disciples. (1977). *The analects of Confucius* (S. Leys, Trans.). New York: Norton.
Gardner, H. (1993). *Multiple intelligences. The theory in practice: A reader.* New York: Basic Books. [*Inteligências múltiplas*: a teoria na prática. Porto Alegre: Artmed, 1995]
Gardner, H. (1999). *Intelligence reframed: The multiple intelligences for the 21st century.* New York: Basic Books.
Gardner, H. (2006). *Multiple intelligences: New horizons.* New York: Basic Books.
Lao , Z. (2003). *Lao Zi.* Beijing: China Social Science Publishing House.
LeBon, T. (2006). *Peak Experiences & Maslow.* http://www.timlebon.com/PeakExperiences.html.
Li , L. (2004). *Education for 1.3 billion: On 10 years of education reform and development.* Beijing: Foreign Language Teaching and Research Press.
Shen , Z. (2004). *Howard Gardner, arts, and multiple intelligences.* Beijing: Beijing Normal University Press.
Shen , Z. , & Zhao, C. (1999). Aesthetic education in China. *Journal of Multicultural and Cross-cultural Research in Art Education*, 17, 91-102.

UMA DÉCADA DE ENSINO DA TEORIA DAS INTELIGÊNCIAS MÚLTIPLAS COM BASE EM ESCOLAS

Experimentos em Macau

Kwok-cheung Cheung

Neste capítulo, descreve-se uma década de esforços para iniciar experimentos em ensino escolar com IM em Macau, China. Explicam-se três aspectos desse esforço: a comparação da teoria das IM com o pensamento educacional chinês, o desenvolvimento de avaliações inspiradas nas IM e o estímulo às práticas educacionais individualizadas. Essas práticas incluem quatro formas de pensar sobre a relação entre leitura e teoria das IM: ensino de IM, ensino com IM, ensino sobre IM e ensino para IM. O capítulo explica cada uma dessas expressões com os resultados de pesquisa-ação e conclui com implicações da experiência de Macau para educadores internacionais das IM.

Como professor Universidade de Macau, na China, minhas áreas de interesse em pesquisa e especialização são as teorias da psicologia educacional, avaliação e práticas em sala de aula. Antes de conhecer a teoria de Gardner sobre as inteligências múltiplas (IM), eu havia refletido sobre como nossa compreensão dos seres humanos e de nossas práticas escolares poderia levar em conta de maneira mais adequada nossas diferenças individuais, que ficam tão claras no desenvolvimento das crianças. Durante a última década, meus colegas e eu usamos a teoria das IM para orientar nossas pesquisas e nosso trabalho de campo. Especificamente, trabalhei com três linhas de investigação acadêmica: adaptação da teoria, desenvolvimento de avaliações e capacitação de professores. A seguir, apresento cada uma dessas atividades no contexto dos sistemas educacionais e da recente reforma escolar em Macau.

CONTEXTO CULTURAL E EDUCACIONAL

Desde 1991, as escolas de Macau, cuja maioria é composta de escolas chinesas privadas, têm sido protegidas pela lei e receberam total autonomia em questões relacionadas a instrução e disposições curriculares. O sistema escolar de Macau não realiza exames públicos com as crianças entre a educação infantil e o final do ensino fundamental. As avaliações são essencialmente baseadas nas escolas e ficam totalmente nas mãos de professores e diretores. O sistema educacional flexível de Macau dá condições ideais para adaptar novas ideias, como as das IM. De fato, Macau tem sido um solo fértil para que meus colegas e eu realizemos experimentos com o ensino baseado nas IM na última década.

Quando foi realizada a transição de soberania, de Portugal de volta à China, em 1999, mais e mais escolas, incluindo as inglesas cujos alunos eram chineses étnicos, foram influenciadas pelo recém-instituído currículo nacional chinês. Felizmente, na virada do século, a China continental demonstrou um interesse verdadeiro pelo uso das IM para orientar sua reforma curricular em direção à educação individualizada. As escolas de Macau foram influenciadas por essa onda de IM porque os estudantes usam livros-texto e materiais didáticos importados da China.

No início deste século, os objetivos da educação para todas as disciplinas escolares em Macau foram adaptados e revisados à luz dos novos padrões curriculares chineses, que afirmam que a educação deve responder ao caráter e aos potenciais intelectuais individuais das crianças. O seguinte trecho, dos novos *Padrões Curriculares de Matemática* da China é um exemplo (Ministry of Education, People's Republic of China, 2001, p. 1):

> As características básicas, gerais e de desenvolvimento do currículo de matemática para a educação básica compulsória devem ser exibidas de forma visível para que a educação nesse campo corresponda a todas as crianças a que serve. Deve-se entender o seguinte:
>
> 1. Todos aprendem matemática útil.
> 2. Todos são capazes de adquirir o conteúdo de matemática que lhes seja indispensável.
> 3. Em matemática, cada aluno terá seu tipo diferenciado de desenvolvimento.

Em resposta à terceira finalidade da educação em matemática, os profissionais estavam em busca de uma teoria sólida que orientasse sua prática, e a promessa da pedagogia inspirada nas IM de cumprir essa finalidade os atraía muito. Uma noção central à teoria das IM é a das diferenças individuais. Usando uma ampla gama de dados, incluindo pesquisa cerebral, Gardner estabeleceu uma base clara para as razões pelas quais a concentração nas qualidades individuais distintas de cada criança é central à educação de qualidade para todos. A teoria das IM confirmou muitas das antigas opiniões e das práticas dos professores de Macau. Sua sólida base teórica, com fortes evidências de sustentação, convenceu muitos educadores de que esse era o caminho a seguir.

Outro impulso para a introdução da teoria das IM em Macau veio do governo. A política para o ano fiscal de 2002 foi exposta pelo coordenador Edmund Ho e apresentava as IM como um importante meio de estimular o desenvolvimento integral da nova geração. Os cidadãos deveriam entender que o desempenho acadêmico não é o único padrão de referência do sucesso na aprendizagem. Igualmente importante, se não mais, é o desenvolvimento da autoconfiança e dos autoconceitos dos alunos. Somente quando têm um melhor conceito de quem são e do que querem e podem fazer, aproveitam integralmente seus recursos naturais e ambientais para alcançar sucesso na escola e na vida.

Nesse contexto, meus colegas e eu fizemos um esforço conjunto para levar a teoria das IM para o sistema escolar de Macau na última década. Por exemplo, escrevi livros-texto chineses apresentando o trabalho original de Gardner sobre estruturas da mente e ideias de educação configurada de forma individual. Também fiz palestras, coordenei oficinas e escrevi artigos para ajudar a esclarecer mal-entendidos e restringir usos inadequados da teoria das IM. A tradução da teoria em prática de sala de aula no contexto chinês não se dá sem dificuldades. Ela se ajusta ao pensamento tradicional chinês? Caso isso seja verdadeiro, é adaptada com mais facilidade por professores ou educadores chineses? Como podemos usar a teoria das IM para atingir objetivos educacionais definidos pelo governo e pela sociedade? Como se pode praticá-la de modo que os profissionais tenham ferramentas de sala de aula para entender as qualidades intelectuais de alunos individuais? Com essas e muitas outras perguntas relacionadas em mente, iniciei três investigações acadêmicas sobre a aplicação da teoria das IM: comparar a teoria com o pensamento educacional chinês tradicional, desenvolver avaliações inspiradas nas IM e incentivar as práticas educacionais individualizadas.

COMPARANDO A TEORIA DAS IM COM O PENSAMENTO EDUCACIONAL CHINÊS TRADICIONAL

Para comparar a teoria das IM com o pensamento educacional tradicional da China, estudei muitos clássicos chineses. Com mais de 5 mil anos de história ininterrupta, a China possui práticas educacionais ricas enraizadas no pensamento confuciano. Depois de bastante leitura e revisão de literatura, decidi fazer três tentativas de revitalizar a teoria das IM a partir da perspectiva chinesa sobre a educação, usando três tipos de clássicos conhecidos da maioria dos chineses, mesmo hoje em dia.

Comecei com uma análise dos *Analetos* (Lun Yu), um registro das palavras e dos atos de Confúcio e seus discípulos. Escrito entre 479 a.C. e 221 a.c., a obra é representativa do confucianismo e continua a ter uma enorme influência sobre pensamento e valores na China e no leste da Ásia hoje em dia. Confúcio, ele próprio um educador, declarou nessa obra muito princípios educacionais e contou várias histórias sobre educação baseada nas características individuais de seus estudantes. Por exemplo, ele disse que "um homem não é um utensílio" (*Jun Zi Bu Qi*). Essa frase curta traz uma rica mensagem de que há múltiplos talentos de tipos generalizados em nosso povo (e governantes de estado) e não se deve considerar que tenham apenas um tipo de especialidade que se ajusta somente a um tipo de tarefa. Situando a declaração de Confúcio no contexto contemporâneo das IM, os profissionais da educação necessitam alimentar as IM dos alunos com vistas a desenvolver as várias competências necessárias para acompanhar o ritmo das demandas em constante mudança do mercado de trabalho na era pós-moderna (Cheung, 2003).

Tendo determinado que existem muitos princípios das escrituras confucianas canônicas relacionados com as IM, a seguir, analiso a contribuição do Livro das Odes (*Shi Jing*) para gênese e evolução das IM na cultura e na sociedade chinesas (Cheung, 2004). O Livro das Odes é um dos mais antigos clássicos confucianos, muito respeitado pelos antigos governantes chineses. Seu papel foi central porque a evolução das oito inteligências se baseou na germinação, no cultivo e no desenvolvimento da cultura em que vivemos. Levantei a hipótese de que a gênese e a evolução das múltiplas inteligências vinha dos três tipos de odes (*Lições dos estados*, *Odes do reino* e *Odes do templo e do altar* [*Feng, Ya, Song*]), bem como das três formas práticas de expressar esses três tipos de odes (*Fu, Bi, Xing*). Por exemplo, "Ao se fazer o cabo de um machado, o modelo não está muito distante" (*Fa Ge Fa Ge, Qi Ze Bu Yuan*) é um trecho de *Fa Ke* no Livro das Odes, que pode ser explicado como a noção chinesa para o princípio de Gardner de educação configurada de forma individual. Esse trecho capta a essência do primeiro capítulo de *Zhong Yong* (também conhecido como *Doutrina do meio*), que é um dos quatro livros e escrituras canônicas confucianas. No primeiro capítulo do *Zhong Yong*, consta: "O que os céus dão se chama natureza. Seguir essa natureza se chama o caminho. Cultivar o caminho se chama educação" (*Tian Ming Zhi Wei Xing, Shuai Xing Zhi Wei Dao, Xiu Dao Zhi Wei Jiao*).

Meu terceiro esforço foi mais desafiador e ambicioso. Busquei analisar as contribuições potenciais do antigo *Clássico dos Mil Caracteres* (*Qian Zi Wen*) do século VI ao formato dos livros-texto básicos para educação liberal inspirada nas IM neste século (Cheung, 2003). Por mais de 1.300 anos, esse clássico mostrou ser o material de leitura mais procurado para a educação geral das crianças. A análise de conteúdos do texto revelou que, apesar de suas variadas áreas temáticas, há quatro temas gerais: aprender a conhecer, aprender a fazer, aprender a conviver e aprender a ser. Esses temas correspondem à teoria das IM no sentido de que o propósito de desenvolver múltiplas inteligências é lhes dar bom uso ao contribuir para o bem-estar pessoal e para a melhoria da sociedade. A conclusão da análise de conteúdos é que, fazendo a referência ao *Clássico dos Mil Caracteres* no formato curricular de hoje, os professores podem relacioná-lo à teoria das IM ao ajudar os alunos a realizar seu potencial mais integral (aprender a conhecer e aprender a fazer) e entender a responsabilidade de um membro da sociedade (aprender a conviver e aprender a ser).

DESENVOLVENDO AVALIAÇÕES INSPIRADAS NAS IM

Uma questão central e espinhosa com relação à aplicação bem-sucedida da teoria das IM para a educação configurada individualmente é a avaliação das configurações intelectuais das crianças e o avanço de seu desenvolvimento. Sou especialista em testes, medição e avaliação, de forma que minha segunda linha de investigação acadêmica relacionada às IM em Macau é o desenvolvimento de avaliações inspiradas nas IM e a realização de pesquisas baseadas em escolas sobre seu uso e sua validade. Até hoje, meus colegas e eu desenvolvemos dois programas de computador para avaliação de IM: SMILES (*School-Based Multiple Intelligences Learning Evaluation System*, ou Sistema de Avaliação de Aprendizagem em Escolas Baseado em Inteligências Múltiplas) e BRIDGES (*Brain-Based Recommendations for Intellectual Development and Good Education*, ou Recomendações para Desenvolvimento Intelectual e Boa Educação Baseadas no Cérebro – um Sistema de Autoavaliação). Ambos os sistemas foram disseminados para o uso de professores em Macau (ver Cheung, Wai, e Chiu, 2000/2002; Cheung, 2005).

Baseado em classificações de comportamentos observados por professores, o SMILES foi elaborado para alunos de educação infantil e estudantes do ensino fundamental. Alunos ou professores respondem a uma série de questões do tipo Likert que compõem as oito escalas de inteligência e o resultado da avaliação é um gráfico de perfil das IM. Esses perfis geralmente são conhecidos como espectros das IM em Macau e na região. As progressões evolutivas incluídas no SMILES e no BRIDGES fundamentam-se em normas, bem como em critérios. Os professores podem usar o espectro de IM mapeado para cada aluno a fim de conhecer seu perfil intelectual, ou seja, suas qualidades e suas limitações.

A avaliação explicitamente baseada em IM não pode ser feita com precisão, há que se admitir. Não obstante, as experiências de Macau confirmam que o espectro das IM, aliado a outros dados coletados rotineiramente, como as observações dos professores e amostras dos trabalhos dos alunos, pode ser usado de forma válida para estabelecer uma base em relação a suas qualidades. Como no caso da medicina chinesa, o espectro de IM proporciona um diagnóstico holístico com atenção à construção das qualidades dos alunos com vistas à superação de suas limitações (Cheung e Lou, 2003; Cheung, Tang e Lam, 2003; Cheung e Lee, 2006). Atualmente, estamos no processo de desenvolvimento de um sistema que integre o espectro de IM ao banco de dados escolares de um aluno para monitorar o progresso das IM à medida que os alunos avançam nas séries durante a educação básica compulsória em Macau.

ESTIMULANDO PRÁTICAS EDUCACIONAIS INDIVIDUALIZADAS

Minha terceira linha de investigação acadêmica é a capacitação de professores para integrar a teoria das IM à sua prática diária de sala de aula. O propósito principal da capacitação é fazer com que os professores pratiquem a educação configurada individualmente. Inspirado pelo trabalho de acadêmicos ocidentais e chineses, desenvolvi um currículo e uma estrutura de investigação pedagógica a partir das IM (ver Figura 6.1). A estrutura consiste em quatro componentes inter-relacionados: ensino de IM, ensino com IM, ensino sobre IM e, por fim, ensino para IM. Os quatro componentes criam uma sinergia em sala de aula que conduz à educação configurada individualmente. Usando essa estrutura, realizei uma série de estudos com pesquisa-ação em várias escolas de Macau.

Ensino de IM

O ensino de IM é o processo de ajudar as crianças a adquirir conhecimento e habilidades no tempo ideal e de usar abordagens adequadas do ponto de vista do desenvolvimento. Por exemplo, para desenvolver habilidades de alfabetização emergentes, professores de pré-escola de Macau envolviam as crianças em uma série de atividades de leitura. Os professores proporcionavam uma sala de aula rica em alfabetização, usavam métodos de ensino recíprocos para ensinar a ler e realizavam avaliação de livros e roteiros de histórias, para citar algumas de suas atividades de enriquecimento do letramento (ver Sit, 2007, para a abordagem de estudo por lições). Como resultado dessa abordagem intencional do ensino, as crianças se familiarizaram com as quatro estratégias de ensino: questionamento, esclarecimento, previsão e síntese. Essas habilidades emergentes de letramento abriram caminho para que as crianças aprendessem a ler nas séries posteriores.

Sit (2007) é um exemplo de ensino de IM porque a capacidade de leitura e o desenvolvimento proximal de estratégias de leitura associadas durante o período de crescimento pré-escolar são de fundamental importância para o desenvolvimento cognitivo e linguístico.

Figura 6.1 Currículo e estrutura de investigação pedagógica inspirados nas IM.
Fonte: Adaptado de Cheung (2003, p. 47).

Ensino com IM

O ensino com IM é a prática de ensino de múltiplos pontos de entrada e múltiplas representações. Entre os quatro componentes da estrutura curricular e pedagógica inspirada nas IM, esta é a mais bem-sucedida em minha pesquisa-ação, particularmente em nível anterior ao ensino fundamental. Por exemplo, o currículo da pré-escola geralmente introduz um grande número de conceitos, como grande/pequeno, família e amigos. Cada um desses conceitos pode ser introduzido por meio de múltiplos canais, como música, histórias, movimento e experimentos em ciências. Quando é introduzido por meio de múltiplos canais, um conceito oferece mais pontos de entrada para que as crianças o compreendam, e essa compreensão tem mais probabilidades de ser mais profunda. No caso dos conceitos de tamanho, grande e pequeno, o professor pode encher balões de diferentes tamanhos e variá-los depois de cada comparação, e as crianças podem juntar as mãos imitando os diferentes tamanhos dos balões. Além disso, o professor e as crianças podem usar uma voz "grande" e uma voz "pequena" para cantar e falar. Nesse processo, as crianças usam não apenas suas mãos, mas também olhos e vozes para observar e vivenciar os conceitos de tamanho.

O ensino com as IM é recebido com entusiasmo por professores de educação infantil em Macau, que o consideraram útil para orientar ama abordagem temática de ensino, muito usada no currículo da pré-escola. Essa abordagem da instrução exige que os professores planejem atividades para atingir aprendentes diferenciados ao adaptar a instrução a várias formas de aprendizagem. Os resultados são aprendentes mais motivados e uma compreensão mais profunda dos conceitos (Cheung, 2003). Ensinar com IM não implica que cada conceito precise ser ensinado de oito formas diferentes. Os canais ou pontos de entrada que os professores escolhem para introduzir um conceito precisam ter sentido e levar à compreensão.

Ensino sobre MI

Ensinar sobre IM envolve o uso de resultados de avaliação inspirados nessa teoria para informar o planejamento de currículo e o ensino. Por exemplo, meu colega e eu realizamos um estudo com estudantes do último ano do ensino médio em uma escola de Macau (Cheung e Lee, 2006). Usando o BRIDGES, geramos um espectro de IM para cada um dos alunos avaliados, com base em suas respostas às escalas de autoclassificação de IM. O gráfico do espectro de IM para cada aluno é complementado por uma descrição de suas características distintivas em cada uma das oito inteligências. Os professores consideraram o gráfico e a descrição útil. Com base nesses relatórios diagnósticos, é possível desenvolver uma base para avanço escolar ou para orientação profissional a partir das qualidades dos alunos.

É importante deixar claro que ensinar sobre IM não implica rotular os estudantes. Em vez disso, as avaliações inspiradas em IM, como SMILES e BRIDGES, permitem que identifiquemos a configuração intelectual de cada estudante. Pode-se capitalizar sobre as qualidades como uma vantagem para superar ou fazer avançar as limitações. As estratégias de intervenção congruentes com a filosofia das IM também auxiliam os estudantes com problemas em determinadas áreas de aprendizagem.

Ensino para IM

O ensino para IM está relacionado ao formato e ao uso dos ambientes favoráveis às inteligências. Nesse tipo de ambiente, as crianças dispõem de oportunidades iguais de acessar uma gama de campos intelectualmente estimulantes e desafiantes, em vez de se limitarem a áreas de aprendizagem escolar definidas de forma estreita. Nos últimos anos, por exemplo, trabalhei com um grupo de professores de educação infantil para implementar o ensino para práticas de IM (Cheung, 2007). Usando o SMILES, os professores de educação infantil observaram o espectro de IM das crianças como indivíduos ou como grupos. Para garantir que os ambientes de aprendizagem em sala de aula fossem justos na exposição das crianças a todos os tipos de experiências de aprendizagem, criamos um modelo ou uma grade para orientar a formação das atividades inspiradas em IM por parte dos professores e o registro das atividades de cada criança em relação a diferentes inteligências. O ambiente de aprendizagem favorável às inteligências proporciona amplas oportunidades para que as crianças demonstrem suas áreas de qualidades, bem como fortaleçam áreas nas quais apresentam limitações.

A geração de ambientes de aprendizagem favoráveis às inteligências ajuda os professores a dar sustentação a aprendentes diferenciados por meio de atividades conectadas através do sentido. A conexão de sentido é uma chave para verdadeiras experiências de aprendizagem em IM. Se as atividades não tiverem conexão de sentido com os conceitos estudados ou entre si, a aprendizagem será casual, e não efetiva.

CONCLUSÃO

Este capítulo faz uma breve descrição de minhas atividades acadêmicas para aplicar a teoria das IM em Macau, por meio de experimentos de ensino baseados em escolas. Como a maior parte desses resultados de pesquisa foi publicada em chinês, a influência do trabalho está limitada à comunidade que fala essa língua: a China continental, Taiwan, Hong Kong e Macau.

Até agora não se fez qualquer avaliação formal de meus experimentos de ensino com base em escolas. Através de comunicação boca a boca, quando os experimentos de ensino são implementados com sucesso em uma escola, a ideia e a prática são adaptadas e repetidas em outra. Com base em minha década de experiências de implementação, os seguintes aspectos do trabalho feito em Macau merecem atenção de um público internacional. Em primeiro lugar, muitas ideias de IM podem ser encontradas nos clássicos chineses ancestrais, e a teoria de Gardner pode ser adaptada à cultura chinesa com mais facilidade quando relacionada a esses clássicos. Além disso, o ensino com IM, aliado ao uso de um modelo ou de uma grade de planejamento, é útil para elaborar atividades inspiradas pelas IM. Ademais, o SMILES e o BRIDGES, sistemas computadorizados de avaliação, são ferramentas versáteis que podem ajudar os professores a identificar o perfil intelectual de cada aluno, bem como a elaborar ambientes de aprendizagem favoráveis às inteligências, com base em resultados de avaliação. Por fim, as experiências em Macau com o uso do espectro de IM para orientação escolar e profissional podem ser aplicados de forma universal.

Referências

Cheung, K. C. (2003). *Raindrops soothing amidst the spring wind: Exemplary case studies of multiple intelligences inspired education*. Hong Kong: Crystal Educational Publications.

Cheung, K. C. (2004). The contribution of Shi Jing to the genesis of multiple intelligences in Chinese culture and society. *New Horizons in Education*, 50, 49-54.

Cheung, K. C. (2005). Development of a self-rating multiple intelligences computerized assessment system for intellectual development and student counseling. *Educational Research Journal*, 20(1), 57-72.

Cheung, K. C. (2007). Intimate integration of assessment and instruction in the design of thematic study units: The Macao experiences. In J. X. Zhu (Ed.), *Preprimary education from the Chinese perspective*. Shanghai: East China Normal University Press.

Cheung, K. C., & Lee, C. L. (2006). *Liberating talents and potentials in accordance with developmental regularities: An experimental research study on brain-based recommendations for intellectual development and good education-a self-rating system*. Macao: University of Macau Publication Centre.

Cheung, K. C., & Lou, L. H. (2003). *Children thank teachers for being educated: An experimental research study on the exploitation and evaluation of multiple intelligences*. Macao: University of Macau Publication Centre.

Cheung, K. C., Tang, H. S., & Lam, I. S. (2003). *Every child is talented: An experimental study of self-ratings of students' multiple intelligences*. Macao: University of Macau Publication Centre.

Cheung, K. C., Wai, F. L., & Chiu, K. H. (2000/2002). *School-Based Multiple Intelligences Learning Evaluation System (SMILES)*. Hong Kong: Crystal Educational Publications.

Ministry of Education. People's Republic of China. (2001). *Full-time obligatory education: Mathematics curriculum standards (experimental version)*. Beijing: Beijing Normal University Press.

Sit, P. S. (2007). Lesson study as a means to help kindergarten teachers develop children's reading comprehension ability. *Journal of Research on Elementary and Secondary Education*, 18, 145-164.

INTELIGÊNCIAS MÚLTIPLAS

Perspectivas a partir do Japão*

David Howland | Tomoe Fujimoto |
Keiko Ishiwata | Masao Kamijo

Embora ainda relativamente nova no Japão, a teoria das IM demonstra uma compatibilidade impressionante com modelos educativos tradicionais do país, principalmente no âmbito das artes e das *terakoya*, as escolas comunitárias dentro de templos locais, que ofereciam educação universal até a abertura do país, no início da era Meji (1868-1912), quando foram substituídas por sistemas ocidentalizados. À medida que o Japão começa a experimentar uma redescoberta desses elementos em sua história cognitiva que a vincula às IM, a necessidade de implementação destas na educação e na indústria fica clara e, na verdade, já começa a ter um impacto na cultura japonesa. Neste capítulo, identifica-se a jornada do Japão, das *terakoya* à tecnologia, e observa-se como as IM começaram a cumprir um papel importante no momento em que o país avançava na reformulação de ideias sobre pensar e aprender.

Embora, talvez, se depare com um início lento, a teoria das inteligências múltiplas (IM) aos poucos se torna conhecida no Japão. Neste capítulo, apresentamos uma breve história da educação e das artes tradicionais japonesas, sugerindo sua compatibilidade com a teoria das IM, e observamos uma amostra representativa das aplicações práticas da teoria hoje em dia, com implicações para seu futuro no Japão e no resto do mundo.

Em 2004, a Sociedade Japonesa de Inteligências Múltiplas (Japan Multiple Intelligence Society, JMIS) foi fundada por ex-alunos do Summer Institute de Harvard, e Howard Gardner foi nomeado seu presidente honorário. Desde o início de suas atividades, a JMIS tem lutado para tornar a teoria das IM conhecida em todo o Japão. Desde o ano 2000, Gardner

---

* Nossos agradecimentos especiais a Naohiko Furuichi, diretor de assuntos escolares da Escola de Ensino Médio Midorimachi, por sua permissão para que usássemos informações baseadas em uma entrevista com ele, feita pelo escritório editorial da Japan MI Society.

voltou três vezes ao país. Durante esse período, professores, pesquisadores e profissionais entusiastas em uma ampla gama de campos continuaram a divulgá-la. Como parte desse interesse pelas IM, também houve uma ênfase em outras ideias desenvolvidas pelo Projeto Zero, como a educação para a compreensão, a importância da educação nas artes e o uso de meios múltiplos e mais qualitativos de avaliação, em oposição a testes padronizados baseados em fatos.

Cultivar a criatividade foi um grande desafio no Japão, já que isso era prejudicado por um sistema que enfatiza os exames para ingresso nas escolas – principalmente o vestibular, para ingresso na universidade. Contudo, algumas universidades estão começando a solicitar que os candidatos demonstrem profunda compreensão de sua disciplina, e não apenas "cuspam" fatos em um vestibular. Esperamos que este venha a ser um ponto central no sistema educacional do Japão em todos os níveis.

Se o Japão vai se revelar um solo fértil para a teoria das IM ainda não se sabe, mas, sem ela, como pode o país conseguir melhoria na educação? Desde a década de 1980, a educação japonesa vivencia uma espiral de decadência e precisa de bastante auxílio para revertê-la, mas sugerimos que talvez o país já tenha sido o ambiente perfeito para as IM, dado que a educação tradicional japonesa e suas instituições artísticas tradicionais parecem tão compatíveis com essa teoria. Um ponto de partida para entender as coisas está nas *terakoya*.

O ESPÍRITO DAS IM NA *TERAKOYA*

O sistema de educação nacional oficial do Japão foi estabelecido em 1873, no final de um período de fechamento do país que durou 200 anos (Ueno, 2002). Até então, a *terakoya*, literalmente, "escola-templo", era a principal instituição de aprendizagem no Japão. Ela passou a existir naturalmente em resposta à necessidade de educação e de sua difusão a pequenas cidades e aldeias, com o desenvolvimento do moderno sistema monetário. Os professores eram voluntários, não licenciados, e recebiam apenas honorários dos pais. Contudo, a *terakoya* oferecia a pessoas de todos os tipos as habilidades de letramento e aritmética (Wada, 2006; Fujimoto, 2006). De fato, a média de pessoas com habilidades aritméticas era, na época, maior do que a média de qualquer outro país (Ministry of Education, Culture, Sports, Science, and Technology, 1999). Em meados do século XV, havia 17 escolas desse tipo, e em seu pico, entre 1854 e 1867, o número havia chegado a 4.293. Em 1868, os meninos constituíram 43% da população escolar, e as meninas, 10% (Kito, 2002), indicando a ampla difusão da educação na época.

Na sala de aula de uma *terakoya*, o professor trabalhava individualmente com cada aluno, levando em conta cuidadosamente suas necessidades práticas. Por exemplo, a *terakoya* localizada na área agrícola cultivava a inteligência naturalista dos estudantes. Dessa forma, essas escolas davam a cada estudante uma profunda compreensão e as habilidades que ele necessitava como adulto (Ministry of Education, Culture, Sports, Science, and Technology, 1999b). O currículo era flexível e espontâneo, diferente do sistema rígido de hoje em dia, e oferecia festivais e apresentações de caligrafia para motivar a aprendizagem dos alunos. A *terakoya* oferecia aos alunos múltiplos pontos de acesso a uma série de inteligências além da linguística e da lógico-matemática. Assim, a filosofia educacional desse tipo de escola era compatível com a teoria das IM.

O ESPÍRITO DAS IM NAS ARTES DE ESPETÁCULO TRADICIONAIS DO JAPÃO

As artes de espetáculo tradicionais japonesas também são compatíveis com as IM em função dos múltiplos pontos de entrada para os aprendentes e da potencialidade para estimular as inteligências. Uma das formas poéticas japonesas, o *haiku* (uma forma tradicional de poesia com 17 sílabas), é relevante para a aprendizagem baseada em IM, no sentido de que, por meio de uma forma de arte, várias inteligências são aproveitadas. Koshiro Matsumoto (2007), um dos mais importantes atores de *kabuki* de hoje em dia, declarou que o estudo dos *haiku* lhe ajuda a refinar seu desempenho. Desde a era Edo (1603-1867), alguns atores de *kabuki* estudam *haiku* para entender como podem se expressar em cada gesto e movimento, assim como os poetas de *haiku* expressam um tema de forma sucinta e bonita em apenas 17 sílabas.

A estrutura de ensino para a compreensão (*teaching for understanding*, ou TfU) desenvolvida no Projeto Zero pode ser aplicada à aprendizagem das artes tradicionais japonesas. Uma das bases nas artes tradicionais japonesas é um aforismo, *Shu-Ha-Ri*, usado pela primeira vez pelo mestre do chá Sen Rikyu (1522-1591). Ele redefiniu e reformou a cerimônia tradicional do chá no século XVI, talvez o melhor exemplo de compatibilidade nas artes tradicionais japonesas. O aforismo melhor ilustra isso e transmite um sentido literal, "manter – romper – afastar-se", que significa que os aprendentes deveriam observar as convenções da forma, melhorar sua própria forma e depois criar sua própria arte com a forma original em mente. Fazendo isso, espera-se que preservem a forma original e a transmitam à geração seguinte de aprendentes. As artes de espetáculo tradicionais do Japão requerem instrução individual, tópicos gerativos e avaliações permanentes – todas facetas da abordagem TfU. Os aprendentes iniciantes precisam demonstrar profunda compreensão, inicialmente apresentando-se sob orientação do mestre. Com o tempo, os aprendentes refinam seu desempenho com criatividade.

A cerimônia do chá, uma arte muito criativa no Japão ainda praticada nos dias de hoje, dá aos profissionais uma variedade de pontos de entrada e requer várias inteligências para apreciação e entendimento. Ela integra poesia, porcelana, têxteis e pintura (inteligência espacial), poesia e literatura (inteligência linguística), e arranjos florais (inteligências naturalista e espacial). Além disso, quem a aprende deve dominar e entender uma etiqueta relacionada ao chá (inteligências intrapessoal e interpessoal), gestos e movimentos corretos (inteligência corporal-cinestésica), habilidades de comunicação (inteligências linguísticas) consciência espiritual, ética e moralidade (inteligências intrapessoal e interpessoal) e a forma japonesa de pensar: simplicidade e parcimônia (inteligência lógico-matemática).

Esse leque de inteligências parece ser exatamente o que Tenshin Okakura, curador artístico e principal fundador da primeira academia de belas artes do Japão, descreveu em *A Book of Tea*. Okakura (1906) afirma que a arte do chá não é meramente estetismo, e sim uma perspectiva japonesa sobre o homem e a natureza, a religião e a ética. Okakura também afirma que essa arte é higiene, enfatizando a limpeza. É economia, defendendo o conforto e a simplicidade em vez daquilo que é complexo e oneroso. É geometria moral, definindo a proporção humana com o universo.

De fato, essa perspectiva se aplica à cerimônia atual do chá. Antes de começá-la, seus praticantes limpam o salão e o aparelho de chá. Colhem flores frescas e as arranjam de uma forma prescrita, simples e humilde. Escolhem a porcelana, um pergaminho decorativo para ser pendurado e sua vestimenta. A seguir, preparam alimentos simples para a cerimônia. Tudo deve ser adequado à estação, à ocasião e aos gostos dos convidados. Durante a cerimônia, todos os movimentos devem ser graciosos, e o serviço de chá deve ser distribuído de forma impecável no tatame (esteira de junco trançado). Todos os envolvidos na cerimônia do chá são atores em um pequeno salão, que simboliza um microcosmo do mundo (Sen, 1981). A cerimônia é composta de servir e desfrutar o chá, escrever poemas e gozar da beleza do aparelho de chá, das flores e da caligrafia.

A cultura, as artes e a educação tradicionais japonesas prosperaram naquilo que claramente era um paraíso para as IM. Conjugando-se isso com a *terakoya*, o Japão era um terreno fértil para as IM.

APÓS A *TERAKOYA*, UM ENFRAQUECIMENTO DO ESPÍRITO DAS IM

Em 1853, a visita do Comodoro Perry, dos Estados Unidos, forçou o Japão a se abrir ao mundo. Em 1871, o governo japonês estabeleceu um sistema educacional que se dispunha a tornar o país rico e poderoso e, ao final, dominar toda a Ásia (Meech-Mekarik, 1986). Para esse propósito, organizou-se uma política educacional baseada no nacionalismo. Ao mesmo tempo, o sistema educacional foi instituído com base no utilitarismo. Dessa forma, todas as instituições acadêmicas passaram a ser arenas onde as pessoas recebiam fatos e informações para serem aprovadas em exames e diplomadas como médicos, advogados, altos funcionários, professores e assim por diante. O número insuficiente de escolas limitava a possibilidade de as pessoas obterem uma educação superior em função da escassez de recursos financeiros. Depois da Revolução Industrial no Japão, em 1894-1895, o número de candidatos de classes sociais privilegiadas ao ensino médio aumentou muito, o que causou concorrência. A Universidade Imperial era considerada o principal caminho para se obter uma posição de sucesso na sociedade (Ito, 2006; Amagi, 1979; Katagiri e Kimura, 2008; Tachibana, 2001).

Somente depois da Segunda Guerra Mundial o Japão passou a ser um país verdadeiramente modernizado e civilizado (Kito, 2002). Em 1947, foi instituída a Lei Fundamental da Educação, e estabeleceu-se o rígido sistema de educação do país. Desde aquele tempo, o Ministério da Educação, Cultura, Esportes, Ciência e Tecnologia (MEXT) determina os padrões básicos da educação nacional japonesa: objetivos educacionais, currículos, duração do ano letivo e temas a serem estudados em cada nível do sistema. Os objetivos e o conteúdo de cada disciplina são estipulados segundo parâmetros nacionais (*national courses of study*). Por lei, todas as escolas devem segui-los, de forma que homens e mulheres, tanto ricos quanto pobres, obtenham uma educação padronizada que tem a mesma qualidade em todas as partes do Japão (Kubo, 2001). Os parâmetros nacionais também forçam os professores a observar as regulamentações e cobrir os conteúdos exigidos.

Na década de 1960, com o desenvolvimento da economia japonesa, cada vez mais pessoas buscavam educação superior e estavam envolvidas na concorrência acadêmica, formando uma sociedade voltada à academia (Kubo, 2001). O exame tradicional exigia que os candidatos aprendessem fatos detalhados, por meio de memorização mecânica, e não através de compreensão profunda (Hirahara, 1993; Kubo, 2001; Morishima, 1985; Tachibana, 2001). A ideia utilitária em termos de educação se manteve a mesma, e os alunos eram treinados para obter aprovação em exames. Por sua vez, os professores tentavam melhorar sua pedagogia de forma a cobrir os conteúdos sobre os quais os estudantes seriam examinados. Nos afluentes anos de 1970, quando o ensino médio estava disponível a quase todos os japoneses (a educação no Japão é compulsória dos 7 aos 15 anos), esse sistema passou a ser ineficaz. Além disso, ele não mudou para tratar dos problemas modernos, como violência escolar, criminalidade, *bullying*, falta às aulas, evasão escolar e punições corporais. Alguns educadores dizem que esses problemas foram causados pelo peso do vestibular e pela política educacional do governo, de que todos os estudantes devem receber a mesma educação (Sakata, 2007). Outros problemas atingem a educação japonesa hoje em dia, como o estresse, as reclamações dos pais e o vício dos estudantes pela Internet, que colocaram os professores contra a parede. Os professores precisam lidar com essas dificuldades sem o apoio adequado. Sempre que ocorre um problema, o público exige a responsabilização dos professores, o que muitas vezes aumenta seu fardo e os estressa (Osaka Bunka Center, 1996; Refusal to Go to School, 2007; Wada, 2006).

INTELIGÊNCIAS MÚLTIPLAS: UMA FERRAMENTA PARA O FUTURO

Algumas soluções para esses problemas foram postuladas em 2002 pelo MEXT. A primeira delas é a instrução individualizada. Ironicamente, isso é o que fazia a *terakoya*. Ao aplicar as estratégias dessa escola e, portanto, os princípios das IM, tal solução é viável. Está claro que a aplicação das IM pode auxiliar a atingir cada estudante, motivando cada um a aprender a buscar interesses individuais.

A segunda solução é uma reforma nos parâmetros nacionais de disciplinas. O MEXT relaxou o controle sobre a educação padronizada, reduzindo o número e a gama de disciplinas exigidas. Dessa forma, uma escola pode oferecer mais disciplinas eletivas aos estudantes, e eles podem se dirigir a seus interesses e estudar em profundidade o tema pelo qual se interessam (Okabe et al., 2008). Essa mudança de requisitos significa que os estudantes dispõem de uma oportunidade de adquirir uma compreensão profunda.

A terceira solução é a dos estudos integrados, que serve aos interesses individuais dos alunos. Os parâmetros delineados pelo MEXT exigem que todas as escolas do país ofereçam estudos integrados, por meio dos quais os alunos possam ir em busca de seus interesses no currículo. Por intermédio desses estudos integrados, os alunos são incentivados a realizar pesquisas sobre um tópico que lhes interesse, a aprender a partir de experiências práticas – e não das exposições dos professores – e a integrar o que aprenderam em uma área de conteúdo (Ministry of Education, Culture, Sports, Science, and Technology, 1999a). No decorrer desse estudo, os estudantes não apenas ganham experiência no mundo real, mas a aplicam ao estudo em sala de aula e desenvolvem sua curiosidade intelectual por meio dessa síntese.

A Escola Distrital de Ensino Médio Kanagawa para Estudos Estrangeiros, uma escola de prestígio de 450 alunos com habilidades linguísticas elevadas, tem alcançado sucesso particular ao trabalhar a estimulação intelectual por meio de estudos integrados. A escola orgulha-se de suas conquistas, principalmente porque envia um número representativo de estudantes a universidades de prestígio. Adiante, discute-se um dos estudos integrados, o intensivo de inglês para alunos de 1° ano.

O estudo integrado cobre todas as inteligências e responde a demandas da sociedade moderna. O Prêmio Nobel Ezaki (2007) reitera a necessidade desse tipo de aprendizagem no Japão, enfatizando que os educadores deveriam alimentar as habilidades individuais de cada aluno porque o país precisa de gente com criatividade, originalidade e individualidade, em vez de uma nação de indivíduos que apenas absorvam fatos. Essa mensagem sinaliza uma necessidade de compreensão profunda.

As IM também são benéficas ao Japão de outra forma. Recentemente, o vestibular, que tem muita importância, passou por uma mudança drástica. O estímulo é a redução da população em idade escolar. As universidades estão agora procurando candidatos qualificados que possam demonstrar altos graus de singularidade e individualidade, e a noção de que todos devem ser exatamente iguais está mudando.

Os candidatos à universidade dos últimos 15 anos diminuíram em função da redução da população em idade escolar. Nos próximos anos, o número de vagas nas universidades japonesas será igual ao número de candidatos, de forma que a maioria das universidades se deparará com o problema de preencher as vagas com candidatos qualificados.

Curiosamente, onde as universidades costumavam requerer apenas uma nota para passar em exames tradicionais extremamente difíceis, os responsáveis pela admissão agora examinam uma série de ferramentas para avaliar os candidatos. Além do teste, uma entrevista, uma recomendação da escola e uma amostra escrita do candidato compõem o portfólio de admissão. Em essência, um aluno pode demonstrar qualidades em qualquer ou em todas as inteligências e tem a oportunidade de oferecer prova de compreensão profunda. Por exemplo, alguém que queira se tornar historiador pode demonstrar a capacidade de pensar como historiador. A consciência da teoria das IM, a abordagem TfU e uma compreensão profunda por parte de estudantes, professores, administradores e responsáveis pelo ingresso na universidade podem facilitar o processo.

Ainda assim, há uma distância considerável a ser atravessada em nível universitário. Os trabalhos solicitados por outros professores exigem muito e tomam tempo: prestações de contas, consultorias, orientação, treinamento, administração e assim por diante. A sociedade japonesa considera a educação como uma ferramenta para se obter uma posição mais elevada na sociedade. Apenas um pequeno número de universidades oferece graduação em ciências humanas (Tachibana, 2001), mas, considerando-se a história do Japão e seu impacto no ambiente educacional atual, o presente é a melhor época para pensar no futuro, e as IM poderiam cumprir um papel crucial no Japão por muitas gerações.

A seguir, descrevemos alguns programas nos quais as ideias das IM cumpriram um papel orientador. Deve-se observar que, com exceção do final, relacionado a estudos universitários, esses programas não usam terminologia nem conceitos das IM explicitamente. Em vez disso, as pessoas que conceituaram os programas, bem como as que os ensinam, inseriram o espírito das IM em suas atividades.

INTELIGÊNCIAS LINGUÍSTICAS, INTRAPESSOAIS E INTERPESSOAIS

A Escola Kanagawa foi considerada *Super English High School* (SELHi) pelo MEXT, de 2003 a 2008. As escolas SELHi desenvolvem abordagens de ensino únicas e servem como modelos para outras.

O curso intensivo de quatro dias que a escola promove tem sido o destaque de seu programa de inglês por quase 40 anos. Em 2003, Keiko Ishiwata queria enfatizar a eficácia dessa atividade no relatório SELHi. Alguns colegas que desconheciam as IM duvidavam que um intensivo de quatro dias pudesse potencializar as habilidades comunicativas dos alunos em inglês. Contudo, por meio de estruturas de IM, demonstrou-se que suas habilidades linguísticas foram melhoradas, e cada atividade no intensivo de inglês oferece aos alunos múltiplos pontos de acesso, que desenvolvem e reforçam suas inteligências à medida que avançam no aprendizado da língua inglesa (Ishiwata, 2003). Uma análise das atividades usadas no intensivo revelou que as mais compatíveis com a teoria das IM também foram aquelas que os professores achavam que motivavam os alunos a aprender inglês e a desenvolver habilidades de liderança e cooperação.

Uma atividade que demonstrou êxito no início do intensivo de inglês foi "Encontre o professor". Como os objetivos dos alunos eram ser mais autoconfiantes e sentirem-se mais confortáveis com o inglês falado, essa atividade fez com que usassem o inglês imediatamente, com professores anglófonos nativos. Cada professor apresentou um fato interessante sobre sua vida, que foi registrado em uma lista sem nomes, por exemplo (Lacey, 2003):

1. Bati em uma bola de golfe no Polo Norte.
2. Uma vez, pilotei um *ferry* na baía de Sydney.
3. O ex-vice-presidente dos Estados Unidos, Al Gore, foi à minha casa para uma festa temática, com partida de futebol.
4. Escalei a montanha mais alta da África. Primeiro, qual é a montanha?
5. Fui campeão de salto de trampolim de três metros.
6. Atirei em um crocodilo que me atacou e tentou me comer.
7. Morei em uma caverna dois meses, na Grécia.
8. Fui ao Times Square, em Nova York, no ano novo.
9. Sentei em cima de uma pirâmide tomando uma cerveja, enquanto o sol se punha no deserto.
10. Frequentei uma escola de uma única sala de aula (*one-room school*) na 1ª série.

Os estudantes foram incentivados a conhecer e conversar com os professores durante o curso de quatro dias e tentaram descobrir qual deles havia apresentado cada fato, mas não poderiam fazer a pergunta diretamente. Deviam iniciar uma conversação primeiro e depois fazer perguntas relacionadas à informação.

Na mesa do jantar da primeira noite, a professora-orientadora Keiko Ishiwata se sentou com um menino tímido chamado Makoto. Ela observou que o menino não estava falando com pessoa alguma e se deu conta de que provavelmente era por relutar a falar somente inglês, uma regra da atividade. Ela puxou conversa com ele e lhe perguntou se havia conhecido Bob, o professor que estava sentado à sua frente. "Ainda não", respondeu Makoto, enquanto sorria com algum desconforto. Keiko lhe perguntou se ele tinha sua lista do "Encontre o professor", ao que o menino respondeu que sim. Ela perguntou se ele havia encontrado nomes que se associassem à informação que constava da lista. O menino disse que não, e ela pediu que ele conversasse com Bob.

Makoto se apresentou e imediatamente perguntou a Bob: "Você bateu em uma bola de golfe no Polo Norte?". Bob lembrou a Makoto que ele não podia fazer a pergunta diretamente. Aos poucos, Makoto começou a formular perguntas, e a conversa começou. Por meio de pistas de contexto, Makoto soube que Bob não havia batido na bola de golfe no Polo Norte, mas descobriu quem tinha sido. Makoto descobriu essa informação e também conversou em inglês.

Muitos estudantes japoneses relutam em conversar em inglês não apenas porque são tímidos, mas porque os estilos de conversa em japonês e em inglês são completamente diferentes. Nancy Sakamoto, autora de *Polite Fictions in Collision* (2006), conclui que cada participante de uma conversa japonesa espera sua vez de falar. A vez depende da idade, da relação com quem é percebido como o principal falante e da posição social. Assim, os alunos do intensivo não se sentiam seguros para falar com adultos, mas com a lista e exercitando suas IM, conseguiram dar grandes passos na comunicação em inglês.

Depois do intensivo de inglês, as reflexões escritas pelos alunos revelaram que haviam desenvolvido não apenas a inteligência linguística, mas também a intrapessoal, a interpessoal e a espacial.

INTELIGÊNCIAS MÚLTIPLAS A PARTIR DO PROGRAMA DE INTERCÂMBIO COM UMA ESCOLA-IRMÃ

Além do intensivo de inglês, outra experiência fundamental para os alunos dessa escola é o Programa de Intercâmbio com uma Escola-Irmã, que tem enviado e recebido delegações de estudantes de França, Estados Unidos, China, Alemanha e Austrália por mais de 10 anos, e onde a teoria das IM está mais sedimentada. Os professores de ambas as escolas intercambiam informações sobre cada estudante que participe para que possa ser enviado a uma família adequada. Os professores participantes tomam muito cuidado para associar estudantes e famílias segundo detalhes como passatempos, esportes favoritos, disciplinas preferidas na escola e preferências musicais. Uma vez determinados os detalhes, inicia-se uma comunicação por correio eletrônico para que as famílias anfitriãs e os estudantes se conheçam antes de se encontrarem.

Os estudantes se preparam para a viagem com três meses de antecedência de diversas formas, com muita atenção às estruturas das IM. Aprendem sobre a cultura do país anfitrião, pesquisam o sistema educacional, a política, a história e a geografia desse país, e compartilham tudo isso por meio de apresentações entre si. Também preparam apresentações sobre o Japão para levar consigo e mostrar aos alunos da escola-irmã.

Durante esse processo, há um grande entusiasmo, e os estudantes entendem seus próprios perfis de inteligência. Alguns usam inteligência musical ao ensinar músicas que serão usadas na escola anfitriã; outros usam inteligência interpessoal, tornando-se líderes de grupo, e alguns usam a inteligência linguística na edição de publicações coletivas e aprendendo a língua do país anfitrião.

Ao chegar ao país anfitrião, os estudantes frequentam as mesmas aulas de seus "irmãos" e "irmãs" anfitriões, apresentam-se na escola e para as famílias anfitriãs, mas, acima de tudo, usam suas inteligências para se comunicar e viver de forma confortável dentro de outra cultura, falando outra língua.

No final do programa, os sujeitos participam de uma festa de despedida na escola anfitriã, um dia antes de sua partida para o Japão. Em preparação, praticam canções e danças que apresentarão na festa, como culminação de sua experiência internacional.

A viagem de duas semanas é, na realidade, um projeto de seis meses e não termina quando os estudantes retornam ao Japão. Na volta, todos usam as IM para questionar e contar sua experiência a outros. Fazem uma colagem de lembranças relacionadas à sua estada no país anfitrião, produzem uma publicação intitulada "Nossa Memória do Programa de Intercâmbio com a Escola-Irmã", e apresentam o que aprenderam por meio de sua experiência a colegas de escola que não participaram do programa.

Os benefícios do programa revelam ter um alcance amplo. Muitos dos alunos usam suas experiências com o intercâmbio para desenvolver projetos de pesquisa que servem de trampolim em sua escola no Japão. Por exemplo, uma estudante aprendeu a ensinar japonês e conseguiu fazê-lo em sua escola-irmã. Outra usou seu estudo sobre envelhecimento para visitar uma casa de repouso no país anfitrião, dando uma perspectiva intercultural à sua pesquisa. Outra, ainda, realizou pesquisa ambiental no país anfitrião e a aplicou a um projeto de pesquisa mais abrangente. As reflexões escritas por esses alunos provaram como o programa influenciou sua forma de viver e pensar, suas motivações, seus interesses e os rumos futuros de suas vidas.

Como professora em uma escola-modelo, Keiko Ishiwata escreveu sobre a eficácia das IM em um relatório SELHi (2003, 2004a, 2004b, 2005) e fez uma apresentação na Conferência dos Professores de Inglês do Distrito de Kanto (2004a). Sua esperança é que a teoria das IM venha a cumprir um importante papel no currículo em educação no Japão e o oriente na direção correta.

UM PROJETO DE CIÊNCIAS COM IM NA ESCOLA DE ENSINO MÉDIO MIDORIMACHI

Outra escola-modelo premiada é a Escola de Ensino Médio Midorimachi, do distrito de Chiba. A escola, que recebeu o prêmio para Projeto de Maior Excelência no Programa Sony de Educação para a Ciência de 2007, patrocinado pela Sony Foundation for Education, exibe aplicações inovadoras das IM. Como um dos principais professores de ciências dessa escola, Naohiko Furuichi tem particular interesse pela aplicação das IM às vidas cotidianas dos alunos e à forma como eles respondem ao ensino de ciências. Naohiko quer oferecer aos alunos múltiplos pontos de entrada à ciência, que estimularão o interesse e a curiosidade deles. Por exemplo, nas fotografias da Figura 7.1, Naohiko explica que a lua cresce e mingua, usando o seguinte *haiku* de Buson Yosa (a partir da tradução inglesa de Gabi Greve, 2008):

Flores de canola –

lua no leste,

sol no oeste

O interesse do próprio Furuichi em IM se desenvolveu por meio de sua participação no Projeto Zero do Summer Institute como membro da Sony Science Teachers Association (SSTA), uma organização voluntária dedicada a incentivar a investigação e a apreciação das ciências nas crianças. A SSTA trabalha atualmente com cerca de dois professores de escolas de ensino fundamental e médio, e oferece assistência em atividades de pesquisa e formação. Desde que a primeira turma formada no Projeto Zero voltou ao Japão em 2003, os membros formados pelo SSTA aplicam o que aprenderam a suas próprias aulas e oferecem apoio a colegas e uma avaliação útil à Escola de Pós-Graduação em Educação de Harvard.

Furuichi implementou um projeto de ciências particularmente bem-sucedido com IM no currículo de ciências nessa escola. É um projeto de pesquisa independente que os alunos dos últimos anos do ensino fundamental realizam basicamente durante as férias de verão. O projeto é uma introdução passo a passo à pesquisa em ciências e culmina em um relatório escrito de aproximadamente 40 páginas. Pede-se que os alunos reflitam sobre as seguintes perguntas desafiadoras:

1. Como escolho meu tópico, e o que devo pesquisar? [Esse é o passo mais difícil.]

INTELIGÊNCIAS MÚLTIPLAS AO REDOR DO MUNDO   101

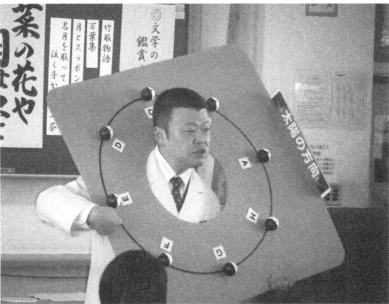

Figura 7.1   A lua que cresce e mingua, por meio de *haiku*.

2. Como faço a observação e a experimentação?
3. Como faço relatórios de minhas conclusões?

Como esse projeto pode ser muito difícil para os alunos, Furuichi designou três projetos de apoio, cada um correspondendo a um passo ou pergunta de pesquisa.

Em primeiro lugar, os alunos devem entender claramente seus pontos de vista nas perguntas de pesquisa que querem fazer. Devem escrever 100 perguntas com potencial para pesquisa. Essas perguntas surgem do questionamento de uma aula anterior ou de um experimento realizado em uma aula de ciências, de uma questão sobre outra disciplina acadêmica que poderia ser explorada cientificamente, de uma questão levantada por um artigo de jornal ou por um livro, da vida cotidiana, incluindo a vida escolar, ou de uma questão local ou regional. Os estudantes compilam essa lista de maio até o início das férias de verão, em julho, e quando chegam a um tópico de estudo, podem dar início à pesquisa.

Também se prepara uma "caixa de sonhos" individual para cada aluno, que fica na sala de aula de ciências, contendo vários brinquedos antigos, utensílios domésticos, materiais de escritório e alimentos. Os alunos devem explicar por que cada um dos itens foi posto na caixa como forma de entender a ordem e a lógica de escolha e desenvolvimento de um tópico de pesquisa.

Por fim, a sala de ciências e o entorno são montados de forma a lembrar um parque temático de ciências. O corredor e os degraus que levam até ela são decorados com *haiku* e *senryu* relacionados às ciências, poemas japoneses tradicionais bem-humorados, impressos em cartões coloridos e perfumados por flores da estação (acompanhados por lupas para enxergá-los), arte e literatura regional e livros de ciências. Para aprimorar a exibição interativa, há livros de referência e materiais de estudo, bem como trabalhos anteriores disponíveis, e se fazem painéis de discussão frequentes entre os estudantes de anos anteriores que realizaram o trabalho e outros que o estão realizando atualmente.

Furuichi ficou muito satisfeito com a alta qualidade dos trabalhos recentes depois da incorporação das estruturas de IM e TfU. De fato, o sucesso desse projeto baseado em IM é notável. Em 2005, 67% dos alunos que participaram concluíram que o foco nas IM proporcionou apoio e estímulo. Em 2006, 72% corroboraram essa conclusão.

Com base nessa experiência e em pesquisas, Furuichi conseguiu compartilhar seu trabalho com colegas por meio de artigos em publicações que apareceram em todo o Japão. Sua sala de aula apareceu na edição de junho de 2007 da popular revista japonesa *President Family*. A distribuição de informações na comunidade de ensino de ciências do Japão continua, e esperamos que venha a ser aceita como parte de todo o currículo desse campo. À medida que começam a entrar na força de trabalho, os estudantes levarão as IM com eles como uma ferramenta para desenvolver um mundo melhor.

COMPREENSÃO PROFUNDA EM COMUNICAÇÃO: VISÕES PARA O FUTURO

Com certeza, não há momento melhor para que todos nós, cidadãos do mundo, reconheçamos a importância de entendermos uns aos outros para além das fronteiras nacionais, das culturas, das religiões e da diversidade econômica. Nos parágrafos que seguem, um de nós, Masao Kamijo, sugere modos de mudar nossas vidas conectando tecnologia de ponta com algumas estruturas selecionadas para criar uma sociedade global em rede para o futuro. As estruturas para a compreensão mais profunda nos permitem preparar nossos próprios perfis de inteligência com vistas a essa compreensão e a compartilhar nosso conhecimento com outros. Kamijo baseia seu trabalho em inovações que desenvolveu por meio de atividades na Sony. Em suas palavras:

> Bom, o que é compreensão profunda ou mais profunda em comunicação? Suponhamos que você obtenha conhecimentos novos em um programa de TV ou em um artigo de jornal. Se esse conhecimento pode enriquecer ainda mais sua rede de conhecimentos anterior, essa construção de conhecimento reforçada estará disponível para uso flexível em um ambiente de solução de problemas. Como resultado, pode levar a uma compreensão profunda ou mais profunda que é diferente da comunicação do tipo "Certo, entendi".

Tendo trabalhado para a Sony Corporation como engenheiro e gerente-geral de produtos de áudio e vídeo, Masao Kamijo entrou no Laboratório de Pesquisa de Produtos e Estilo de Vida da mesma empresa.

Seu objetivo não é prever por prever, mas entender o mundo dentro do fluxo do tempo, desenvolver ideias para o futuro e explorar como se preparar para isso. No laboratório de pesquisa, ele encontrou o provocativo aforismo corporativo: "Se um meio é um sistema para transferir mensagens, a Sony é um meio" (Karasawa, 1999). A partir daí, começou a explorar formas que desenvolvessem o potencial humano, as quais ele esperava que contribuíssem para melhorar a vida das pessoas no mundo. Sua busca o levou a estudar os mecanismos de inteligência, conhecimento e compreensão, e à obra de Howard Gardner. Em 1999, Kamijo bateu na porta de Gardner. Ele ouvira falar da obra de Gardner por meio do contato com a noção de inteligência emocional. Kamijo ficou impressionado com uma série de características da teoria das IM: ela oferece uma boa avaliação básica do potencial de uma pessoa e possibilita um inventário ou perfil de inteligências, permite o desenvolvimento de inteligências, proporciona uma forma de monitorar esse desenvolvimento e fornece vários pontos de entrada para conceitos e tópicos. Todos esses elementos, se estiverem em seus lugares, podem ser apresentados à sociedade em rede. Por exemplo, o *marketing* de produtos na indústria tende a enfatizar o produto e suas especificações, mas não seus usuários. Em outras palavras, tende a negligenciar a consideração pelos seres humanos que interagem com o produto. Entretanto, se a tecnologia de ponta, principalmente na indústria, pode se aplicar às estruturas das IM, isso poderá gerar um foco mais orgânico na sociedade do que o atual, de orientação mecanicista.

Kamijo inspira-se especialmente na TfU (*teaching for understanding*, ver Figura 7.2) proposta por Gardner e colegas, que está intimamente mesclada com a teoria das IM. O ensino para a compreensão implica a capacidade de pensar e agir de forma flexível diante do que a pessoa conhece. A TfU consiste em tópicos geradores, objetivos de compreensão, desempenhos de compreensão e avaliação permanente, abrindo uma nova janela que permite ver objetos, processos e conceitos de forma diferente e sistemática. Seu potencial é grande, especialmente como ferramenta no planejamento e na elaboração de várias mídias novas. É elegante e abrangente, e a aplicação prática da estrutura é visível.

Quais são as qualidades e as profundidades da compreensão? Precisamos de uma definição específica a fim de avaliar a forma como avançaremos para chegar à compreensão de objetivos. Para isso, podemos recorrer às dimensões da estrutura de compreensão do Projeto Zero: conhecimento (K), métodos (M), propósitos (P) e formas (F) DoU (Gardner e Boix-Mansilla, 1998). Se ensinamos apenas conhecimento (a ênfase exagerada na informação de fatos), estamos tentamos cavalgar em um cavalo de uma perna só. A chave para desempenho da compreensão enfatiza a relação dinâmica entre as quatro – K, M, P e F – em qualquer disciplina.

Consideremos a banda larga. A maioria de nós hoje usa esse recurso, que está à disposição o tempo todo (conexão contínua), é interativo e, por sua maior amplitude, proporciona conhecimento explícito (como texto) e implícito (como filmes). Se as estruturas para a compreensão pudessem ser aplicadas a esse meio, poderia existir avaliação constante da informação dentro de uma rede, e os usuários poderiam adquirir uma compreensão melhor daquela informação. No futuro, os usuários globais com perfis específicos de IM, autoavaliados, poderiam entrar na rede buscando um perfil de conteúdo pré-acessado do centro de rede.

Ao examinarmos as aplicações das estruturas de Gardner, está na hora de ver suas aplicações para além da academia. Desde 2003, Kamijo tem feito palestras sobre compreensão profunda em comunicação para estudantes de mídias profissionais na Escola de Pós-Graduação em Línguas e Culturas da Universidade de Nagoya, no Japão. Com suas aulas, ele quer que os alunos entendam a compreensão e busquem ser profundamente entendidos neste século. Ele pede que usem a estrutura TfU ao aplicar cada um seus próprios trabalhos, geralmente a tese de pós-graduação em estudos de mídia, mas também em documentários e estudos de caso empresariais. Ao longo dos estudos, os alunos se comunicam por meio de discussão, trabalhos *on-line* e reflexão escrita. À medida que Kamijo trabalha com alunos em todos esses ambientes de aprendizagem, as palavras de Gardner ecoam em sua cabeça: "Você nunca entenderá a teoria a menos que a aplique... e volte a aplicá-la".

Uma advertência se faz necessária aqui: a inteligência e a ética devem funcionar juntas em uma sociedade global. Como escreveu Ralph Waldo Emerson, "o caráter é mais importante do que o intelecto". Gardner, Csikszentmihalyi e Damon (2001) parecem fazer eco a isso em *Good Work: When Excellence and Ethics Meet*. A questão é explicada de forma particularmente clara para os especialistas em mídia no capítulo intitulado "Sources of Strength in Journalism". Além de mobilizar nossas próprias inteligências, temos que entender como a inteligência e a ética podem funcionar juntas.

Em sua série de palestras sobre esse tópico, Kamijo tem um objetivo geral: o de que seus alunos, futuros e atuais especialistas em mídia, compartilhem a lente MI-TfU-DoU-GW em seu trabalho. A lente, mostrada como imagem visual na Figura 7.2, sustenta uma melhor compreensão na sociedade global de hoje em dia.

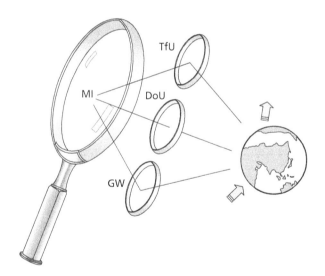

Figura 7.2 O mundo da mídia através da lente MI-TfU-DoU-GW.

Observação: MI: estrutura das inteligências múltiplas; TfU: estrutura de ensino para a compreensão; DoU: dimensões da estrutura de compreensão; GW: estrutura do bom trabalho.

© 2008 Massao Kamijo.

CONCLUSÃO

O século XXI chegou, assim como as estruturas de que precisaremos para entender a nós mesmos e uns aos outros. Uma vez instalada a infraestrutura adequada para uma rede local, todos poderão interagir. Não é uma questão de dinheiro, ela pode ser obtida pela implementação dos sistemas sugeridos neste capítulo. Como disse Howard Gardner em sua apresentação em Tóquio em 2006: "O mundo de amanhã pertence aos que conseguirem entender e também ajudarem outros a entender" (Kamijo, 2006).

Do chá à tecnologia, o Japão continua a se adaptar a um mundo em transformação. Ainda que cheguem lentamente, essas mudanças são necessárias, principalmente na comunidade global de hoje. Nas palavras de Gardner (2004, p. 147), "qualquer que seja a atividade de alguém, ela deve estar em contato com o que mais estiver acontecendo e com o que mais estiver sendo pensado no mundo. É assim que o conteúdo da mente se atualiza". Isso não quer dizer que o Japão tenha abandonado sua própria cultura. Pelo contrário, as novas ideias no país costumam ser aceitas e incorporadas a tradições antigas. A teoria das IM não é exceção.

Alguns profissionais pioneiros das IM encontram formas de usar a teoria para complementar e melhorar a aprendizagem de disciplinas tipicamente japonesas, oferecendo aos estudantes pontos de entrada novos e novas estruturas para a compreensão. Tomoe Fujimoto ensina o uso do ábaco japonês (*soroban*) não apenas por meio de inteligência lógico-matemática, mas também através das inteligências linguística e cinestésica. Ela dá aulas em inglês, desafiando os alunos a ressituar seu pensamento em relação ao tema em um idioma diferente, e eles se movimentam fisicamente de diferentes formas para desenvolver um sentido das características dos números. Satomi Watanabe dá aulas em uma escola de ensino fundamental e trabalha com as inteligências musical, linguística, lógico-matemática, interpessoal e intrapessoal no ensino dos caracteres chineses usados na língua japonesa (*kanji*), proporcionando uma série de pontos de entrada que atraem os alunos ao estudo desse tema, um componente vital de todos os currículos escolares japoneses.

As escolas internacionais no Japão também começaram a incorporar a teoria das IM em seu currículo em graus variados. Essas escolas, que trabalham em inglês, são abertas à comunidade internacional no Japão, e alguns pais japoneses de mente global as consideram uma alternativa viável ao sistema de educação japonês.

A rede continua a crescer (ver Quadro 7.1) no Japão à medida que a informação sobre e eficácia das IM chega a mais praticantes, e mais deles começam a encontrar formas de colocar a teoria em prática. Coletivamente, recebemos isso como uma oportunidade para nossas mentes se atualizarem.

Quadro 7.1 Profissionais das IM de destaque

Nome	Instituição	Tema
Hideki Igari	Escola de Ensino Fundamental Niwatuka Distrito de Fukushima	Ciências
Kazuo Kobayashi	Escola de Ensino Médio Ryuugasaki	Ciências
Keiko Honda	Universidade de Waseda	Educação
Kuniaki Sakai	Escola de Ensino Fundamental Tayuhama Distrito de Niigata	Inglês
Tsutomu Matsuyama	Escola de Ensino Fundamental Temma Higashi Distrito de Aomori	Ciências
Setsuko Toyoma	Faculdade Keiwa	Humanidades

Referências

Amagi, I. (1979). *Erito no daigaku, taisyu no daigaku*. [Universities for elites, universities for non-elites]. Tokyo: Simaru Shuppan.

Ezaki, R. (2007, 29 de janeiro). *My personal history*. Japan Economy, 40.

Fujimoto, T. (2006). *MITAHYORON: The power of Japanese abacus*. Tokyo: Keio Gijuku University Press.

Gardner, H. (2004). *Changing minds*. Cambridge, MA: Harvard Business School Press.

Gardner, H., & Boix-Mansilla, V. (1998). What are the qualities of understanding? In M. Stone-Wiske (Ed.), *Teaching for understanding: Linking research with practice*. San Francisco: Jossey-Bass.

Gardner, H., Csikszentmihalyi, M., & Damon, W. (2001). *Good work: When excellence and ethics meet*. New York: Basic Books. [*Trabalho qualificado*: quando a excelência e a ética se encontram. Porto Alegre: Artmed, 2004]

Greve, G. (2008). *Haiku topics*. Acesso em 3 de fevereiro de 2009, em http://wkdhaikutopics. blogspot.com/2008/05/four-directions.html.

Hirahara, H. (1993). *Kyoiku gyousei gaku*. [Educational administration]. Tokyo: Tokyo University.

Ishiwata, K. (2003). *English camp: Super English language high school research report*. Yokohama: Kanagawa Prefectural Senior High School of Foreign Studies.

Ishiwata, K. (2004a). *English camp: The Fifteenth Anniversary National Conference of Eigo Jygyou Kenkyu conference report*. Tokyo: Eigo Jugyou Kenkyu Conference.

Ishiwata, K. (2004b). *Evaluation for performance-rubrics: Super English language high school research report*. Yokohama: Kanagawa Prefectural Senior High School of Foreign Studies.

Ishiwata, K. (2005). *Discussion & research: Super English language high school research report*. Yokohama: Kanagawa Prefectural Senior High School of Foreign Studies.

Ito, A. (2006). *Kan-min kakusa no karakuri*. [Inequality between private company workers and public officers], 84(11). Tokyo: Bungeisyunju.

Kamijo, M. (2006). *Why deep understanding should be central in all education*. http://www.japanmi.com/mifile/070118SummaryHGLectures2006withPersonalViews%5BWeb%5D.htm.

Karasawa, H. (1999). *Quest for digital NICE age: New media lifestyle 1999-2010*. Tokyo: Products and Lifestyle Research Laboratory, Sony Corporation.

Katagiri, Y., & Kimura, Y. (2008). *Kyoiku kara miru nihon no shakai to rekishi*. [Japanese society and history from a point of educational View]. Tokyo: Yachioyo Shuppan.

Kito, H. (2002). *Bunmei to site no Edo system*. [Edo era system from a point of view of civilization]. Tokyo: Kodansha.

Kubo, Y. (2001). *Gendai kyoikusi jiten*. [Modern educational history dictionary]. Tokyo: Tokyo Shoseki.

Lacey, J. (2003). *English camp handbook*. Kanagawa: Kanagawa Prefectural Senior High School of Foreign Studies.

Matsumoto, K. (2007, 23 de janeiro). *Kokoro no tamatebako*. [My treasure]. Japan Economy Evening Newspaper, p. 20.

Meech-Pekarik, J. (1986). *The world of the Meiji print*. Tokyo: John Weatherhill.

Ministry of Education, Culture, Sports, Science, and Technology. (1997, 24 de janeiro). *Program for educational reform press release*.

Ministry of Education, Culture, Sports, Science and Technology. (1999a). *Wagakuni no bunkyou shisaku*. [Our country educational policy]. Tokyo: Okura Sho Insatsu Kyoku.

Ministry of Education, Culture, Sports, Science and Technology. (1999b). *Gakusyu shido youryou*. [Curriculum guidelines]. Kyoto: Higashiyama Shobo.

Morishima, M. (1985). *Gakko, gakureki, jinsei*. [School, academic record, and life]. Tokyo: Iwanami.

Okabe, Y. et al. (2008). *Koko kyoiku* [High school education], May. Tokyo: Gakujisya.

Okakura, T. (1906). *The book of tea*. Tokyo: Tuttle Publishing.

Osaka Bunka Center. (1996). *Kyoshi no tabouka to burn out*. [Teachers' hectic life and burn-out syndrome]. Tokyo: Hosei Shuppan.

Refusal to go to school. (2007, 10 de agosto). *Asahi Newspaper*, 1.

Sakamoto, N., & Sakamoto, S. (2006). *Polite fictions in collision*. Tokyo: Kinseido.

Sakata, T. (2007). *Gakkou kyoiku no kihon horei*. [The basic regulations of school education]. Tokyo: Gakuji.

Sen, S. (1981). *Ura senke sato no oshie*. [Tea pedagogy by Ura-Sen – school]. Tokyo: Dai Nihon Insatsu Co.

Tachibana, T. (2001). *Todaisei ha baka ni nattaka*. [Is the academic level of Tokyo University students going down]. Tokyo: Bungeishunju.

Ueno, C. (2002). *Sayonara gakkou ka shakai*. [Goodbye, academically oriented society]. Tokyo: TaroJiro Sha.

Wada, H. (2006, agosto). *Finland, sekai ichi no kyouiku taikoku*. [Finland offers the best education], 84(11). Tokyo: Bungeisyunju.

A INTEGRAÇÃO DA TEORIA DAS INTELIGÊNCIAS MÚLTIPLAS À PRÁTICA EDUCACIONAL NA COREIA DO SUL

Myung-Hee Kim | Kyung-Hee Cha

Este capítulo descreve como a Coreia do Sul adotou a teoria das IM em seu sistema educacional e as influências que teve no país. As realidades sociais, culturais e educacionais sul-coreanas cumpriram um papel importante nas razões e na forma como a teoria das IM foi aceita. O desejo dos coreanos de encontrar uma alternativa a seu sistema monolítico de educação, voltado à admissão na universidade, facilitou a aceitação da teoria. A abordagem de baixo para cima, começando pela sala de aula, a colaboração entre pesquisadores e praticantes e o reconhecimento precoce por parte dos formuladores de políticas caracterizam o processo de adoção das IM na Coreia do Sul. A teoria das IM influenciou a filosofia da educação, os métodos de ensino e os sistemas de avaliação. Também melhorou a qualidade da educação no país e faz parte de sua implementação de políticas nacionais de educação por meio do desenvolvimento de currículo. A teoria das IM se estabeleceu firmemente como campo independente de pesquisa acadêmica na Coreia do Sul.

Por meio do compromisso sustentado e da atividade conjunta durante um período de 10 anos, a teoria das inteligências múltiplas (IM) tem sido integrada às práticas educativas na Coreia do Sul. A adaptação das IM ao contexto sul-coreano obteve sucesso porque correspondeu às prioridades culturais emergentes e às necessidades educacionais imediatas. Aplicando-se a teoria, a qualidade da educação coreana sul-melhorou. Discutimos mudanças específicas e benefícios a partir da perspectiva de escolas, professores e estudantes, e concluímos com reflexões sobre universalidade e singularidade da teoria das IM em relação às experiências sul-coreanas.

CONTEXTO HISTÓRICO, SOCIAL E CULTURAL

O sistema de educação sul-coreano foi muito afetado pela abordagem quantitativa da avaliação, pelo foco no impacto econômico e pelo pouco apoio por parte dos pais às escolas.

Uma delegação dos Estados Unidos, enviada em 1948 para ajudar a estabelecer um sistema moderno de escolas públicas na Coreia do Sul, recomendou uma abordagem científica da educação, que enfatizava a medição quantitativa de desempenho escolar em vez da avaliação qualitativa da aprendizagem. Especificamente, promovia o uso de testes padronizados e psicológicos e era reforçada pelo contato dos educadores com a psicologia comportamental de Skinner (Song, 2002).

O impacto dessa abordagem científica permanece forte nas escolas da Coreia do Sul, por meio de uma grande dependência das avaliações de múltipla escolha. Esse tipo de avaliação era justificado por afirmações dos educadores de que constituía um meio apropriado de entender cientificamente o comportamento (Lee, 1999). A avaliação foi reduzida a verificar o uso que os alunos faziam de simples fatos extraídos de livros-texto, por meio de provas escritas.

Uma virada política na situação aumentou a importância da medição quantitativa de desempenho e da avaliação de múltipla escolha. Em 1960, quando se estabeleceu um regime militar, a prioridade máxima era o desenvolvimento econômico. Como a educação sustenta o desenvolvimento econômico, o regime a colocou sob controle do governo central, que ditava todos os aspectos: currículo, livro-texto, métodos didáticos e formação de professores.

O ensino escolar se dedicava a promover a entrada dos alunos na universidade, mas um sistema educacional com esse foco agravava o zelo já excessivo para com a medição quantitativa do rendimento, resultando em um sistema obcecado por classificar o desempenho individual dos alunos com base em resultados de testes padronizados.

Esse foco em resultados de testes influenciou as visões dos pais sobre as escolas públicas. O apoio deles é o alicerce da educação pública. Sem isso, nem os alunos nem as escolas têm probabilidades de sucesso. Mesmo assim, os pais estão insatisfeitos com a educação pública sul-coreana e vários deles enviam os filhos para o exterior ou complementam sua aprendizagem com educação privada.

Muitos sul-coreanos querem enviar os filhos a países de língua inglesa. A lei do país permitiu pela primeira vez que os estudantes fossem ao exterior para cursar o ensino fundamental e básico em 1988. Atualmente, estima-se que cerca de 40 mil estudantes sul-coreanos estejam estudando no exterior (Gu, 2008).

A quantidade de estudantes que foram aos Estados Unidos aumentou 20 vezes nos últimos 11 anos (Han, 2006; Park, 2007). Entre alunos que permanecem na Coreia do Sul, um número cada vez maior paga por serviços de educação privada para obter resultados melhores em provas padronizadas. Em 2003, os professores particulares no país representavam 2,9% do produto interno bruto, mais de quatro vezes a média de países-membros da Organização para a Cooperação e Desenvolvimento Econômico (0,7%). Igualmente alarmante, cerca de 40% de todas as despesas relacionadas a educação na Coreia do Sul destinam-se à educação privada. O mercado desses serviços está crescendo a uma média de 17% ao ano e atualmente é estimado em 33 bilhões de dólares. Os centros de educação privada estão se tornando maiores e empregando operações empresariais sistemáticas.

A obsessão de governos e pais com a entrada na universidade, a explosão do ensino privado e a atrofia da educação pública tem aumentado bastante, e esses desafios fazem com que se busquem teorias e métodos alternativos de educação.

ADAPTANDO E ADOTANDO A TEORIA DAS IM

A adaptação e a adoção da teoria das IM na Coreia do Sul têm se dedicado a esforços para traduzi-la em práticas educacionais eficientes que se ajustem ao ambiente social, cultural e educacional singular do país. A interação entre estes três fatores se mostrou fundamental para a difusão da teoria: a abordagem de baixo para cima à reforma baseada nas IM, o envolvimento de pesquisadores relacionados ao tema e o apoio de formuladores de políticas.

Abordagem de baixo para cima à reforma baseada nas IM

A reforma baseada na teoria das IM na Coreia do Sul começou na sala de aula e avançou de baixo para cima. Tentativas anteriores de reformar a educação do país, que usaram uma abordagem de cima para baixo, fracassaram. A reforma havia sido imposta unilateralmente por meio de políticas educacionais. Nem as administrações escolares nem os professores estavam preparados para implementar a teoria e a prática obrigatórias. Essa falta de preparação desconectava a teoria da prática.

Em contraste, a educação com as IM na Coreia do Sul começou com a aplicação da teoria em sala de aula. Pesquisadores e professores estavam presentes em salas de aula orientadas pelas IM, trabalhando conjuntamente em aplicação e prática. Esses projetos conjuntos eram inéditos no país antes da introdução dessa teoria. A nova forma de colaboração criou a base para uma mudança educacional fundamental ao desenvolver uma rede de profissionais de educação que conseguiam compartilhar informações e recursos.

Envolvimento de pesquisadores das IM

A teoria das IM foi formalmente introduzida na Coreia do Sul em 1990, por estudiosos que buscavam a reforma da educação. Muitos pesquisadores sul-coreanos da teoria publicaram artigos para apresentá-la, o que criou uma discussão pública a respeito dessa nova perspectiva sobre ensino e aprendizagem. Esses artigos levaram administradores escolares a apoiar projetos voltados a mudar a educação usando a teoria das IM. As oficinas com professores, realizadas no Instituto de Pesquisa em Educação da Universidade de Hanyang, tratavam da teoria das IM em relação aos modelos de ensino e aprendizagem, métodos educativos e abordagens naturalistas de avaliação.

Em 1995, começaram a aparecer aplicações de campo da teoria das IM na Coreia do Sul, inicialmente em uma escola de ensino fundamental privada. Pesquisadores que trabalharam na escola participaram de todas as aulas em que se usava a teoria para tratar imediatamente de questões e desafios. Esse apoio se mostrou altamente eficaz para facilitar a compreensão da teoria das IM por parte dos professores. A avaliação dos resultados nessas escolas experimentais mostrou que a abordagem das IM melhorou não apenas o desempenho escolar, mas também o entusiasmo intelectual, a curiosidade, as atitudes positivas em relação à escola e a participação voluntária na aprendizagem. Os resultados iniciais das aplicações de campo levaram à aceitação positiva da teoria das IM na Coreia do Sul, como uma alternativa viável aos métodos tradicionais.

Em 2000, Branton Shearer, presidente do grupo especial de IM da American Educational Research Association, deu uma palestra na Coreia do Sul. Naquele mesmo ano, Howard Gardner fez a palestra de abertura em um simpósio realizado na Ewha Women's University. Sua presença desencadeou uma grande onda de consciência em relação às IM no país. Da cobertura jornalística à mídia de massas, até às empresas de educação que afirmavam seguir os princípios das IM, a teoria ficou muito conhecida por parte de pais e professores.

Com essa divulgação na mídia e com os resultados positivos de aplicações de campo, a integração da teoria das IM se propagou mais rapidamente a vários ambientes escolares (Shin e Kim, 2006). Ela aumentou o profissionalismo e a autoconfiança dos professores, que foram motivados para desenvolver suas próprias ferramentas de avaliação de desempenho e, com o tempo, seus próprios currículos. Professores de escolas públicas regulares solicitaram apoio do Instituto de Pesquisa em Educação da Universidade Hanyang, o que levou à fundação da Associação Sul-Coreana de Educação pelas Inteligências Múltiplas, em 2001. Atualmente, a organização tem mais de 2 mil professores membros e já realizou dúzias de cursos de formação. Vários professores se tornaram missionários da teoria das IM em cursos de formação de professores e pesquisadores de campo, bem como praticantes.

Apoio dos formuladores de políticas

Por meio de simpósios, oficinas e publicações, os formuladores de políticas educacionais começaram a reconhecer as possibilidades de usar a teoria das IM a fim de desenvolver um novo paradigma para a educação. Em 2000, com a ajuda de professores de escolas experimentais, o Ministério da Educação produziu um vídeo sobre IM, dirigido aos professores, que dá exemplos de formas adequadas de integrar a teoria das IM a práticas de sala de aula.

A influência mais relevante do Ministério da Educação na integração das IM foi incluir a teoria como estrutura ideológica e de implementação para o Sétimo Currículo Nacional Sul-Coreano, que adota a diversidade e a individualidade. O currículo busca proporcionar educação personalizada, passando de uma educação centrada no professor a uma centrada no aluno, e chama a atenção para o respeito às diferenças individuais e à adaptação curricular a diferenças entre os estudantes. Esse currículo proclama "criatividade, equilíbrio e ética" como objetivos educacionais (Korea Institute of Curriculum and Evaluation, 2005).

Com a adoção pelo currículo nacional, o uso da teoria das IM se tornou sistemático e difundido. Os comentários curriculares, os guias dos professores e as orientações de avaliação de desempenho ajudaram os professores a reforçar o papel da teoria. No guia para ciências sociais, por exemplo, a teoria das IM é considerada um alicerce para métodos desejáveis de ensino-aprendizagem. A abordagem também consta no guia do professor para ética e filosofia de escolas de ensino médio (Ministry of Education, 2003).

DESAFIOS À PESQUISA E À PRÁTICA EM IM

Os pesquisadores sul-coreanos das IM se depararam com vários desafios durante a introdução da teoria e a disseminação de sua prática. O problema mais comum no começo era uma compreensão insuficiente ou incorreta dos conceitos da teoria. As compreensões equivocadas iniciais por vezes decorriam da aplicação direta, pelos praticantes, das IM em sala de aula sem fazer um estudo profundo da teoria. Particularmente, professores, pais e administradores escolares estavam preocupados em como avaliar o impacto da prática de IM nos resultados da aprendizagem dos alunos. Além disso, os professores enfrentaram preocupações com relação à existência ou não de uma maneira "certa" de implementar a prática das IM, de lidar com o trabalho extra inicialmente necessário para trazê-las à sala de aula e com o trabalho interno ao sistema burocrático na Coreia do Sul.

Avaliação das IM dos alunos

A concepção equivocada mais grave era a noção incorreta de que a avaliação das IM poderia ser realizada medindo-se cada uma das oito inteligências com testes. O resultado de cada teste era considerado como o nível que a pessoa apresentava em cada inteligência e usado na formação de grupos de aprendizagem cooperativos. Os professores não conseguiam reconhecer, contudo, que a avaliação das IM começa com a identificação do perfil de inteligência do aluno por meio de muita observação. O equívoco partiu de uma assimilação da teoria das IM à estrutura da avaliação tradicional.

O conflito com relação à avaliação de alunos foi um dos mais problemáticos. Em comparação com a tradicional, que é quantitativa e na qual outros examinam os trabalhos dos alunos, a avaliação na educação com base em IM é um sistema qualitativo que inclui o aluno como avaliador.

A avaliação das IM respeita potencial, diversidade, flexibilidade, variabilidade e contexto. Usando métodos de avaliação de desempenho baseados em IM, os pesquisadores conseguiram documentar que cada criança é qualitativamente diferente, e reconhecer essa diferença foi o primeiro passo para a convicção de que cada aluno pode expressar sua própria capacidade e que todos podem ter sucesso.

As multidimensionais avaliações de IM, elaboradas para medir os níveis de compreensão dos alunos, inicialmente foram recebidas com dúvida, mas as novas abordagens, aos poucos, ganharam a confiança dos praticantes ao incorporar padrões minuciosos e claros. Como os métodos permitiam aos alunos expressar seu nível de compreensão de várias formas, eles se envolveram verdadeiramente no processo de avaliação. Quando os estudantes se envolveram na definição de critérios, os desempenhos de aprendizagem medidos no final de cada semestre mostraram uma melhoria significativa. Muitos pais e alunos passaram a apreciar a abordagem multidimensional porque ela proporcionava uma visão das características e das qualidades dos alunos que poderiam ser usadas em decisões profissionais.

Por exemplo, em várias decisões em sala de aula, a inteligência intrapessoal foi estimulada ao se incentivar os alunos a manterem um diário para reflexão, descrevendo o que foi ensinado no dia e sua compreensão do conteúdo. Os estudantes também tinham momentos de reflexão silenciosa durante o dia e escreviam sobre seus pensamentos. Essas atividades ajudavam a desenvolver suas habilidades de pensamento metacognitivo e a considerar a si mesmos como capazes de avaliar o avanço de sua aprendizagem. Antes, a maioria das avaliações escolares se baseava na perspectiva de outra pessoa, geralmente o professor. Em contraste, a avaliação baseada nas IM inclui componentes de autocompreensão e autoconfirmação, o que faz com que os alunos se apropriem do processo de avaliação e do retorno que ele produz. As capacidades de autoavaliar e autodirecionar são habilidades centrais em uma sociedade global que valoriza iniciativa e criatividade.

Professores, administradores escolares e pais estavam preocupados com o fato de que a educação voltada à teoria das IM rebaixasse o desempenho escolar dos alunos. Essa questão era especialmente importante porque o ingresso na universidade dependia de níveis de desempenho elevados. Vários testes quantitativos mostraram que a educação das IM não causava deterioração no desempenho escolar; ao contrário exercia influências positivas no aprendizado de línguas e matemática e no desenvolvimento de autoestima e de habilidades para pesquisa científica e para artes criativas. Esses desempenhos levaram a um grau mais elevado de satisfação dos estudantes com a escola, o que contribuiu para fatores de aprendizagem mais fortes, como motivação e entusiasmo (Kim, Kim, Kim, Lee e Jung, 1996).

Outras preocupações dos professores

Inicialmente, os professores questionaram se o formato educacional estava correto. Queriam que os pesquisadores ou outros praticantes de IM lhes dessem um modelo específico. Alguns estavam convencidos de que deveria haver uma resposta certa em um plano de aula. De forma semelhante à incompreensão da avaliação das IM, essa confusão resultava da abordagem da teoria das IM a partir de uma visão tradicional. A maioria das visões equivocadas em relação a currículo foi resolvida com a ajuda de colegas professores ou com os professores que usavam vídeos produzidos pelo Ministério da Educação.

Uma segunda preocupação era o trabalho extra que se exigia dos professores. Quando a teoria das IM foi introduzida na educação da Coreia do Sul, as lições giravam em torno de livros-texto baseados no currículo nacional. Os professores que estavam acostumados a ensinar conhecimento de livro-texto consideraram difícil desenvolver currículos baseados na teoria das IM. Tendo sido colocados no papel de especialistas, desenvolveram currículos integrados analisando e reconstruindo livros-texto baseados na teoria das IM. Além disso, compartilharam ideias com outros professores e construíram uma rede de educação para desenvolvimento contínuo.

Uma terceira preocupação era o sistema de educação centralizado e uniforme da Coreia do Sul. Quando os alunos deviam avançar em um determinado ritmo em todos os livros-texto, os professores tinham dificuldades de encontrar tempo para oferecer instruções que alavancassem todas as oito inteligências em cada unidade. Essa questão foi resolvida selecionando-se temas centrais a partir de livros-texto e reconstruindo o currículo em torno deles.

BENEFÍCIOS DA INTEGRAÇÃO DA TEORIA DAS IM

Apesar desses desafios, em pouco mais de uma década, a teoria das IM deu uma contribuição considerável à educação na Coreia do Sul. Apresentamos os benefícios da integração da teoria em quatro áreas: alcance mais amplo da educação para o caráter, novas formas de avaliar a aprendizagem e o desenvolvimento dos alunos, mais crescimento dos professores e tratamento do baixo desempenho. Como o sucesso dos estudantes é o resultado maior da reforma educacional (Hoerr, 2000), contamos a história de Ji-min e sua passagem de aluno com baixo desempenho a alguém que aprende com motivação.

Educação para o caráter

Como exemplo, a teoria das IM contribuiu significativamente para um retorno da educação para o caráter. Historicamente, a forte influência do confucianismo na sociedade e na cultura sul-coreanas enfatizava a importância da educação para o caráter. A educação na Coreia do Sul inclui os tópicos da ética, mas sua importância fora reduzida em um sistema educacional que direcionava a atenção dos alunos à memorização de fatos para realizar testes de múltipla escolha e ingressar na universidade.

A identificação, pela teoria das IM, de inteligências interpessoais e intrapessoais proporcionou ideias críticas para uma nova visão da educação para a ética que está voltada a desenvolver comportamento e prática éticos, bem como conhecimento intelectual e compreensão. Além disso, a integração de uma perspectiva intrapessoal criou uma abordagem mais equilibrada à educação para o caráter, que, no passado, enfatizava a relação com outros, incluindo a consideração pelos outros, a compreensão, o autossacrifício e a dedicação. Ao mesmo tempo em que eleva a consciência em relação aos outros e promove o altruísmo, o currículo agora ajuda os estudantes a desenvolver o respeito por suas próprias perspectivas e a se relacionar com outros com base em um alicerce firme de autocompreensão.

Avaliação

Tradicionalmente, a maioria das avaliações educacionais sul-coreanas era formal e se concentrava em certos conteúdos, sendo aplicadas a grupos específicos em datas determinadas. Essas avaliações tradicionais tendiam a enfatizar resultados em vez de processos de aprendizagem. Os resultados do desempenho escolar dos alunos eram considerados responsabilidade do professor. A possibilidade de resultados baixos era uma fonte de pressão que motivava a atenção dos professores aos testes.

Influenciados pela noção das IM sobre múltiplas formas de aprender e fazer, professores sul-coreanos adotaram ferramentas de avaliação alternativas para descobrir os perfis e respeitar suas diferenças individuais. As avaliações formais com testes tradicionais e respostas curtas ainda são usadas, mas agora são complementadas por avaliações informais: opinião de pares, diários de observação, diários de autorreflexão, portfólios, avaliação com rubricas, avaliação de estilos de trabalho, entrevistas com alunos e com pais.

A avaliação informal gera um retorno para alunos e professores. Para os primeiros, os resultados se tornaram uma fonte de orgulho, já que eles podem agora observar e descrever seu próprio progresso. Os alunos assumem mais responsabilidades por sua aprendizagem à medida que o retorno os ajuda a melhorar seu desempenho. O uso de um diário de reflexão, particularmente, ajudou a desenvolver o conhecimento dos alunos sobre eles mesmos, além de autorregulação e controle emocional, o que promoveu habilidades intrapessoais e contribuiu para comportamentos escolares e resultados de aprendizagem positivos.

A teoria das IM ajudou os professores a superar as limitações das avaliações formais tradicionais. Antes da introdução da teoria das IM, os professores estavam frustrados com o uso de avaliações que se baseavam em conhecimento mecânico de fatos acadêmicos. A teoria das IM pôs fim a essas práticas e trouxe uma mudança fundamental à compreensão que os professores têm dos alunos.

Crescimento dos professores

A integração da teoria das IM também ajudou a avançar o desenvolvimento dos professores. Os que praticam a educação em IM apreciam uma estrutura teórica que reconhece e entende a diversidade das qualidades cognitivas dos alunos. Recebem com entusiasmo oportunidades de entender os alunos com base em sua individualidade em vez de se basearem em um padrão uniforme.

As IM proporcionaram um novo paradigma para reconstruir o que e como os professores pensavam. Segundo Cha (2005), os praticantes que assumiram a teoria das IM se tornaram líderes ativos da reforma em sala de aula por meio de automotivação e autorreflexão. Assumir responsabilidades pelo desenvolvimento de currículo fortaleceu a identidade dos professores como profissionais da educação.

Superação do baixo desempenho

O baixo desempenho foi um dos maiores problemas da educação escolar na Coreia do Sul. Fator importante que contribuiu para isso foi não se conseguir oferecer intervenções educativas precoces antes que a criança apresentasse considerável defasagem. Em um sistema educacional que não fez ajustes em relação às diferenças individuais, alguns estudantes perderam o interesse por aprender. Como não adquiriram conhecimentos e habilidades básicas, seu aprendizado insuficiente no ensino fundamental foi amplificado quando se defrontaram com as demandas do ensino médio. A causa inicial do baixo desempenho não foi a incapacidade dos alunos de aprender, e sim o fato de as escolas não conseguirem oferecer educação que atenda às necessidades de cada um deles.

A prática em IM apresentava uma forma de romper o ciclo de baixo desempenho. A crença da teoria das IM no potencial humano e na necessidade de identificar e desenvolver as qualidades de cada pessoa ajudou os professores a entender as diferenças nos ritmos de aprendizagem dos alunos (Chen, Krechevsky, Viens e Isberg, 1998). Os professores recuperaram o respeito por cada estudante como uma pessoa integral.

A teoria das IM também ofereceu os meios para se intervir na escola de ensino fundamental. Uma das principais razões pelas quais os professores continuaram a prática da educação baseada nas IM, apesar do trabalho extra de desenvolver novos currículos e materiais para professores e alunos, foi terem testemunhado mudanças nestes, principalmente nos que apresentavam baixo desempenho. Para que se possa apreciar integralmente a contribuição das IM à educação na Coreia do Sul, é útil entender como são as mudanças para uma criança. O caso a seguir mostra como a integração das IM modificou um aluno com baixo desempenho, Ji-min.

O caso de Ji-min

Ji-min era uma criança carinhosa e tranquila, que vinha de uma família com poucos recursos financeiros. Em função de seu trabalho, a mãe achava que não conseguiria dar ao filho certos privilégios, como, por exemplo, um professor particular, de forma que decidiu matriculá-lo em uma escola privada. Essa decisão é incomum para pais com problemas financeiros, mas os de Ji-min esperavam tudo da educação do filho.

Diferentemente de muitos de seus pares, Ji-min começou a escola com pouca preparação anterior. No início da 3ª série, ainda não conseguia seguir as instruções dos professores e ficou isolado do grupo de colegas. Não participava de atividades coletivas de aprendizagem e teve nota zero nos testes de ortografia durante três meses.

A professora Han, que lecionava na 3ª série, começou a observar intensivamente as atividades de Ji-min. Depois de três meses de observação, ela descobriu que Ji-min tinha um interesse especial por insetos. Ele os observava, identificava suas características e os classificava, o que indicava uma forte inteligência naturalista.

A professora soube que os pais de Ji-min lhe haviam comprado um besouro enorme como animal de estimação. Quando ele começou a demonstrar interesse por insetos, seu pai lhe comprou vários livros sobre o assunto. A professora começou a fazer perguntas sobre insetos a Ji-min, para estimular suas capacidades linguísticas e pediu que ele fizesse um diário de observação de insetos.

Oferecendo à turma uma ampla variedade de atividades de aprendizagem relacionadas aos insetos, a professora estimulava Ji-min a superar os obstáculos que haviam bloqueado sua aprendizagem. Ela observou que o menino agora tinha longas conversas com outras crianças sobre insetos e demonstrava conhecimento detalhado de nomes, tipos, tamanho dos corpos e partes dos insetos. Ji-min impressionava os colegas de turma com sua terminologia especializada quando descrevia insetos e sentia muito prazer em comunicar seu conhecimento sobre o tema a eles e à professora.

Então, Ji-min começou a participar ativamente em aula. Quando o trabalho com insetos foi iniciado, ele passou a falar na frente da turma e a responder às perguntas dos colegas. No segundo semestre, sete alunos decidiram participar do trabalho de Ji-min sobre insetos como parte de sua aprendizagem por projetos. Respondendo a uma oportunidade de compartilhar seu conhecimento sobre os insetos, Ji-min, que nunca havia feito um dever de casa antes, surpreendeu a professora ao se esforçar muito para realizar a tarefa. Com o tempo, ele também melhorou em outras áreas, como ortografia.

A professora Han declarou que reconhecer a qualidade de um aluno frente a seus pares e pais é um reforço eficaz. Ji-min havia começado o ano escolar com uma forte autoimagem negativa. Ele havia dito à professora: "Não sou inteligente e não sei fazer nada". Entretanto, começou a participar de atividades cooperativas e recebeu reconhecimento de amigos por expressar suas opiniões. No final do ano, havia demonstrado rápido avanço acadêmico e alcançado os colegas. Dizia que seu sonho era se tornar zoólogo.

Tendo baixo desempenho geral na escola, Ji-min deu uma virada quando participou de trabalhos baseados em sua área de interesse, que lhe possibilitaram buscar seus interesses e desenvolver sua inteligência naturalista, uma de suas qualidades intelectuais. Ao desenvolver e alavancar sua inteligência naturalista, Ji-min conseguiu fortalecer aos poucos as inteligências linguísticas, espaciais, interpessoais e intrapessoais, e demonstrou crescimento em aprendizagem básica, como línguas e matemática. Igualmente importante, ganhou uma atitude positiva em relação à aprendizagem e à própria autoimagem.

A professora Han explicou que a prática das IM lhe permite observar informalmente e reconhecer as capacidades dos alunos, e apreciar seu valor sem ter que distinguir entre os que apresentam alto ou baixo desempenho. O reconhecimento da diversidade dos alunos por parte dos professores ajuda os primeiros a construir confiança e boa autoestima, e a manter interações positivas com os segundos. A professora explica:

> Fico feliz de ver meus alunos mudarem. Crianças que costumavam trazer pedras para a escola ou que desejavam que ela não existisse, ou que vinham sem qualquer ideia, agora vêm à aula curiosas sobre o que vão aprender naquele dia. Uma aula baseada na teoria das IM não torna a sala de aula competitiva. Ela torna a aprendizagem interessante, e não tediosa. A motivação está mais relacionada à sensação interna de satisfação do aluno do que qualquer influência ou compensação externa. Acho que é por isso que a prática das IM faz tanta diferença para os que têm baixo desempenho.

Os alunos com baixo desempenho muitas vezes afirmam: "Não quero" ou "Não estou interessado", para recusar se envolver, e mantêm uma atitude negativa em relação à aprendizagem. O exemplo de Ji-min mostra como os professores podem romper esse muro sugerindo atividades dirigidas às qualidades de cada criança. Ao usar suas qualidades e vivenciar o êxito, as crianças recuperam sua autoestima e podem começar a trabalhar nas áreas em que apresentam limitações.

NO FUTURO

À medida que continuam a aplicar a teoria das IM em sala de aula, os profissionais sul-coreanos encontram novos desafios, incluindo preocupações continuadas com a avaliação dos estudantes e a falta de uma abordagem integrada em diferentes níveis escolares. Esses desafios refletem o compromisso dos educadores com a aplicação da teoria com mais profundidade, em mais escolas.

Avaliação dos alunos

Parece praticamente impossível substituir o boletim tradicional de notas por um boletim de avaliação de desenvolvimento voltado ao crescimento do aluno. Além disso, ao contrário das inteligências linguísticas ou lógico-matemáticas, que dispõem de conceitos relativamente claros e esquemas de avaliação prontamente acessíveis, as ferramentas de avaliação para a capacidade artística ou para as inteligências interpessoal ou naturalista precisam ser desenvolvidas. Para que as IM se estabeleçam como uma teoria educacional firme e universal, é necessária uma avaliação multidimensional para cada inteligência (Gardner, 2006). Os métodos alternativos de avaliação para a inteligência intrapessoal são particularmente importantes.

Não apenas o conteúdo da avaliação dos estudantes, mas também a abordagem é discutida. A teoria das IM enfatiza a avaliação autêntica de desempenho. Esse método tem sido considerado menos objetivo ou confiável para a avaliação na Coreia do Sul, mas há sinais de que tal conflito esteja sendo tratado. Muitas universidades e empresas de testagem estão atribuindo mais importância a entrevistas e ensaios para superar as limitações da avaliação quantitativa. A consciência das necessidades da avaliação qualitativa para complementar as abordagens quantitativas está aumentando.

Esse desafio de avaliação também existe na pesquisa. A maior parte das dissertações de mestrado relacionadas à teoria das IM no país até agora avaliam os efeitos de ensino-aprendizagem dos currículos nela baseados. Esses currículos foram desenvolvidos por professores que estudaram casos de sala de aula exemplares em outros países. Contudo, as ferramentas elaboradas por tais pesquisadores para avaliar a eficácia tinham pouca semelhança com a avaliação de desempenho recomendada pela teoria das IM. A observação, a avaliação de processo e o trabalho com portfólio não eram utilizados. Em muitos casos, os projetos de pesquisa usavam ferramentas de testagem de aptidão para estudar o processo de ensino-aprendizagem nas IM. Outras pesquisas sobre sistemas de avaliação deverão desenvolver novas ferramentas qualitativas compatíveis com a teoria das IM.

Integração da educação nos níveis fundamental e médio

Muitos professores do ensino fundamental na Coreia do Sul aprendem a teoria das IM durante estágios e práticas de ensino. Cerca de 30% dos 160 mil professores do ensino fundamental aplicam a teoria das IM a pelo menos alguns aspectos de seu currículo ou avaliação (Korea Multiple Intelligences Educational Association, 2007). Contudo, a aplicação da teoria permanece bastante limitada no nível médio, em que professores e administradores escolares sentem muito mais pressão para preparar os alunos para o vestibular. Eles se esforçam para dar conta das disciplinas diretamente relacionadas à entrada na universidade e relutam em assumir outras responsabilidades.

Entretanto, algumas escolas estão usando o tempo sobre o qual podem decidir para realizar atividades criativas de autodescoberta que se baseiem na inteligência intrapessoal. Esse tempo faz parte do currículo regular que trata de necessidades de educação específicas de cada escola ou incorpora aprendizagem multidisciplinar ou atividade autorreguladas pelos alunos. Nas séries de 1^a a 10^a, podem-se usar duas horas por semana segundo os critérios da escola (Rue, 2003). A integração da teoria das IM ao currículo regular das escolas de ensino médio é um desafio, mas agora parece ser o momento certo para se começar a discutir meios de difundi-la em níveis escolares mais elevados.

A SINGULARIDADE E A UNIVERSALIDADE DA TEORIA DAS IM

A aplicação da teoria das IM à Coreia do Sul tem se baseado em suas características universais, bem como em aspectos do contexto social, cultural e educacional do país. Os pesquisadores e profissionais da Coreia do Sul descobriram como aplicar a teoria das IM segundo circunstâncias típicas. Ao mesmo tempo, acreditamos que as qualidades universais da teoria podem ser alavancadas em qualquer lugar do mundo. Nesta última parte, apresentamos nossas ideias sobre esses aspectos específicos de nossa experiência.

Aplicação da teoria das IM na Coreia do Sul

Uma rede voluntária de professores foi fundamental à aplicação da teoria das IM na Coreia do Sul. Embora a responsabilidade e a autoridade com relação ao currículo e à instrução sejam de professores individuais, é necessária uma rede deles para praticar efetivamente em uma dada situação e para responder à diversidade dos alunos. Os professores que já praticaram a teoria das IM em sala de aula defendem com muita intensidade a necessidade de estabelecer redes e propõem estratégias sobre como as usar. A teoria das IM é uma teoria norte-americana e não pode ser aplicada à Coreia do Sul sem modificação. Como disse um professor, "é por isso que se deve pensar em como a aplicar caso a caso, e é aí que a rede de professores pode ser muito útil".

Outro fator especial relacionado à Coreia do Sul é que algumas inteligências são relativamente menos desenvolvidas no país, devido à percepção de que não estão muito ligadas a carreiras profissionais. Professores e estudantes passaram a estar mais conscientes da importância igual de todas as inteligências. Mesmo assim, quando se trata de decisões relacionadas a escolha profissional ou ingresso na universidade, o valor que se dá à inteligência interpessoal e intrapessoal ainda é limitado. Não importa o quanto as outras inteligências se destaquem, é difícil que se escolha uma profissão sem passar por uma avaliação de inteligências linguísticas ou lógico-matemáticas.

A contribuição da teoria das IM para ajudar as escolas a desenvolver membros da sociedade criativos, equilibrados e éticos está em sintonia com uma prioridade educacional específica da Coreia do Sul. Como o ambiente social, cultural e educacional do país tende a colocar o coletivo antes do indivíduo e a igualdade antes da criatividade, a necessidade de desenvolver pessoas criativas com habilidades para a era da informação passou a ser um foco do discurso social. Os formuladores de políticas sul-coreanos adotaram a teoria das IM em função de seu foco na descoberta e no desenvolvimento de áreas de excelência em cada indivíduo. A aplicação da teoria das IM não apenas ajuda os indivíduos a entender seu potencial, como também a atender às necessidades educacionais de uma sociedade que demanda excelência e criatividade.

Universalidade da teoria

A teoria das IM se origina de um ambiente social, cultural e educacional muito diferente do da Coreia do Sul, mas tem sido aplicada no país com grande sucesso e aceitação como estrutura teórica para a reforma educacional. Essa aceitação firme e sincera demonstra a universalidade da teoria. Em todos os países em que os profissionais da educação estão comprometidos com sua aplicação, a teoria das IM pode qualificar a educação ao fortalecer a política educacional, melhorar o desenvolvimento dos professores e levar a novos êxitos no desempenho dos alunos. A teoria das IM inicia esse processo de mudanças oferecendo uma nova maneira de olhar as pessoas. Pela lente da teoria, os professores podem entender como são os diferentes alunos. Essa compreensão embasa a crença de que há uma necessidade imediata de educação que respeite os indivíduos e trate de tal individualidade. Em vez de aplicar uma única medida a todos os alunos, a teoria das IM sustenta uma gama de esforços para entendê-los e avaliá-los em termos de sua singularidade.

Ao dar poder aos professores, a teoria os ajuda a se tornar mais profissionais. Com melhores habilidades de desenvolvimento de currículo, os professores tomam a iniciativa de elaborar ferramentas de avaliação de desempenho e formular currículos mais criativos. Ganham confiança em sua capacidade de planejar a instrução e reconstroem currículos usando o conhecimento que desenvolveram. As transformações em sua visão do currículo e da avaliação reforçam mudanças em suas percepções dos alunos.

Por fim, a teoria das IM contribui para a educação profissional técnica. Várias escolas em todo o mundo focam a distinção de alunos com alto e baixo desempenho. Uma educação baseada na teoria das IM muda o foco para a educação de todos os indivíduos. Não mais restrito ao ingresso na universidade, o objetivo se torna um posicionamento ideal de recursos humanos para o aprimoramento da sociedade. Os perfis de inteligência elevam a consciência dos estudantes em relação às possibilidades profissionais baseadas em suas qualidades e dão aos professores a informação de que precisam para fazer com que a orientação profissional corresponda às características de cada aluno. Enquanto a educação profissional convencional geralmente trata da introdução de diferentes ocupações e habilidades de aprendizagem necessárias, a educação profissional baseada nas IM possibilita que os alunos se apropriem do conhecimento para estabelecer seus próprios objetivos na vida.

CONCLUSÃO

A integração da teoria das IM melhorou a qualidade da educação na Coreia do Sul e elevou o nível de desempenho educacional. O benefício mais visível está na mudança de percepção com relação às capacidades humanas em níveis de sala de aula e de políticas nacionais.

Antes da introdução da teoria das IM, as escolas sul-coreanas eram burocraticamente sistematizadas e uniformes. Coreano, inglês e matemática eram o foco do currículo, e as provas normativas, a forma predominante de avaliação. Os estudantes eram classificados segundo suas inteligências linguística e lógico-matemática. Com exceção de alguns, que obtinham os resultados mais elevados nas provas, a maioria era classificada como fracassos. Nesse contexto intelectual, os educadores das IM afirmaram que cada aluno tem um perfil diferenciado de inteligências. A teoria inspirou a motivação dos alunos para aprender e restaurou sua confiança na instituição. Uma motivação mais forte gerou níveis de desempenho mais elevados.

A teoria das IM também fortaleceu a política nacional de educação ao ajudar os educadores a responder a tendências sociais e culturais. A fim de preparar os estudantes para participação neste século global e baseado no conhecimento, as escolas precisam incentivar o desenvolvimento de indivíduos com habilidades e qualidades diversificadas, em vez de demandar conformidade com uma única visão de inteligência e desempenho ideal. Ao integrar a teoria das IM, os educadores começaram a respeitar o potencial das IM e desenvolver indivíduos talentosos em uma gama mais ampla de áreas. Os objetivos educacionais baseados na teoria das IM ampliaram a definição da Coreia do Sul sobre educação, para expandir a capacidade acadêmica, incluindo áreas não tradicionais de aprendizagem, como artes, compreensão social e autocompreensão.

Referências

Cha, K. H. (2005). *A qualitative case study of the multiple intelligences into the elementary schools*. Tese de doutorado inédita, Hanyang University.

Chen, J. Q., Krechevsky, M., Viens, J., & Isberg, E. (1998). *Building on children's strengths: The experience of Project Spectrum*. New York: Teachers College Press.

Gardner, H. (2006). *Multiple intelligences: New horizons*. New York: Basic Books.

Gu, J. (2008, 27 de janeiro). *Study abroad syndrome*. Maekyung Newspaper. Acessado em 15 de janeiro de 2008, em http://newx.mk.co.kr/newsRead.php?sc = &year = 2008&no = 49883.

Han, J. (2006, 28 de novembro). *College entrance examination provoking studying abroad*. Maekyung Newspaper. Acessado em 29 de novembro de 2000, em http://joins.com/bryankang.

Hoerr, T. (2000). *Becoming a multiple intelligences school*. Alexandria, VA: American Society for Curriculum and Development.

Kim, M. H., Kim, Y. B., Kim, Y. C., Lee, K. H., & Jung, T. H. (1996). *Research an open education performance assessment base on MI theory*. Seoul: Subject Matter Research Institute, Korea National University of Education supported by Ministry of Education.

Korea Multiple Intelligences Educational Association. (2007, 17 de dezembro). *Dissemination of MI theory in schools*. Acessado em 18 de dezembro de 2007, em www.kmiea.net/mistudy/ms0.asp.

Korean Institute of Curriculum and Evaluation. (2005, 7 de dezembro). *Major features of the Seventh National Curriculum*. Acessado em 21 de dezembro de 2005, em http://www.kice.re.kr/kice/article/m301/view?searchtype = stored&hitadd = 1&articleid = 60420.

Lee, H. (1999). A difference of identifying variable skills assessment between performance and multiple choice items. *Journal of Science Education*, 19(1), 146-158.

Ministry of Education. (2003). *Guidebook for high school ethics and philosophy teachers*. Seoul: Gihaksa Press.

Park, S. (2007, 30 de outubro). *Korean private tutoring expense, greatest among the OECD nations*. Segye Newspaper. Acessado em 21 de janero de 2008, em http://news.isegye.com/9754.

Rue, B. (2003). *Practical analysis and tasks of implementation of the Seventh Curriculum*. Seoul: Korea Education Development Institute.

Shin, W. S., & Kim, M. H. (2006). *Early childhood curriculum based on MI theory*. Seoul: Hakgisa Press.

Song, I. (2002). Developmental direction and problems of standardized psychological tests which have been made in Korea. *Journal of Educational Evaluation*, 15(2), 1-20.

AS INTELIGÊNCIAS MÚLTIPLAS FAZEM A DIFERENÇA

Mary Joy Canon-Abaquin

Este capítulo descreve a visão, o objetivo e as práticas da Multiple Intelligence International School, nas Filipinas. Oferecendo uma experiência de aprendizagem alternativa, a escola foi designada para desenvolver as diversas inteligências dos alunos e incentivá-los a usá-las para influenciar positivamente a vida de outras pessoas. Por meio de suas práticas educacionais, a escola promove a inteligência para todos, ao alcance de todos os estudantes, o ensino para a compreensão e o desempenho para a compreensão. Os alunos da escola trabalham juntos para desenvolver os três grandes "C": capacidade, caráter e comunidade. Constroem sua capacidade intelectual e um bom caráter, expressando ambos em sua disposição para contribuir à melhoria da comunidade.

Em 1996, fundei a Multiple Intelligence International School, em Manilha, nas Filipinas. Comecei com uma pré-escola para 60 crianças que hoje possui 600 alunos entre 8 meses e 17 anos. Como o nome indica, a escola foi baseada em princípios da teoria das inteligências múltiplas (IM). Pelo nome, muitas pessoas pressupõem que seu objetivo é assumir excelência acadêmica ou simplesmente desenvolver as várias inteligências das crianças. Essa ideia atrai os pais filipinos que querem que seus filhos tenham uma vantagem competitiva e maximizem seu sucesso acadêmico. Somos uma pequena escola privada, frequentada por crianças de família de renda média a alta, um setor privilegiado da sociedade, e temos a missão de dar um sentido de responsabilidade a nossos alunos, para que eles queiram contribuir para tornar o mundo melhor. Para atingir esse objetivo mais amplo, precisamos apresentar um paradigma de educação que não seja o modelo de escola tradicional. Mais do que adquirir conhecimento e desenvolver inteligências, nós da MI International School, acrescentamos a nossas ações o genuíno objetivo de que a educação seja o uso do conhecimento e das inteligências para cumprir um papel positivo no mundo. Essa defesa do uso das IM para o bom trabalho – trabalho que é excelente em qualidade, é socialmente responsável e faz sentido para quem o pratica (Gardner, Csikszentmihalyi e Damon, 2001) – elevou o papel da escola como instituição tradicional. A MI International School se tornou uma ferramenta para a reforma educacional e para a construção da nação. Essa trajetória singular de aplicação das IM como forma de proporcionar múltiplas formas de impacto positivo é a lente através da qual se expõe a prática das IM neste capítulo.

Inicialmente, apresento quatro propostas de reformas baseadas nas IM, que são visíveis em nossa escola: inteligências para todos, ensino que alcança a todos os estudantes, ensino para a compreensão e desempenho para a compreensão. Cada uma dessas propostas é comparada com a prática filipina tradicional, a fim de destacar sua diferença e sua importância. A seguir, descrevo como nossa escola integra a teoria das IM aos princípios do bom trabalho a fim de promover a consciência das crianças sobre o uso de suas inteligências para cumprir um papel positivo em seu mundo. Especificamente, destaco os três "C" – capacidade, caráter e comunidade –, os três fundamentos de nossa escola, para fazer com que as crianças vão além e reflitam sobre sua contribuição à comunidade e à sociedade. Concluo o capítulo com uma discussão de como uma escola pode servir como agente de mudança à medida que as mentes de futuros cidadãos são formadas por meio de currículo e práticas educativas.

REFORMAS BASEADAS NAS IM

Recentemente, o secretário Jesli Lapus, chefe do Departamento de Educação das Filipinas, deu o alarme: a educação deveria ser uma preocupação básica porque caiu a seus níveis mais baixos (Ubac, 2008). Há problemas sistemáticos, desde turmas muito grandes até estratégias de ensino ultrapassadas. A maioria das escolas tem raízes em um sistema tradicional de educação centrada no professor, no qual a busca de conhecimento se reduz a memorizar uma página de um livro-texto. A MI School defende uma educação alternativa, que respeite o aprendente individual e promova a aprendizagem e o ensino para a compreensão.

Inteligência para todos

Uma faixa na entrada da MI School proclama: "Onde todas as crianças são inteligentes". Isso apresenta a mudança de paradigma não apenas para professores, mas também para pais e crianças. Os pais filipinos dão bastante importância à educação, acreditando que uma boa educação proporciona chance de sucesso e conquistas. Vários desses pais pressionam os filhos para que estejam dentro dos 10% primeiros de suas turmas, porque qualquer pessoa sem distinção não será considerada inteligente. A percepção dos pais sobre sucesso e inteligência certamente afeta a forma como seus filhos veem a si mesmos e seus pares.

Para alterar a visão tradicional sobre a forma de ser inteligente, a MI School criou uma cultura de respeito: todos os aprendentes, dos superdotados aos alternativos, são considerados com igual poder de contribuir, com suas qualidades, para as atividades da comunidade escolar. Isso é especialmente importante como modelo que possa influenciar futuros valores da sociedade. Nas Filipinas, a cultura mais ampla está começando a tolerar a ideia de inclusão em ambientes escolares. Apesar dos muitos desafios inerentes a se estar contra a cultura, a MI School é uma instituição pioneira que corporifica a inclusão de perfis de inteligência de aprendentes individuais. A teoria das IM serviu como alavanca para possibilitar que mais crianças acessem a informação e sejam reconhecidas por suas qualidades em diversas áreas de aprendizagem. A inteligência é considerada como algo que inclui a todos, em vez de uns poucos.

Uma escola influenciada pelas IM incentiva a colaboração em vez da competição. Geralmente, as crianças se concentram nas limitações umas das outras e não hesitam em se depreciar entre si, até mesmo se ofendendo. Na MI School, o respeito mútuo é evidente. As crianças muitas vezes se apresentam dizendo: "Este é o John, ele sabe falar bem" ou "Você pode dar o tom porque tem habilidades musicais, e eu vou fazer a letra". Isso não é um simples ato de rotular, reflete, antes, a cultura na qual as crianças aprendem desde pequenas a conhecer e a valorizar os dons umas das outras. As inteligências não são privilégio das elites, são para todos. Chiara, uma aluna de 10 anos da MI School, resume bem: "Eu gosto dessa escola porque acho que cada um de nós é inteligente do seu jeito". E ela tem razão. Na MI School, cada criança é inteligente à sua maneira, e elas podem fazer alguma coisa a fim de contribuir para a melhoria da comunidade.

Ensino que alcança a todos os estudantes

Nas Filipinas, os pais desejam que seus filhos se graduem em medicina, direito ou engenharia, acreditando que esses títulos abrirão caminho para um futuro mais brilhante e, portanto, de sucesso. As artes plásticas e a música são vistas com desconfiança e chamadas de passatempos, mais do que profissões possíveis. Nosso currículo nacional dá muito pouco tempo à música e às artes. O desempenho das crianças nessas áreas é avaliado predominantemente por meio de um teste escrito tradicional. Esse sistema de crenças culturais, acompanhado de prática curricular, desconsidera as inteligências diversas que as crianças possuem e não nos permite atingir e ensinar a todos os alunos.

Orientada pela teoria das IM, nossa escola respeita igualmente as diversas disciplinas. Fizemos deliberadamente uma mudança de paradigma na educação em artes plásticas e música. Especialistas envolvem as crianças na execução de instrumentos nativos e no desenvolvimento de seus próprios estilos de pintura após um estudo cuidadoso da história da arte. As IM também servem como pontos de entrada para o trabalho em sala de aula. Por exemplo, a música, a arte e o movimento são incorporados regularmente como pontos de entrada para aprendizagem e compreensão dos temas escolares tradicionais. Os professores dispõem de uma gama de estratégias ancoradas em diferentes inteligências para atingir e ensinar a todos os alunos. Por exemplo, um professor pode estar ensinando frações, um conceito de matemática, e pedir que os estudantes dramatizem uma história, façam uma pizza ou saiam para uma caminhada na natureza a fim de entenderem melhor a lição.

Como a MI School oferece currículos mais amplos e incorpora múltiplos pontos de entrada no ensino, o conhecimento se torna mais acessível a todos ao aprendentes, independentemente de seus perfis intelectuais. Em resposta, os estudantes se conscientizam de seus perfis intelectuais diversificados e se tornam mais dispostos a oferecer suas qualidades para os esforços coletivos. Quando se pediu que descrevesse seu trabalho em grupo sobre o meio ambiente, Stephen, de 9 anos, declarou: "É possível salvar o meio ambiente. As crianças podem ajudar usando suas diferentes estratégias. [...] Mesmo tendo só a minha idade, não ache que não vai conseguir ajudar a salvar a natureza porque tem muita coisa que uma criança pode fazer!". O comentário de Stephen indica que quando o currículo escolar atinge mais alunos, estes tentam dar mais à comunidade e à sociedade.

Ensino para a compreensão

O Departamento de Educação das Filipinas, que é responsável pelo currículo nacional, designa uma série de tópicos que precisam ser tratados nas escolas. Muitas vezes, elas precisam se apressar com as aulas, correndo o risco de que a aprendizagem se torne não mais do que memorização mecânica e de que muitos alunos nunca cheguem a entender as lições em sua totalidade. Isso fica claro nos professores particulares e programas extraclasse do país, que surgiram como resultado daquilo que as crianças não aprenderam em sala de aula.

Na MI School, o objetivo de usar múltiplas inteligências em sala de aula é obter compreensão. Em vez de ministrar todas as aulas de oito maneiras, professores e alunos são capacitados para escolher as estratégias mais adequadas às suas formas de aprender. Quando a compreensão é um objetivo, escolhemos de maneira muito deliberada o que vale a pena aprender, criando oportunidades de incentivar os alunos a aplicar o conhecimento que obtiveram e de incorporar projetos de aprendizagem significativos que correspondam ao conteúdo do currículo nacional.

Uma forma de garantir o ensino para a compreensão na MI School é desenvolver temas que permeiem toda a escola, em torno dos quais os alunos sejam incentivados a resolver problemas usando conhecimentos que adquiriram. Por exemplo, no tema "entendendo a nós mesmos como filipinos", as crianças estudaram os heróis nacionais por meio de leituras, artes, pesquisas e entrevistas. A seguir, os professores lhes perguntavam como elas poderiam ser heróis e as desafiavam a colocar em uso suas diferentes inteligências no mundo real. Um grupo de alunos de 2ª série, depois de interagir com crianças em uma área próxima com problemas econômicos, vivenciou o quanto as condições de vida daquelas crianças eram diferentes das suas. Em lugar de se colocar "pobreza" como pergunta de uma prova, as crianças foram incentivadas a ser parte da solução. Exercitando a solução de problemas em uma turma, os alunos levavam à escola seus brinquedos e roupas velhas e fizeram um brechó com o objetivo de levantar dinheiro para livros para seus colegas menos afortunados. Refletindo sobre a importância de ensinar para a compreensão, Felicia, uma aluna de 13 anos, comentou: "Acho importante entender o que está sendo ensinado. Detrás destas quatro paredes tem um mundo onde usamos as coisas que aprendemos. Assim, memorizar as lições ajudará a passar nas provas que fazemos na escola, mas, por outro lado, entender as lições aprendidas lá ajudará a passar nas provas da vida". Os alunos da MI School não são apenas fortalecidos por sua compreensão; também têm a oportunidade de encontrar a si mesmos e seu propósito.

Desempenho para a compreensão

Tradicionalmente, nas Filipinas, espera-se que as crianças demonstrem compreensão basicamente através de seu desempenho em testes escritos. Os professores repassam conhecimento, e os alunos o recebem. Se as crianças conseguirão fazer um bom uso desse conhecimento além da sala de aula é uma pergunta que não se faz.

A teoria das IM ajudou a nossa escola a usar uma ampla gama de processos de avaliação, desde as provas padronizadas aos portfólios e outras oportunidades, a fim de que o desempenho para a compreensão acontecesse. Um exemplo, é o Rainforest Café Project. Depois de ler sobre a redução nas florestas das Filipinas e dos animais que moram nela, nossos alunos de 5 e 6 anos queriam ajudar a salvar a floresta plantando árvores. Para levantar fundos e comprar mudas, foi concebido o Rainforest Café. As crianças demonstraram sua compreensão fazendo diferentes tipos de comidas com formato de animais da floresta – como asas de besouro ou minhocas na lama. Escreveram aos pais para que as ajudassem com os custos, simularam um ambiente de floresta tropical e penduraram cartazes com informações relacionadas a salvar os animais na escola. Além de levantar dinheiro para comprar mudas de árvores, as crianças também usaram o café para conscientizar sobre a proteção dos animais da floresta, por meio de produtos e cartazes no café. Quando lançaram o Rainforest Café, as crianças escolheram suas funções dependendo de seus interesses e qualidades intelectuais – quem era bom com números trabalhava no caixa, quem sabia lidar com o público atendia os clientes, e os que escreviam bem faziam os recibos. As crianças trabalharam bem no café, e toda a comunidade escolar serviu como seus fregueses. Ninguém poderia imaginar o poder de demonstrar compreensão por meio de desempenhos quando o projeto Rainforest Café teve início. O que começou como uma pequena iniciativa agora se tornava um compromisso de cinco anos para ajudar a reabilitar uma área distante de manguezal através das receitas do café que a MI School doou a uma fundação ambiental local. As crianças também fizeram uma excursão com seus pais até a última área de floresta urbana e plantaram as árvores compradas com o dinheiro que havia sido arrecadado. Por meio de atividades como essa, as crianças são claramente capazes de formular o que aprenderam em relação ao tema. E mais, demonstram sentir emoção pela ideia de cumprir um papel positivo em relação ao meio ambiente por intermédio desse projeto. Para um professor, esses tipos de projetos dizem muito mais sobre cada aluno, sobre o que cada um aprendeu e entendeu, do que uma prova jamais mostrará.

USANDO AS INTELIGÊNCIAS MÚLTIPLAS PARA FAZER UM BOM TRABALHO

John Dewey disse, certa vez: "A educação não é a preparação para a vida, a educação é a própria vida". Queremos que as vidas dos alunos sejam uma experiência de fortalecimento e que sua trajetória como aprendentes se reflita em sua trajetória como cidadãos. Em sintonia com essa visão, casamos a teoria das IM com o bom trabalho – o trabalho que é tecnicamente excelente, pessoalmente significativo e realizado de forma ética (Gardner et al., 2001). Quando as IM e o bom trabalho andam de mãos dadas, a MI School se torna uma ferramenta para maximizar o potencial humano e fortalece os indivíduos para que usem suas qualidades com vistas a um papel positivo. Se ousarmos sonhar que podemos criar futuros líderes, então é possível pensar em um futuro no qual todos os políticos, jornalistas, empresários e profissionais usarão o que aprenderam ou suas inteligências para influenciar positivamente as vidas dos outros, e no qual viveremos em um mundo livre de corrupção, injustiça e pobreza. Tudo o que é bom começa com uma visão e com um primeiro passo. Como colocamos isso em prática em nossa vida cotidiana como escola? Quais são os pré-requisitos ao uso das IM para fazer bom trabalho? Na MI School, construímos três pilares – capacidade, caráter e comunidade – para nos ajudar a promover o desenvolvimento das crianças que se tornarão cidadãos produtivos, envolvidos e responsáveis no futuro.

Construindo a capacidade de cumprir um papel positivo

Na MI School, entendemos que conhecimento e habilidades constituem ferramentas a ser usadas para um propósito significativo. As crianças devem saber escrever para formular sua causa ao público e precisam das ferramentas da matemática para ser empresários responsáveis. A abordagem da testagem a partir de múltiplos pontos de entrada ajuda todas as nossas crianças a se tornar competentes na escola. A compreensão também fortalece as crianças a fim de que busquem propósitos mais elevados para a aprendizagem e se perguntem: "E agora que sei, o que posso fazer?". Gardner deixou clara a relação entre construção de conhecimento e a capacidade de usá-lo quando propôs uma visão da educação em IM: "Estimular a compreensão profunda por parte dos alunos em várias disciplinas fundamentais e estimular seu uso daquele conhecimento para resolver problemas e realizar tarefas com que possam se defrontar na comunidade mais ampla" (Gardner, 1993, p. 75). Nossa MI School fez um esforço sério para estabelecer uma relação entre excelência escolar e utilidade na sociedade. Nossos esforços ficam claros na aprendizagem das crianças e no que elas fazem com seu conhecimento e com suas habilidades.

Um grupo de alunos de 2ª série se envolveu ativamente quando soube que restam somente 6% da floresta tropical das Filipinas. Para eles, isso não era um fato a ser memorizado para uma prova, e sim algo que demandava ação. Esses alunos fizeram inúmeras perguntas sobre o destino dos animais se perdessem suas casas. "O que vai acontecer quando nós crescermos? Não vão mais existir florestas?", questionavam enquanto faziam gráficos e projeções sobre o que sobraria da floresta tropical das Filipinas no futuro. Representantes da Haribon, uma fundação ambiental, e do World Wildlife Fund foram convidados para falar de espécies endêmicas ao país. Por meio de colaboração e orientação, esses alunos de 2ª série publicaram posteriormente um livro original, com imagens, intitulado *Onde estão os animais da floresta?*. Para nós, da MI School, isso foi uma mostra de autêntica aprendizagem: as lições não são mais obrigatórias, e sim fazem sentido. É isso que a educação inspirada em IM é capaz de fazer: as crianças não são apenas equipadas com competência e excelência em habilidades, mas também motivadas para aprendê-las e usá-las com sentido.

Construindo caráter para cumprir um papel positivo

A construção do caráter dos estudantes envolve o desenvolvimento de suas inteligências pessoais e de sua autoconsciência. Nossa proposta, "Use suas inteligências para cumprir um papel positivo!", vai contra a mensagem popular da mídia e da sociedade em geral, que é a de usar as inteligências para obter riqueza e poder. Sabíamos que nossa voz, como escola, cairia em ouvidos moucos a menos que estivesse inserida na formação do caráter das crianças.

Confúcio nos lembra que, "para colocar ordem no mundo, antes temos que colocar a casa em ordem; para colocar a casa em ordem, antes temos que colocar a família em ordem; para colocar a família em ordem, antes temos que desenvolver nossa vida pessoal, temos que endireitar o coração". Como fundadora, indico às crianças um "valor para a semana", como respeito ou responsabilidade, que elas precisam vivenciar conscientemente. Acredito que a excelência na escola e a inteligência – se não forem alimentadas deliberadamente em um ambiente ético – podem sofrer abusos e ser usados para ganhos pessoais. Os professores apoiam essa campanha em prol do caráter pedindo que as crianças documentem em seus diários como praticaram o valor. Discussões de grupo, incentivos em aula e lembretes visuais costumam ser usados para promover comportamentos de bom caráter. Em nossa escola, todo mundo trabalha em conjunto para reforçar os valores. Em vez de ralhar com uma criança, por exemplo, o professor poderia simplesmente dizer "Controle-se por favor" ou "Respeito, por favor", para sinalizar uma compreensão comum. É uma de nossas mais profundas convicções a de que para construir líderes para nossa nação, devemos preparar as crianças para terem valores morais, éticos e solidários, bem como educar suas mentes através do rigor acadêmico.

Além da atividade relacionada ao "valor da semana", lançamos o movimento *MI Kids Can!* (As crianças podem!) para demonstrar à nação que as crianças são capazes de cumprir um papel positivo nas vidas de outras crianças. O movimento levou nossas crianças desde os corredores do Congresso, onde faziam campanhas pela lei de energia limpa em nome de crianças filipinas, e pelo que resta da floresta tropical no país. Nossas crianças publicaram livros e usaram seus trabalhos em artes a fim de levantar fundos para crianças paraplégicas indigentes. Ajudaram a construir casas para os pobres, lançaram uma campanha pela reciclagem e usaram as habilidades empreendedoras para fazer o primeiro Brechó Infantil (Kids' Bazaar) no país, produzido e operado por crianças em benefício de outras crianças. Anualmente, os que se formam no ensino fundamental realizam uma colônia de férias, *Smart for All*, em benefício de 100 crianças desfavorecidas, com vistas a ajudá-las a aprender que, apesar de sua pobreza, também são inteligentes. Além das oportunidades de ter um papel positivo como turma, cada criança na MI School mantém o compromisso pessoal de fazer isso por meio de seu próprio projeto *Kids Can!*, em que trabalha com o apoio de sua família. A campanha, que cobre toda a escola, visando ajudar a transformar o mundo em um lugar melhor, tornou natural para as crianças fazer com que suas inteligências sejam relevantes.

Preocupando-se com a comunidade para ter um papel positivo

Os pais filipinos muitas vezes dizem a seus filhos que, como estudantes, o "trabalho" deles é estudar. O único objetivo para os estudantes filipinos típicos é a competência escolar. No país, é obrigação da criança ter um bom desempenho para compensar o esforço que os pais fazem, cuidando destes em sua velhice. Tendo estado sob domínio espanhol por quase 100 anos e dos norte-americanos por 50, a experiência colonial dos filipinos os desestimula a trabalhar juntos como comunidade. Os que estão no controle não incentivam isso por medo de uma rebelião. O amor pela família supera em muito o amor pelo país. Na MI School, valorizamos a família, mas também acreditamos que é fundamental dar às crianças uma consciência de ser parte de uma comunidade, com responsabilidade compartilhada por ela.

Abrimos as portas da MI School ao aprendizado do mundo real, ao trazer as crianças ao mundo e os mentores (líderes comunitários, professores e pais) à nossa escola. A isso chamamos comunidades de aprendizagem de IM. Todos os membros dessas comunidades compartilham seus recursos, seu tempo e seus talentos com as crianças. A fim de promover a consciência sobre a validade da teoria das IM em educação, organizamos uma conferência nacional em 2005 para defender as melhores práticas e convidamos Howard Gardner para que desse uma palestra de abertura. Mais de 2.500 educadores, pais e outros interessados em todo o arquipélago filipino participaram da conferência, na qual foi lançado o prêmio *Multiple Intelligence Awards* como homenagem aos indivíduos que usaram a inteligência em suas vidas com vistas a cumprir um papel positivo. Entre os premiados estavam a Presidente Corazón Aquino, por usar sua inteligência pessoal para liderar pacificamente o *People Power*, e Von Hernandez, por usar sua inteligência naturalista para auxiliar a aprovação de legislação proibindo os incineradores de lixo (tornando as Filipinas o primeiro país a fazê-lo). Por meio desse prêmio, a campanha para que nossos líderes usem suas inteligências para o bem dos outros foi levada à consciência nacional, à medida que continuamos buscando modelos de conduta filipinos para nossa juventude.

Na MI School, também fizemos parcerias com a mídia, políticos, empresários e corporações, para fazer da educação um problema de todos. Recentemente, as crianças assumiram, mais uma vez, a linha de frente em mais uma campanha pelo meio ambiente. Um gigante das telecomunicações contribuiu com as crianças para produzir um calendário, "12 maneiras INTELIGENTES de salvar o meio ambiente", que mostrava os trabalhos das crianças em artes. A escola também trabalhou de mãos dadas com o governo local para ajudar a levantar a prática educacional por meio de formação de professores nas escolas públicas e pré-escolas (ver Capítulo 10).

A fim de conectar as vidas das crianças à comunidade, a MI School foi pioneira do empreendedorismo, começando pelo ensino fundamental e ampliando para o ensino médio em 2007. Fomos a primeira escola no país com uma iniciativa específica de empreendedorismo e liderança. A definição de Gardner de inteligência como capacidade de resolver problemas e criar produtos valorizados em um ambiente cultural (Gardner, 1993) é nossa referência para construir os alicerces de uma "mente empreendedora". Líderes empresariais servem de mentores a nossos adolescentes à medida que estes propõem seus próprios conceitos de negócios em sintonia com suas qualidades. Por exemplo, alguns estudantes hábeis em inteligência lógico-matemática estabeleceram uma empresa de arrecadação de fundos, a *People Organizing Outstanding Fundraisers*. Seu *slogan* é "Ajudando as pessoas a se ajudar". Na MI School, todos são incentivados a ter um espírito empreendedor, independentemente de o estudante escolher estudar medicina, política, arquitetura ou atuar em algum outro campo.

Característica específica de nosso impulso pelo empreendedorismo é termos construído deliberadamente uma cultura de "empreendedores com coração". Anualmente, nossos alunos testam seus planos de negócios no mercado, realizando o *MI Kids Can! Bazaar* em benefício de crianças empobrecidas. Após um desses brechós, um aluno de 3ª série comentou: "Fazer negócios não tem a ver com ganhar dinheiro, e sim com ajudar os outros". Aqui reside o alicerce do empreendedorismo social, o qual, mais uma vez, ancora nossa defesa do uso de inteligências individuais para cumprir um papel positivo.

CONCLUSÃO

O herói nacional filipino Jose Rizal, que sacrificou sua vida pela liberdade do país, disse uma vez que "a juventude é a esperança da nação". Para ser a esperança da nação, nossas crianças precisam desenvolver habilidades e competências, bem como a disposição de usar o que aprenderam para cumprir um papel positivo na comunidade, no país e no mundo. Os rumos de um país estão em sua liderança. A MI School compartilha muitos preceitos com outros projetos inspirados nas IM. Nosso contexto cultural singular como nação em desenvolvimento nos possibilitou ver essa teoria não apenas por seu valor na busca de competências e conhecimento individual, mas também por sua importância para entender as práticas da inteligência na sociedade.

Quando falávamos de possíveis carreiras que as crianças gostariam de seguir, uma garotinha disse que queria plantar árvores para salvar o meio ambiente quando crescesse. A professora indagou por que ela não pensara em um objetivo mais grandioso, como ser presidente, para que pudesse fazer ainda mais. Horrorizada, a menina exclamou: "Não quero ser presidente porque não quero roubar dinheiro". Há uma necessidade de restaurar a integridade da liderança. Não faz sentido desenvolver líderes inteligentes que usem suas mentes brilhantes apenas para corrupção e exploração. A cultura da MI School ajuda sistematicamente as crianças a aprenderem por meio do desenvolvimento de competência, caráter e um sentido de comunidade que prepara as múltiplas inteligências para fazer o bom trabalho.

Pode soar muito improvável, se não impossível, colocar em prática uma visão de escola que auxilie deliberadamente as crianças a descobrir suas qualidades, a usá-las para cumprir um papel positivo e, ao fim e ao cabo, tornar-se a esperança da nação. Contudo, essa é a trajetória que a Multiple Intelligence International School escolheu percorrer como instituição pioneira de IM no país. Somos uma pequena escola com grandes sonhos. À medida que nossa jornada continua, esta escola continua a crescer – à própria maneira e sempre optando por desempenhar um papel positivo.

Referências

Gardner, H. (1993). *Multiple Intelligences: The theory in practice*. New York: Basic Books. [*Inteligências múltiplas*: a teoria na prática. Porto Alegre: Artmed, 1995]

Gardner, H., Csikszentmihalyi, M., & Damon, W. (2001). *Good work: When excellence and ethics meet*. New York: Basic Books. [*Trabalho qualificado*: quando a excelência e a ética se encontram. Porto Alegre: Artmed, 2004]

Ubac, M. (2008, January 3). *DepEd chief: RP education has sunk to its lowest level*. Philippine Daily Inquirer.

A TEORIA DAS INTELIGÊNCIAS MÚLTIPLAS E A REFORMA DAS PRÉ-ESCOLAS NO MUNICÍPIO DE TAGBILARAN

Carissa Gatmaitan-Bernardo

Neste capítulo, descreve-se o esforço conjunto da Multiple Intelligences International School e do município de Tagbilaran City, Bohol, nas Filipinas, para estimular a reforma das pré-escolas na cidade. São descritos seis aspectos desse esforço concentrado: diagnóstico da realidade, desenvolvimento profissional, construção do ambiente de aprendizagem, mudanças curriculares, envolvimento da comunidade e desenvolvimento de lideranças locais. São apresentados desafios e soluções criativas para ilustrar o processo do esforço de reforma e seu impacto sobre professores, crianças, famílias e a comunidade como um todo.

Fazia calor. A temperatura é sempre alta no município de Tagbilaran, na província de Bohol. Dentro de uma pré-escola da cidade, é ainda mais elevada. A sala de aula está abarrotada com 40 crianças entre 3 e 6 anos. De pé na frente delas, a professora "dava aula". Ela escreveu um U maiúsculo no quadro negro e pediu que as crianças o copiassem 20 vezes no papel. Sem qualquer modelo e com mínima supervisão, a maioria das crianças se ocupava de suas próprias frivolidades, e eram poucas as que conseguiam realizar alguma coisa. O grande número de crianças inquietas e distraídas não parecia incomodar a professora, que não reagiu mesmo quando dois meninos à sua frente começaram a sair do controle. Não que ela não se preocupasse com a situação da sala de aula; seu olhar resignado sugeria que nada havia que pudesse fazer. Um cenário parecido nos recebeu em cada uma das 33 pré-escolas quando visitamos o município pela primeira vez. Elas atendiam a aproximadamente 2 mil crianças de famílias de baixa renda em Tagbilaran.

Reconhecendo as inadequações de nosso sistema de atendimento à criança, o governo nacional fez um grande esforço para melhorar os programas voltados a crianças pequenas filipinas. Uma lei, conhecida popularmente como a nova lei de ECCD (*Early Childhood Care and Development*), requer o estabelecimento e a institucionalização de um sistema nacional para atendimento e educação de crianças pequenas. Elaborado para ser abrangente, integrador e sustentável, o sistema deveria envolver a colaboração de múltiplos setores e grupos que incluíam vários órgãos do governo em níveis nacional e local. De acordo com a lei, foi dada mais atenção à formação de funcionários das pré-escolas, para que cuidassem adequadamente da nutrição das crianças, e à educação dos pais. A Agência de Bem-estar da Criança e do Adolescente elaborou uma versão em inglês do Manual Revisado de Trabalhadores de Pré-Escola para orientar esses funcionários em seu trabalho diário de ensino (Bureau of Child and Youth Welfare and Department of Social Services and Development, 1992). O governo local assumiu mais responsabilidades pelo atendimento nas pré-escolas.

Um dos municípios que levou essa responsabilidade a sério foi Tagbilaran, a capital da ilha de Bohol. Em maio de 2004, a eleições locais levaram ao poder um novo grupo de governantes capitaneados pelo prefeito Dan Neri Lim e pelo vice-prefeito Nuevas T. Montes. O município, atendendo a uma população de aproximadamente 94.137 pessoas, orgulha-se de se chamar "A cidade pequena que sonha grande". Com a nova unidade local de governo (*local government unit*, LGU), o município estava determinado a criar melhor qualidade de vida para seu povo e ajudar seus cidadãos a estar entre os de melhor desempenho do país. Uma das prioridades da cidade é um sólido programa educacional, principalmente para crianças pequenas, voltado a famílias de baixa renda. Segundo o prefeito Lim, uma das questões foi a deterioração da educação pública, marcada por professores mal-preparados, instalações abaixo das necessidades e crianças negligenciadas.

Projetando um futuro melhor e sustentados pela vontade política de fazer com que aconteça, os novos administradores de Tagbilaran buscaram a ajuda da Multiple Intelligence International School, em Manilla, para ajudar a chegar à sua visão. Em fevereiro de 2006, foi lançado o programa *MI Smart Start Comprehensive School Reform* (MI-CSR). Como primeira ação formal da cidade a provar seu compromisso com o programa, aprovou-se a Resolução C-192, conhecida como Programa de Reforma Escolar com Inteligências Múltiplas no Município de Tagbilaran (Republic of the Philippines, 2006). O propósito dessa resolução é aprovar a implementação da abordagem do programa MI-CSR em todas as pré-escolas públicas da cidade.

O programa MI-CSR abordava uma série de elementos fundamentais na reforma escolar, como ambiente em sala de aula, currículo e gestão, desempenho dos funcionários das pré-escolas, apoio administrativo e desempenho dos estudantes, para citar alguns. O programa definiu oito objetivos:

1. Reconhecer cada criança como um aprendente capaz, com seu próprio perfil singular de inteligência.
2. Usar as inteligências múltiplas (IM) como estrutura para currículo e instrução nos programas voltados a crianças pequenas.
3. Elaborar ambientes de aprendizagem para sustentar o desenvolvimento de IM em crianças pequenas.
4. Proporcionar materiais didáticos que melhorem o desenvolvimento das IM das crianças.
5. Equipar as pré-escolas com estratégias de sala de aula e de gestão de comportamento adequadas.
6. Aumentar as parcerias e a comunicação entre casa, escola e comunidade.
7. Avaliar o desenvolvimento das crianças de maneiras favoráveis às inteligências.
8. Sustentar a implementação, por parte dos professores, da teoria das IM em sala de aula e melhorar o desempenho escolar.

Para chegar a esses objetivos, o programa MI-CSR realizou seis fases de trabalho em todas as pré-escolas em Tagbilaran: diagnóstico da realidade, desenvolvimento profissional, construção de ambientes de aprendizagem, mudanças curriculares, envolvimento da comunidade e desenvolvimento de lideranças locais. Embora tenham sido identificadas como fases, as quatro últimas não seguem uma sequência linear no tempo, muitas vezes acontecendo simultaneamente. Nesse sentido, diferem dos dois primeiros aspectos do programa MI-CSR. Cada aspecto do programa influencia outros e é influenciado por eles. Trabalhando em sintonia, promovem a melhoria dos ambientes de aprendizagem das escolas e da educação para as crianças de Tagbilaran.

FASE I: DIAGNÓSTICO DA REALIDADE

A Fase I do MI-CSR concentrou-se em avaliação da realidade. O propósito básico do diagnóstico era conhecer as condições das pré-escolas e identificar as necessidades e os objetivos dos interessados no projeto: funcionários, pais, administradores, coordenadores da Agência Municipal de Bem-Estar e Desenvolvimento e representantes da unidade local de governo. A equipe de IM, composta de funcionários de pré-escolas, representantes dos pais, empresários e representantes do governo municipal, incluindo o prefeito e o vice-prefeito, observou as práticas comuns nas pré-escolas, avaliou planos de currículo e concluiu um levantamento ambiental. Os resultados do diagnóstico foram desalentadores.

Em termos gerais, os funcionários pareciam ter se adaptado a uma cultura de mendicância. Simplesmente esperavam concessões do governo e de outras instituições e, se não recebessem os suprimentos e a formação, resignavam-se a nada fazer. Muitos deles deixaram de ser criativos e aceitavam que a sala de aula fosse mal administrada e mal equipada. Como muitos dos centros se concentravam em alimentar crianças subnutridas, foram contratados trabalhadores para facilitar e acompanhar a nutrição das crianças na comunidade, uma função para a qual o único requisito era o diploma do ensino médio. Só recentemente as pré-escolas foram incentivadas a lecionar conteúdos curriculares e dar instrução. Muitos funcionários se sentem despreparados porque não têm diploma em educação, muito menos uma licença para lecionar. Alguns deles não terminaram a faculdade. Embora seja ideal recrutar professores licenciados ou, pelo menos, formados em campos relacionados, essa não é a realidade dos que são contratados permanentemente e dos que continuam a se candidatar aos cargos de funcionários de pré-escola. Imagine uma sala de aula pequena e úmida, onde os funcionários são responsáveis por lidar com uma média de 80 crianças cada um. Alguns centros não têm água corrente nem eletricidade, e os funcionários recebem um salário mínimo de menos de 5 dólares por dia de trabalho. Essas não são condições convidativas para pessoas graduadas em educação.

Os resultados de nosso diagnóstico também demonstraram que, embora alguns dos funcionários possuíssem alguma formação, traduzir o que tinham aprendido em prática de sala de aula era um desafio. Cada um lecionava da forma que achava melhor. Se um deles sabia um pouco de matemática, ensinaria essas habilidades, e se outro quisesse se concentrar nas artes e nas habilidades manuais, isso seria dominante em sala de aula. As discrepâncias entre diferentes centros eram visíveis e grandes. Mesmo assim, ninguém parecia notar, e se notava, nada se fazia.

FASE II: DESENVOLVIMENTO PROFISSIONAL

Baseado nos resultados do diagnóstico de realidade das pré-escolas em Tagbilaran e em um grupo focal com funcionários e membros da comunidade, o MI-CSR passou à Fase II: uma oficina de desenvolvimento profissional e qualificação de duas semanas. No primeiro dia, pediu-se que os funcionários das pré-escolas preenchessem um perfil de IM. Além de ampliar a visão que tinham sobre "inteligência", isso nos deu a oportunidade de conhecer melhor o grupo. Foi uma revelação descobrir que nenhum dos 33 participantes indicou ter bom desempenho em inteligência linguística. Na verdade, a maioria deles manifestou certa falta de habilidade nessa inteligência. Não surpreende que o Manual Revisado de Trabalhos de Pré-Escola estivesse pegando pó e que atividades anteriores de formação fossem simplesmente uma memória distante. Se os funcionários possuíam bom rendimento em inteligência linguística, não se podia esperar que lessem e consultassem um manual, principalmente não estando escrito em seu dialeto nativo e usando um idioma em que não são fluentes. De nossa parte, fizemos alguns ajustes em nossa atividade de formação, com menos foco em fala e mais em ação. Tornamos a formação bastante prática e criamos muitos materiais como agendas de sala de aula, calendários, gráficos de frequência, objetos manipuláveis para ensinar matemática e letramento, para que os professores levassem à sala de aula. Em nossa atividade, o programa MI-CSR se concentrou no fortalecimento dos funcionários das pré-escolas como provedores de aprendizagem. Acreditar em si mesmo é um dos dons mais poderosos da teoria das IM. Antes de tratar de qualquer estratégia de aprendizagem, trabalhamos com os funcionários para ajudá-los a desenvolver a percepção de que são inteligentes, não importando a sua formação ou posição econômica. O desenvolvimento dessa percepção influenciou em muito a forma como se valorizavam. À medida que a formação continuava, começamos a observar uma diferença em sua atitude. Segundo um deles, a premissa de que também são inteligentes é um conceito novo e impulsionou sua autoconfiança. Essa centelha de amor próprio se traduzia na prática em sala de aula à medida que começaram a ver o potencial de cada criança e, assim, a vida dos alunos e da comunidade foi afetada. Além disso, sentiam que, pela primeira vez, o governo local os valorizava, já que estavam sendo gastos tempo e recursos em sua formação.

A exaustiva formação de duas semanas foi apenas a ponta do *iceberg*. Originalmente, o programa MI-CSR foi formulado para incluir visitas trimestrais de acompanhamento do progresso dos funcionários. Entre visitas, eles usavam o manual de treinamento para monitorar sua própria prática didática. Tendo aprendido que a maior parte de nossos funcionários são bastante hábeis em aprendizagem não linguística, entendemos que o manual de treinamento provavelmente não seria a abordagem mais eficaz para sustentar os efeitos da formação. Para construir uma ponte entre a formação de duas semanas e a prática em sala de aula, implementamos um programa mensal de orientação para substituir as visitas trimestrais.

Durante essas visitas mensais, observamos práticas de sala de aula e demos apoio e supervisão aos professores. Sentamos com eles e discutimos diferentes estratégias imediatamente após nossa observação. Trabalhamos conjuntamente em planejamento de currículo, solução de problemas e tratamento de questões para as quais necessitavam de ajuda. No final de cada visita, mais uma vez realizávamos uma reunião geral voltada a todo o grupo, discutindo questões comuns em todo o centro. No início, a tarefa parecia impossível. Alguns professores antigos não davam sinais de ter habilidades de gestão de sala de aula. Em termos de planejamento de currículo, prevalecia a velha prática das tarefas escritas e exercícios de memória, apesar de esforços para introduzir a ideia de múltiplos pontos de entrada à aprendizagem. Contudo, com o passar dos meses, o ritmo começou a mudar, principalmente com novos contratados e funcionários temporários. Começaram a surgir semelhanças com um ambiente rico em IM.

FASE III: CONSTRUÇÃO DE AMBIENTES DE APRENDIZAGEM

Antes do programa MI-CSR, havia poucos materiais didáticos nas pré-escolas em torno de Tagbilaran. Todas as 80 crianças usavam o mesmo quebra-cabeça pequeno, por exemplo. O funcionário, temendo seu desgaste, às vezes o embrulhava com plástico, e as crianças só podiam olhar. Havia poucos livros infantis, quando havia. Muitas crianças nunca tinha tocado em pincel atômico, tinta ou cola, e uma caixa nova de lápis de cera era um produto raro nas salas de aula. O *MI-CSR* solicitou doações dos pais da MI School em Manilha, de pessoas de Tagbilaran que moram fora e de fundações e organizações. Aos poucos, as estantes vazias se encheram de brinquedos educativos, livros e suprimentos apropriados à idade. Para maximizar o uso de recursos educativos, alguns itens eram revezados entre salas de aula e escolas.

Como parte do acordo do programa MI-CSR, a LGU deveria ficar responsável por qualquer serviço de conserto necessário nas pré-escolas, como água corrente, eletricidade e telhados. Embora essa promessa não tenha sido cumprida até o final do ano letivo, a LGU forneceu aos professores materiais didáticos básicos, como giz, papel e cola. No passado, os funcionários tinham que usar seu próprio dinheiro para comprá-los. Esses suprimentos básicos da LGU não apenas davam a base para o ensino, como também enviavam uma mensagem de que o governo local estava trabalhando para melhorar os serviços de educação de crianças pequenas.

A mais barata e, mesmo assim, mais maravilhosa aquisição dos ambientes de sala de aula foi o aumento dos materiais feitos pelos professores, como quebra-cabeças, jogos de tabuleiro e objetos para o ensino de matemática feitos de materiais reciclados. Para construir materiais de aprendizagem, os professores foram chamados a trabalhar com o que tivessem e a usar seus talentos para criar recursos para a aprendizagem. Com o tempo, também entenderam que o trabalho das crianças deveria ser parte do ambiente de aprendizagem. Começaram mostrando exemplos de escrita das crianças, seus trabalhos com artes e outras atividades feitas na escola.

FASE IV: MUDANÇAS CURRICULARES

No início do programa MI-CSR, muitas atividades de sala de aula não cumpriam os padrões de prática adequada ao desenvolvimento. Devido à falta de música apropriada à idade, por exemplo, muitas salas de aula usavam as músicas mais recentes de programas de TV adultos para as atividades das crianças com música e dança. A maioria das lições eram exercícios de memorização mecânica e não estimulavam habilidades de pensamento de ordem superior. As crianças perdiam o foco com bastante frequência e não demonstravam qualquer interesse pela aprendizagem em sala de aula.

O MI-CSR sugeriu que se estabelecessem objetivos para todas as pré-escolas. Sentamos com os funcionários, identificando objetivos de desenvolvimento e habilidades adequadas à idade a serem ensinadas ao longo do ano letivo. Os professores foram orientados a planejar atividades adequadas ao desenvolvimento usando as oito inteligências como pontos de entrada para planos de aula e projetos. Ao longo desse processo, os professores se conscientizaram e valorizaram uma ampla gama de inteligências. Por exemplo, várias formas de arte, que são muito valorizadas em Bohol, passaram a fazer parte do currículo. O desenvolvimento de inteligências interpessoais e intrapessoais também ficou claro à medida que os professores das pré-escolas tentavam respeitar as diferenças individuais ao estimular atividades de autorreflexão e ao criar trabalho coletivo.

Teria sido muito mais fácil para a equipe do MI-CSR oferecer planos de aula prontos para serem seguidos, mas isso não ajudaria a criar professores pensantes, ou seja, professores que conseguissem produzir seus próprios planos de aula e implementá-los. Como se tratava de acompanhar os professores das pré-escolas em sua caminhada pelo processo de planejamento, no final, o esforço compensou. Os melhores planos de aula e as melhores atividades foram as que eles próprios conceberam de forma independente e as que eram relevantes para a sua comunidade. Um deles comentou essa experiência de mudança curricular em uma das entrevistas: "Vocês [o projeto MI] nos devolveram a dignidade do nosso trabalho. As pessoas agora olham para nós e nos respeitam mais" (J. Zamora, entrevista pessoal, junho de 2006).

A mudança curricular resultou em uma melhora do desempenho dos alunos nas pré-escolas. Os professores notavam que as crianças pareciam estar mais engajadas em seu trabalho. Mesmo durante o recreio, elas falavam de "divisão justa", como havia sido introduzido em um tema sobre frações. Quando comparamos os resultados dos diagnósticos anterior e posterior, concluímos que as crianças tinham mais autoestima e pareciam desfrutar mais da escola quando se aproximava o final do ano. Em termos de aprendizagem escolar, as crianças demonstravam um aumento médio de 30% nas habilidades de letramento e de 15 a 20% nas habilidades matemáticas quando se comparava seu desempenho do início ao final do ano escolar.

FASE V: ENVOLVIMENTO DA COMUNIDADE

Um dos desafios colocados pelo MI-CSR para os funcionários de pré-escolas era envolver a comunidade na educação das crianças. Segundo os resultados de nossa avaliação, o envolvimento da comunidade era mínimo em quase todos os centros. Os funcionários tentaram fazer de tudo: prepararam materiais para a sala de aula, lanches, limpavam a sala e ajudavam a levar algumas crianças para casa depois da escola, para citar algumas de suas tarefas. Se um funcionário precisasse criar um material de trabalho, geralmente o reproduzia à mão. Dependendo do número de alunos na pré-escola, essa tarefa poderia ser repetida até 80 vezes.

Depois de participar de reuniões e realizar entrevistas com pais, também soubemos que não estavam cientes da importância da educação para as crianças pequenas. A função da pré-escola geralmente era considerada como cuidar das crianças, e não um caminho para a aprendizagem. Tampouco tinham qualquer ideia de como podiam contribuir porque a maioria não possuía instrução e se considerava desfavorecida. Esse foi outro momento de "mudança de visão" para o programa MI-CSR.

Uma reunião comunitária realizada pela equipe de IM visava fazer com que os membros da comunidade tomassem conhecimento das mudanças que estavam acontecendo nas pré-escolas, apresentá-los à teoria das IM de Howard Gardner e enfatizar que todos podem contribuir. Também se pediu que auxiliassem nas pré-escolas.

O Programa de Participação de Pais foi adotado pelas pré-escolas. Os pais eram convidados a se envolver de diferentes maneiras: fazendo doações para os conselhos de pais, ajudando os funcionários a criar e reproduzir materiais a serem usados no ensino das crianças, contribuindo com a preparação de lanches, limpando as salas de aula, consertando instalações com problemas, servindo de guardas nas pré-escolas para evitar roubos, cuidando do jardim, ajudando a levantar fundos para contratar um ajudante em sala de aula e funcionando como palestrantes em sala de aula. Esses palestrantes são pessoas valorizadas pela comunidade, como motoristas de transportes públicos, gente que vende produtos na rua e pais que tenham alguma habilidade manual. Um exemplo clássico é Tatay Timoy, motorista de triciclo, um dos principais meios de transporte da cidade. Ele foi convidado a falar sobre seu triciclo às crianças, e nunca havia imaginado que elas poderiam aprender tanto somente contando as rodas ou que isso fosse importante para elas. Como resultado dessas atividades, o envolvimento dos pais nas escolas aumentou significativamente durante o ano, e eles cumpriram um papel ativo para ajudar a resolver problemas relacionados com as pré-escolas. Mais importante ainda, por causa do seu envolvimento, foram ficando cada vez mais cientes da importância da educação de crianças pequenas.

O envolvimento da comunidade também ficou claro no programa de reciclagem que as pré-escolas iniciaram, *Naa'y Kwarta sa Basura* (Tem Dinheiro no Lixo). A equipe de gestão de lixo da cidade criou uma rota especial para coletar produtos recicláveis nas pré-escolas. Com uma simples mensagem de texto por parte do funcionário da pré-escola, outras escolas que reciclavam iam até lá coletar e comprar materiais recicláveis. Os fundos oriundos do programa de reciclagem eram direcionados às atividades das pré-escolas. Os funcionários e os círculos de pais colaboravam nas decisões sobre como usar os fundos. Além disso, através de esforços concertados com as pré-escolas, têm-se visto mais e mais doações de empresas locais. O governo de Tagbilaran pretende criar um programa "adote uma pré-escola" para as empresas privadas da cidade, como parte de sua responsabilidade corporativa. O futuro dirá a importância desse empreendimento.

É importante dizer que o envolvimento dos pais não funciona no isolamento. Em grande medida, depende da capacidade dos funcionários de construir uma sintonia com esses pais e com membros da comunidade local. Alguns funcionários ainda escolheriam trabalhar por conta própria ou reclamar que os pais não respondem nem colaboram, e o início de cada ano letivo é difícil porque há novos pais que precisam ser orientados sobre as IM, sobre a linguagem usada com seus filhos e sobre sua visão de inteligência. Apesar desses desafios, o programa MI-CSR afirma que a parceria entre escola, casa e comunidade é fundamental para garantir que as boas práticas aconteçam nas pré-escolas e sejam valorizadas e exercidas para além das pré-escolas, para que representem um impacto verdadeiro nas vidas das crianças.

FASE VI: DESENVOLVIMENTO DE LIDERANÇAS LOCAIS

A sustentabilidade da boa prática é uma prioridade fundamental para o programa MI-CSR em Tagbilaran. Para conquistar esse objetivo, estabelecemos um programa de monitoramento e sustentabilidade dentro do programa mais amplo, a fim de desenvolver equipes de liderança escolar. Os funcionários das pré-escolas são divididos em pequenos grupos chamados de grupos de aprendizagem inteligente. Cada um conta com sete ou oito funcionários que moram perto das escolas. Cada grupo identifica um líder de equipe, que recebe mais formação no início de cada mês e ajuda os consultores com a formação mensal do restante do grupo. Esses grupos se reúnem com os consultores uma vez por mês para atualizar a prática, planejar currículo e resolver problemas relacionados à escola.

O programa MI-CSR tem causado grande impacto sobre os processos de ensino e aprendizagem nas pré-escolas de Tagbilaran e está provando ser sustentável e viável, com um futuro promissor. Contudo enfrenta desafios. O objetivo do programa é não apenas apresentar a teoria das IM aos professores, mas também afetar sua prática e influenciar toda a comunidade. Sem uma liderança com base na escola, não conseguiremos atingir objetivos tão grandiosos. Por meio desse tipo de liderança, podemos tratar melhor das necessidades e problemas da comunidade de baixa renda. Esse programa também é mais criativo e imaginativo para atender uma série de desafios com vistas a garantir a sustentabilidade.

O programa MI-CSR está agora incluído nos projetos especiais do prefeito de Tagbilaran e atraiu atenção positiva da comunidade. Ao mesmo tempo, foi alvo de crítica por parte de opositores políticos. Para quem olha de fora, as pré-escolas podem parecer não ter mudado muito. A falta de materiais adequados à idade e as instalações dilapidadas ainda são visíveis, mas a estrutura física não reflete as mudanças internas que o programa criou. Para seus detratores, o prefeito responde: "É verdade que Tagbilaran não tem os recursos para modificar as coisas rapidamente, mas tampouco podemos deixar que o tempo passe sem fazer nada, então estamos tentando com o que temos" (D. Lim, entrevista pessoal, 1º de outubro de 2007). Trabalhamos com a liderança específica das escolas e com todos os funcionários em Tagbilaran para aproveitar todas as chances que tivermos e fazer as mudanças positivas que pudermos.

CONCLUSÃO

A parceria entre o programa MI-CSR e o governo local de Tagbilaran é um bom exemplo do quanto se pode conseguir por meio de esforço e projetos conjuntos. A iniciativa e a participação de autoridades locais, a perseverança dos funcionários das escolas, a receptividade da comunidade, o apoio do setor privado e o compromisso das escolas funcionam todos juntos para beneficiar as crianças que são o futuro de Tagbilaran e das Filipinas. O projeto afetou não apenas as crianças atualmente matriculadas nas pré-escolas e suas famílias, mas também mudou essas escolas na cidade Tagbilaran. Por meio de seus funcionários, elas agora oferecem um currículo e uma instrução com mais significado para essas pessoas, têm ambientes de aprendizagem mais ricos e constroem parceiras mais fortes entre casa, escola, comunidade. Essas mudanças continuarão a beneficiar muitas gerações no futuro.

As crianças desfavorecidas nas pré-escolas recebem uma chance de aprimorar sua inteligência no período mais crítico de suas vidas. Que presente melhor elas poderiam receber do que um "começo inteligente" na vida? Através do desenvolvimento de suas múltiplas inteligências, as crianças de Tagbilaran estarão preparadas para atender as demandas deste século. O programa MI-CSR deixa o legado de um sólido alicerce à educação das crianças pequenas de Tagbilaran, e esperamos que sirva de modelo a outras cidades no mundo. Ainda falta muito trabalho, mas as sementes da reforma progressista foram plantadas nesta cidade que ousa sonhar grande.

Referências

Bureau of Child and Youth Welfare and Department of Social Services and Development. (1992). *Self-instructional handbook for day care workers* (2nd ed.). Quezon City: Author.

Republic of the Philippines. Office of the Sangguniang Panlungsod. (2006). *The Multiple Intelligence School Reform Program in the public day care centers of Tagbilaran.* Tagbilaran City: Author.

DINOSSAUROS E TÁXIS

Educando alunos com necessidades diversas

Wilma Vialle

O capítulo trata da influência da teoria das IM na educação especial e de crianças superdotadas na Austrália. Em ambos os contextos, o impacto das IM, ocasionando mudanças nas atitudes e práticas dos professores em relação a esses estudantes, é visível. Na educação de crianças superdotadas, a teoria proporcionou uma forma de definir e identificar de maneira mais ampla essa condição em alunos de todos os grupos culturais e econômicos. Também influenciou o formato dos conteúdos de currículo para esses alunos. Na educação especial, os professores que usam as IM foram além de uma abordagem baseada nas deficiências e se tornaram mais positivos em relação aos alunos, reconhecendo uma gama mais ampla de potenciais de aprendizagem. Por meio da estrutura oferecida pela teoria das IM, os professores aprenderam a valorizar verdadeiramente e a responder de modo adequado à diversidade dos aprendentes em salas de aula australianas integradas.

Em um dia muito frio e chuvoso, na costa noroeste da Tasmânia, uma ilha ao sul da Austrália continental, a professora de teatro consulta sua agenda e suspira fundo, observando os 30 alunos de 8ª série que esperam por ela em frente à sala de aula. Seus pensamentos estão voltados a um aluno, Peter – se ele estará lá e o que ela poderá fazer para garantir que a lição avance sem que alguém acabe em lágrimas. Peter é um enigma para ela. O garoto é visivelmente muito inteligente, e ela sempre fica impressionada com sua criatividade, suas habilidades de improvisação e sua presença no palco. Os outros alunos são atraídos a ele, mas Peter às vezes os trata com desprezo e crueldade nos comentários que faz a seu respeito. Ele é um dos alunos mais promissores que ela já teve, mas está sendo reprovado em todas as disciplinas na escola e é constantemente mandado para a sala da direção por causa de seu comportamento. Como Peter apresenta muita dificuldade de seguir as regras, os outros professores preveem que ele terá que sair da escola mais cedo, que ficará desempregado muito tempo ou que acabará na cadeia.

A professora de teatro se pergunta qual seria a chave para desbloquear o potencial de Peter e colocá-lo em um caminho mais positivo. Vários anos mais tarde, em uma escola de ensino fundamental em Nova Gales do Sul, uma professora alfabetiza alunos de 6 anos. Ela levanta um cartão onde se lê "Thursday" (*quinta-feira*) e chama atenção das crianças para o som de "ur". Ela pergunta a seus 24 alunos se há outros dias da semana que também tenham o som "ur". "Friday," responde uma criança; outra dá um palpite entusiasmado, "Monday". Depois de mais deliberações, a resposta "Saturday" finalmente é apresentada. A professora parabeniza o aluno e passa ao próximo cartão, quando uma das crianças, James, diz, "Turtle também tem o som 'ur'". A professora diz que sim com a cabeça e volta aos cartões quando James interrompe de novo e diz: "E *dinosaur* também termina em 'ur'". A professora desconsidera sua observação respondendo imediatamente "Sim, mas *dinosaur* não tem som de 'ur', não é?" e continua com sua aula. Mais tarde, na sala dos professores, ela comenta, "James é inteligente demais, ele passa na frente da gente".

Richard, de 5 anos, está com sua família em uma viagem à praia. Quando saem do estacionamento no final do dia, acontece a seguinte interação*:

Richard (apontando a placa que diz "saída"): Olha só! *Exit* tem as mesmas letras de *taxi*!

[Não havia *taxi* à vista]

Pai: Onde é que você leu *exit*?

Richard: Naquela placa ali.

Pai: Como se soletra *exit*, então?

Richard: E-X-I-T.

Pai: Muito bem! Então, onde está o *taxi*?

Richard: É que eu me lembrei... Deve ter algum aqui perto.

Pai: Então, como se soletra *taxi*?

Richard: T- A... uh... X-I. Tem um A. Ah! Bom, é quase igual.

Pai: Uma observação muito inteligente, rapazinho.

Esses três cenários são exemplos reais que resumem minha experiência com a teoria das IM ao longo de um período de 20 anos. Eu era a professora de teatro que enfrentava o desafio de tentar motivar Peter para que se dedicasse a seu trabalho escolar. Os outros dois incidentes são anotações de campo, realizadas vários anos mais tarde e depois de eu ter feito um doutorado usando a teoria das IM como estrutura. Os três meninos eram bastante diferentes na forma como se apresentavam em sala de aula: Peter era visto como

---

* N. de R.: Exemplos em inglês.

um problema comportamental grave com pouco que o redimisse; James era considerado verbalmente precoce, mas desperdiçava tempo por ter problemas de aprendizagem, e Richard era tido como um aluno inteligente e obediente. Ainda que diferentes, eles apresentavam pelo menos uma característica em comum: todos eram superdotados.

Na Austrália, a superdotação é definida como um potencial inato. Até 10% da população estudantil pode ser identificada como superdotada em uma série de domínios (Gagné, 2003). Sob essa definição, o potencial evolui para o desempenho talentoso como resultado de catalisadores, incluindo intervenções educativas adequadas. Embora tenham sido separados no tempo, os incidentes envolvendo Peter, James e Richard exemplificam as diferentes formas de percepção e tratamento de estudantes superdotados.

Quando me esforçava para chegar a Peter, estava terminando uma tese sobre estudantes superdotados para um mestrado em educação. Ocorreu-me que Peter poderia ser um estudante de baixo desempenho e que eu precisava encontrar alguma forma de reverter essa condição. Eu era a única entre os professores que achava que ele tinha alguns talentos identificáveis. Depois de terminar minha tese, eu continuava longe de entender o que acontecia com ele e decidi que precisava investigar mais.

A decisão me levou inevitavelmente a viajar à Flórida, onde estudei educação de superdotados. Como parte daquele processo, observei vários programas que trabalhavam com o tema. Eu estava preocupada com a sub-representação de crianças culturalmente diversas nesses programas, compostos em grande parte por estudantes brancos de classe média, identificados por seus desempenhos em testes de quoeficiente de inteligência (QI). Consequentemente, minha questão central mudou de "como eu chego a um menino superdotado com baixo desempenho" para "como identifico a superdotação em crianças que não têm alto desempenho em testes de QI". Buscando uma alternativa à testagem de QI tradicional para identificar a condição, em pouco tempo encontrei a teoria das IM. Minha tese de doutorado usava as IM como estrutura para observação de alunos de pré-escola que viviam em circunstâncias socioeconômicas baixas. Por meio da adoção da abordagem de avaliação dinâmica baseada no Projeto Spectrum, que aplicava a teoria das IM à educação e avaliação de crianças pequenas (Krechevsky, 1991), entendi um pouco como as crianças aprendiam a partir de estímulos e bases oferecidos pelos professores. Armada com esses aprendizados, voltei à Austrália para aplicar o que eu havia aprendido a algumas das questões educacionais que enfrentávamos lá.

O ENSINO ESCOLAR NA AUSTRÁLIA

Em 2007, havia mais de 3,4 milhões de estudantes em 9.612 escolas em toda a Austrália, com pouco mais de 270 mil professores. A educação é, em grande partc, obrigação de estados e territórios, com financiamento, políticas e currículos determinados por governos estaduais. O ensino escolar começa na pré-escola, onde as crianças entram em torno dos 5 anos. É compulsório para todos os alunos até os 15 ou 16 anos. Cerca de 75% deles continuam até a 11^a ou 12ª séries até completar o ensino médio. As escolas de ensino fundamental cobrem da pré-escola até a 6ª série na maioria dos estados e até a 7^a em outros. As escolas de nível médio vão até a 11ª série. Cerca de dois terços dos alunos frequentam as escolas públicas, e o outro terço, as católicas ou privadas independentes.

O sistema educacional australiano, como muitos outros no mundo, tem estado engajado em um processo aparentemente constante de reestruturação nas últimas duas décadas. Na década de 1990, houve ações para a adoção de Definições Nacionais de Currículo com resultados de aprendizagem claramente especificados para os alunos. Essas definições dividem o currículo em oito áreas de aprendizagem: inglês, matemática, sociedade humana e seu ambiente, ciências, tecnologia, artes, línguas que não o inglês, desenvolvimento pessoal, saúde e educação física. Cada estado tem a responsabilidade de traduzir essas definições em currículos e práticas de avaliação para si próprio.

Historicamente, as crianças com necessidades especiais devido a deficiências intelectuais, de aprendizagem ou físicas eram educadas separadamente em escolas especiais ou unidades autônomas dentro de escolas regulares. Como sua administração foi relativamente rápida e econômica, o teste de QI era, e a ainda é, usado para identificar alunos que requerem serviços especiais de educação. A tendência mundial de integrar a educação especial e a regular tem sido adotada na Austrália nas duas últimas décadas. Uma grande proporção de estudantes com necessidades especiais está sendo matriculada em salas de aula comuns. Continuam existindo alguns ambientes segregados para estudantes com graves problemas intelectuais, autistas, surdos ou cegos e alunos com problemas comportamentais extremos.

De acordo com a filosofia da integração, as unidades compulsórias de estudantes com necessidades especiais são incluídas em todos os programas de formação de professores. São fornecidos recursos financeiros adicionais para escolas com alunos que tenham sido identificados com necessidades especiais. Consequentemente, há um incentivo financeiro importante para que as escolas identifiquem alunos que tenham deficiências intelectuais, de aprendizagem e físicas, já que isso permite a contratação de professores de apoio na escola. Contudo, muitos professores se sentem malpreparados para dar conta da gama de necessidades em sala de aula.

As necessidades educacionais de alunos superdotados não têm recebido o mesmo nível de atenção de outras necessidades especiais nas escolas australianas. Não há financiamento adicional para esses alunos, e muito poucos programas de formação de professores incluem mais de uma palestra de uma hora sobre suas necessidades educacionais. O número de orientadores educacionais é mínimo na Austrália, e eles passam a maior parte do tempo testando e trabalhando com crianças que tenham dificuldades de aprendizagem. Raramente são chamados para identificar alunos superdotados ou oferecer programas voltados a eles. A filosofia da integração também tem se traduzido em uma forte crença por parte da maioria dos sindicatos de professores de que os alunos superdotados deveriam ser educados em salas de aula comuns em escolas próximas de suas casas. Todavia, a maioria dos estados oferece turmas e escolas separadas para esses alunos. Nova Gales do Sul, o maior estado da Austrália, tem a maior oferta, com aulas específicas para alunos superdotados na 5ª e na 6ª séries de algumas escolas de ensino fundamental e escolas de ensino médio também específicas para esses alunos. O ingresso em tais programas acontece por meio de um teste semelhante ao de QI, mais uma vez, em função da facilidade de administração.

Além das demandas de se implementar novos currículos baseados nas Definições Nacionais de Currículo e responder a uma ampla gama de necessidades dos alunos que podem incluir os que são superdotados bem como os que têm necessidades especiais, os professores são constantemente bombardeados com demandas crescentes para que melhorem as práticas de ensino. Reportagens de jornais muitas vezes criticam as limitações das escolas, e as definições do governo reestruturam regularmente seus departamentos de educação para aumentar a eficiência econômica. Por sua vez, os departamentos de educação avaliam constantemente os currículos e a qualidade dos professores (ver, por exemplo, Ministerial Advisory Council on the Quality of Teaching, 1998; New South Wales Department of Education and Training, 2003; Ramsey, 2000; Vinson, 2002). O fato de essas demandas crescentes raramente serem acompanhadas de recursos necessários para efetuar as mudanças exacerba a situação.

Foi nesse clima educacional de demandas cada vez maiores e de redução de recursos que voltei dos Estados Unidos e aceitei um cargo em uma universidade em Nova Gales do Sul. Pelos 15 anos seguintes, ensinei estudantes de educação, contribuí com o desenvolvimento profissional de professores atuantes e dei continuidade à minha pesquisa no campo de educação de superdotados. Durante esse tempo, vi em primeira mão como as IM conquistavam a imaginação e o compromisso de uma série de professores e escolas australianos. Em outros trabalhos, examinei formas de aplicação das IM na Austrália, desde uma série de TV a programas por local de trabalho (ver, por exemplo, Vialle, 1997). Neste capítulo, trato de como as IM influenciaram as práticas da educação de superdotados e da educação especial na Austrália.

PRÁTICAS DE EDUCAÇÃO DE SUPERDOTADOS

A teoria das IM afetou as práticas de educação de superdotados na Austrália de duas maneiras importantes. Em primeiro lugar, ao ampliar o alcance da inteligência, proporcionou um modelo mais inclusivo de educação de superdotados, que até então estivera associado ao elitismo e ao pensamento estreito baseado em QI. Em segundo lugar, as IM foram usadas pelos professores para planejar currículos que dessem apoio a uma série de habilidades em sala de aula e, ao longo desse planejamento, conscientizaram-se da diversidade dos estudantes superdotados.

Para entender como as IM influenciaram a adoção de uma abordagem mais includente em relação à educação de superdotados, é necessário um pouco de história do contexto educacional na Austrália. Essa educação sempre esteve em uma posição um tanto precária no país. Apesar de duas pesquisas federais reconhecendo as necessidades de disposições especiais para estudantes superdotados (Senate Employment, Workplace Relations, Small Business and Education References Committee, 2001; Senate Select Committee, 1988), a aplicação de programas adequados não teve qualquer sistematização e só aconteceu em função da vontade e dos esforços de educadores e pais comprometidos. A Austrália se orgulha do *slogan* igualitário *Fair Go*, e qualquer coisa que lembre a desigualdade é vista com desconfiança. Esse sentimento ficou mais visível na década de 1970 quando o governo federal se concentrou em financiar programas educacionais voltados a superar a desvantagem, que desviaram a atenção das necessidades dos estudantes superdotados. Em resposta a isso, uma série de educadores australianos afirmava que esses estudantes também estavam em desvantagem, porque a falta de programas educativos apropriados lhes impedia de desenvolver todo o seu potencial (Braggett, 1985). Não obstante, muitos educadores não se convenciam e igualavam educação de superdotados com elitismo. Assim, o desafio era convencer os educadores de que cuidar dos superdotados era uma questão de igualdade. As IM se tornaram importantes para se chegar a esse objetivo.

Fui atraída inicialmente à teoria das IM porque ela oferece uma conceituação mais ampla da inteligência, a qual julguei que seria útil para se identificar a condição de superdotado nas crianças que não tivessem bom desempenho em um teste de QI tradicional. Contudo, um elemento conservador na educação de superdotados na Austrália se mantinha resistente a qualquer afastamento das definições e avaliações estreitas da superdotação. A teoria das IM era percebida como uma ameaça a essa educação porque colocava em xeque o conceito de inteligência como QI. Meus críticos acreditavam que isso era o mesmo que dizer que qualquer criança era superdotada. Eu argumentava que a teoria das IM era coerente com o redirecionamento internacional para noções mais inclusivas e ampliadas sobre essa condição (Gallagher, 2003; Shore, Cornell, Robinson e Ward, 1991) e se contrapunha às afirmações de que os programas para superdotados eram elitistas, identificando alunos que atravessavam todos os estratos culturais e econômicos.

A pesquisa em IM demonstrou que essa teoria é uma base eficaz para se identificar a condição de superdotados em estudantes de grupos desfavorecidos (Vialle, 1991, 1994a, 1995) e resulta em representações mais amplas de alunos nativos, que têm situação socioeconômica inferior e que falam inglês como segunda língua. Como acontece em outros países, as conquistas educacionais dos nativos australianos ficam muito abaixo das da população em geral. Relativamente poucas crianças aborígenes são selecionadas para programas de superdotados. Se o termo superdotado for aplicado a uma criança aborígene, o pressuposto é de que ela seja boa em esportes, geralmente o *football*. Enxergar as crianças aborígenes pela lente das IM permitiu que os educadores vissem além do estereótipo da habilidade esportiva para descobrir as qualidades especiais, de linguagem oral e interpessoais demonstradas por muitas crianças aborígenes, e as usassem na formulação de programas educacionais para incentivar o desenvolvimento de seus talentos (Gibson e Vialle, 2007). Assim, as IM ofereceram um meio mais autêntico para se avaliarem crianças superdotadas de origens diversas. Para ilustrar isso, volto a Peter, James e Richard.

Peter era aborígene e tinha origem socioeconômica baixa. Sua linguagem cotidiana estava salpicada de erros gramaticais, sua redação era pobre, e ele apresentava dificuldades com tarefas de matemática. Aos 14 anos, Peter já havia sido reprovado muitas vezes e desenvolvido uma atitude negativa em relação à escola. Em minha aula de artes dramáticas, ele conseguiu pensar por conta própria, revelando sua capacidade de sentir e comunicar emoções importantes por meio de improvisações cênicas. Embora eu não estivesse ciente disso na época, Peter tinha qualidades específicas nas inteligências pessoal e espacial, que costumavam vir à tona nas aulas de teatro. Ele era um líder natural a quem não se permitia que liderasse em função de seu comportamento geral. As interações de Peter com os professores giravam em torno dos problemas dele e da percepção de que carecia de inteligência.

James nasceu em Papua Nova Guiné e havia se mudado para a Austrália com 5 anos. A observação descrita no início deste capítulo ocorreu depois que ele já estava na Austrália há um ano. Sua professora de 1ª série reconheceu que ele possuía habilidade verbal, mas ela muitas vezes não conseguia potencializar oportunidades de aprendizagem para James porque achava que ele não se envolvia com as tarefas. A professora me indicou que ele se distraía com facilidade e não tinha boas notas em redação e matemática. Muitas das interações dela com ele eram negativas, e ela o instruía a se dedicar à tarefa específica que ela determinara.

Richard, por sua vez, era uma criança branca, de classe média, cujas interações positivas com seu pai, como demonstrado no início deste capítulo, tinham eco na escola. Sua precocidade era reconhecida e valorizada pelos professores, e ele acabou sendo identificado para inclusão em um programa para superdotados.

Enquanto os procedimentos de avaliação tradicionais identificaram Richard como superdotado, o mesmo não aconteceu com Peter e James. Além disso, é improvável que tanto Peter quanto James tivessem sido recomendados por seus professores para um programa desses em função do comportamento problemático que demonstravam em sala de aula, às vezes. Afirmei que a educação para superdotados implica a oferta de uma educação adequada que reconheça e responda às diferenças individuais de todos os alunos, e possa identificar o potencial de Peter e James com a mesma prontidão do de Richard. Ao trabalhar com professores, usei as IM como base para incentivá-los a pensar mais amplamente sobre essa condição e sobre a necessidade de responder de forma apropriada a seus alunos diferenciados.

No processo de elaborar atividades de aprendizagem para alunos superdotados, uma abordagem difundida na Austrália é combinar as IM com a taxonomia de Bloom. Muito usada para esse tipo de estudante em salas de aula regulares no país, a taxonomia de Bloom foi criada originalmente como uma lista hierárquica de objetivos educacionais que vão do conhecimento à avaliação. Na educação de superdotados, ela tem sido usada para incentivar os professores a incluir tarefas de pensamento de ordem superior (análise, síntese e avaliação) suficientes para os alunos superdotados. Segundo documentos australianos recentes sobre educação (ver, por exemplo, New South Wales Department of Education and Training, 2003; Ramsey, 2000), os professores de alta qualidade são os que possuem conhecimento sobre interesses, capacidades, habilidades e comportamentos de aprendizagem dos alunos que estão em suas turmas e são capazes de adaptar programas e estilos de ensino para atender a esses alunos. Para fazer isso de forma eficaz, os professores precisam ser capazes de observar os alunos em relação a uma gama de tarefas. Um dos pontos fortes da teoria das IM é que ela proporciona uma base manejável para orientar os professores nesse processo. Observando cada uma das oito inteligências em relação aos seis níveis da taxonomia de Bloom, por exemplo, os professores podem proporcionar uma série de atividades para os distintos interesses e capacidades dos alunos. Os professores que assumem essa abordagem relatam observar seus alunos mais de perto e procurar qualidades em vez de responder automaticamente aos déficits.

PRÁTICAS DE EDUCAÇÃO ESPECIAL

As IM também influenciaram a prática da educação especial na Austrália, mais uma vez, em grande parte ao incentivar uma mudança de atitude nos professores. Isso gerou um novo olhar em relação aos alunos com necessidades especiais, ao se construírem perfis individuais que mostrem qualidades e limitações relativas, em vez de simplesmente direcionar aos déficits. Historicamente, as práticas de educação especial têm sido dominadas por uma abordagem corretiva, na qual os déficits se tornam a força motriz para os programas dos estudantes. A teoria das IM atrai os professores de educação especial porque os ajuda a passar de uma visão baseada no déficit a um entendimento de que as crianças com problemas de aprendizagem também possuem qualidades intelectuais (Vialle, 1994b), o que teve um efeito libertador sobre os currículos. Os professores estão colocando de lado suas técnicas corretivas em favor de atividades de formulação que potencializem as qualidades e os interesses dos alunos e fortaleçam os pontos em que apresentam limitações. No entanto, a parte mais importante dessa transformação não é o currículo, e sim as mudanças de atitudes dos professores.

Antes de conhecer a teoria das IM, muitos professores de educação especial tinham expressado suas reservas sobre o sistema educacional que testa, compara e rotula com tanta prontidão as crianças. Para esses professores, a teoria das IM reafirmou sua visão de que as crianças não poderiam ser categorizadas com tanta facilidade e que algumas delas recebem diagnósticos equivocados devido às formas limitadas de testagem usadas para avaliá-las. As maneiras como os professores de educação especial assumiram as IM são tão variadas quanto seria de se esperar em um país do tamanho da Austrália. Não existe uma abordagem única de seu uso no contexto de educação especial. Os professores que observei usaram o pluralismo da teoria para ver além das limitações dos alunos nas atividades linguísticas e lógico-matemáticas. Em lugar de estreitar o currículo, enriqueceram-no, proporcionando tarefas envolventes que cobrem todas as inteligências. Para ilustrar esse ponto, destacarei o trabalho de Lorna Parker, diretora de uma escola para alunos com necessidades especiais, que usou com êxito as IM para educar professores e membros da comunidade em relação ao potencial de aprendizagem desses alunos.

Influenciada pela teoria das IM, Parker desenvolveu um novo modelo para educar crianças com necessidades especiais, que requer que os professores observem os alunos de perto enquanto estes realizam atividades relacionadas com diversas inteligências em vez de somente letramento e aritmética. Em particular, eles deviam identificar as inteligências que fossem qualidades relativas ou interesses de cada uma das crianças. Os professores também coletavam informações extras de pais e de outros professores. É prática obrigatória na educação especial na Austrália que todas as crianças tenham um plano educacional individual para atender a suas necessidades. Segundo o modelo de Parker, esse plano começava com uma formulação daquilo que a criança poderia fazer, em vez do que não poderia. A seguir, o foco nas qualidades permeava os programas educativos elaborados para os estudantes com necessidades especiais. Eles se envolviam em experiências enriquecedoras em todas as áreas centrais de aprendizagem, em vez de somente fazem exercícios mecânicos limitados a letramento e aritmética.

Baseando-se nos princípios que sustentam as IM, de desenvolvimento de todas as inteligências, o modelo de Parker também ajudou os alunos a entender melhor seus próprios perfis de inteligência. Eles deviam pensar em seus cérebros como computadores com programas integrados que ela chamava de *Brainworks*. Por exemplo, a inteligência linguística era o processador de texto; a lógico-matemática, uma planilha; a inteligência espacial era um programa de desenho; a musical, um sintetizador; a inteligência corporal-cinestésica era o programa de digitação; a interpessoal, a rede; a intrapessoal, um computador pessoal; e a naturalista representava os elementos de desenho gráfico (Vialle e Perry, 2002). Antes de qualquer atividade em aula, os alunos eram estimulados a "abrir" seu programa específico. Por exemplo, se fossem escrever uma história, seriam instruídos a iniciar seu programa de inteligência linguística (Vialle e Perry, 2002). Assim, Parker usou a estrutura das IM para comunicar aos estudantes que eles poderiam aprender, mesmo que não fossem bons em tudo na escola.

A abordagem de Lorna Parker à educação de estudantes com necessidades especiais é um claro exemplo de como a teoria das IM tem sido usada para modificar as práticas de educação especial na Austrália. O foco de seu trabalho com estudantes especiais tem sido o de vê-los de um ponto de vista positivo, estimular seu desenvolvimento em todas as inteligências e usar suas qualidades e experiências para motivá-los em sua aprendizagem. A abordagem de Parker usa as IM como base para reconhecer a diversidade nas crianças e incentivar os professores a ter mais expectativas sobre as capacidades intelectuais de alunos com necessidades especiais.

CONCLUSÃO

As modas vão e vêm na educação, e os professores assumem com entusiasmo as novas ideias e depois seguem em frente. A teoria das IM, contudo, resistiu ao teste do tempo com muitos professores australianos. Segundo minhas observações, ela durou porque se ajusta ao que fazem os bons professores, ou seja, oferece uma estrutura para valorizar e responder adequadamente à diversidade de aprendentes nas salas de aula integradas da Austrália.

No contexto das práticas de educação de superdotados na Austrália, a teoria das IM teve dois impactos. O primeiro é o formato de conteúdos curriculares para esse tipo de aluno em salas de aula regulares. O segundo é proporcionar um meio para definir e identificar de forma mais ampla essa condição em alunos de todos os grupos econômicos e culturais.

Em ambientes de educação especial, a teoria das IM possibilitou que os professores se afastassem do foco nos déficits das crianças, direcionando-se às suas qualidades relativas. Basicamente, isso implicou entendimento de que os perfis intelectuais das crianças são desiguais. Como resultado, os professores de educação especial com uma filosofia de IM são mais positivos em relação aos alunos e têm expectativas mais elevadas de sua capacidade de aprender.

Meu entusiasmo pela teoria das IM não diminuiu ao longo dos 20 anos em que tenho trabalhado com ela, mas obviamente ela não pode resolver todas as questões com que os educadores se defrontam. Na Austrália, a teoria das IM teve um impacto pequeno, mas claramente importante, na prática educativa. Vinte anos atrás, pouquíssimos educadores tinham ouvido falar nela, ao passo que hoje a maioria reconhece seu nome. Mais importante, uma pequena porcentagem de escolas e professores pensa sobre as crianças e interage com elas de uma forma que respeita e responde à sua diversidade.

Referências

Braggett, E. J. (1985). *Education of gifted and talented children: Australian provision.* Canberra: Commonwealth Schools Commission.

Gagné, F. (2003). Transforming gifts into talents: The DMGT as a developmental theory. In N. Colangelo & G. A. Davis (Eds.), *Handbook of gifted education* (3rd ed., p. 60-74). Needham Heights, MA: Allyn & Bacon.

Gallagher, J. J. (2003). Issues and challenges in the education of gifted students. In N. Colangelo & G. A. Davis (Eds.), *Handbook of gifted education* (3rd ed., p. 11-23). Needham Heights, MA: Allyn & Bacon.

Gibson, K., & Vialle, W. (2007). The Australian Aboriginal view of giftedness. In S. Phillipson & M. McCann (Eds.), *Conceptions of giftedness: Socio-cultural perspectives* (p. 193 – 220). Mahwah, NJ: Erlbaum.

Krechevsky, M. (1991). Project Spectrum: An innovative assessment alternative. *Educational Leadership*, 48(5), 43-48.

Ministerial Advisory Council on the Quality of Teaching. (1998). *Teacher preparation for student management: Responses and directions.* In Report by Ministerial Advisory Council on the Quality of Teaching, October, 1998. Sydney: New South Wales Department of Education and Training.

New South Wales Department of Education and Training. (2003). *Quality teaching in NSW public schools.* Sydney: Author.

Ramsey, G. (2000). *Quality matters. Revitalising teaching: Critical times, critical choices.* Sydney: New South Wales Department of Education.

Senate Employment, *Workplace Relations, Small Business and Education References Committee.* (2001). *The education of gifted children.* Canberra: Commonwealth of Australia.

Senate Select Committee. (1988). *The education of gifted and talented children.* Canberra: Australian Government Publishing Service.

Shore, B., Cornell, D., Robinson, A., & Ward, V. (1991). *Recommended practices in gifted education: A critical analysis.* New York: Teachers College Press.

Vialle, W. (1991). *Tuesday's children: A study of five children using multiple intelligences theory as a framework.* Tese de doutorado inédita, University of South Florida.

Vialle, W. (1994a, novembro). *Racism in the classroom*. Comunicação apresentada na Annual Conference of the Australian Association for Research in Education, Newcastle.

Vialle, W. (1994b). Identifying children' s diverse strengths: A broader framework for cognitive assessment. In P. Long (Ed.), *Quality outcomes for all learners* (p. 90-100). Clifton Hill, Victoria: Australian Association of Special Education.

Vialle, W. (1995). Giftedness in culturally diverse groups: The MI perspective. *Australasian Journal of Gifted Education*, 4(1), 5-11.

Vialle, W. (1997). Multiple intelligences in multiple settings. *Educational Leadership*, 55(1), 65-69.

Vialle, W., & Perry, J. (2002). *Teaching through the eight intelligences*. Melbourne: Hawker Brownlow Education.

Vinson, T. (2002). *An inquiry into the provision of education in New South Wales*. Retrieved July 30, 2002, from http://www.pub-ed-inquiry.org.

Parte III

EUROPA

Por toda a Europa, novas estruturas educacionais, novas pedagogias e novos programas de formação de professores proporcionam usos inovadores para as IM. Traduzindo a teoria para a prática, vários colaboradores descrevem como integrar as IM a abordagens como o ensino para a compreensão e a teoria do fluxo. Os usos bem-sucedidos das IM são tão diversos quanto os contextos educacionais. Novos ambientes de aprendizagem sustentam o desenvolvimento de múltiplas inteligências. Uma caverna na sala de aula, centros de atividades de fluxos e um parque temático de ciências transcendem os limites das noções tradicionais sobre onde e como as crianças aprendem. Políticas educacionais inclusivas, reestruturação da formação de professores e novas conquistas em leitura estão entre os resultados positivos relatados pelos colaboradores. Os capítulos a seguir traçam um relevante retrato dos professores como agentes de mudança. A abordagem de baixo para cima pode ser uma estratégia eficiente na reforma educacional.

INTELIGÊNCIAS MÚLTIPLAS NA NORUEGA

Mia Keinänen

A educação na Noruega enfatiza valores semelhantes às IM: promove a investigação multimodal, busca uma educação adaptada ao indivíduo e rejeita medidas limitadas de desempenho para os estudantes. De fato, desde o final da década de 1990, os educadores na Noruega têm usado a teoria das IM em sua prática e, atualmente, pelo menos 71 escolas e pré-escolas a estão implementando. Em um país de 4 milhões de pessoas, este número é surpreendentemente alto*.

Neste capítulo, postulo três razões para a atual onda de escolas inspiradas nas inteligências múltiplas (IM) na Noruega: essa teoria é um instrumento para a educação igualitária, complementa os valores básicos da educação norueguesa e é uma ferramenta para a educação individual. Também discuto a tendência recente a análises quantitativas da qualidade da educação na Noruega. O fraco desempenho dos estudantes noruegueses no Programa Internacional de Avaliação de Estudantes levou a uma nova reforma escolar, que pode diluir a educação inspirada nas IM e outras formas progressistas de educação.

Poucos países chegam mais perto do que a Noruega de ter um sistema educacional nacional que reflita os valores básicos das IM: há ênfase na multiplicidade de atividades humanas, busca por uma educação adaptada individualmente e rejeição de medidas limitadas para o desempenho estudantil. Além disso, com pelo menos 71 escolas e creches ao redor do país incorporando as IM, em algum grau, em seus currículos, a teoria tem uma presença visível no sistema educacional norueguês.

---

* Agradeço à equipe e aos alunos das escolas Apeltun, da escola Gjerpen, da escola Grønli e da escola Torvmyrane, bem como aos funcionários das prefeituras de Porsgrunn e Skien, por generosamente compartilharem suas experiências em IM comigo. Jorunn Spord Borgen fez contatos fundamentais e me ajudou a entender o caso complexo do sistema educacional norueguês. Ola Erstad trouxe importantes informações básicas. Também agradeço a Gudmund Hernes, por seus inestimáveis *insights* sobre a educação na Noruega. Sou grato pelo apoio financeiro da Academia da Finlândia.

OS VALORES NA EDUCAÇÃO NORUEGUESA

Na Noruega, a educação sempre foi gratuita para todos. Atualmente, a escola é obrigatória para todas as crianças entre as idades de 6 e 16 anos. E todas também têm o direito de frequentar um programa gratuito de ensino médio secundária de três anos. A maioria das escolas é pública. Proporcionar direitos iguais à educação é fundamental para o estado de bem-estar social-democrata da Noruega e tem a ver com o ideal igualitário da sociedade norueguesa em geral. Em sua história, a Noruega foi um país pobre, governado por monarcas dinamarqueses ou suecos, cuja população se distribuía em comunidades rurais geograficamente distantes. Os habitantes das aldeias desenvolveram meios razoavelmente independentes de sobrevivência e governança, baseados na cooperação democrática. A ausência de aristocracia e comunidades locais fortes promoveu valores populares, como a defesa de pequenas comunidades, a ênfase em valores democráticos e a rejeição às forças do mercado (Welle-Strand, Tjeldvoll e Thune, 2004).

Atualmente, a Noruega é o terceiro maior exportador de petróleo e um dos países mais ricos do mundo. Todavia, suas políticas sociais continuam a refletir valores populares tradicionais. Cada cidadão tem acesso gratuito e garantido a saúde e educação, bem como a participação irrestrita na tomada democrática de decisões, independente de gênero ou etnia. Isso estabeleceu a Noruega como um país impressionantemente igualitário que, por seis anos, teve o primeiro lugar no Índice de Desenvolvimento Humano (IDH), que mede o bem-estar geral nos países do mundo.

Embutida nos ideais igualitários, existe uma lei conhecida na Noruega como Lei de Jante. Introduzida pelo autor norueguês-dinamarquês Aksel Sandemose em sua novela de 1933 sobre uma pequena aldeia na Dinamarca, a lei tem dez regras, sendo cada qual uma versão de "não pense que você é especial ou melhor que nós". Em outras palavras, enquanto se busca a igualdade perfeita, existe pressão cultural para permanecer dentro da norma e não se diferenciar, ou pelo menos para fazer silêncio e manter a modéstia em relação a suas realizações. Claus Magnus, um professor da escola Gjerpen, explica: "a democracia social é muito presente. Você não tem permissão de ser bom em nada, quase. Todos devem ser iguais".

Ao mesmo tempo, a educação norueguesa enfatiza o crescimento pessoal como a meta mais importante (Welle-Strand et al., 2004). Essa ênfase reflete-se no currículo norueguês, atribuindo uma elevada importância ao lúdico, à investigação em grupo e a atividades individuais como instrumentos de aprendizagem. O foco foi solidificado por meio de várias reformas educacionais. A reforma de 1994, por exemplo, introduziu um currículo básico que resume o propósito da educação.

O currículo básico, escrito principalmente pelo ministro da educação da época, Gudmund Hernes, sociólogo formado na Universidade Johns Hopkins, lista seis dimensões que a educação deve promover: o ser humano espiritual, o ser humano criativo, o ser humano trabalhador, o ser humano educado liberalmente, o ser humano social e o ser humano com consciência ambiental. A sétima dimensão, o ser humano integrado, é uma reunião das seis anteriores. As categorias foram derivadas da declaração de objetivos (*formålparagrafs*) nas leis nacionais para os ensinos fundamental, médio e superior. Além disso, Gudmund foi inspirado pelo teórico norte-americano James Coleman (1972) e pelo movimento de alfabetização cultural de E. D. Hirsch (1988). "É o documento fundamental de todo o sistema educacional da Noruega", explica Hernes em uma entrevista para este capítulo. "O interessante é que ele não é apenas o conhecimento padrão, não é apenas os três R que o currículo básico especifica; ele também fala das habilidades sociais, da capacidade de se empenhar para alcançar novo conhecimento, habilidades de liderança, e assim por diante".

De fato, embora Hernes não conhecesse as IM quando criou o documento, especificou uma educação ampla, semelhante à perspectiva das IM. O currículo básico não mudou nas reformas subsequentes, de 1997 e 2006. A reforma de 1997 também exigiu que as escolas usassem a aprendizagem baseada em projetos. A Lei de Educação de 1998 propiciou que as escolas adaptassem seu ensino às necessidades de cada criança, e a reforma de 2006 (promoção do conhecimento) manteve o foco na aprendizagem individual e introduziu objetivos para os estudantes em cada ano.

O *STATUS* DA TEORIA DAS IM NA NORUEGA

Quando a teoria das IM foi publicada em 1983, recebeu certo grau de atenção na Noruega. Todavia, a recepção inicial foi predominantemente crítica. Ola Erstad, professora associada de educação na Universidade de Oslo, explica que isso aconteceu porque a teoria foi discutida apenas entre acadêmicos de pedagogia nas universidades, e não entre círculos mais amplos de educadores. Segundo Erstad, o clima acadêmico norueguês da década de 1980 se caracterizava principalmente por visões igualitárias das teorias da aprendizagem e aprendizagem social, que estavam menos preocupadas com a inteligência. A visão das IM, assim, foi considerada elitista e interpretada como um método para procurar talento e superdotação.

Jorunn Spord Borgen, professor e pesquisador do Instituto Norueguês para Estudos em Inovação, Pesquisa e Educação, explica que a teoria das IM foi um tanto ignorada nos 15 anos seguintes. No final da década de 1990, ela foi descoberta por educadores que por ela se interessaram porque repercutia a sua experiência nas escolas. De fato, atualmente, existe um esforço ativo de muitas escolas na Noruega para integrar as IM em seus currículos.

As IM foram apresentadas às escolas norueguesas principalmente pelos meios de comunicação ou por educadores visitantes da Dinamarca, onde foram implementadas há mais tempo. Das escolas que implementaram as IM na Noruega, considero quatro lugares detalhadamente: a escola Torvmyrane em Florø e a escola Apeltun em Rådal, bem como as escolas Grønli e Gjerpen nas cidades de Porsgrunn e Skien, respectivamente, onde todos os professores fazem formação básica em IM e devem criar maneiras de implementá-las em seu ensino.

A escola Torvmyrane é uma escola de ensino fundamental pública de 220 alunos entre as idades de 6 e 12 anos, bem como uma creche para 80 crianças entre as idades de 1 e 6. Localiza-se na pitoresca aldeia de Florø, na costa oeste da Noruega, ao norte de Bergen. Construída em 1998, a escola Torvmyrane usa a perspectiva e filosofia das IM para crianças como instrumentos de ensino e aprendizagem.

A escola Apeltun é uma escola de ensino fundamental pública de 270 alunos em Rådal, localizada perto de Bergen, na costa oeste da Noruega. Estabelecida em 2003, também tem o foco das IM para crianças. A escola possui um plano arquitetônico aberto: os alunos trabalham em grupos dentro de um grande espaço aberto, e não em salas de aula separadas. Em 2007, a escola Apeltun ganhou o Prêmio Queen Sonja, conferido a uma escola que ofereça um ambiente educacional rico, multifacetado e inclusivo.

Os municípios de Porsgrunn e Skien se localizam no sudeste da Noruega, na região de Telemark. Existem 17 escolas em Porsgrunn, e 29 escolas e 22 creches em Skien, as quais devem todas usar as IM como parte de seu ensino. Todas as escolas e creches são públicas. Em Porsgrunn, visitei a escola de ensino fundamental Grønli, com 290 alunos, e, em Skien, a escola de ensino médio Gjerpen, com 348 alunos. O município de Porsgrunn implementa uma estratégia de ensino flexível, que segue as IM e os estilos de aprendizagem de Dunn e Dunn (1992). Embora os educadores muitas vezes combinem estilos de aprendizagem com uma abordagem de IM, são dois construtos psicológicos fundamentalmente diferentes: os estilos de aprendizagem referem-se a maneiras como os indivíduos geralmente gostam de aprender, e as inteligências referem-se ao poder computacional do sistema mental. Desde agosto de 2006, todas as escolas no município devem usar as IM e os estilos de aprendizagem em seu ensino. Em Skien, o município implementou as IM, os estilos de aprendizagem e as estratégias de aprendizagem (chamado de projeto MILL) de 2003 a 2007. As estratégias de aprendizagem representam um grupo de estratégias cognitivas, incluindo a teoria de aprender a aprender de Carol Santa. O objetivo dessas estratégias cognitivas é aumentar a metacognição dos alunos, seu entendimento de sua própria aprendizagem. As três abordagens no projeto MILL dizem respeito a construtos complementares, mas diferentes: as IM envolvem nosso potencial biopsicológico de processar informações de maneiras diferentes, os estilos de aprendizagem envolvem nossas maneiras costumeiras de aprender, e as estratégias de aprendizagem envolvem nossa consciência da nossa aprendizagem.

Considerando o grande número de escolas e creches na Noruega que tem incorporado a teoria das IM no currículo, pode-se falar de uma onda de IM no país. Com exceção do fato de que as IM repercutem fortemente a experiência prática dos educadores nas escolas da Noruega, como fazem em outras partes do mundo, postulo quatro razões para a popularidade da teoria das IM na Noruega: (1) alguns educadores foram bastante ativos e organizados na promoção da teoria das IM, (2) essa teoria é considerada um instrumento para a educação igualitária, (3) ela se encaixa na meta de educar os seres humanos nas sete dimensões anteriormente mencionadas, especificadas no currículo básico, e (4) ajuda os educadores a cumprir a demanda por educação individual. Analisarei cada um desses pontos em maior detalhe.

Uma abordagem de implementação de cima para baixo

Os municípios de Porsgrunn e Skien empregaram uma abordagem de cima para baixo para implementar as IM em escolas e creches. Organizaram sessões informativas sobre as IM e sobre as outras abordagens que eram obrigatórias para todos os professores do município. Todos os professores deviam usar as teorias em seu ensino, embora estivessem livres para escolher como e até que nível.

O projeto MILL em Skien foi notavelmente bem organizado. Foi dirigido por uma equipe de administração central, que consistia do comitê, dos líderes do projeto e de um grupo de cinco consultores. Cada escola tinha alguns professores que atuavam para disseminar as teorias do projeto MILL entre os demais. Depois do primeiro ano do projeto, a equipe adaptou o plano conforme as necessidades das escolas, tornando assim o processo recíproco. Skien também organizou duas conferências em 2005 e 2007 sobre o tema. Respectivamente, 600 e 400 participantes participaram de cada uma, vindos de toda a Noruega.

Igualitarismo

Ao contrário da interpretação inicial da teoria das IM na década de 1980, hoje se acredita que as IM contribuem para o ideal cultural de igualdade e inclusão na Noruega. Conforme afirmam Øivin Monsen e Tone Aasrud, diretor e superintendente, respectivamente, da escola Torvmyrane: "as IM são emancipadoras para todos. Sem elitismo". A pluralidade das IM enfatiza o fato de que todos são bons em algo, como diz Kristi Odeèn, diretora da escola Apeltun: "a teoria das IM tem sido importante para nossos professores, em termos de reconhecer que todos têm potencialidades". Os educadores também sentem que a perspectiva das IM democratiza suas relações com os pais dos alunos. Em

Torvmyrane, as discussões entre pais e professores baseiam-se nos pontos fortes e fracos das crianças e em suas preferências nas diferentes inteligências, ao invés de seu desempenho em matemática, geografia, educação física, e assim por diante. Øivin explica: "isso também é emancipador, pois, quando falamos sobre algum tema, o professor diz que seu filho vai bem aqui, mas não aqui. Contudo, quando se fala sobre inteligências, você está no mesmo nível; os pais sabem mais sobre seus filhos do que o professor. A conversa entre os pais e os professores se torna mais uma conversa do que uma palestra".

De fato, muitos educadores mencionaram que enxergar os alunos através da lente das IM desenvolve a aceitação mútua geral. Entender que todos têm potencialidades individuais diminui a discriminação de alunos que possam ser menos convencionais. Øivin aponta como essa compreensão fomenta um sentimento de inclusão dentro da comunidade escolar: "também em termos da evasão escolar, você abandona ou se rebela quando sente que não tem nada a perder. Se não há nada lá para eles, o que vão perder? As IM dão aos alunos um sentido de seu próprio valor, que as escolas convencionais não são capazes de dar, pois são muito limitadas ou lógico-matemáticas ou linguísticas". Desse modo, as IM criam uma atmosfera em que todos os alunos podem prosperar, seguindo o ideal de proporcionar oportunidades iguais para todos na sociedade norueguesa.

Ensinando os valores do currículo básico

Segundo o currículo básico, a educação deve promover sete qualidades. A perspectiva das IM se encaixa nesses objetivos e também os amplia. Como o currículo básico é um documento orientador unificado para implementar as políticas educacionais do país, ele estabelece um implícito sistema de valores que contribui para a atual onda de escolas inspiradas pelas IM na Noruega. Quando perguntei ao autor do currículo básico, Gudmund Hernes, se sentia que seu trabalho havia preparado o caminho para as IM, ele respondeu: "absolutamente, pois são as mesmas ideias básicas que estão por trás de grande parte do currículo básico e das IM".

Desse modo, o currículo básico criou uma aptidão para a educação ampla. As IM ajudaram os educadores a concretizar os valores do currículo básico. "Tem a ver com a maneira como você olha os alunos. O currículo básico faz os professores notarem que os alunos são diferentes. Juntamente com as IM, forma um todo. Eles se encaixam", explica Ellen Cathrine Rødnes, professora da escola Grønli.

Como exemplo, a escola Apeltun implementa e integra o currículo básico e as IM em dois níveis. No nível superior, organiza o ano escolar segundo uma divisão temática em 11 seções, cada uma enfocando uma ou mais inteligências ou valores do currículo básico. Por exemplo, em maio, o tema é o valor curricular "O ser humano ambientalmente consciente: natureza", durante o qual o foco é a inteligência naturalista. Durante esse período, os alunos fazem saídas de campo, trabalham no pátio da escola plantando, e tratam de temas relacionados com a natureza na maioria das áreas disciplinares.

As IM também são aplicadas na organização de alunos no espaço aberto na escola Apeltun. A professora de música Inger Lien Røe desenvolveu um método que chama de "elementos musicais", uma série de componentes musicais breves que os professores usam para chamar a atenção dos alunos em vez de gritarem, o que é perturbador em um espaço comum. Esses ritmos e intervalos tonais são feitos por um instrumento ou cantando ou usando linguagem corporal pontuada com silêncio. Todos os professores usam o método. Inger explica: "é educação musical integrada. A criança não sabe, mas é. Ao conduzir o coral da escola, notei que os alunos estão muito mais prontos para aprender novas melodias por causa dos elementos musicais. Eles são mais conscientes de diferentes sons e mais capazes de repetir tons". Desse modo, os elementos musicais, que nasceram de uma necessidade prática, consistem em um método que contribui para a inteligência musical em contextos múltiplos. Em sua simplicidade, é ótimo exemplo de como uma abordagem inspirada nas IM pode ser usada para satisfazer necessidades locais, bem como para promover seres humanos criativos e integrados.

Educação adaptada ao indivíduo

Uma lei aprovada em 1998 exige que as escolas adaptem o ensino às necessidades individuais de cada criança. Todavia, a lei não diz como implementar essa exigência. As IM proporcionam ideias concretas para os professores adaptarem o ensino individualmente. "Temos que saber o que fazer quando cada criança precisa ter o ensino adaptado para ela. As IM ajudam nisso", explica Kristi Odeèn, diretora da escola Apeltun. Bjørg Haugen, coordenador pedagógico da creche Torvmyrane, continua: "a perspectiva das IM dá um modelo claro e novas ideias de como explorar um tema". Por exemplo, Åse Saunes, professora da 6ª série da escola Torvmyrane, cria atividades que usam todas as inteligências para cada tópico que está lecionando, o que lhe dá mais espaço para cumprir as necessidades de alunos individuais. Às vezes, os alunos trabalham com sua inteligência preferida e, em outras ocasiões, são desafiados a usar uma inteligência com a qual se sentem menos confortáveis. Desse modo, as IM proporcionam que Åse e outros professores encontrem maneiras de organizar as atividades para satisfazer necessidades individuais.

Algumas escolas também desafiam os alunos a construir um perfil intelectual para si mesmos usando as IM. Na escola Torvmyrane, para começar o processo de pensamento em termos de inteligências em vez das ideias convencionais, os pais, juntamente com seus filhos, preenchem um questionário de IM, que mapeia o perfil de inteligência das crianças, em preparação para a 1ª série. Segundo os professores, uma compreensão maior de seus pontos fortes e fracos equipa melhor os alunos para adaptarem a sua aprendizagem nas disciplinas, ajudando os professores com o objetivo dos planos de aprendizagem individuais.

DESAFIOS

As escolas que implementam as IM também enfrentam desafios. Os dois principais desafios mencionados foram a falta de conhecimento de como implementar a teoria na prática e como equilibrar as IM com outros acontecimentos na educação norueguesa.

Falta de conhecimento sobre as IM

Nas escolas que visitei, os professores foram apresentados à abordagem das IM por um diretor ou administrador ativo, que considerava a teoria compatível com sua visão. Todavia, quando se tenta inspirar os professores a seguir a sua orientação, muitas vezes se encontra certa resistência. "A equipe está em dúvida. Será que estamos fazendo certo ou não?", pergunta Øivin, da escola Torvmyrane. A professora Ellen Cathrine, da escola Grønli, conta sua experiência: "as inteligências, elas na verdade eram confusas para mim. Sentíamos que as inteligências eram impostas sobre nós, e ninguém sabia como usá-las. Era muito confuso".

Todos os professores com quem conversei se preocupavam profundamente com a sua prática de ensino e levavam sua responsabilidade como educadores a sério. Queriam implementar as IM com integridade. Todavia, por falta de diretrizes claras e oficiais, os professores são responsáveis por encontrar maneiras de implementar as IM sozinhos. Isso exige tempo, esforço e conhecimento, e os professores não têm muito de nenhum deles. Portanto, é compreensível que surjam questões e incertezas.

Nos municípios de Skien e Porsgrunn, onde as IM são unidas a estilos e estratégias de aprendizagem, o foco aproximou-se mais dos estilos de aprendizagem, pois os professores consideram mais fáceis de implementar. Além disso, os educadores não consideram as IM e os estilos de aprendizagem como entidades separadas, mas diferentes expressões da mesma ideia. Isso é problemático, pois Howard Gardner dissociou as duas teorias repetida e explicitamente, apontando que alguns dos métodos que os estilos de aprendizagem defendem são questionáveis e podem promover um uso superficial, ao invés de uma aplicação mais profunda, das IM.

Todavia, a aplicação superficial das IM tem suas vantagens. Proporcionar atividades multimodais pode ser divertido e mais efetivo para envolver alunos com dificuldades de aprendizagem. Contudo, uma aplicação mais profunda das IM desafia os alunos de baixo e alto desempenho a investigar questões mais profundamente. Isso é de especial importância na Noruega, onde, em conexão com a Lei de Jante implícita, é emocionalmente mais fácil para os professores ajudar alunos com problemas do que ajudar os talentosos. Exemplo ilustrativo é uma conversa que tive com um dos professores das IM sobre os testes padronizados nacionais que haviam sido reintroduzidos recentemente. O professor se preocupava com os alunos de desempenho inferior por causa da ansiedade que eles sentiam com relação ao seu baixo desempenho nos testes. Quando perguntei o que devia ser feito a respeito, o professor respondeu que os testes deviam ser mais fáceis, para que todos se sentissem bem ao fazê-los. Merete Jølstad, uma orientadora educacional da comunidade de Porsgrunn, explica: "é muito difícil para os professores noruegueses colocar alguém acima dos outros; eles preferem se preocupar em ajudar os alunos de desempenho inferior".

Com a falta de informações sobre as IM, é mais provável que os professores as implementem superficialmente ou usem abordagens semelhantes, mas mais codificadas. Isso pode exacerbar o viés cultural mais profundo de manter todos iguais e não proporcionar suficiente desafio para estudantes avançados.

Acontecimentos recentes: o programa para avaliação internacional de estudantes e a promoção do conhecimento

Os resultados do estudo Programme for International Student Assessment (PISA)*, um estudo comparativo multinacional de habilidades matemáticas, científicas e de leitura, realizado com alunos de 15 anos nos mais de 60 países membros e colaboradores da Organização para Cooperação e Desenvolvimento Econômico (OCDE), levaram muitos países a reavaliar seus sistemas educacionais e a sua eficácia. Esse foi o caso na Noruega. Acostumada a estar em primeiro lugar em classificações internacionais como o Índice de Desenvolvimento Global e o Índice de Paz Global, a Noruega ficou chocada com seu desempenho medíocre no PISA. No estudo mais recente, publicado em dezembro de 2007, a Noruega chegou ao mínimo de todos os tempos nas classificações, ficando bem abaixo da média da OCDE.

Os resultados do estudo PISA de 2000 foram publicados em um momento em que a Noruega já estava preocupada com seu padrão de ensino e com a falta de atenção à promoção de uma sociedade de conhecimento. Isso refletia o medo de que os enormes dividendos do petróleo tivessem se tornado um amortecedor que inibia melhorias em áreas cruciais da sociedade, como os negócios e a educação. O estudo PISA confirmou que, mensuradas quantitativamente, as escolas e universidades norueguesas eram medíocres, apesar de o país gastar mais dinheiro em educação do que qualquer outro país no

---

* N. de R.: PISA é um Programa Internacional de Avaliação de Alunos cuja principal finalidade é produzir indicadores sobre a efetividade dos sistemas educacionais.

mundo. O governo conservador que assumiu o poder em 2001 e, em particular, a nova ministra da educação, Kristin Clement, se propuseram a abordar o problema, lançando uma iniciativa de vulto para construir uma sociedade do conhecimento na Noruega.

Como parte desse esforço, uma nova reforma escolar, a Promoção do Conhecimento, foi desenhada e implementada no outono de 2006, introduzindo mudanças fundamentais no currículo nacional em todos os níveis escolares. Testes nacionais de múltipla escolha foram reintroduzidos para 5ª e 8ª séries. A reforma especifica o que se espera que os estudantes aprendam a cada ano em cada disciplina e identifica cinco habilidades básicas que devem ser cultivadas em todos os conteúdos: a habilidade de se expressar oralmente, a habilidade de ler, a habilidade de fazer aritmética, a habilidade de se expressar por escrito e a habilidade de usar as tecnologias da informação e da comunicação.

As habilidades básicas identificadas pela reforma são exatamente as habilidades que o estudo PISA testa. De fato, embora os educadores que usam as IM na Noruega aprovem de maneira unânime os objetivos mais claros para o ensino e para a aprendizagem, eles também expressaram preocupação com o sistema de valores implícito que vem embutido na reforma. "O principal problema com isso é que o debate público é muito reacionário, uma maneira muito conservadora e direitista de pensar a escola", explica Øivin. Além disso, a semelhança da nova reforma com o estudo PISA não passou despercebida. "Creio que nossa reforma recente se inspira bastante no teste PISA e em outros testes internacionais", explica Jens Petter Berg, orientador educacional do município de Porsgrunn. Com relação às IM, a nova reforma parece ter objetivos diferentes. "Penso nelas como opostos", explica Øivin, e continua: "o raciocínio da reforma é contrário às IM. Mas não creio que precisem ser opostos, pois o uso das IM pode ajudar a alcançar esses objetivos".

De fato, a equipe de escola Gjerpen no município de Skien acredita que, por causa do projeto MILL, eles já estão à frente na implementação da reforma de 2006. Um objetivo importante do projeto MILL, bem como da nova reforma, foi aumentar a metacognição, a autocompreensão dos alunos sobre sua aprendizagem, que Gjerpen alcançou em parte pelas IM. Isso coloca a escola Gjerpen um passo à frente das outras em termos de alcance dos objetivos da nova reforma, como observa o professor Claus Magnus.

Entretanto, a nova reforma interfere no ensino das IM de pelo menos duas maneiras. Primeiro, implementar a nova reforma toma tempo e energia dos professores, reduzindo o tempo que passam com as IM. Em segundo lugar, o fato de ser mais uma reforma pode fazer os professores pensarem que as IM são mais uma tendência que passará. Todavia, professores e diretores com quem conversei acreditam em manter a perspectiva das IM ao implementarem a nova reforma. "Cada vez que falamos sobre a Promoção do Conhecimento, lembramos os professores que ainda estamos pensando em termos de IM e estilos de aprendizagem. Acreditamos que é importante", explica Bjørn Kronstad, diretor da escola Grønli.

De fato, embora a reforma especifique objetivos claros para o que se deve aprender nos diferentes níveis, ela mantém a liberdade dos professores de ensinar os objetivos da maneira que considerarem adequada. Portanto, ainda existe espaço para a perspectiva das IM ou outras abordagens alternativas.

CONCLUSÃO

Grande parte do que a teoria das IM promove já existe na educação norueguesa. Isso ajuda os educadores a tornar concretos certos ideais educacionais que são definidos de forma vaga e expandir sua prática de ensino. Todavia, a implementação local pode variar drasticamente, pois não foi codificado como se deve colocar as IM em prática. A variação local é uma vantagem, pois proporciona que os educadores abordem problemas imensamente diferentes, e uma desvantagem, pois pode deixar alguns professores inseguros quanto ao que devem fazer, reduzindo a qualidade ou a quantidade da implementação. Além disso, alarmada por seus resultados no estudo PISA, a Noruega introduziu a reforma Promoção do Conhecimento, concentrada nas áreas básicas que o estudo testa. Existe o perigo de que o foco educacional da Noruega, que é notavelmente amplo, seja limitado.

Com sensibilidade às IM, a Promoção do Conhecimento pode escapar da aparente armadilha de ensinar para o teste, e não para a vida, e ser o componente de esclarecimento e controle de qualidade de que o sistema educacional norueguês precisa, enquanto mantém seu foco progressista. Os resultados dessa união não serão imediatos. Na verdade, a maioria das escolas que implementam as IM na Noruega adota essa abordagem há apenas alguns anos. Se isso se mantiver, as escolas que implementam as IM podem ter resultados surpreendentes em termos de melhoria na aprendizagem estudantil.

Referências

Coleman, J. S. (1972). How do the young become adults? *Review* of *Educational Research*, 42(4), 431-439.

Dunn, R., & Dunn, K. (1992). *Teaching elementary students through their individual learning styles: Practical approaches for grades 3-6*. Boston: Allyn & Bacon.

Hirsch, E. D., & Trefil, J. S. (1988). *Cultural literacy: What every American needs to know*. Boston: Houghton Mifflin.

Welle-Strand, A., Tjeldvoll, A., & Thune, T. (2004). Norway moving away from populist education? *Acta Paedagogica Vilnensia*, 12. http://www.leidykla.vu.lt/inetleid/acta_pae/12/straipsniai/str10.pdf.

A APLICAÇÃO DA TEORIA DAS INTELIGÊNCIAS MÚLTIPLAS NA EDUCAÇÃO DINAMARQUESA

HANS HENRIK KNOOP

Depois de uma breve pesquisa sobre a história educacional da Dinamarca, compartilho dois exemplos de como a aplicação das IM se deu no sistema educacional dinamarquês. Esses casos enfatizam como as IM informaram o ensino, que oportunidades surgiram desde então e que problemas ocorreram. O primeiro caso envolve uma escola municipal abrangente, onde um grupo de professores dedicados combinou a teoria das IM (Gardner, 1993, 1999) com a teoria do fluxo (Csikszentmihalyi, 1990). O segundo caso diz respeito a um programa de televisão bem-sucedido que foi transmitido na televisão nacional por seis semanas consecutivas na primavera de 2007. Conforme mostrado no programa, o ensino individualizado teve resultados que pareciam impossíveis depois de oito anos de fracasso em leitura na escola comum.

Embora não esteja livre de controvérsias, a ideia de respeitar indivíduos e diferenças individuais em particular tem uma longa tradição na educação dinamarquesa. Alguns fatos históricos até a educação dinamarquesa atual podem ajudar a explicar por que a teoria das inteligências múltiplas (IM) de Howard Gardner teve um impacto inspirador tão grande no país.

Segundo conta a lenda, um monge beneditino francês, Ansgar, foi o primeiro missionário a visitar a Dinamarca, por volta de 822 d.C. Ele libertou 12 servos (escravos), para que pudessem ser educados na primeira escola da Dinamarca, Hedeby, em Schleswig. Essa libertação de escravos há 1.200 anos pode ser considerada um precursor emblemático das atuais batalhas na educação progressista na Dinamarca: ou seja, as disputas para encontrar um caminho localizado em algum ponto entre o superpadronizado e o subpadronizado na educação. Enquanto isso, foram dados muitos passos menores rumo à libertação humana e um reconhecimento maior das diferenças individuais, a marca da teoria das IM. Eis alguns dos mais notáveis.

A partir de aproximadamente 1.100 d.C., surgiram casas religiosas por toda a Dinamarca. Em seus claustros, garotos de aldeias locais, bem como garotas de vez em quando, eram instruídos em matemática básica e nos dogmas da fé; em seguida, as artes e ofícios exigiram escolas mais práticas. Por volta de 400 anos mais tarde, quando a Reforma Luterana chegou à Dinamarca, em 1536, os protestantes desfizeram o sistema escolar católico e reorganizaram a educação sob a Coroa e o Estado. A Lei da Igreja de 1539 foi a primeira legislação educacional da Dinamarca a exigir escolas formais em todas as províncias. Um passo importante na direção da educação geral foi dado em 1721, quando o rei Frederick IV estabeleceu 240 escolas com a insígnia real. Ele as chamou de "escolas de cavalaria", devido à divisão do país em distritos militares à época. Por causa da pressão para alfabetizar as crianças antes da confirmação religiosa, foram dados os passos iniciais rumo à educação compulsória.

Ainda assim, somente depois do chamado movimento filantrópico, uma escola de pensamento educacional inspirada especialmente pelo filósofo francês Jean Jacques Rousseau (1712-1778), na segunda metade do século XVIII, é que a Dinamarca teve êxito em criar uma escola para pessoas comuns, que fosse aberta a todas as crianças. Rousseau é famoso por sua visão de que os seres humanos são basicamente nobres selvagens, corrompidos pelas cadeias de cultura, levando então à visão de que as crianças precisam de pouca disciplina para prosperar, pois são inerentemente "boas". Todavia, a ciência moderna não dá muito crédito a essa noção unilateral, pois os seres humanos parecem ter um histórico extremamente violento (Pinker, 2002; Wrangham e Peterson, 1996). Contudo, Rousseau era muito influente naquela época, e a ideia de viver em paz sem estruturas de poder tinha uma atração óbvia para muitos grupos da sociedade.

A formação de professores planejada pelo Estado era desenvolvida nos presbitérios e colégios. Em 1814, duas leis educacionais foram adotadas para introduzir escolas municipais e escolas independentes melhores para as crianças, mesmo nas áreas rurais mais distantes da Dinamarca. Com as guerras napoleônicas e uma grave crise agricultural ameaçando mutilar o sistema educacional, o governo recorreu temporariamente ao método mecânico de educação de Bell-Lancaster. Com esse método, formulado no norte industrial da Inglaterra, o custo dos professores foi reduzido drasticamente, simplificando o currículo e atribuindo grandes números de alunos a cada professor. Como é compreensível, esse método teve uma oposição substancial, no mínimo dos pais, que exigiam algo melhor para seus filhos.

A oposição recebeu um grande apoio do poeta e clérigo Nikolai Frederik Severin Grundtvig (1783-1872), que, desde então, tem tido forte influência na educação dinamarquesa. Por um lado, Grundtvig queria reduzir a exigência de alfabetização da escola, mas dar espaço a maneiras mais naturais, liberais e individualizadas de aprender, tanto na escola quanto fora dela. Outra contribuição importante dele foi a fundação das chamadas escolas secundaristas populares: eram "escolas abertas" para adolescentes e adultos, especialmente em áreas rurais distantes, que de outra maneira não teriam chance de "esclarecimento".

Fortemente inspirado por Grundtvig, o professor Christen Kold (1816-1870) colocou as ideias firmamente em prática, estabelecendo as bases para uma escola caracteristicamente dinamarquesa, controlada pelos pais, conhecida como escola livre, uma alternativa à educação patrocinada pelo Estado. Em 1894 e 1900, novas leis educacionais promoveram melhorias significativas na formação de professores e expandiram o currículo, para refletir as necessidades sociais após a modernização e urbanização da sociedade dinamarquesa. A chamada *middle school* foi essencial nessa reforma, surgindo duas linhas: uma linha baseada em exames para conectar a escola fundamental e o ginásio, e uma linha livre para conduzir ao trabalho mais prático. Com novas leis educacionais em 1937, 1958 e 1975, a educação dinamarquesa foi mudando continuamente para formas educacionais mais igualitárias, com igualdade de gênero, informais e, muitos dirão, mais humanas. Desse modo, a partir de 1975, todas as divisões gerais de crianças foram abolidas, e, na legislação de 1994, tornou-se obrigatório que cada aluno fosse estimulado a se desenvolver "totalmente", ou seja, desenvolver uma multiplicidade de talentos e aspectos pessoais em uma escola abrangente. Mais especificamente, no nível metodológico, pela primeira vez em 1.200 anos de educação na Dinamarca, tornou-se obrigatório ensinar de maneiras diferentes, para acomodar as necessidades de alunos diferentes que estudam o mesmo currículo.

Com essa perspectiva histórica, seria muito surpreendente se a teoria das IM não fosse aceita na Dinamarca. E foi. A lei de 1994 provavelmente tenha sido o fator indireto mais importante a promover a grande popularidade das IM nos anos seguintes. O primeiro parágrafo do objetivo geral da lei afirma que "as escolas populares devem – em cooperação com os pais – promover a aquisição de conhecimento, habilidades, métodos de trabalho e modos de expressão pelos alunos e, assim, contribuir para o desenvolvimento pessoal pleno de cada aluno individual" (Ministry of Education, 1994).

Mais adiante, a partir de 2003, esse objetivo foi especificado em três tópicos, chamados de "muitas maneiras de aprender, desejo de aprender e aprendendo juntos" (Ministry of Education, 2003). Esses três ideais eram considerados superiores e transversais a todas as outras demandas curriculares e mais disciplinares, em reconhecimento direto da importância das diferenças individuais, da alegria de aprender e da inclusão social. Além disso, foram estipuladas várias habilidades pessoais para promover as chances dos alunos de experimentar esse conjunto de objetivos.

Para dar algumas impressões de como a aplicação das IM ocorreu no contexto educacional dinamarquês, apresento dois casos sobre como as IM informaram o ensino, que oportunidades surgiram a partir daí e os problemas que ocorreram. Creio que esses dois casos compreendem uma porção significativa do espírito que orienta grande parte do ensino inspirado pelas IM na Dinamarca, e ambos enfatizam as potencialidades, fraquezas, oportunidades e ameaças. Na verdade, na Dinamarca, as IM foram aplicadas por professores e psicólogos a uma ampla variedade de crianças, desde aquelas com dificuldades de aprendizagem graves, alunos com dificuldades de aprendizagem menores ou específicas, e situações mais gerais. No entanto, isso parece ter sido feito com a mesma aspiração de melhorar a qualidade do ensino por meio do respeito maior às diferenças individuais, apresentado nesses casos.

A título de precaução, já se disse que muitas das abordagens das IM na Dinamarca foram executadas mais por esperança do que pelo rigor profissional empírico. Ainda assim, sendo esse ou não o caso, as histórias a seguir mostram quanto se pode ganhar adotando uma tecnologia educacional que também seja sensível e respeitosa para com as diferenças individuais.

ESCOLA MUNICIPAL ROSENLUND, BALLERUP

A escola municipal Rosenlund Skolen (RS; www.rosenlundskolen.dk), localizada em Skovlunde, um subúrbio a 14 quilômetros do centro de Copenhague, tem 920 alunos, emprega aproximadamente 100 professores, e é dirigida por um diretor e três vice-diretores. Ela abrange da pré-escola à 10ª série, das idades de 6 a 16 anos. Entre 2 e 4% dos alunos possuem origens étnicas fora da Dinamarca, e as famílias da região têm renda abaixo da média.

Susanne Aabrandt é professora na RS há 21 anos. Ela sabe que está se saindo bem quando seus alunos não querem deixar a escola no fim da tarde. E sabe como chegou a fazer um trabalho tão bom: combinando jogo, imersão e aprendizagem em seu ensino, e envolvendo-se com colegas igualmente comprometidos. Assim, entremos no mundo deles.

Talentos lúdicos

Os alunos da 3ª série iniciam a hora de recreação. Depois de uma breve apresentação, os alunos começam diferentes atividades. São jogos, programas de computador, tarefas de casa e brinquedos, para começar, e, depois de alguns minutos, todos estão trabalhando. Dois adultos ficam na sala e nos "centros de fluxos" que a cercam, onde oportunidades especiais de imersão total são proporcionadas por paredes de vidro herméticas e cantos mais isolados para trabalhar. Um ajuda a abrir armários e gavetas, iniciar os computadores e orientar jogos e brincadeiras. O outro observa: o que as crianças escolhem fazer quando não escolhemos para elas? O que vai bem, flui, para cada criança, quando está trabalhando? E quais crianças mergulham em suas atividades, tendo dificuldade para obedecer aos professores e parar quando o dia escolar termina? A hora de recreação é uma mina de ouro de informações sobre as maneiras de aprender de cada criança, e a chave para professores e alunos revelarem as potencialidades de cada criança. A compreensão experimental adquirida na hora de recreação pode ser usada mais adiante, quando materiais novos ou difíceis forem introduzidos ou quando o aluno for trabalhar com tópicos de algum modo problemáticos para ele. A hora de recreação é apenas um elemento do ambicioso projeto introdutório de três anos na RS.

Três indivíduos conceberam o projeto introdutório da escola: Gitte Rasmussen, vice-diretora da RS; Sussi Maale, orientadora de introdução à escola do município de Ballerup, e Susanne Aabrandt, que, além de suas atribuições de ensino, é uma autora e palestrante bastante requisitada, que trabalha com o ensino das IM. Depois de estudar e trabalhar em 1995 nos Estados Unidos, Aabrandt introduziu as teorias e os instrumentos das IM (Armstrong, 1999; Gardner, 1993, 1999) e do fluxo (Csikszentmihalyi, 1990) na RS. Ela aplicou os princípios em sua própria classe, com o desejo de compartilhar e disseminar as ideias na escola. Como vice-diretora, Rasmussen tinha o sonho de criar um novo e estimulante ambiente escolar introdutório na RS, e Maale possuía um forte desejo, como orientadora, de poder criar um dia escolar mais integrado para as crianças e um modo mais coerente de pensar entre os diferentes grupos profissionais que trabalham com elas. Assim, uma ótima mistura de ambições e visões pessoais para uma nova cultura escolar se tornou a inspiração e motivação do projeto, que, de várias maneiras, veio a ser inovador.

Problemas pedagógicos difíceis em busca de novas soluções

A escola dinamarquesa se mostrou inadequada por diversas razões. Ainda existem, e infelizmente muitas vezes todos os dias, alunos aborrecidos com a classe, alunos que não acham que a escola tenha muito a ver com a sua vida e alunos que, em apenas alguns anos, tiveram sua autoestima tão destruída que o seu desenvolvimento geral está ameaçado. Os educadores e os políticos não têm prestado suficiente atenção; eles não entendem o dano causado às crianças quando elas não têm as condições adequadas de aprendizagem e quando o conteúdo da escola não é relevante para a criança individual.

Na RS, os professores se encontram em um campo minado. Por um lado, enfrentam demandas formais, pressões de tempo e a multiplicidade de tarefas inerente ao seu emprego; por outro lado, desejam fazer o melhor possível para a criança individual, buscam encontrar cada criança onde ela estiver e melhorar o sistema escolar a partir de dentro dele mesmo. Essa sempre será a arte do possível. Ninguém pode fazer tudo certo o tempo todo, mas muita coisa pode ser feita na maior parte do tempo. Segundo a RS, muito já está sendo feito, e existe mais a caminho.

Nas teorias das IM e do fluxo, Aabrandt e seus colegas enxergaram instrumentos que poderiam ajudar cada criança a desenvolver todo o seu potencial. A inspiração para combinar essas duas teorias veio da conhecida

American Key School, em Indianápolis, uma das pioneiras no campo. Quando Aabrandt visitou a escola em 1995, os professores já estavam combinando as teorias das IM e do fluxo como partes cruciais da base da sua pedagogia (ver Capítulo 24). Aabrandt considerou essa combinação poderosa. As IM permitiam fazer distinções mais minuciosas entre o conteúdo e os métodos pedagógicos, enquanto a teoria do fluxo iluminava a dinâmica dos processos psicológicos e sociais.

A aplicação das IM e da teoria do fluxo na RS difere do modelo original criado pela Key School de várias maneiras complexas. Os centros na RS são plenamente acessíveis para os alunos durante o dia escolar. São usados na hora de brincar, com atividades específicas das IM para desenhar perfis de inteligências, e na hora livre da tarde. Desse modo, ao contrário da Key School, onde são designados "professores de fluxos" específicos, todos os professores e pedagogos na RS usam os centros, e uma parte do ensino normal ocorre neles, funcionando assim como áreas de materiais e recursos na RS. Na Key School, faz-se o oposto: a experiência que ocorre no "centro de fluxo" é usada mais adiante para fortalecer o ensino normal.

Uma ideia que ganhou vida

Em 2002, toda a escola foi mais ou menos virada de cabeça para baixo: os alunos pequenos passaram para a seção onde os maiores costumavam ficar, e vice-versa. As áreas comuns do que antes era um prédio aberto foram decoradas com oficinas e locais para trabalhar com fluxos e inteligências. Os materiais e atividades agora eram organizados de maneiras muito diferentes de como eram antes. Todos os materiais existentes foram distribuídos segundo a inteligência com que fossem relacionados mais diretamente, e foram adquiridos novos materiais para colocar as diferentes inteligências em ação. Móveis novos e antigos foram dispostos de modo que cada "área de inteligências" ou "área de atividades" tivesse vários locais de trabalho. Além disso, foi montada uma coleção de materiais que em parte ajudava e em parte desafiava cada inteligência individual. Desse modo, as áreas podiam ser usadas para imersão mais intensa e como centros de recursos ao mesmo tempo, cobrindo cada inteligência.

Passaram-se quatro meses de trabalho pesado entre a concepção da ideia e o momento em que as novas instalações estivessem plenamente funcionais. Hoje em dia, continuam a ocorrer melhorias pelo envolvimento entusiasmado dos professores e pedagogos. A visão era criar um ambiente de aprendizagem que proporcionasse integridade e coerência profissional, pudesse ser usado para propósitos formais e informais e, antes de mais nada, fizesse sentido e fosse autenticamente significativo para todos os envolvidos. Para a criança individual, o objetivo era trabalhar de modo a proporcionar uma compreensão das suas potencialidades e recursos de aprendizagem baseada na experiência, ou seja, prática, algo com que pudesse se beneficiar por toda a vida.

No ambiente físico inicial, um complexo aberto abriga áreas centrais e as salas de aula. Atualmente, paredes e portas de vidro foram montadas nas salas individuais para reduzir o nível de ruído. A sala central ainda é uma grande área, embora dividida visualmente em duas, cortada por um corredor multiuso no meio, que pode ser trancado. As duas partes da sala central abrigam os centros de fluxo para cada inteligência. Existem locais de trabalho, para mostras, o armário de cada aluno, armários seguros para materiais dos professores e um carrinho que pode circular pela sala de aula, se necessário. As salas centrais também formam uma rota de trânsito conveniente para os quase 250 alunos da 3ª série.

Os móveis são codificados, de modo que cada inteligência tem a sua cor. Podem-se obter informações não verbais sobre qual inteligência primária está sendo trabalhada a cada momento, e o espaço é muito mais fácil de limpar, pois a limpeza pode ser feita mesmo pelas crianças menores. No local de trabalho para a inteligência linguística, que as crianças chamam de "espaço das palavras", existem materiais de leitura e escrita, mas também fantasias para dramatizações, gravadores e vários jogos de letras e palavras. O local de trabalho para a inteligência corporal-cinestésica abriga um pequeno teatro, adereços, fantasias, materiais táteis e vários materiais esportivos e ferramentas leves. O local de trabalho para a inteligência intrapessoal é equipado com uma caverna para reclusão e reflexão solitária, enigmas, caixas de estudo e maneiras de manter um diário ou criar um portfólio, juntamente com um gravador e um toca-fitas pessoal para meditação e relaxamento. O local de trabalho para a inteligência lógico-matemática contém jogos de matemática, mas também equipamento de medição, pesos, dados e jogos lógicos. A sala de informática, com dez monitores, está localizada perto do local de trabalho em uma área separada e envidraçada.

O ruído e outras perturbações sempre serão um problema em espaços amplos. Isso foi resolvido em parte com uma divisão visual com armários e estantes de livros e com a colocação em proximidade de "inteligências" que não "interferem auditivamente" entre si. Em outras partes da sala central, estão localizados espaços de trabalho para inteligências mais ruidosas. Em um desses espaços, fica a área da inteligência musical, com instrumentos musicais, *songbooks* e um sistema de karaokê com espelho e fantasias. Também existe um espaço para a inteligência espacial, com materiais para artes visuais, cavaletes e lavatório. O espaço de trabalho para a inteligência interpessoal contém muitos jogos e desafios cooperativos, juntamente com um espaço semelhante a um escritório, para escrever cartas a amigos e familiares. Finalmente, o espaço de trabalho para a inteligência naturalista tem ferramentas e materiais gerais para estudar a natureza e a tecnologia, incluindo saídas de campo, bem como uma tartaruga e uma pequena estação meteorológica.

Os espaços de trabalho são usados de diversas maneiras. Às vezes, são utilizados para o mergulho em uma inteligência específica, em imersão intensa. Em outras ocasiões, são usados para planejar atividades, e em outras ainda, para desenvolver novas competências em uma certa área. Depois de um ano e meio de trabalho nesses espaços, todas as crianças estão familiarizadas com um entendimento básico das IM, conhecem o conceito de fluxo e têm uma boa noção do seu próprio perfil. Segundo Aabrandt e Rasmussen, a compreensão mútua da força da diversidade dentro do grupo de alunos é significativamente refletida em sua autoestima, entusiasmo e ausência clara de *bullying* e outros comportamentos negativos. De fato, os problemas comportamentais são quase inexistentes nesse grupo de 250 alunos.

Muitas vezes, vemos alunos nos ambientes escolares tradicionais se avaliarem hierarquicamente segundo a habilidade intelectual, agilidade física ou algum outro parâmetro perceptível. Na maioria dos casos, cada aluno sabe a sua classificação, bem como a dos outros, com bastante exatidão. Não é necessário dizer que muitos alunos se sentem intimidados e desconfortáveis com essa hierarquia clara, ainda que informal. Essa dinâmica é conhecida na RS, mas Aabrandt, Rasmussen e seus colegas a estão combatendo de modo efetivo, colocando muitos talentos e habilidades em ação ao mesmo tempo. Fica claro para todos que existem muitas maneiras de ser bom e bem-sucedido, e que cada criança é única em sua combinação pessoal de potencialidades. Segundo Aabrandt e Rasmussen, o lema unificador da RS é: "outros podem fazer coisas que eu não posso; eu posso fazer coisas que os outros não podem; juntos, podemos fazer muito mais do que podemos fazer sozinhos". Em outras palavras, a RS tem trabalhado conscientemente com as potencialidades individuais como plataformas para o desenvolvimento pessoal, mas também como alavancas de trabalho nas áreas mais fracas, todos imersos em uma atmosfera social de respeito e reconhecimento mútuos.

As compreensões mútuas que emergiram são descritas como "quase um terceiro professor" na sala de aula. Nas salas de aula individuais, existem palavras sobre tudo – placas, pôsteres e muitos livros em apoio à inteligência linguística. Existem relógios, tabelas e gráficos, e um princípio de colocar tudo em seu lugar, que interessa à inteligência lógico-matemática. Há todo tipo de obras de arte ao redor, desde arte feita por profissionais a obras feitas pelas crianças, e as salas são visualmente estimulantes, com cores e luzes. Existem barracas e espaços menores com tapetes para momentos de silêncio e atividade motora calma. Há um uso consciente da música, de Mozart à New Age. Existem plantas, casas de passarinhos e pequenos jardins, e sinais claros, dos adultos para as crianças, com relação aos padrões de qualidade e respeito mútuo. Tudo isso se aplica ao propósito de deixar as crianças sentirem que estão no lugar certo e na hora certa – em fluxo, em seu processo de vida –, deixando-as sentir (ao invés de dizer-lhes) que é de máxima importância para elas comparecer à escola a cada dia e que o que têm na escola não é apenas uma vida boa, e sim a preparação para tudo o que virá. Aabrandt resume:

> Como a teoria das IM não foi concebida originalmente como uma teoria educacional, e como o próprio Gardner não dá ideias muito precisas para a implementação das IM, sempre haverá bastante espaço para interpretação. Minha sugestão para a prática educacional tem sido uma tentativa de colocar o maior número possível de inteligências em ação no cotidiano: incluindo métodos para transmitir conteúdo difícil, princípios de decoração de interiores, criação de projetos e instrumentos para uma avaliação mais autêntica e mais justa com as inteligências.[...] Parece-me que o negócio muitas vezes dúbio da publicidade realmente abraçou a teoria, e tirei bastante inspiração daí. Qualquer comercial de televisão bem-feito contém linguagem escrita e falada, fatos, elementos visuais e corporal-cinestésicos fortes, pessoas agindo e interagindo e música de fundo que muitas vezes vira sucesso. A educação pode definitivamente aprender algo sobre a comunicação com essas pessoas, assim como elas podem aprender algo conosco, se tiverem tempo.

Desse modo, o trabalho na escola municipal Rosenlund exemplifica quanto se pode fazer quando profissionais comprometidos estão envolvidos. Mostra que a aplicação da teoria das IM, embora certamente debatida na Dinamarca com bases teóricas e metodológicas, não apenas é possível, como pragmaticamente defensável – especialmente quando nas mãos de profissionais como Susanne Aabrandt e Gitte Rasmussen.

A PEDAGOGIA AVANÇADA NA TELEVISÃO NACIONAL

A segunda história sobre a aplicação das IM e da teoria do fluxo, combinadas aqui com as teorias dos estilos de aprendizagem e dos estilos de leitura, talvez seja ainda mais extraordinária do que a história da RS. É a história de como a maior emissora de televisão da Dinamarca, a TV2, se interessou pelo ensino efetivo.

Perguntaram-me se eu gostaria de assumir o papel de especialista responsável em uma série de documentários sobre o que os professores podem fazer para desafiar seus alunos. Será que se poderia fazer alguma coisa em uma área em que a escola havia falhado, segundo os resultados do estudo PISA? Existiriam maneiras diferentes de ajudar alunos da 8ª série que nunca aprenderam a ler corretamente pelos meios tradicionais na escola? Será que poderíamos fazer alguma diferença nas habilidades de leitura, ortografia e gramática se levássemos as crianças por três semanas para um acampamento isolado? Mais de 400 mil dinamarqueses sofrem de analfabetismo funcional, e a ortografia é o problema mais sério da educação na Dinamarca atualmente. Os líderes da TV2 escolheram como uma das suas principais prioridades fazer *reality shows* mais significativos do que jamais havia se visto no passado.

Inicialmente, baseado em parte em minhas próprias dúvidas por já ter assistido esse tipo de programa de entretenimento, recusei a oferta. Contudo, depois de entender o grau de comprometimento da equipe, senti-me honrado de aceitar o papel de especialista educacional do programa. Ao invés de ser uma abordagem de cima para baixo, onde a teoria seria trazida da universidade para o público na forma de um programa pré-fabricado, o Plano B, como ficou conhecido, logo evoluiu. O resultado foi uma iniciativa cooperativa, na qual a responsabilidade por objetivos, teoria, prática e instrumentos era compartilhada.

Nossa primeira tarefa foi fundamentar a metodologia firmemente em bases científicas. Mapeamos um modelo de circunstâncias ideais para a aprendizagem efetiva, baseado na literatura e na experiência; produzimos um gráfico e uma versão verbal disso, e começamos a formação para nós mesmos e para pessoas relevantes. Foram empregados três níveis de conhecimento: (1) psicologia geral sobre a aprendizagem e o bem-estar (Csikszentmihalyi, 1990; Knoop, 2002, 2006; Knoop e Lyhne, 2005; Schmidt e Aarandt, 2005); (2) uma teoria das potencialidades humanas: IM (Gardner, 1993, 1999); (3) uma teoria sobre os estilos de aprendizagem (Dunn, 2003), incluindo estilos de leitura (Carbo, 2007; Schmidt e Aarandt, 2005). A distinção de Gardner entre as inteligências e os estilos de aprendizagem foi adotada no sentido de que definimos uma inteligência como "um modo de entender o mundo" e um estilo de aprendizagem como "um modo de aprender sobre o mundo".

A partir de regiões diferentes da Dinamarca, nove alunos da 8ª série, com dificuldades de aprendizagem graves, foram selecionados com base em vários critérios: dificuldades de leitura sérias, mas não sem esperança; ausência de problemas mentais ou comportamentais sérios; ausência de problemas familiares sérios. O plano que foi efetuado durou seis semanas, incluindo tempo livre em que as câmeras trabalharam quase ininterruptamente. O programa ocorreu da seguinte maneira.

Os nove alunos se reuniram com o professor Per por um final de semana em um acampamento remoto na ilha do norte da nova Zelândia. Lá, Per avaliou as potencialidades de cada aluno, ou seja, as circunstâncias iniciais cobrindo as seguintes áreas:

- habilidades de leitura, ortografia e gramática, adquiridas por meio de testes escritos e pesquisas *online*;
- percepção de emoções positivas, envolvimento e significado, adquirida pelo teste *online* www.godskole.dk;
- percepção de efetividade da metodologia pedagógica;
- perfis de IM, adquiridos por meio de observação, autoavaliações durante entrevistas e testes especialmente preparados para avaliar as inteligências;
- perfis de estilos de aprendizagem e de leitura, por meio de observação, autoavaliações durante entrevistas e testes especialmente preparados para isso.

Tudo foi filmado, e todos os membros da equipe estavam disponíveis para ajudar Per, quando necessário.

Com base nos resultados do acampamento, Per teve uma semana para preparar um curso de três semanas. Durante essa semana, os alunos foram para sua escola normal.

Então, o curso de três semanas foi conduzido em outro acampamento remoto, na ilha dinamarquesa de Møn, no sul do país. Lá, os alunos ficaram sozinhos com Per e a equipe de filmagem, com nossa equipe nos bastidores desde a manhã até 3 horas da tarde. Depois disso, dois pedagogos assumiram os alunos, instruídos a não interferir no que Per havia feito antes e não tentar ensinar nada em particular relacionado com leitura, ortografia ou gramática. Os alunos passaram os dois fins-de-semana intermediários em casa com seus pais. Os elementos mais importantes que explicam o sucesso do projeto foram a combinação de:

- um ambiente instrucional significativo com profissionais e pais comprometidos apoiando os alunos e uns aos outros;
- um foco em perfis individuais de potencialidades (combinando IM, estilos de aprendizagem e estilos de leitura) como alavancas para se alcançar melhorias em áreas mais fracas (leitura, ortografia e gramática);
- uma atmosfera estimulante e alegre para aprendizagem em imersão, baseada em *insights* fundamentais da psicologia geral e, especialmente, da teoria do fluxo.

Ao final das três semanas, realizou-se um exame formal, no qual foi avaliado o progresso nas áreas de leitura, ortografia e gramática. Foram criados testes especiais para combinar os testes padronizados com o nível de dificuldade, mas também acomodar o conteúdo das três semanas de aprendizagem e possibilitar comparações confiáveis com os testes iniciais.

Como último treinamento, todos os estudantes tiveram a tarefa de dar uma aula de leitura a alunos da 2ª série da escola de Per, duas semanas depois de terminar o curso em Møn.

Os resultados do projeto foram surpreendentes. Dentro de um mês, um professor que não possuía habilidades excepcionais para ensinar leitura ou empregar instrumentos relacionados com as IM, estilos de aprendizagem ou estilos de leitura (embora obviamente tivesse um talento natural para lecionar e fortes habilidades sociais) conseguiu elevar o nível acadêmico dessas crianças em uma média de três anos, na qualidade de leitura, ortografia e compreensão gramatical. Mais de 600 mil dinamarqueses (12% de todos os 5 milhões de dinamarqueses) assistiram ao programa, muitos durante todas as seis semanas consecutivas. O primeiro episódio foi indicado para a Rosa de Ouro, um prêmio muito prestigiado de televisão, conferido anualmente no Festival Rose d'Or em Montreux, na Suíça. Desde a transmissão, muitos políticos dinamarqueses, incluindo representantes do governo, expressaram desejos claros de fazer algo nas linhas estabelecidas no plano. De fato, a maioria tem a ambição de incluí-lo na prática normal.

Na verdade, o interesse político pode, em parte, ter razões econômicas, pois alunos com esse tipo de dificuldades geralmente custam por volta de 50 mil dólares ao Estado apenas em intervenções especiais, pelas quais o Estado já acumula uma multidão de adolescentes infelizes, além de uma grande e cansativa frustração entre os professores. Mesmo assim, o fascínio dos políticos parece ter motivos puramente educacionais e humanos, referindo-se ao quanto foram tocados pelo Plano B e pela luta dos alunos para ter uma perspectiva mais capaz e otimista para a vida.

Questionados diretamente em um outro programa de debates na televisão, muitos dos alunos e seus pais descreveram o que acontecera como um "milagre". Ainda assim, não havia nenhuma mágica educacional específica envolvida ali. Simplesmente usamos a melhor teoria, métodos e ferramentas que conhecíamos de maneira coerente – algo que, a princípio, é opção para todos. Quando foi entrevistado mais adiante sobre seu feito pelo principal jornal profissional da Dinamarca, *Folkeskolen* (Becher Trier, 2007), Per Havgaard resumiu a experiência: "o mais importante para mim é que as pessoas entendam que o Plano B não foi nada mais que um experimento, ainda que no horário nobre da televisão.[...] Ele não foi uma crítica direta àquilo que ocorre nas escolas atualmente, mas sim uma demonstração do que somos capazes de fazer se usarmos o que temos ao nosso dispor atualmente. Antes de mais nada, sou professor, e continuarei sendo professor [...] [mas eu gostaria de ter tido melhor educação]. [Na faculdade], estudamos didática e pedagogia, mas não aprendemos".

CONCLUSÃO

Ao contrário do que é descrito em vários outros capítulos deste livro, o foco na educação projetada individualmente tem raízes históricas profundas na Dinamarca. Talvez o nível extremamente elevado de confiança interpessoal da Dinamarca possa ser rastreado até os vikings, que dependiam muito uns dos outros quando conquistavam grandes terras em barcos pequenos. Se essa especulação pode ser justificada ou não, os dois casos, da escola municipal Rosenlund e do Plano B, se não forem exatamente representativos do que está ocorrendo na Dinamarca, de muitas maneiras, captam importantes sentimentos básicos e tendências culturais que corroboram a ideia das IM. Claramente mostram quantos dinamarqueses procuram com avidez maneiras de entender e tratar as pessoas de modos mais humanos e mais justos. Certamente, as pessoas não nascem com oportunidades iguais em nenhum sentido absoluto. Contudo, os dois casos mostram como nós, com educação inteligente, com base no respeito pelas diferenças individuais e na necessidade de coesão social, podemos tornar as diferenças absolutas entre os alunos cada vez menos importantes no futuro.

Referências

Armstrong, H. (1999). *Mange intelligenser i klasseværelset*. København: Adlandia.
Becher Trier, M. (2007). *Det store skoleeksperiment*. København: Fagbladet Folkeskolen.
Carbo, M. (2007). *Hvad enhver lærer og skoleleder bør vide om god læseundervisning*. København: Adlandia.
Csikszentmihalyi, M. (1990). *Flow: The psychology of optimal experience*. New York: HarperCollins.
Dunn, R. (2003). *Fleksible læringsmiljøer*. Fredrikshavn: Dafolo.
Gardner, H. (1993). *Frames of mind*. New York: Fontana Press.
Gardner, H. (1999). *Intelligence reframed*. New York: Basic Books.
Knoop, H. H. (2002). *Leg, læring og kreativitet-hvorfor glade børn lærer mere*. København: Aschehoug.
Knoop, H. H. (2004). *Plan B for talentudvikling*. København: Kognition og Pædagogik 17.
Knoop, H. H. (2006). Når lysten til at lære overlever mødet med skolen. In J. Hejgaard et al. (Eds.), *Mit barn skal I skole*. København: Mejeriforeningen, Rådet for Større Færdselssikkerhed og Skole & Samfund.
Knoop, H. H., & Lyhne, J. (Eds.) (2005). *Et nyt læringslandskab: Flow, Intelligens og det gode læringsmiljø*. København: Dansk Psykologisk Forlag.
Ministry of Education. (1994). *Lov om Folkeskolen*. Copenhagen.
Ministry of Education. (2003). *Fælles Mål: Elevens alsidige personlige udvikling*. Copenhagen: Author.
Pinker, S. (2002). *The blank slate: The modern denial of human* nature. London: BCA.
Schmidt, S. E., & Aabrandt, S. (2005). *Mange intelligenser i praksis*. Fredrikshavn: Dafolo.
Wrangham, R., & Peterson, D. (1996). *Demonic males*. Boston: Houghton Mifflin.

O EXPLORAMA

Inteligências múltiplas no parque de ciências do Danfoss Universe

CHARLOTTE SAHL-MADSEN | PATRICIA KYED

Como importante elemento para fortalecer a base de conhecimento das atividades no Danfoss Universe, um parque temático no sudoeste da Dinamarca, empregou-se a teoria das IM de Howard Gardner. As ideias de Gardner foram usadas na criação dos processos e no formato de toda uma instalação, o Explorama, na qual os visitantes podem aprender em primeira mão sobre as IM. A teoria se mostrou inspiradora no trabalho no parque de ciências. Este capítulo analisa o empreendimento mais amplo, o Danfoss Universe, e seus diversos componentes, manifestações e interações. Esse complexo parque tem como objetivo fundamental melhorar as habilidades científicas, tecnológicas e de engenharia entre jovens da Dinamarca e de outras partes do mundo. O capítulo mostra que um projeto estimulado por uma necessidade educacional específica tem implicações mais amplas para o desenvolvimento da juventude como um todo, podendo se mostrar proveitoso também para os professores, para empresários e, de fato, para qualquer pessoa que tenha curiosidade sobre si mesma, sobre outras pessoas e sobre o mundo mais amplo.

A Figura 14.1 é um desenho do Explorama, uma exibição interativa, com instalações para inteligências múltiplas (IM) no primeiro e segundo andar de um prédio renovado. Os visitantes do Explorama podem entender o que as diferentes inteligências acarretam, como são vivenciadas e como são usadas na vida cotidiana. Um dos principais objetivos do Danfoss Universe, um parque temático científico, é transmitir a ciência de forma clara aos visitantes. A perspectiva das IM no Explorama é uma ferramenta valiosa para esse objetivo.

No Explorama, também é possível os visitantes darem um passo além e mapearem o seu próprio perfil de inteligência com base no quanto conseguem cumprir os diferentes desafios. Para esse propósito, um pequeno teste foi desenvolvido em cooperação com Howard Gardner. O teste é usado individualmente pelos estudantes que vão ao parque para mostrar o seu perfil de

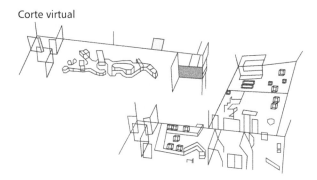

Figura 14.1 O Explorama.

IM e também por professores que querem obter um perfil de toda a sua classe. Recentemente, empresas demonstraram interesse considerável em uma versão criada para administradores.

O mapeamento do perfil de inteligência de um indivíduo começa com crianças da 7ª série usando um aparelho PDA (*personal digital assistent*) para responder 30 perguntas relacionadas com as diferentes inteligências. Ao final, o usuário recebe um perfil gráfico de sua forma preferida de aprender. As crianças são enviadas ao Explorama e, usando um PDA, fazem testes práticos – pelo menos dois ou três para cada inteligência. Os alunos da classe se reúnem para discutir os resultados e comparar seus escores com o perfil da classe como um todo ou de visitantes anteriores. Essa comparação é a base para uma discussão sobre o que é inteligência, sobre como somos diferentes e sobre quais trabalhos exigem quais habilidades, entre outras questões. Além disso, o PDA proporciona uma oportunidade valiosa para refletir sobre a sua própria inteligência intrapessoal: quanto um indivíduo consegue prever como se sairá nos diversos jogos e tarefas do Explorama?

Esse jogo também é usado por adultos como parte de oficinas, seminários e outras atividades relacionadas com a administração, que a organização Danfoss Universe oferece a empresas e organizações. Qualquer visitante do Danfoss Universe também pode experimentar as mesmas 30 questões, usando três quiosques com computadores instalados no Explorama. Seus resultados são adicionados a nossas estatísticas e usados para comparações. Como os visitantes se divertem enquanto aprendem, provavelmente não notem que as atividades do Explorama estão todas relacionadas com a teoria das IM. Todavia, queremos oferecer a visitantes de classes escolares e empresas a oportunidade de conhecer a teoria, além de suas maneiras preferidas de aprender.

Durante a apresentação e as discussões no local de ensino, enfatizamos que o teste visa ser um modo inspirador e divertido de experimentar as maneiras de aprender preferidas de cada indivíduo, e que os perfis de cada pessoa serão bastante diferentes nesse sentido. Não usamos números para quantificar resultados, apenas uma indicação gráfica dos resultados.

Esse conjunto de experiências deve ser visto como um pacote de aprendizagem completo: a explicação inicial no local de ensino, o primeiro teste a usar um PDA, os testes práticos da exibição, e as comparações e discussões relacionadas com a inteligência e habilidades ao retornar ao local de ensino. Usuários e professores consideram esse teste interessante, e ele conscientiza sobre a variedade de capacidades humanas e sobre como elas podem ser observadas no próprio indivíduo e avaliadas por outras pessoas.

DOIS EXEMPLOS DE ATRAÇÕES DO EXPLORAMA

Na exibição "Emoções", os visitantes podem explorar o seu grau de aptidão para ler as "estruturas da mente" de outras pessoas, analisando suas expressões faciais. A imagem de um rosto surge em uma tela de computador, e o visitante deve escolher uma das três estruturas mentais que melhor descreva a expressão facial: "a pessoa está feliz?", "a pessoa está se divertindo?", "a pessoa está concentrada?". Depois que o visitante escolheu o humor que melhor descreve o rosto, um novo rosto aparece na tela, juntamente com mais três opções.

Depois que oito rostos diferentes (diferentes idades e sexos) foram mostrados e classificados, avalia-se o desempenho do visitante. Ele tem a oportunidade de ver como todos os visitantes que já fizeram o teste avaliaram as diferentes expressões faciais, e como avaliou os rostos em comparação com outras pessoas. Não existe uma resposta correta oficial, apenas o consenso – e, talvez, a sabedoria da multidão. Os visitantes que fizeram o teste antes formam a base para a avaliação. Pressupondo que fizeram o melhor que puderam, conseguem perceber se avaliam expressões faciais da mesma maneira que as outras pessoas ou não.

Na exibição "Encontre a música", os visitantes tentam separar duas músicas com ritmos diferentes, que tocam ao mesmo tempo. Na tela, oito botões deslizantes ajustam o volume. Quatro dos botões representam instrumentos de uma música, e os outros quatro representam os instrumentos da outra.

A tarefa é ajustar os botões de modo que a música soe harmoniosa para o usuário. Conforme se verifica, os usuários têm abordagens muito diferentes para a tarefa. Alguns deixam todas as oito trilhas tocarem ao mesmo tempo e movem os botões de maneira mais ou menos aleatória, como se tocassem de ouvido. Outros têm uma abordagem mais analítica. Fecham todas as trilhas e as abrem novamente, uma de cada vez. Nesse sentido, é muito mais fácil ouvir quais trilhas têm o mesmo ritmo. Podemos dizer que nesse caso, os visitantes estão aplicando análise lógica a uma tarefa musical.

Os criadores e os visitantes do Explorama concordam em uma coisa: não é possível fazer uma descrição verbal satisfatória do Explorama; é preciso experimentá-lo. Entretanto, tentarei transmitir uma noção da instalação. Eis exemplos das tarefas e questões que estimulam os visitantes a resolver os desafios propostos pelas diversas atrações do Explorama:

Inteligência lógico-matemática

- *Tesouro ou tigre:* leia o texto e pense cuidadosamente sobre ele. Que porta oculta o tesouro? Tenha cuidado para não deixar o tigre sair!
- *Hora do rush:* você consegue mexer os carros de modo que o carro vermelho consiga estacionar no lado direito da rua? (Ver a Figura 14.2)
- *Pottering:* doze pedras devem ser colocadas nos quadrados com duas pedras em cada fila e coluna e não mais que duas pedras na horizontal. Dezoito pedras devem ser colocadas nos quadrados com três pedras em cada fila e coluna e não mais que três pedras na horizontal.
- *Quadrado mágico:* você consegue mudar as placas com números de modo que somem 30 quando adicionar as linhas e colunas? Se conseguir, todas as lâmpadas acenderão! (Ver a Figura 14.3)

Figura 14.2 Hora do *rush*: usando a inteligência lógico-matemática.

Figura 14.3 Quadrado mágico: usando inteligência lógico-matemática.

Inteligência linguística

- *Fonte de palavras:* gire a roda. Que palavra aparece? Mude uma letra e crie uma nova palavra. Quantas palavras você consegue criar antes que a areia acabe na ampulheta?
- *Fale chinês:* escute uma sentença em chinês ou árabe. Você consegue repetir a sentença de modo que soe quase igual?
- *Linguagem simples:* faça uma figura atrás de uma cortina, garantindo que seu colega não veja. Explique como seu colega deve fazer uma figura semelhante sem olhar.
- *Adivinhe o que é:* sente dois a dois com um colega e leia a primeira sentença em voz alta: "sou um edifício". Quantas frases você precisa ler antes que seu colega consiga adivinhar o que está falando?

Inteligência espacial

- *Cubo-soma:* você consegue criar um cubo-soma usando todos os cubos?
- *Quebra-cabeça da pirâmide:* você consegue fazer uma pirâmide com três peças?

- *Quebra-cabeça chinês:* temos seis peças. Você consegue fazer um quadrado e formar todas as figuras ilustradas na mesa. Às vezes, você pensa que falta uma peça, mas sempre é possível com as peças disponíveis.
- *Jogo do labirinto:* você consegue encontrar o caminho em um labirinto depois de consultar um mapa? Você consegue encontrar o caminho de onde está agora?
- *Jogo da memória:* quantas das 30 imagens você consegue lembrar se tiver visto?
- *Problemas de armazenamento:* a prateleira está cheia, com todo tipo de formas geométricas. Se você tirá-las, será que consegue colocá-las todas de volta na prateleira?

Inteligência corporal-cinestésica

- *Pista de obstáculos:* pressione o botão e corra pela trilha de linhas, sem tocar nelas. Pressione o botão do outro lado ao terminar a trilha. (Ver a Figura 14.4)
- *Mão firme:* pegue a alça com o anel na ponta. Você consegue levar o anel pela trilha sem deixar que toque na vara de metal? Se tocar na vara, disparará um apito alto. Se continuar a tocar, o som também continuará.

Figura 14.4 Pista de obstáculos: usando a inteligência corporal-cinestésica.

- *Tremendo e sacudindo:* você consegue passar a bola de um copinho para outro quando o copinho está posicionado na ponta de uma vara longa e móvel?
- *Escalando montanhas:* a câmera e a imagem atrás dela mudam do eixo horizontal para o vertical. Você consegue se arrastar ou andar pela "rocha" horizontal e irregular, de modo que pareça que está escalando uma parede vertical?

Inteligência musical

- *Encontre a música:* em um mar de sons, alguns ritmos e melodias podem ser detectados. Você consegue distinguir os sons de cada um e descobrir a música?
- *Theremin:* a máquina do som, que é sensível aos seus movimentos, cria luzes e sons profundos, dependendo da proximidade da varinha na mão direita. A tira na mão esquerda controla o volume: aproxime e fique completamente em silêncio; afaste, e o Theremin aumenta o volume. (Ver a Figura 14.5)
- *Sampler:* o sampler grava sons, que você pode usar depois para compor uma música.
- *Acerte a nota:* duas notas são tocadas. Ouça com cuidado. Qual é a mais aguda?

Figura 14.5 Theremin: usando a inteligência musical.

Inteligência interpessoal

- *Trabalho de equipe:* duas ou quatro pessoas devem trabalhar juntas para controlar o robô, que deve pegar um tijolo e colocá-lo no círculo laranja.
- *Cooperação na gangorra:* quando está na gangorra, você sente a presença da outra pessoa o tempo todo. Tente brincar em conjunto, subindo e descendo da gangorra.
- *Emoções:* olhe as imagens com cuidado. Quais emoções você acha que o rosto expressa?
- *Labirinto em equipe:* suba na prancha e mexa-se de modo que a bola ande de um lado da trilha curva para o outro. Certifique-se de não cair!

Inteligência intrapessoal

- *Cão bravo:* você tem coragem de colocar a mão dentro da gaiola e apertar o botão embaixo do cão? A língua do cão se mexe enquanto a seta muda de normal para bravo. Ele começa a babar e, finalmente, late. A seta então chegou a "temeridade".
- *Torre trêmula:* até que altura você tem coragem de construir uma torre? Ela deve ser capaz de suportar as vibrações, e faz um barulho horrível quando cai.
- *Óculos invertidos:* você é bom em fazer ajustes? Pegue os óculos, segure as hastes e combine dois círculos da mesma cor. Você ouvirá um apito alto.
- *Embaixo da rocha:* você tem coragem de deitar embaixo de uma rocha? Talvez você esteja se sentindo um pouco desconfortável. Talvez tenha total confiança de que a rocha ficará lá e de não haverá perigo.
- *A cama do faquir:* deite na tábua e aperte o botão. A tábua abaixa, e agora você está deitado sobre "pregos". (A tábua faz um pouco de barulho quando está abaixando.)
- *Teste do faquir:* coloque um balão sobre pregos e abaixe a tábua sobre o balão. Quantos quilos o balão consegue aguentar antes de estourar?

DANFOSS UNIVERSE: UM PARQUE DE CIÊNCIAS QUE UNE TEORIA E PRÁTICA

Um sonho virou realidade em maio de 2005, quando Jørgen Mads Clausen, presidente da Danfoss até outubro de 2008 e atual presidente do conselho da Danfoss, e sua esposa, Anette Clausen, presidente do conselho do Danfoss Universe, inauguraram o parque temático. Eles foram as forças motrizes por trás da criação desse parque temático, que é financiado pela Fundação Bitten and Mads Clausen (dirigida por Peter Mads Clausen, também filho do fundador da Danfoss).

Com alguma nostalgia, Jørgen Mads Clausen olha para a sua infância, quando podia desmontar um despertador para ver como funcionava. Aquilo era uma experiência enriquecedora, que ele ainda lembra. Clausen acredita que não poder observar como a tecnologia funciona é um problema verdadeiro e uma das razões por que tantos jovens se voltam para os estudos de engenharia. O parque pretende propiciar aos jovens a visualização da tecnologia e muitas experiências enriquecedoras, que abram os seus olhos. Esse conjunto inusitado de experiências proporciona aprendizagem e entendimento. Em alguns casos, a visita pode moldar as vidas desses jovens e, talvez, um deles seja inventivo ou comece um empreendimento de sucesso.

Questionado se o parque é para gênios e estudiosos, Clausen responde de maneira veemente que é para todos – garotos e garotas de todas as idades. O parque enfatiza experiências práticas que não exigem ler sinais explicativos para entender. A ideia é incentivar os jovens a continuarem suas explorações quando chegarem em casa ou voltarem para a escola. Por meio de programas escolares, as classes podem resolver testes específicos enquanto estiverem no parque. A centralidade da experiência é maior com preparação antes da chegada e continuidade depois do retorno para a escola. Além disso, o parque espera estimular o desenvolvimento e o turismo na comunidade local e na região sul de Jutland. Clausen também espera promover a Danfoss, mostrando que se importa em gerar interesse na ciência, como poucas companhias industriais no mundo fizeram antes.

Questionado por que é importante gerar interesse na ciência, Jørgen Mads Clausen diz que todos queremos ter uma sociedade que cuide das nossas necessidades mais urgentes: isso não pode acontecer se não tivermos novas indústrias que façam novos produtos, bem como engenheiros e cientistas para criar os produtos necessários para sobrevivermos e florescermos.

Desde o primeiro dia, temos sido cautelosos, até humildes, em relação ao importante trabalho de inspirar os jovens a se interessarem pela tecnologia. Isso deve ser feito da melhor maneira possível. Devemos ter acesso a cientistas e profissionais.

A fundação Universe

Em uma tentativa proposital de fortalecer a base de conhecimento para as atividades do Danfoss Universe, bem como de todo o ambiente de aprendizagem formal e informal, como centros de ciências, museus e empresas, o conselho da empresa decidiu estabelecer a Fundação Universe. Howard Gardner, juntamente com Svein Sjøberg, da Universidade de Oslo, e Charlotte Rønhof, chefe de política pública de pesquisa para a indústria dinamarquesa, aceitaram o convite para atuar nela. O conselho é encabeçado por Anette Clausen. Sou presidente da Fundação Universe, bem como executiva-chefe do Danfoss Universe.

O local de ensino do futuro

A primeira tarefa da Fundação Universe é um projeto intitulado "O local de ensino do futuro" (*Teaching Facility of the Future*), que, como implica o nome, apresentará propostas para o ensino e para as salas de aula do futuro. Já foram feitas pesquisas nesse campo, mas pouco se converteu em aplicações práticas. Esse projeto aborda suas práticas em cooperação próxima com o Danfoss Universe e suas muitas exibições e atrações científicas. O projeto será administrado pela fundação, mas o trabalho verdadeiro será realizado em conjunto com um grande número de especialistas da Dinamarca e do exterior. O conhecimento adquirido e os exemplos práticos produzidos pela fundação serão subsequentemente disponibilizados para o público geral.

Laboratório de pesquisa Universe

Em uma iniciativa recente, a Fundação Universe estabeleceu o Laboratório de Pesquisa Universe, um centro de pesquisa científica localizado em um complexo universitário recém-construído nos arredores da cidade de Soenderborg, aproximadamente a 20 minutos do Danfoss Universe. Chefiado por Hans Henrik Knoop, da Universidade de Aarhus, antigo colaborador do projeto GoodWork de Howard Gardner e seus colegas, o centro faz pesquisa básica em aprendizagem, criatividade, ensino e inovação, em interação com órgãos de fomento e profissionais do sistema educacional em geral e do Danfoss Universe em particular. Uma tarefa importante do Laboratório de Pesquisa Universe é garantir que as pesquisas necessárias para o desenvolvimento futuro do Explorama e de outras instalações relacionadas sejam realizadas.

Assim como em muitas outras empresas em desenvolvimento dinâmico, "construimos o avião enquanto voamos". Durante o estabelecimento do Danfoss Universe e do Explorama, não tínhamos tudo o que precisávamos à nossa disposição. Portanto, continuar o desenvolvimento e a otimização é algo bastante natural para nós. Ficamos mais instruídos e mais experientes a cada dia.

QUEM DESENVOLVEU O EXPLORAMA? COMO SURGIU A IDEIA?

Seria convincente, e talvez inspirador para muitas pessoas, se eu pudesse descrever um processo de desenvolvimento disciplinado, no qual clientes inicialmente formulassem uma minuta e contratassem consultores para a tarefa, que então implementariam as atrações. Infelizmente, isso não ocorreu. De fato, em retrospectiva, pode ser difícil responder exatamente como o Explorama se tornou realidade.

O conselho e o grupo de proprietários não tinham dúvida de que a aprendizagem teria peso no Danfoss Universe em geral e no Explorama em particular. Muitas ideias e propostas para comunicar a aprendizagem e muitas abordagens de filosofia da aprendizagem foram estudadas. Como em qualquer outro processo de desenvolvimento, algumas ideias foram rejeitadas ao longo do caminho. Algumas delas foram rejeitadas porque não eram suficientemente inspiradoras. Outras exigiam pouco envolvimento do usuário. Algumas tinham uma abordagem escolástica antiquada, e outras eram caras demais.

A partir das discussões, o Explorama, como é conhecido hoje, surgiu gradualmente. Nenhuma pessoa pode receber sozinha o crédito pela ideia do Explorama. Ele resultou da cooperação entre membros do conselho, especialistas internacionais em aprendizagem e desenvolvimento, professores pragmáticos, pais (que haviam tido experiências boas e não tão boas com a educação dos seus filhos), assim como uma equipe de projetistas e arquitetos. A diversidade sempre foi um dos pontos fortes em nossos projetos de desenvolvimento. Depois de um começo lento e muitas ideias inúteis, o conceito do Explorama foi desenvolvido em alguns meses, e a construção das muitas instalações levou mais alguns meses.

O Explorama é um trabalho que jamais acabará. Aprendemos constantemente e enxergamos novas possibilidades de melhoria o tempo todo. Somos continuamente inspirados por estudantes, professores, pesquisadores, colegas e outras pessoas. O Explorama que vemos hoje em dia não será o mesmo amanhã.

Por que inteligências múltiplas?

Howard Gardner uma vez me perguntou por que usar as IM como modelo conceitual seria apropriado para projetar um parque científico. Minha resposta foi simples: é a maneira mais divertida de garantir que a aprendizagem ideal ocorra e seja divertida. Nossa ambição não é apenas entreter, é claro. No Danfoss Universe, o indivíduo se torna mais esperto e mais curioso. Estamos convencidos de que isso acontece mais quando se aprende por meio de jogos. Graças à teoria de Gardner, hoje estamos mais cientes da importância de transmitir o conhecimento científico de várias maneiras ao mesmo tempo. Nossa ambição é ativar várias inteligências. Isso significa que os visitantes do Danfoss Universe podem adquirir conhecimento lendo; ouvindo instruções, filmes e sequências sonoras; envolvendo-se fisicamente (como no tobogã de gelo); tendo experiências sensoriais (com fissuras de geleiras e vulcões), e resolvendo tarefas sozinhos ou em equipe.

O desafio

Na Dinamarca (assim como na maioria dos países), é um desafio inspirar estudantes escolares para ciência e tecnologia. Durante várias décadas, muitos tentaram, mas sem resultados convincentes. (Estudos internacionais mostram isso, mas essa também é a impressão que tivemos com a rede de professores que procura o Danfoss Universe em busca de orientação.) O desejo de melhorar o ensino existe, mas o desafio permanece: o que os professores devem fazer de diferente?

Sugiro que a pesquisa de Gardner com as IM seja sintetizada com seus pensamentos sobre as cinco mentes – em particular, suas ideias sobre adquirir disciplina, sintetizar conhecimento de diferentes esferas e pensar de forma inovadora e criativa (Gardner, 2007). Essa combinação se mostrou extremamente inspiradora para o Danfoss Universe. Tem sido uma tarefa cada vez mais desafiadora fazer os alunos se interessarem por ciência e tecnologia, embora os seres humanos se preocupem em criar instrumentos desde a aurora da história humana. A principal razão, segundo nossa visão, é que a educação tem sido estruturada de maneiras pouco estimulantes ou envolventes. Grande parte da educação, mesmo hoje em dia, consiste em regurgitar fatos e números, ao invés de um envolvimento na resolução ativa de problemas e na busca de novos problemas. No Danfoss Universe, estamos tentando combater isso. Empregando as IM na criação de instalações e processos educacionais, acreditamos que estamos atingindo mais crianças e adultos do que seríamos capazes de outro modo. O fato de que as pessoas tendem a adquirir uma compreensão mais profunda das coisas quando estas são representadas de maneiras diferentes, como as IM permitem, corrobora nossa visão.

O conhecimento é necessário

Pouquíssimos professores têm um interesse maior – ou mesmo profundo – na ciência. Os poucos que têm a formação adequada para ensinar ciências costumam ser fortes no conhecimento disciplinar, mas não têm visão pedagógica. Um requisito é o conteúdo – o tema da ciência –, mas a maneira como a instrução pode ser orquestrada é algo completamente diferente. Esse estado de coisas foi reconhecido inicialmente no desenvolvimento conceitual do Danfoss Universe. Como consequência, firmamos parcerias e redes com cientistas e especialistas em pedagogia. Entretanto, foi difícil encontrar especialistas que fossem fluentes em ambas as áreas.

Acreditamos que temos um parque singular, que claramente inspira muitos jovens a desenvolver o interesse por ciência. Se alguém acha que poderíamos ter feito toda a fase de desenvolvimento conceitual de outro modo, eu gostaria de ressaltar a importância de:

- Garantir que o conhecimento disciplinar e a pedagogia sejam considerados desde o começo. Não ajuda percebê-los como duas disciplinas separadas.
- Dominar a arte de tornar a ciência uma parte relevante das vidas cotidianas dos alunos. Em outras palavras, devemos começar com as situações que os jovens conhecem, do seu dia-a-dia.
- Aumentar o envolvimento físico nas atrações. Colocar a mão não é suficiente. Todo o corpo deve estar envolvido (não temos botões que possam ser apertados passivamente, e jamais teremos).

Durante o desenvolvimento do Danfoss Universe, tivemos bastante êxito em envolver jovens no desenvolvimento das atrações. Temos um convênio conhecido como "escola de teste" com uma escola local e estabelecemos o chamado ministério jovem.

Pode-se pensar que o maior desafio durante a fase de desenvolvimento tenha sido converter a teoria de Howard Gardner em prática. Contudo, esse não foi o caso. Quando a equipe de desenvolvimento e nossa rede comprometida de professores (dinamarqueses e alemães) começaram, geraram muitas boas ideias para tarefas concretas que os jovens poderiam resolver no Explorama. Quando o conteúdo e o propósito das tarefas foram definidos de forma clara (e, aqui, os professores tiveram o maior trabalho), os desenhistas e projetistas puderam fazer os protótipos com bastante facilidade. Os protótipos foram refinados e aperfeiçoados antes que a versão final das instalações de chão ou de mesa pudessem ser produzidas. Em alguns casos, começamos com as atrações já desenvolvidas e fizemos pequenos ajustes.

Nosso maior sucesso com relação ao desenvolvimento do Explorama, às outras atrações do parque e a nossos ambiciosos planos para o futuro foi a inspiradora cooperação que tivemos com pesquisadores internacionais. Juntamente com eles, conseguimos traduzir nossa pesquisa em conhecimento, para novas atrações excitantes. Eles foram (e ainda são) a verdadeira e necessária fonte de inspiração. Ninguém pode assumir a tarefa de comunicar a ciência (ou outros temas) sem adquirir uma compreensão dos fundamentos, e isso é garantido por nossa rede de pesquisadores, entre outras pessoas.

Nada disso foi fácil ou direto. Muitas coisas foram discutidas e consideradas a partir de vários ângulos e interesses. Contudo, nosso trabalho conjunto sempre se caracterizou por respeito e desejo mútuo de encontrar as melhores soluções para o benefício de todos os estudantes, que são o nosso futuro. É um trabalho que exige grande esforço.

A PONTE IMPORTANTE

No Danfoss Universe, estamos organizados de maneira a garantir que haja uma ponte entre o Laboratório de Pesquisa Universe e nossa rede de pesquisadores e departamento de desenvolvimento. Como muitos dos pesquisadores também têm um interesse considerável em ver nosso conhecimento convertido em processos de aprendizagem prática e novas atrações, continuamos a nos desafiar com relação à teoria das muitas inteligências. Ao mesmo tempo, o conhecimento que acumulamos afeta a otimização das atrações existentes e de todas as novas atrações no Danfoss Universe. O desenvolvimento ocorre em equipe, e os pesquisadores e profissionais trabalham lado a lado. Estudantes também são envolvidos com frequência, de maneira a garantir que haja relevância.

EXPLORAMA: UM DESAFIO IMPORTANTE

Durante o desenvolvimento do Explorama, as IM foram o ponto de partida. A tarefa era aumentar a consciência das diferentes inteligências e, especialmente, inspirar maneiras diferentes de trabalhar com elas, descobrindo qual perfil cada pessoa possui e considerando o uso de outras inteligências e métodos para adquirir conhecimento. O Explorama deve ser inspirador para alunos, professores e muitas famílias com crianças que visitam o Danfoss Universe. Atualmente, com o benefício de poder olhar para trás, vemos que o ideal seria que o Explorama tivesse sido a primeira atração dentro do parque. Descobrir quais métodos são melhores para adquirir conhecimento teria sido o ponto de partida perfeito para uma visita a um parque de ciências. Também é a primeira coisa que deve acontecer na cooperação entre professores e alunos.

Estamos no processo de desenvolver materiais educacionais para que, praticando as IM, seja possível inspirar professores e a administração escolar a disseminá-las ainda mais. Um exemplo é a nossa cooperação com o Laboratório de Pesquisa Universe com relação a uma nova base de conhecimento que converta as facetas básicas da teoria das IM em prática, entre outras coisas.

Desde a abertura do Danfoss Universe em 2005, temos tido muitas experiências com as IM. Não existe dúvida de que a combinação das IM com as cinco mentes (Gardner, 2007) será fundamental quando implementarmos a próxima fase do parque. O interesse dos jovens na ciência deve ser estimulado, e sua criatividade, incentivada. Acreditamos que as ideias de Gardner são fundamentais para alcançarmos esses objetivos.

O QUE APRENDEMOS

A recepção que o Explorama teve de seus muitos visitantes e da mídia nos convence de que estamos no caminho certo com essa complexa instalação. Dito isso, contudo, estamos no processo de atualizar e aperfeiçoar muitas das instalações. Em cooperação com pesquisadores e construtores, estamos analisando cada instalação para garantir que façamos o possível para transmitir as respectivas inteligências de forma clara para os usuários. Nosso objetivo é que as inteligências funcionem em sinergia no Explorama, e que o que se aprende lá possa ser usado subsequentemente, dentro e fora do parque. Em outras palavras, todos podem aprender sobre suas próprias maneiras de pensar, entender e agir, e todos têm a opção de aprender sobre as pessoas, observando-as em suas interações no Explorama.

Embora Howard Gardner não tenha se envolvido pessoalmente no desenvolvimento do Explorama, ele visitou o Danfoss Universe várias vezes, e ficamos felizes de poder discutir nossas iniciativas com ele. Ocasionalmente, Gardner expressa admiração pelo Explorama, como nesta afirmação, em um debate, a um jornal dinamarquês:

> Talvez a mais importante demonstração contemporânea das IM possa ser encontrada na Dinamarca. Estou me referindo ao Explorama, no Danfoss Universe, inaugurado em maio de 2005. O Explorama contém dezenas de jogos, exercícios e desafios baseados em diferentes inteligências ou combinações de inteligências. Essas instalações podem ser usadas por crianças e por adultos de todas as idades. Embora o Explorama não seja um ambiente de aprendizagem formal, os indivíduos podem aprender muita coisa sobre o seu próprio perfil de inteligências (inteligência intrapessoal) se passarem algum tempo no local. Além disso, a prática nas diversas habilidades deve promover as inteligências em questão. (Gardner, 2007)

Referência

Gardner, H. (2007). *Five minds for the future.* Boston: Harvard Business School Press. [*Cinco mentes para o futuro*: Porto Alegre: Artmed, 2007]

UMA TRADUÇÃO INGLESA?
Inteligências múltiplas na Inglaterra

ANNA CRAFT

A educação na Inglaterra, no nível das políticas públicas nacionais e locais, tem cada vez mais enfatizado um ensino personalizado para todos os estudantes. Este capítulo examina as atuais abordagens e perspectivas para o ensino na Inglaterra, e analisa exemplos de como a teoria das IM de Howard Gardner tem influenciado professores e escolas a buscar uma participação mais ampla na aprendizagem. São discutidas algumas dificuldades inerentes à associação da teoria das IM com outras abordagens – como estilos de aprendizagem, modalidades variadas e programação neurolinguística. O capítulo conclui analisando as razões pelas quais, mesmo com os desafios existentes, as IM devem continuar a ser do interesse de professores na Inglaterra em tempos vindouros.

A teoria das inteligências múltiplas (IM) de Howard Gardner (1983, 1993) tem influenciado profissionais de sala de aula na Inglaterra há vários anos. Inicialmente, ela interessava sobretudo àqueles que trabalhavam com alunos de desempenho inferior. Ela se tornou uma entre várias estratégias que possibilitavam que os professores respondessem a uma visão cada vez mais exigente da educação. Para entender por que os profissionais de sala de aula na Inglaterra consideram a teoria das IM proveitosa, é importante compreender as mudanças significativas que ocorreram nas políticas e práticas educacionais no quarto de século que passou desde que ela foi publicada. No final da década de 1980 e início da de 1990, os professores e as escolas sofreram muita pressão para ensinar com vistas ao teste. Essa pressão diminuiu gradualmente até um ponto em que, em meados da década de 2000, havia duas agendas paralelas e entrelaçadas tratando do ensino e da aprendizagem: uma cultura voltada para o desempenho estudantil e escolar avaliado por testes, chamada muitas vezes de cultura do desempenho, e uma cultura voltada para a criatividade (Troman, Jeffrey e Raggl, 2007; Craft e Jeffrey, 2008).

A REFORMA EDUCACIONAL DESDE 1988

Em 1988, o Education Reform Act (Department for Education and Science, 1988) preconizou grandes mudanças no sistema educacional inglês. Após 20 anos voltados talvez mais para a pedagogia e a aprendizagem do que para o currículo, avaliação e administração escolar, em 1989, o governo (Department for Education and Science, 1988) introduziu o currículo nacional, que orientaria o conteúdo e a avaliação da aprendizagem para crianças de 5 a 16 anos. Considerava-se que tal currículo se baseava no direito – um currículo que igualaria as crianças, independente do seu nível na escola. Esse currículo foi importante, pois reconhecia um currículo amplo, mas também o direito de cada criança de ter acesso ao todo.

A introdução do currículo nacional foi acompanhada por outras mudanças. As escolas passaram a ter mais poder de controlar suas finanças e de definir outras formas de administração. Os pais passaram a ter mais opções de escolha quanto à escola onde seus filhos estudariam. O papel das autoridades educacionais locais (AEL), que tinham, em particular desde a década de 1960, amparado, inspecionado e financiado as escolas, foi significativamente reduzido, à medida que os holofotes se voltaram para as próprias escolas.

Essa mudança de atenção para o currículo e para a avaliação aconteceu em nível nacional. Combinada com um foco escolar em recursos e no ensino, contrastava nitidamente com a estrutura anterior de administração educacional. A lei educacional anterior, de 1944, havia conferido às AEL, bem como às instituições de ensino superior (IES), incluindo as universidades, um poderoso papel de amparar as escolas. O novo regime deu mais poderes diretivos em relação ao currículo, avaliação e governança ao secretário estadual de educação e aos funcionários públicos do Departamento de Educação e Ciências, e também aumentou os deveres e responsabilidades das escolas, diminuindo a influência de AEL e IES. Essa mudança foi interpretada segundo o modelo das forças do mercado, no qual os recursos são distribuídos com base na lei de oferta e procura, ao invés da necessidade. Esse modelo condizia com os valores do governo conservador da época, liderado pela primeira-ministra Margaret Thatcher, que acreditava que o mercado tinha o poder de liderar e determinar mudanças sociais.

O novo regime, da mesma forma, aumentou a influência dos consumidores da educação (pais e alunos), introduzindo nela os princípios do mercado. Essa influência estimulou a concorrência entre as escolas, com base em medidas percebidas de valor agregado que eram tornadas visíveis, principalmente, pelo menos no início, por meio da divulgação pública de resultados de testes estatutários nas idades de 7, 11, 14 e 16 anos. Era um período que reconhecia a necessidade de estrutura e sequência, e concentrava-se no conteúdo e no ensino. As autoridades governamentais responsáveis por avaliar o progresso nas escolas levavam menos em conta como os professores estimulavam a aprendizagem, enquanto a perspectiva de "cobrir o conteúdo" e "obter resultados" assumia preponderância. Emergia assim uma poderosa cultura de responsabilização, que envolvia a inspeção escolar regular e um processo de avaliação e controle do desempenho nas escolas. Estas, que agora tinham poder para contratar seus funcionários, contratavam pessoas menos experientes, mais maleáveis e de menor custo. Os funcionários mais velhos, mais experientes e mais caros se aposentavam ou deixavam a profissão.

Pode-se considerar que o período de mudança na educação, de 1989 a 1997, refletia uma perspectiva neoliberal, que valorizava o mercado capitalista, por distribuir recursos e oportunidades. O neoliberalismo foi criticado por muitos autores, inclusive Harvey (2005), que o considera uma forma hegemônica de "destruição criativa" de base global. Na medida em que as políticas públicas em educação se voltavam para um capitalismo Ocidental, o modelo de consumo e desenvolvimento inexoráveis (Craft, 2005), pode-se dizer que, durante os primeiros anos do currículo nacional na Inglaterra, as finalidades da educação estavam bastante desconectadas do projeto geral de prosperidade social e econômica (Craft, 2008a, 2008b).

Ainda assim, pesquisadores documentaram os modos como os professores resistiram a essa cultura do desempenho (Woods e Jeffrey, 1996; Woods, Jeffrey, Troman e Boyle, 1997). Os professores cuja prática criativa e resistente Woods e Jeffrey documentaram estavam comprometidos com proporcionar acesso a todos os alunos a fim de obterem um significado pessoal do currículo. Esse foco também é uma característica das IM, quando aplicadas à aprendizagem nas escolas. Esses princípios de acesso e criação de significado seriam muito mais desenvolvidos no nível das políticas públicas a partir do final da década de 1990.

O FINAL DA DÉCADA DE 1990: MUDANÇA NA POLÍTICA E NAS POLÍTICAS?

Depois da arrasadora eleição do governo trabalhista em 1997 e da sucessão de Tony Blair como primeiro-ministro, o final dos anos 1990 assistiu a novas mudanças, no contexto daquilo que viria a ser conhecido como as políticas do New Labor. Na época em que este capítulo foi escrito (junho de 2008), o Partido Trabalhista ainda era o partido governante, e o primeiro-ministro Gordon Brown estava no poder havia 12 meses.

O New Labour representava a modernização do trabalhismo, refletindo uma mistura de princípios socialistas e do livre mercado. Essa mistura se tornou conhecida na linguagem comum como a Terceira Via. Embora os críticos (Osler, 2002) argumentem que o Partido Trabalhista já não é mais o partido dos princípios socialistas, as políticas de educação do New Labour visam unir a justiça social e as preocupações socialistas com a expectativa de um desempenho estudantil elevado em uma economia global do conhecimento.

Juntamente com a reorganização do governo e outras organizações políticas centralizadas, os últimos 10 anos se caracterizaram por uma educação com um envolvimento político mais profundo e com uma agenda mais radical para o século XXI (Craft, Chappell e Twining, 2008; Daanen e Facer, 2007; Qualifications and Curriculum Authority, 2008). Em parte, essa virada radical foi desencadeada pela agenda Every Child Matters ("toda criança importa"), iniciada depois da morte trágica, em 2000, de uma criança de 8 anos, Victoria Climbié. Sua morte foi resultado de uma série de falhas dos sistemas de educação, saúde e assistência social, que não identificaram a negligência que ela estava sofrendo.

A Every Child Matters desencadeou um programa imenso e transformador (discutido mais adiante, no Capítulo 16). Desde então, tem-se prestado muita atenção na educação infantil, bem como no ensino fundamental, médio, especial e na educação superior. O debate sobre o futuro também abrange força de trabalho, infraestrutura, atendimento e governança, bem como currículo, avaliação, pedagogia e aprendizagem. As rápidas mudanças sociais, econômicas, tecnológicas, ecológicas e políticas afetaram a governança da educação em nível nacional.

Como consequência, desde o final da década de 1990, surgiram muitas oportunidades para as escolas e outros educadores desenvolverem uma pedagogia e aprendizagem com menos ênfase em um currículo conteudístico pesado e em práticas de avaliação voltadas para prestar contas ao governo. Um aspecto da mudança na educação foi a introdução de escolas e academias especializadas. Essas escolas oferecem conhecimento em aspectos específicos do currículo. São financiadas principalmente pelo Estado, mas com contribuições adicionais do setor privado. White (2008) argumenta que esse direcionamento para a especialização é reflexo de uma abordagem de educação fundamentada nas IM. Essas escolas proporcionam uma variedade de currículos especializados (em certo nível, seletivos) voltados para uma ampla gama de inteligências, ao invés de um pequeno número de escolas para alunos com escores elevados em testes de quociente de inteligência (QI). Por exemplo, elas possibilitam a valorização pública de potencialidades corporais-cinestésicas ou musicais, de um modo que antes não seria possível.

ENVOLVIMENTO E EMPODERAMENTO DOS ALUNOS PARA MELHORIA E TRANSFORMAÇÃO

A teoria das IM proporciona uma abordagem positiva e construtiva que ajuda as escolas e as autoridades educacionais locais a capacitar todos os estudantes, compreendendo seus talentos. Também existe uma preocupação crescente entre os analistas (Craft, 2008b; Thomson, 2007) sobre os elevados níveis de desconexão e fracasso entre muitos estudantes na escola. É improvável que escolas construídas e administradas usando o modelo de educação do século XIX satisfaçam as necessidades de estudantes cujas vidas passarão do século XX. Alguns educadores querem transformar os sistemas escolares existentes (Craft et al., 2008; Futurelab, 2008; Twining, 2007a, 2007b), podendo suas ideias ser consideradas soluções "radicais" ou transformadoras. Outros tentam "personalizar" a experiência das crianças nas escolas, de modo que a aprendizagem seja mais acessível e interessante para os alunos. Contudo, não visam necessariamente transformar o sistema escolar em si, podendo ser consideradas como perspectivas de "melhoria".

No lado radical, vemos argumentos em defesa da desescolarização, ou de versões do tipo "nem escola, nem casa; escasa" (Twining, 2007a, 2007b). Essas ideias promovem outras maneiras de proporcionar educação que não sejam a da escola. Essa ampliação dos horizontes para as escolas pode ser considerada um fenômeno global (Craft, Cremin e Burnard, 2008; Craft, Gardner e Claxton, 2008).

No lado da melhoria, uma preocupação importante é consultar e envolver os jovens. O General Teaching Council (2007) da Inglaterra enfatiza a importância de incentivar os alunos a assumirem um papel ativo em sua aprendizagem, posição essa evidente, por exemplo, na política Every Child Matters (Department of Education and Skills, 2003) e no "núcleo comum" de capacidades necessárias para aqueles que trabalham com crianças (Department for Education and Skills, 2005). Os analistas interpretam esse compromisso de ouvir a voz do estudante como participação ativa na melhoria e na transformação (Davies, Williams, Yamashita e Ko Man-Hing, 2006; Frost e Holden, 2008; Hargreaves, 2004). Outra preocupação é reconhecer os estudantes como aprendizes completos.

AS IM E O ACESSO À APRENDIZAGEM PARA TODOS OS ESTUDANTES

A teoria das IM é mais uma entre a abundância de abordagens que os professores e as escolas adotaram para aumentar o acesso à aprendizagem na sala de aula. Reconhecer as múltiplas capacidades é interessante para professores que buscam reconhecer mais do que os aspectos lógico-matemáticos tradicionais da aprendizagem e, assim, ampliar a participação. Os professores usam a teoria para envolver alunos considerados difíceis de atingir, bem como aqueles considerados superdotados e talentosos. As escolas e, em certos casos, as autoridades educacionais criaram testes diagnósticos para as crianças e professores a fim de determinar a mistura específica de inteligências de cada indivíduo, incluindo o questionário *online* da Birmingham Grid for Learning (2008). Com base na autoavaliação de 40 questões relacionadas com as IM, essa grade leva cada aluno a gerar um gráfico circular personalizado, sugerindo um perfil pessoal de inteligências. Outros exemplos de testes são as calculadoras do perfil de IM autoaplicáveis ou com o uso de planilhas, como a desenvolvida por Chrislett e Chapman (2005).

AS IM TRANSMITEM AOS ALUNOS "MUITAS MANEIRAS DE SER INTELIGENTE"

Conforme Fleetham mostra no Capítulo 16, muitas escolas usam as IM para ajudar os alunos a valorizar os modos como todos podem ser inteligentes. O uso de listas de autoavaliação com alunos é comum, propiciando que gerem seu próprio perfil de inteligências. As perspectivas dos alunos são comparadas com as avaliações dos professores. Essa comparação, em tese, deve gerar um perfil mais sensível de abordagens à aprendizagem para cada aluno.

Uma escola que aplica essas avaliações e usa uma abordagem de IM é o Queen Elizabeth's Community College (QECC) em Crediton, Devon, para alunos de 11 a 18 anos. A estratégia de ensino dessa escola concentra-se em prever e desenvolver a aprendizagem adequada ao século XXI. Conforme escrevem Tommy Evans e Bryan Smith, professores da escola, "a estratégia de ensino é uma tentativa de alterar o equilíbrio para o 'como', em vez de 'o quê', e efetivamente é um modelo de fatores que influenciam a aprendizagem, como a motivação e o clima emocional" (comunicação pessoal, 2008).

A equipe afirma que toda a sua estratégia de ensino "é permeada pelas IM" (Smith, comunicação pessoal, 2008), e todos os novos funcionários participam de um processo de indução que usa as abordagens de ensino da escola. A escola introduziu o conceito do professor como consultor de aprendizagem, em vez de pedagogo, com ênfase em nutrir as capacidades de todos os alunos, refletindo suas preferências, potencialidades e fraquezas na aprendizagem. Os estudantes são considerados mais autodirigidos. O QECC desafia os alunos regularmente a avaliar a sua própria aprendizagem. Evans e Smith enfatizam a maneira como os outros alunos estão envolvidos em abordagens de IM: "no currículo para mais de 16 anos, os dias de Conferência de Aprendizagem são organizados em torno da ideia de crianças inteligentes para um ambiente de aprendizagem mais avançado. Os alunos são expostos a grande parte da teoria da aprendizagem e recebem técnicas práticas para desenvolver e avaliar a sua própria aprendizagem em resposta a isso". Eles usam o que chamam de avaliação "ligada ao *self*", que os convida a avaliar o conjunto de estilos de aprendizagem que adotaram para determinar como podem ampliar esse repertório.

O QECC reconhece que, para proporcionar que cada aluno tenha múltiplas maneiras de ser inteligente, são necessários novos modos de pedagogia. Esse programa inclui algumas sessões sobre a teoria das IM e oportunidades para a equipe discutir a teoria e suas aplicações na sala de aula. Embora o modelo do QECC certamente seja informado pela teoria das IM, talvez também seja típico das iniciativas em escolas inglesas ser informado por outras abordagens, como a aprendizagem acelerada e a 21st Century Learning Initiative.

IM E CRIANÇAS SUPERDOTADAS E TALENTOSAS

De um modo geral, acredita-se que as IM representam e estimulam uma abordagem inclusiva e democrática à aprendizagem. Contudo, elas também foram bastante utilizadas na Inglaterra para ajudar a identificar e amparar alunos situados na faixa dos 5 a 10% superiores em desempenho entre todos os estudantes. A teoria das IM desafia uma visão que efetivamente situa o inglês e a matemática (e ocasionalmente as ciências) como mais importantes que outras áreas curriculares. Sem as IM, em particular no ensino fundamental, crianças superdotadas e talentosas somente podem ser identificadas por meio de seu desempenho nessas disciplinas. Uma escola para crianças de 3 a 11 anos que usou as IM desde 2005 para identificar crianças de desempenho superior é a St. Leonard's Primary School em Exeter, no sudoeste da Inglaterra. Jenny Perry, a coordenadora responsável pelo atendimento a crianças superdotadas e talentosas na escola, diz:

> Observamos que as categorias baseadas no princípio das IM eram bastante úteis, não apenas como veículo para identificação, mas como um ponto de partida prático para implementar o atendimento de superdotados e talentosos dentro e além da sala de aula. Os professores deparam-se com as categorias no cotidiano, e nossa lista de crianças está constantemente mudando. Algumas crianças apresentam uma inteligência em uma área específica, e outras podem estar listadas em uma variedade de categorias.

A escola usa uma variedade de evidências informais e formais obtidas na sala de aula para identificar crianças superdotadas e talentosas. Entre as evidências, estão discussões com professores, alunos, pais e especialistas de fora da escola; um perfil nacional para crianças de 5 anos, e testes curriculares nacionais para crianças de 7 a 11 anos. As IM são uma parte vital dessa bateria de abordagens para relacionar o ensino com a avaliação das necessidades.

Proporcionar maneiras múltiplas para que as crianças possam aprender é uma preocupação de muitas escolas na Inglaterra. A Churston Ferrers Grammar School em South Devon seleciona apenas os estudantes de melhor desempenho para serem seus alunos. Ela usa a teoria das IM para incentivar alunos e pais a valorizarem os muitos pontos de entrada à aprendizagem. A escola tenta ir além das preferências dos alunos para sua aprendizagem, argumentando que "preferência não é desculpa" (Churston Ferrers Grammar School, 2008, p. 20). Mesmo os alunos mais capazes podem se beneficiar se ampliarem seu repertório de capacidades.

DESAFIOS PARA ESCOLAS QUE USAM AS IM NA INGLATERRA

O uso da teoria das IM para determinar quais e de que maneira os alunos são superdotados e talentosos tem sido criticado (McShane, 2006). Os críticos argumentam que essas avaliações usam uma metodologia quantitativa para calcular um fenômeno qualitativo. Usar a teoria das IM para identificar os melhores alunos também pode parecer contrário à sua intenção de defender valores democráticos. Ainda assim, esses desafios enfatizam o enorme potencial das IM de agir como uma teoria camaleônica, capaz de se adaptar a diversas finalidades educacionais. Ela ajuda aqueles que têm dificuldades, bem como os que se sobressaem. Abrange desde o currículo acadêmico tradicionalmente limitado, até uma visão curricular mais ampla.

Talvez o maior desafio que os proponentes das IM enfrentam na educação seja a sobreposição com outras abordagens capacitadoras e centradas no aluno, incluindo a programação neurolinguística (PNL); o trabalho com modalidades visuais, auditivas, cinestésicas e táteis (Walsh, 2005), e os estilos de aprendizagem (Coffield, Moseley, Hall e Ecclestone, 2004). Os professores e as escolas devem distinguir as IM de abordagens semelhantes, mas distintas, pois existem poucas evidências sobre a eficácia das teorias de estilos de pensamento (Coffield et al., 2004).

A PNL enfatiza as representações (Bandler e Grinder, 1979; Dilts, Grinder, Bandler e DeLozier, 1980). Todavia, Druckman e Swets (1988) observam que existe pouca base empírica para as afirmações feitas na PNL. Assim como as avaliações da PNL, pesquisas recentes sugerem que as abordagens pedagógicas baseadas em supostas diferenças em modos visuais, auditivos e cinestésicos de aprendizagem na verdade foram um esforço desperdiçado (Kratzig e Arbuthnott, 2006). De fato, afirma-se que não existe nenhuma base neurocientífica para essas teorias (Goswami e Bryant, 2007).

Distinguir as IM e os estilos de aprendizagem é uma tarefa particularmente difícil, pois as diferenças entre os dois não são claras no nível da sala de aula e da prática escolar. As escolas muitas vezes se referem às IM como "estilos de aprendizagem" (por exemplo, Churston Ferrers, 2008). As complexidades possíveis são enormes. Coffield e colaboradores (2004) identificam cinco famílias de estilos de aprendizagem que refletem conceituações subjacentes distintas sobre o que causa diferenças em abordagens de aprendizagem:

- Família 1: estilos de aprendizagem de origem principalmente genética (Gregorc, 1982; Dunn e Dunn, 1992).
- Família 2: estilos de aprendizagem refletindo aspectos profundos da estrutura cognitiva, incluindo padrões de capacidades (Riding, 2002).
- Família 3: estilos de aprendizagem como um componente de um tipo de personalidade relativamente estável, como o Myers-Briggs Type Indicator (Myers e McCaulley, 1988, 1995).

- Família 4: estilos de aprendizagem como preferências flexivelmente estáveis para a aprendizagem (Kolb, 1984, 1999; Honey e Mumford, 1992, 2000).
- Família 5: estilos de aprendizagem como abordagens, estratégias e orientações pragmáticas (Entwistle, 1988; Sternberg, 1999).

Pode-se entender que as IM, como teoria, propõem uma tipologia de estilos de aprendizagem, apresentada como uma abordagem das Famílias 1, 2 ou 4. Como teoria com aplicação na sala de aula, considera-se que as IM pertencem à Família 5. Contudo, embora as IM possam informar o desenvolvimento de pontos de entrada múltiplos para a aprendizagem, que respondem às constelações singulares de estilos de aprendizagem preferidos dos alunos, ela não é, em si, uma teoria sobre estes. Ainda assim, os profissionais muitas vezes consideram que ela traz esses *insights* práticos, com quaisquer combinações possíveis dos tipos de famílias implícitas nessas percepções. Essa mistura da teoria das IM com os estilos de aprendizagem, combinada com percepções variadas sobre a potência das IM dependendo dos pressupostos sobre o tipo de família, significa que a teoria das IM pode, na prática, ser interpretada de formas múltiplas (como ilustram os exemplos do QECC e da escola Churston Ferrers, citados anteriormente no capítulo).

Outro desafio é levantado pelo filósofo da educação inglês John White (1998, 2006). Ele afirma que a teoria confunde valores de base cultural relacionados com atividades intelectuais específicas com aptidões e características biológicas fixas. Acredita que a teoria produz sua própria versão de rigidez na avaliação da inteligência e sugere que a singularidade das inteligências individuais pode ser questionável. Fundamentalmente, segundo White, a teoria deve ser testada empiricamente. Sem critérios comprovados empiricamente, tal teste não é possível. Portanto, a única validade que pode ser alcançada é *a priori*, que ele sugere ser insuficiente (White, 2006). Embora os professores possam ter pouco conhecimento da crítica de White, o governo, por meio da Teacher Development Agency, disponibilizou os principais desafios de White aos professores em formação por meio de um *website* de recursos (Teacher Training Resource Bank, http://www.ttrb.ac.uk/viewarticle2.aspx?contentId = 12738).

O POTENCIAL PARA AS IM NA EDUCAÇÃO INGLESA

Apesar dos desafios e das críticas, a teoria das IM permanece de grande interesse para professores e escolas na Inglaterra, por várias razões. Primeiramente, ela implica que valor igual seja atribuído a cada área do currículo. Isso também se contrapõe à postura governamental, que posiciona o inglês, a matemática e as ciências como o núcleo do currículo. Em segundo lugar, as IM conectam modos de aprender com tipos de conhecimento. Essa conexão abre muitos pontos de entrada em termos de pedagogia. Em terceiro lugar, as IM estabelecem uma base para aprendizagem e ensino (e trabalho) que exige o repertório mais amplo, mais imaginativo e talvez mais responsável que Gardner defende (2006). Juntas, essas razões conferem um meio pelo qual os professores podem se apropriar do engajamento criativo como profissionais e cumprir o potencial criativo de seus alunos, no contexto do discurso do desempenho em educação.

A teoria das IM é otimista e reconhece em cada aprendente padrões ricos em competências e conhecimentos. À medida que os professores da Inglaterra se voltam para modelos radicais, flexíveis e personalizados de aprendizagem, parece provável que as IM continuem a proporcionar um guia filosófico e prático, com um forte foco no aluno como membro singular da comunidade. Todavia, apenas isso não será suficiente. O modelo de educação neoliberal e movido pela economia, se inaudito, pode ter consequências ecológica, ética e espiritualmente reducionistas e insustentáveis (Claxton, Craft e Gardner, 2008). O que a era atual exige dos educadores é sabedoria para desenvolver respostas imaginativas às questões que todos enfrentam neste século. Monitorar a resposta de educadores reflexivos às oportunidades que a teoria das IM oferece, em um contexto político e prático cada vez mais receptivo, será a tarefa dos anos que virão.

Referências

Bandler, R., & Grinder, J. (1979). *Frogs into princes: Neurolinguistic programming*. Moab, UT: Real People Press.

Birmingham Grid for Learning. (2008). *Multiple intelligences*. http://www.bgfl.org/bgfl/custom/resources_ftp/client_ftp Download em 3 de março de 2008, de 8/ks3/ict/ multiple_int/what.cfm.

Chislett, M.S.C., & Chapman, A. (2005). *Multiple intelligences: Based on* Howard Gardner's *Multiple Intelligences Model*. Download em 6 de junho de 2008, de www.businessballs.com.

Churston Ferrers Grammar School. (2008). *Powerpoint-preferred learning styles: From the ideas of Howard Gardner*. Download em 9 de julho de 2008, de http://www.churstongrammar.com/learningstyles.htm.

Claxton, G., Craft, A., & Gardner, H. (2008). Education for wise creativity. In A. Craft, H. Gardner, & G. Claxton (Eds.), *Creativity, wisdom, and trusteeship: Exploring the role of education*. Thousand Oaks, CA: Corwin Press.

Coffield, F., Moseley, D., Hall, E., & Ecclestone, K. (2004). *Learning styles and pedagogy in post-16 learning: A systematic and critical review*. London: Learning and Skills Research Centre.

Craft, A. (2005). *Creativity in schools: Tensions and dilemmas*. London: Routledge.

Craft, A. (2008a). Tensions in creativity and education: Enter wisdom and trusteeship? In A. Craft, H. Gardner, & G. Claxton (Eds.), *Creativity, wisdom and trusteeship: Exploring the role of education*. Thousand Oaks, CA: Corwin Press.

Craft, A. (2008b, 27 fev.). *Leading creative learning. Running the creative school*. Keynote address presented at Cafe Royal, London.
Craft, A., Chappell, K., & Twining, P. (2008). Aspiring to transform education? Young learners aspiring toward creative education futures. *Innovations in Education & Teaching International*, 45(3), 235-245.
Craft, A., Cremin, T., & Burnard, P. (2008). Creative learning: An emergent concept. In A. Craft, T. Cremin, & P. Burnard (Eds.), *Creative learning 3-11 and how we document it*. Stoke-on-Trent: Trentham Books.
Craft, A., Gardner, H., & Claxton, G. (2008). Nurturing Creativity: Wisdom and trusteeship in education: A collective debate. In A. Craft, H. Gardner, & G. Claxton (Eds.), *Creativity, wisdom and trusteeship: Exploring the role of education*. Thousand Oaks, CA: Corwin Press.
Craft, A., & Jeffrey, B. (2008, outubro). Creativity and performativity in teaching and learning: Tensions, dilemmas, constraints, accommodations and synthesis. *British Educational Research Journal*, 34(5), 577-584.
Daanen, H., & Facer, K. (2007). *2020 and beyond*. Download em 3 de março de 2008, de http://www.futurelab.org.uk/resources/publications-reports.articles/opening_ education reports/Opening_Education_Report663.
Davies, L., Williams, C., Yamashita, H., & Ko Man-Hing, A. (2006, março). *Inspiring schools: Impact and outcomes*. Carnegie Young People Initiative/Esmee Fairbairn Foundation.
Department for Education and Science. (1988). *The Education Reform Act*. London: HMSO.
Department for Education and Skills. (2003). *Every Child Matters*. London: HMSO. Download em 3 de março de 2008, de http://www.dfes.gov.uk/consultations/downloadable Docs/EveryChildMatters.pdf.
Department for Education and Skills. (2005). *The common core of skills and knowledge for the children's workforce*. London: HMSO.
Dilts, R. B., Grinder, J., Bandler, R., & DeLozier, J. A. (1980). *Neuro-linguistic programming, Vol. 1: The study of the structure of subjective experience*. Capitola, CA: Meta Publications.
Druckman, D., & Swets, J. A. (1988). *Enhancing human performance: Issues, theories, and techniques*. Washington, DC: National Academy Press.
Dunn, R., & Dunn, K. (1992). *Teaching secondary students through their individual learning styles*. Needham Heights, MA: Allyn & Bacon.
Entwistle, N. (1988). *Styles of learning and teaching*. London: David Fulton.
Frost, R., & Holden, G. (2008). Student voice and future schools: Building partnership for student participation. *Improving Schools*, 11(1), 83-95.
Futurelab. (2008). *e-resources*. Download em 3 de março de 2008, de http://www.futurelab.org.uk/resources#.
Gardner, H. (1983). *Frames of mind: The theory of multiple intelligences*. New York: Basic Books. [*Estruturas da mente*: a teoria das inteligências múltiplas. Porto Alegre: Artmed, 1994]
Gardner, H. (1993). *Multiple intelligences: The theory in practice*. New York: Basic Books. [*Inteligências múltiplas*: a teoria na prática. Porto Alegre: Artmed, 1995]

Gardner, H. (2006). *Five minds for the future*. Boston: Harvard Business Scholl Press. [*Cinco mentes para o futuro*: Porto Alegre: Artmed, 2007]

General Teaching Council. (2007). *The voice, role and participation of children and young people: summary of existing research*. London: GTC. Download em 6 de junho de 2008, de http://www.gtce.org.uk/shared/contentlibs/126815/211152/Pupil_voice_ research.pdf.

Goswami, U., & Bryant, P. (2007). *Children's cognitive development and learning*. Cambridge: Cambridge University.

Gregorc A. F. (1982). *Gregorc Style Delineator. Development, technical and administration manual*. Columbia, CT: Gregorc Associates.

Hargreaves, D. (2004, outubro). *Personalised learning. Next steps in working laterally*. iNet and Specialist Schools and Academies Trust.

Harvey, D. (2005). A *brief history of neoliberalism*. New York: Oxford University Press.

Honey, P., & Mumford, A. (1992). *The manual of learning styles*. Maidenhead: Peter Honey Publications.

Honey, P., & Mumford, A. (2000). *The learning styles helper's guide*. Maidenhead: Peter Honey Publications.

Kolb, D. A. (1984). *Experiential learning. Experience as the source of learning and development*. Upper Saddle River, NJ: Prentice Hall.

Kolb, D. A. (1999). *The Kolb Learning Style Inventory, Version 3*. Boston: Hay Group.

Kratzig, G. P., & Arbuthnott, K. D. (2006). Perceptual learning style and learning proficiency: A test of the hypothesis. *Journal of Educational Psychology*, 98(1), 238-246.

McShane, J. (2006, outubro). Learning curve: Multiple intelligences and G&T. *Gifted & Talented Update*. Download em 29 de fevereiro de 2008, de http://www.teachingexpertise.com/articles/learning-curve-multiple-intelligences-and-g-t-1320.

Myers, I. B., & McCaulley, M. H. (1985). *Manual: A guide to the development and use of the Myers-Briggs Type Indicator*. Palo Alto, CA: Consulting Psychologists Press.

Myers, I. B., & McCaulley, M. H. (1998). *Manual: A guide to the development and use of the Myers-Briggs Type Indicator*. Palo Alto, CA: Consulting Psychologists Press.

Osler, D. (2002). *Labour Party plc: New Labour as a party of business*. New York: Oxford University Press.

Qualifications and Curriculum Authority. (2008). *What is futures?* Download em 3 de março de 2008, de http://www.gca.org.uk/qca-6073.aspx.

Riding, R. (2002). *School learning and cognitive style*. London: David Fulton.

Sternberg, R. J. (1999). *Thinking styles*. Cambridge: Cambridge University Press.

Thomson, P. (2007). *Whole school change: A review of the literature*. London: Arts Council England.

Troman, G., Jeffrey, B., & Raggl, A. (2007). Creativity and performativity policies in primary school cultures. *Journal of Education Policy*, 22, 549-572.

Twining, P. (2007a, 25 de maio). *Using Teen Second Life to explore visions of schome*. Artigo apresentado na Second Life Best Practices in Education Conference, Second Life Main Grid. Download em 28 de julho de 2007, de http://schome.open.ac.uk/wikiworks/index.php/Second_Life_BestPractices_in_Education.

Twining, P. (2007b, 22 de março). *Developing visions of schome*. Paper presented at the Massively Multi-Learner conference, University of Paisley. Download em 22

de junho de 2007, de http://www.ics.heacademy.ac.uk/events/displayevent. php?id = 142.
Walsh, B. E. (2005). *Unleashing your brilliance.* Victoria, BC: Walsh Seminars.
White, J. P. (1998). *Do Howard Gardner's multiple intelligences add up? Perspectives on education policy.* London: Institute of Education, University of London.
White, J. P. (2006). Multiple invalidities. In J. A. Schaler (Ed.), *Howard Gardner under fire: The rebel psychologist faces his critics.* Peru, IL: Open Court.
White, J. P. (2008). *Howard Gardner: The myth o f multiple intelligence?* Teacher Training Resource Bank, Teacher Development Agency. Download em 3 de março de 2008, de http://www.ttrb.ac.uk/viewarticle2.aspx?contentId = 12738.
Woods, P., & Jeffrey, R. J. (1996). *Teachable moments: The art of teaching in primary schools.* Buckingham: Open University Press.
Woods, P., Jeffrey, B., Troman, G., & Boyle, M. (1997). *Restructuring schools, reconstructing teachers: Responding to change in the primary school.* Buckingham: Open University Press.

SERÁ QUE TODA CRIANÇA IMPORTA NA INGLATERRA?

Mike Fleetham

Este capítulo dá continuidade aos temas descritos no Capítulo 15, com três reflexões sobre o ensino inspirado nas IM, a partir de minhas perspectivas como consultor educacional e pai. Descrevo a estratégia educacional ECM e o Children's Plan da Inglaterra. Considero que existe uma intenção política genuína para que cada criança realmente importe na Inglaterra, mas que o atual sistema de avaliação educacional faz com que certas crianças importem mais que outras. Para cumprir as metas nacionais em sua plenitude, é necessário adotar um pensamento e uma prática de sala de aula inspirados nas IM. Apresento três exemplos. Mostro o trabalho de um professor de pré-escola que usa fantoches baseados nas IM para enriquecer o conceito de inteligência para alunos muito pequenos. Detalho meu próprio trabalho ajudando professores a desenvolver sua prática de sala de aula. Finalmente, descrevo minha experiência como pai de um filho que tem dificuldades na escola, mas sucesso no movimento escoteiro.

Em 25 de fevereiro de 2000, Victoria Climbié morreu de uma combinação de hipotermia, desnutrição e abuso físico prolongado. O patologista que examinou seu corpo contou 128 feridas e cicatrizes individuais. Victoria caiu através de uma rede segurada por muitos dos profissionais da educação, saúde, assistência social e direito que deviam tê-la salvo. Sua horrível morte chocou a nação. A investigação subsequente (Department for Education and Skills, 2003) descobriu uma quebra catastrófica na comunicação e uma falha sistemática no trabalho conjunto das organizações de cuidado infantil. Não houve pensamento conjunto ou ação coerente.

A estratégia governamental Every Child Matters (ECM) (Department for Education and Skills, 2003) foi a fênix que surgiu das cinzas desse trágico conjunto de erros. As agências responsáveis por diversos aspectos do cuidado de crianças (incluindo as escolas) hoje devem se comunicar e cooperar na implementação dos cinco requisitos da ECM: "a meta do governo é que cada criança (de 0 a 19 anos), independente de suas origens ou circunstâncias, tenha o apoio de que precisa para ser saudável, ter segurança, satisfação e realizações, dar uma contribuição positiva, alcançar o bem-estar econômico".

A ECM toma forma nas escolas por meio da reforma curricular, da ampliação do atendimento e do maior envolvimento comunitário. Ela enfatiza o conceito de aprendizagem personalizada (Hargreaves, 2006), que reconhece que cada aluno aprende de um modo diferente e que o ensino e as escolas devem evoluir para satisfazer necessidades de aprendizagem diversas e contextos sociais e culturais mutáveis. A ECM segue cinco linhas:

- Avaliação para aprendizagem
- Ensino e aprendizagem efetivos
- Direito e escolhas quanto ao currículo
- Organização da escola
- Além da sala de aula

Existe uma relação pedagógica entre a aprendizagem personalizada e a teoria das inteligências múltiplas (IM), embora essa conexão não seja explicitada nas políticas nacionais. As escolas interpretam a aprendizagem personalizada de suas próprias maneiras, mas algumas usam a teoria das IM.

O CHILDREN'S PLAN

Em resposta a uma consulta de seis meses com membros do público e especialistas de vários campos, o governo lançou o Children's Plan (Department for Children, Schools and Families, 2007), uma estratégia de dez anos para educação, bem-estar e lazer. A esperança expressada por Ed Balls, o ministro da educação, é que a implementação do plano torne "nosso país o melhor lugar do mundo para crescer". Ele situa as famílias como seu centro, pois os jovens passam apenas um quinto do seu tempo na escola. O plano relaciona a aprendizagem efetiva com experiências de qualidade nos quatro quintos restantes do tempo dos jovens, incluindo apoio da família, estimulação e atividades estruturadas fora do dia escolar padrão. O Children's Plan é uma expansão da agenda ECM, para abranger todos os aspectos da vida de uma criança.

O PARADOXO DA AVALIAÇÃO

As três metas básicas do Children's Plan demonstram os diversos critérios pelos quais as crianças são avaliadas – e, portanto, valorizadas – à medida que crescem. Aos 5 anos, o sucesso é medido nas seis áreas diversas do perfil da educação infantil (de 3 a 5 anos): desenvolvimento pessoal, social e emocional; comunicação, linguagem e alfabetização; desenvolvimento matemático; conhecimento e compreensão do mundo; desenvolvimento físico; desenvolvimento criativo. Aos 11 anos, embora ainda seja oferecido um currículo amplo, a medida de desempenho reduziu-se para apenas alfabetização e números. Os padrões nessas duas habilidades são decididos por testes escritos e pela avaliação do professor. Aos 16 anos, a avaliação é feita por meio de um exame escrito público, o General Certificate of Secondary Education, atualmente disponível em 16 disciplinas.

A ECM e o Children's Plan são tentativas válidas de cumprir os requisitos educacionais, sociais e econômicos do século XXI, abordando as necessidades de todas as crianças. Todavia, as medidas de valor citadas são inconsistentes entre as faixas etárias e, depois do estágio fundamental, favorecem apenas crianças com potencialidades linguísticas e lógicas e aquelas que se saem bem em exames. O resultado é um sistema que visa valorizar cada criança, mas impõe aos professores uma cultura de sala de aula que privilegia a aprovação em testes em vez de uma aprendizagem personalizada profunda e significativa. Por que existe esse paradoxo?

A PERSPECTIVA INGLESA SOBRE A INTELIGÊNCIA

A resposta pode estar na visão inglesa da inteligência. Dois aspectos da sabedoria convencional sobre a inteligência na Inglaterra atuam contra a concepção das IM. Em primeiro lugar, existe uma desconfiança para com a liberalidade, particularmente quando se estende às artes, à habilidade de vender ou à generalidade. Em segundo, existe uma percepção bastante limitada daquilo que se chama de "inteligente" – principalmente, a capacidade de apresentar conhecimento factual com rapidez, sob demanda.

Os ingleses desconfiam dos intelectuais, especialmente dos de mente aberta, e preferem manter uma definição restritiva do que é o sucesso. Essa perspectiva é percebida nas observações de dois respeitados comentaristas ingleses. O jornalista e comentarista político Andrew Marr propôs: "existe alguma parte do caráter inglês que não consegue lidar bem com o generalista? Este país ainda suspeita profundamente de pessoas que sabem fazer muitas coisas". O professor de história naval Andrew Lambert concorda: "existe uma profunda desconfiança para com os intelectuais. Aqueles que conseguem lidar com várias disciplinas são, como diz a clássica expressão inglesa, 'meio inteligentes demais'".

Além disso, o inglês revela sua visão da inteligência como regurgitação de fatos pelas habilidades intelectuais valorizadas em programas de televisão. Os participantes geralmente devem lembrar fatos ou realizar tarefas numéricas ou linguísticas simples. Por exemplo, o programa *University Challenge* coloca os chamados alunos mais inteligentes das universidades inglesas frente a frente em várias rodadas rápidas. Aqueles que respondem mais rápido ganham os pontos, e vence a equipe com mais pontos no final do programa.

De maneira implícita, isso iguala a inteligência a volume de conhecimento e velocidade de recordação. Outro programa coloca indivíduos de diferentes profissões uns contra os outros. Contabilistas podem combater cabeleireiras, ou pedreiros contra médicos. Contudo, mais uma vez, a recordação de fatos, em vez da avaliação de alguma habilidade específica para suas profissões, é que decide o vencedor.

NAS SALAS DE AULA INGLESAS

Essa ênfase dos meios de comunicação implica um sistema escolar que valoriza a memória, e a habilidade com letras e números. De fato, a avaliação nacional de todas as crianças de 11 anos, realizada no último ano das séries iniciais do ensino fundamental, tem a forma de testes escritos de matemática, inglês e ciências. Outras disciplinas, habilidades e qualidades pessoais não são testadas ou valorizadas publicamente do mesmo modo. Isso abre caminho para o sucesso explícito do pequeno número de crianças que se sai bem nesses testes.

As escolas sentem a pressão para cumprir as metas de desempenho que são estabelecidas nacionalmente para elas. Desse modo, a pesquisa descobriu que as escolas ensinam para o teste (Select Committee on Children, Schools and Families, 2008), uma ênfase que faz os professores recorrerem a pedagogias tradicionais que são "suficientes". Eles ficam na segurança da sua sala de aula, e não se mostram dispostos a correr riscos com o ensino e com a aprendizagem por medo de fracassarem em suas metas. Essas posturas afetam o tipo de atividades de aprendizagem realizadas.

O POTENCIAL DAS IM

Essas três questões da inteligência, avaliação e atividades de aprendizagem em sala de aula podem ser abordadas por meio das IM. A teoria das IM oferece uma definição mais diversa e inclusiva da inteligência, sugere muitos métodos alternativos de avaliação e apresenta numerosas opções para atividades de aprendizagem. Eis três exemplos que mostram o que é possível com as IM.

Fantoches mudam as percepções do que é inteligência

Originalmente, Lynne Williams desenvolveu seu uso das IM com crianças de 3 e 4 anos em um ambiente não muito solidário. Uma vez disseram a ela: "você não pode tornar as crianças mais inteligentes. [...] Você deve apenas trabalhar com aquelas que já são inteligentes". Lynne queria desfazer essa definição restritiva da inteligência, acreditando que, assim, seria possível melhorar a aprendizagem. Quando conheceu as IM, ela declarou: "Suponho, depois de refletir, que meu envolvimento nas IM começou com um sentimento, uma intuição sobre o que funcionava. Eu não tinha nenhum conhecimento verdadeiro sobre elas quando comecei a lecionar, apenas um entendimento de que aprendia melhor quando trabalhava em certas condições e quando conseguia demonstrar minha aprendizagem de maneiras que não envolvessem um exame com tempo limitado".

Lynne tem uma posição administrativa em sua escola e conseguiu incluir as IM em muitos aspectos da vida escolar: reuniões e oficinas para os pais, formação para os funcionários, e metas de desempenho inspiradas nas IM. Incluindo as IM, ela está implícita e explicitamente alterando o que significa ser inteligente. Seu verdadeiro desafio, porém, foi garantir que as crianças desenvolvessem uma definição muito mais rica da inteligência do que costuma ser expressado por crianças de 3 e 4 anos.

Primeiramente, Lynne ajudou as crianças a criarem a sua própria linguagem para as IM. Por exemplo, a inteligência musical é "inteligência lá, lá, lá", e a inteligência cinestésica é "inteligência agitada". Contudo, o verdadeiro impacto veio com a introdução dos fantoches das IM. Cada fantoche foi feito com uma colher de madeira e decorado com características que correspondiam a uma inteligência. As colheres tinham o mesmo tamanho, acarretando igualdade de inteligência. Lynne desenvolveu uma abordagem para ajudar as crianças a entender e responder aos fantoches, começando com as apresentações:

Na hora do círculo, falei às crianças que havia trazido alguns amigos para conhecê-las. Porém, os amigos eram muito tímidos. Uma criança respondeu dizendo: "nós vamos ser amigos deles. [...] Vamos cuidar deles!". Um por um, os fantoches de colher surgiam e sussurravam algo para mim. Eu sussurrava de volta e dizia para as crianças o que eles estavam me dizendo, por exemplo: "o inteligente para números diz que você parecem legais. Ele gosta do sorriso de vocês". Outra criança perguntou: "se a gente tiver cuidado, será que eles gostariam de vir para o círculo, para a gente dar oi?". Falei que precisaríamos fazer com que se sentissem seguros, e então, quando o primeiro fantoche foi para o círculo, uma criança disse: "qual é o seu nome?". "Vamos perguntar a ele", respondi. "Sou o inteligente para amizades", disse o fantoche, sussurrando para mim. À medida que cada criança pegava o fantoche, ela sussurrava "oi, inteligente para amizades" para ele. Quando esse primeiro fantoche completou a sua volta de boas-vindas, perguntei às crianças: "para que vocês acham que ele é inteligente?". "Ser amigo", foi a resposta. Então, questionei mais um pouco, e discutimos como seria um bom amigo. Cada fantoche foi apresentado da mesma forma, e, ao final da sessão, tínhamos oito novos membros na classe! Agora, usamos os fantoches para estimular e ampliar as experiências de aprendizagem e como alteregos para as crianças usarem quando querem se expressar de maneiras alternativas, inspiradas nas IM.

Os fantoches são usados na classe para ajudar na aprendizagem e na avaliação e para dar a todas as crianças (independente da habilidade ou talento) um alterego com o qual possam se identificar. Os fantoches ficam na sala e sempre estão presentes como um lembrete constante de que a inteligência é mais que letras e números.

A modelagem das IM enriquece as atividades de aprendizagem

Os bons professores usam as IM intuitivamente, ou usariam se tivessem ideias e permissão para fazê-lo. Com frequência, o foco no desempenho em uma área limitada restringe a adoção das IM. Modelando o uso das IM, espero inspirar outras pessoas a desenvolverem sua prática de sala de aula. Tenho treinado professores e feito aulas demonstrativas com as IM há mais de seis anos, depois de 10 anos como professora de sala de aula.

Tenho notado uma mudança de atitude em relação às IM. Em 2001, eu pedia à plateia para escolher quem, em uma lista de celebridades, era mais inteligente. Eles debatiam, discutiam e argumentavam, e chegavam a uma única resposta final. Em 2008, a mesma questão evoca uma variedade de respostas, e poucas pessoas se comprometem com uma única: "cada um é inteligente à sua maneira". Para maiores informações acesse o site:/http://www.thinkingclassrom.co.uk. A maioria das 159 pessoas que responderam acredita que as IM são benéficas para a aprendizagem e possíveis de implementar. Eis os principais resultados da enquete:

Enriquecem a aprendizagem e são fáceis de usar	64,8 %
Enriquecem a aprendizagem, mas são difíceis de usar	18,9 %
São apenas mais um método da moda	6,9 %
Atrapalham a aprendizagem	1,3 %

Outros 8,2% não sabiam o que eram as IM. Todavia, essa enquete deve ser vista no contexto. Normalmente, as escolas que me chamam são aquelas que já usam ou querem usar as IM, e meu *website* geralmente é visitado por professores que já usam métodos não tradicionais.

As escolas tendem a procurar duas coisas. Querem saber sobre a teoria das IM ou descobrir como utilizá-la em sala de aula para transmitir seus currículos. Algumas escolas já entendem o básico. Outras usam os termos "estilos de aprendizagem" e "inteligências múltiplas" como se fossem iguais, e buscam um esclarecimento prático das diferenças. Um número cada vez maior tem pedido aulas demonstrativas. Depois de fazer as demonstrações, os professores me dizem que ganharam aprovação tácita e permissão implícita para fazer o mesmo tipo de aula por conta própria. Somente nos últimos anos é que esses mesmos professores foram liberados das restrições conteudísticas do currículo nacional, com suas estratégias prescritivas de alfabetização linguística e numérica. Depois de muitos anos ouvindo o que devem ensinar e como ensinar, os professores, de maneira compreensível, hesitam em correr riscos criativos. Mesmo agora, eles devem produzir resultados nos exames antes de garantirem a aprendizagem.

As sessões de formação de professores são bem recebidas. Faço questão de usar as IM no planejamento de todas as minhas oficinas. Por exemplo, em uma sessão, eu tinha 60 minutos para inspirar 30 professores a experimentar as IM em suas salas. Sem tempo para uma elucidação detalhada da teoria, pulamos para uma canção com as IM: as oito inteligências e meia descritas em ações, palavras e uma música. Levamos três minutos para aprender a canção; depois, pedi a eles que lembrassem a letra. Cada pessoa fez isso de maneira diferente: alguns escreveram, outros falaram, alguns trabalharam a sós, e a maioria trabalhou em dupla. Uns solfejaram a canção, muitos repetiram as ações, e alguns desenharam. Todos se divertiram, e todos lembraram. Espero que tenha conseguido passar a ideia. Eu podia ter distribuído um folheto e pedido que o lessem, ou quem sabe até copiassem as informações. Ao invés disso, deixei que todos usassem suas potencialidades e permitissem que suas preferências se revelassem.

Em seis anos, já trabalhei com milhares de pessoas, e consigo lembrar de apenas três que foram bastante críticas das IM. Um participante saiu da sessão citada quando começamos a cantar a canção das IM: "Isso é muito legal, mas eu simplesmente não tenho tempo para essa cantoria e para ficar levantando da cadeira e sentando. Tenho um currículo para lecionar, como você sabe!". Outra pessoa disse em alto e bom tom: "É estúpido sequer imaginar que todos possam ser inteligentes". Um terceiro crítico tipificou o que uma minoria muito pequena e silenciosa provavelmente pense durante minhas sessões: que as IM são apenas mais uma iniciativa e que simplesmente não há tempo para isso.

A vasta maioria dos professores se envolve nas oficinas. Eles entendem que as IM estão proporcionando instrumentos efetivos para a sala de aula, e uma filosofia que valoriza cada criança por quem ela é e pode se tornar. Além disso, os professores agora têm oito pontos de entrada possíveis para o mesmo conteúdo e oito áreas para avaliar potencialidades.

O movimento escoteiro lida com a inteligência e com a avaliação

Eu suspeitava que meu filho, de 2 anos, tinha dificuldades linguísticas graves e certas potencialidades cognitivas. Em específico, achava que ele tinha a inteligência visuoespacial e a lógica bastante acima da média, mas uma inteligência linguística significativamente reduzida. O "balde furado" era e é uma ótima metáfora para a sua aprendizagem. Ele tem dificuldade para aprender vocabulário e as regras da língua, e também precisa dar duro para decodificar a palavra escrita. Todavia, consegue construir estruturas físicas e resolver problemas da vida real de um modo esperado para alguém muito mais velho.

Em seus primeiros anos de escola, meu filho era rotulado como "feliz", mas "um pouco lento" e "apenas um menino". A avaliação formal das suas dificuldades não foi considerada necessária, e o reconhecimento de suas potencialidades não condizia com as políticas e prioridades da escola. Finalmente, levei meu filho para ser avaliado por um fonoaudiólogo fora do sistema escolar e descobri uma enorme discrepância entre vários aspectos do seu perfil de aprendizagem e capacidades. De forma mais notável, meu filho tinha um escore de QI visual de 139 (padronizado) e de fluência em leitura de 78 (padronizado). Suas habilidades básicas em alfabetização estavam bastante abaixo da sua idade cronológica, e a lacuna entre elas e suas habilidades avançadas de processamento aumentava diariamente. Foram descritas várias tendências disléxicas, para as quais se recomendava a intervenção cotidiana de um especialista.

Essa intervenção, mesmo assim, não viria a ocorrer. Começou a luta por apoio adicional (juntamente com o reconhecimento das suas potencialidades), uma batalha que ainda é travada por ele em 2009. A dificuldade está nos critérios para atendimento com apoio linguístico. Suas necessidades não são suficientemente graves para justificar o gasto adicional. Todavia, o que não aparece no cálculo é a disparidade entre as suas necessidades e o seu potencial.

Além disso, seu potencial permanece abaixo do radar quando a escola procura alunos superdotados, pois os critérios estão relacionados com as disciplinas do currículo escolar e não incluem as habilidades mais genéricas de resolução de problemas e pensamento visual. Se a escola olhasse através das lentes das IM, encontraria um garoto com um perfil bastante assimétrico. Contudo, teria um modelo para reconhecer suas fraquezas e valorizar as suas potencialidades.

Existe uma organização em que meu filho floresce, e ela ainda não entende o quão bem está implementando a teoria das IM: o movimento escoteiro. Uma noite, ao final da sua sessão semanal, assisti com orgulho enquanto meu filho fazia uma apresentação no PowerPoint para o resto do grupo, sobre a criação de modelos para insígnias. Pela primeira vez, ele teve sucesso e foi valorizado publicamente por suas habilidades e talentos singulares.

Em todos os níveis dessa organização, garotos e garotas podem trabalhar em uma variedade de insígnias, em níveis crescentes de dificuldade. As insígnias são indicadores externos do desempenho em vários domínios, que podem ser facilmente mapeadas em combinações de todas as inteligências. Por exemplo, a insígnia da conservação global aplica-se à inteligência naturalista, a de navegação exige habilidades visuoespaciais, e a do comunicador usa as inteligências verbal-linguística e interpessoal. O passatempo das insígnias permite valorizar qualquer interesse e, portanto, qualquer inteligência. Enquanto a escola se concentra em áreas específicas dentro de um currículo mais limitado, o escotismo valoriza igualmente competências em um grande número de áreas: artistas com astrônomos, cientistas e skatistas. Com base nessas evidências, uma criança talentosa e disléxica é mais bem atendida no escotismo do que na escola.

CONCLUSÃO

As políticas educacionais inglesas têm a criança em seu centro. Existe uma vontade política que realmente quer que cada criança importe, seja valorizada e tenha êxito. Infelizmente, certos aspectos do mesmo sistema educacional não são congruentes com esses objetivos. Existem contradições internas que levam a criança e o professor para direções diferentes. Por um lado, a criança deve importar. Por outro, a criança somente importará se tiver certas habilidades e puder passar nos exames.

Creio que esses e outros paradoxos são causados em parte pela crença de que a inteligência é específica e fixa na natureza. Argumento que minha forma de ensino inspirada nas IM pode tratar as contradições e cito três exemplos em que isso está acontecendo: os fantoches de Lynne Williams, que mudaram drasticamente as percepções das crianças sobre o que significa ser inteligente. A formação de professores que proponho incorpora as IM em seu estilo e, pela demonstração prática, dá aos professores os instrumentos e a permissão para enriquecer sua prática de sala de aula. O movimento escoteiro valoriza igualmente uma grande variedade de domínios e permite que seus membros demonstrem suas realizações de maneiras diferentes. Ele oferece um modelo que simultaneamente aborda as questões da definição de inteligência e da avaliação. Esses exemplos sugerem que a adoção do pensamento inspirado nas IM em âmbito nacional e o uso do ensino também inspirado nas IM nas salas de aula são compatíveis com os objetivos declarados da ECM e do Children's Plan.

Referências

Department for Children, Schools and Families. (2007). *The children's plan: Building brighter futures.* London: The Stationary Office Ltd.

Department for Education and Skills. (2003). *Every child matters green paper.* London: The Stationary Office Ltd.

Hargreaves, D. (2006). *Personalised learning.* London: Specialist Schools and Academies Trust.

Laming, W. H. (2003). *The Victoria Climbie inquiry.* London: Her Majesty's Stationery Office.

Select Committee on Children, Schools and Families. (2008). *Third report.* London: The Stationary Office Ltd.

INTELIGÊNCIAS MÚLTIPLAS NA IRLANDA

ÁINE HYLAND | MARIAN MCCARTHY

Na Irlanda, a perspectiva das IM de Howard Gardner foi a teoria certa no lugar certo e na hora certa. Na década passada, a população da Irlanda mudou, deixando de ser basicamente monolítica em termos de língua, cultura, origem étnica e religião, para se tornar multicultural e diversa. As novas leis educacionais que surgiram na Irlanda no final da década de 1990 exigiam que o sistema educacional, em todos os níveis, fosse inclusivo e facilitasse o respeito pela diversidade de estudantes no sistema. A teoria das IM foi o modelo ideal para a reforma curricular e para o ensino da pré-escola ao terceiro nível. Este capítulo descreve como um projeto de pesquisa e desenvolvimento sobre as IM, currículo e avaliação, que começou no University College Cork em 1996 e influenciou um número cada vez maior de legisladores educacionais, formadores de professores, líderes educacionais, diretores de escolas, professores e estudantes em todos os níveis do sistema educacional irlandês.

Na década de 1990, a população da Irlanda mudou, deixando de ser basicamente monolítica em termos de língua, cultura, origem étnica e religião, para se tornar multicultural e diversa, com grandes implicações para o sistema educacional irlandês. Até a década de 1990, a população da Irlanda, em comparação com outros países europeus e com os Estados Unidos, era relativamente homogênea. A Irlanda praticamente não havia tido imigração, mas conhecia bem a emigração. Todavia, o cenário mudou bastante na década de 1990, quando o país teve uma explosão econômica sem precedentes e ficou conhecido como o Tigre Céltico. Como resultado disso, a Irlanda começou a atrair imigrantes de muitos países, sobretudo do Leste Europeu, da África e da Ásia. Antes uma sociedade basicamente monolítica em termos de etnia, cor, língua e religião, a Irlanda se tornou um país muito mais diverso quase da noite para o dia, com uma mistura eclética de pessoas de várias origens culturais, étnicas, religiosas e linguísticas.

Embora esse tenha sido um acontecimento animador e bem-vindo, criou um desafio para um sistema educacional que tinha pouca experiência com uma população escolar tão diversa. Tradicionalmente, as crianças irlandesas em idade escolar frequentavam escolas diferentes, dependendo de sua confissão religiosa. Desde o início do século XIX, as escolas na Irlanda são administradas por instituições religiosas, embora com significativa ajuda estatal. Mais de 98% das escolas de séries iniciais de ensino fundamental pertencem à Igreja Católica Romana e são por ela administradas. Quase todo o restante é administrado por outras igrejas, como a Igreja da Irlanda e a Igreja Presbiteriana. Menos de 0,5% tem denominação mista, ou seja, são escolas frequentadas por crianças de todas as origens religiosas ou sem afiliação religiosa. Não existem escolas de séries iniciais de ensino fundamental estatais ou administradas pelo Estado ou por autoridades públicas. A maioria das escolas para crianças de 12 a 18 anos também é administrada por instituições religiosas. São escolas academicamente seletivas, embora a introdução da educação secundarista livre no final da década de 1960 tenha começado a erodir essa tradição elitista.

A NOVA LEGISLAÇÃO EDUCACIONAL DO FINAL DA DÉCADA DE 1990

O Education Act de 1998 reconheceu pela primeira vez a natureza diversa da população irlandesa. A lei exige explicitamente que o sistema educacional proporcione "educação a cada pessoa no país, incluindo qualquer pessoa portadora de deficiência ou de outras necessidades educacionais especiais" e "respeita a diversidade de valores, crenças, línguas e tradições na sociedade irlandesa". De maneira semelhante, o University Act de 1997 exigiu que as universidades desenvolvessem uma política de igualdade, enfatizando o "acesso à universidade e à formação universitária para pessoas em desvantagem econômica ou social, para pessoas portadoras de deficiência e para pessoas de setores da sociedade significativamente sub-representados no corpo dicente".

A nova legislação educacional da década de 1990, portanto, desafiou as escolas em todos os níveis a proporcionar educação que respeitasse todas as crianças e jovens igualmente, independente de suas capacidades ou incapacidades ou de sua origem cultural, social, linguística, étnica ou religiosa. A teoria das inteligências múltiplas (IM) poderia contribuir para um arcabouço pedagógico segundo o qual as escolas implementariam um etos inclusivo.

Todavia, talvez seja equivocado sugerir que a sociedade irlandesa ou o sistema escolar irlandês tenha sido tradicionalmente insensível àqueles que eram diferentes ou não se conformavam com a visão tradicional da inteligência. Em *Frames of Mind*, Gardner (1983) apontou que a definição de inteligência varia de cultura para cultura, e que diferentes comunidades valorizam diferentes formas de inteligência.

A PALAVRA *INTELIGENTE* NA LÍNGUA IRLANDESA

Não existe palavra para inteligência na língua irlandesa. A palavra *inteligente* pode ser traduzida para uma variedade de palavras diferentes, dependendo do contexto em que está sendo usada. As palavras irlandesas *étrim aigne* e *éirimiuil* provavelmente sejam as que mais se aproximam de *inteligência* e *inteligente*. Contudo, são pouco usadas, e raramente dentro de um contexto escolar.

A palavra *cliste* provavelmente seja a mais usada para denotar inteligência ou esperteza. *Duine cliste* é uma pessoa esperta (esperta com conotações positivas), mas *cliste* não se limita à aprendizagem acadêmica. Envolve criatividade, talento e habilidades em uma ampla variedade de áreas. *Duine glic* também é uma pessoa esperta, mas geralmente inteligente na busca de seus próprios interesses. Essa inteligência pode se manifestar na evasão de impostos ou dívidas ou na fuga de uma punição merecida.

Duine críonna é uma pessoa sábia ou sagaz, conhecedora do mundo, a partir da experiência de muitos anos. Em lendas e mitos antigos irlandeses, o sábio costumava ser representado como um idoso da comunidade, um velho ou uma velha reflexivos, que os vizinhos admiravam e chamavam para resolver disputas antigas. Outra palavra que infere inteligência na língua irlandesa é *stuama*. *Duine stuama* significa firme, confiável e sensível, uma forma importante de inteligência em certas situações. Além disso, as traduções de dicionários modernos para a palavra *inteligente* trazem as palavras *intleachtúil*, derivada de "intelectual", e *tuisceanach*, que se traduz diretamente como "entendimento".

A variedade de descrições da inteligência na língua irlandesa explica em certo nível por que os testes de quociente de inteligência (QI), como o de Stanford/Binet, que se concentram principalmente na inteligência linguística e lógico-matemática e que eram populares em muitos países durante o século XX, não fazem parte da paisagem irlandesa. Embora a noção de testagem da inteligência tenha sido bem recebida entre os acadêmicos de educação irlandeses nas décadas de 1930 e 1940, os testes de QI não foram usados de modo geral na Irlanda, o que se atesta pelo fato de nunca ter havido nenhuma versão de testes de QI na língua irlandesa. Faz pouco que a testagem do QI entrou no cenário educacional irlandês e seu uso se limita principalmente a identificar crianças com necessidades educacionais especiais para garantir que lhes sejam proporcionados recursos adicionais de aprendizagem.

O CURRÍCULO NAS ESCOLAS DE ENSINO FUNDAMENTAL IRLANDESAS

Desde o começo da década de 1970, não houve nenhum exame nacional ou testagem nacional de crianças da escola de ensino fundamental na Irlanda. Esse fato torna mais fácil para os professores adotar uma abordagem de IM ao ensino e à aprendizagem. Em 1971, seguindo a introdução do ensino médio livre, um novo currículo foi desenvolvido na Irlanda para a escola de ensino fundamental. Introduziu-se um currículo centrado na criança, e aboliu-se o exame nacional ao final da 4ª série. Passou-se a usar um cartão de registro individual do progresso e das realizações do aluno.

A abordagem pedagógica nas escolas de ensino fundamental mudou: passou do ensino didático baseado na classe para a descoberta orientada. O professor deve ser um facilitador da aprendizagem, e as crianças, desempenhar um papel mais ativo em sua própria educação. O currículo prescritivo, limitado e voltado para o conteúdo dos primeiros anos da independência irlandesa foi substituído por diretrizes curriculares nacionais, com uma variedade mais ampla de disciplinas, incentivando a integração destas e proporcionando flexibilidade e opções de escolha para escolas e professores. O atual currículo nacional na Irlanda, que foi revisado e aperfeiçoado em 1999, reconhece explicitamente que as crianças têm estilos diferentes de aprendizagem e potencialidades diferentes relacionadas com a inteligência. Esse currículo se aplica a uma abordagem de ensino e aprendizagem baseada nas IM.

Apesar de não existir testagem nacional nessas escolas na Irlanda (ou talvez por causa disso), os níveis de alfabetização e numeralização são elevados. No estudo internacional mais recente sobre o desempenho estudantil, realizado pela Organização para Cooperação e Desenvolvimento Econômico (Organization for Economic Cooperation and Development, 2006), o estudo PISA, os alunos irlandeses ficaram em segundo lugar em melhor desempenho na União Europeia em termos de alfabetização. Apenas 11% dos alunos de 15 anos são classificados como de desempenho baixo na Irlanda, comparados com uma média de quase 19,8% nos demais países participantes. Todavia, as taxas de alfabetização e numeralização são consideravelmente mais baixas entre alunos de origens menos favorecidas do que entre os de origens mais favorecidas, estes têm quatro vezes mais probabilidade de se matricular na educação superior do que seus pares em situações menos vantajosas.

A docência para o ensino fundamental na Irlanda é uma profissão bastante procurada, que atrai 15% dos melhores alunos do ensino médio. Os professores do ensino fundamental são bem educados, recebem distinções, têm uma sólida formação teórica e prática. Esses professores estão abertos a pedagogias novas e inovadoras, e esperam que elas se baseiem na teoria e se mostrem relevantes e adequadas ao currículo que estão lecionando.

O CURRÍCULO NAS ESCOLAS DE ENSINO MÉDIO IRLANDESAS

A abordagem pedagógica nas escolas de ensino médio tende a ser mais tradicional do que nas escolas de ensino fundamental. Ela enfatiza o ensino baseado no conteúdo e a aprendizagem baseada no livro-texto. Embora tenha havido mudanças significativas no currículo do ensino médio nos últimos anos, para atender as necessidades de aprendizagem de uma população diversa de alunos, os exames *junior certificate* e *leaving certificate* continuam a ter uma grande influência no ensino e na aprendizagem nessas escolas.

O *leaving certificate*, em particular, é um exame rígido, pois os seus resultados determinam o acesso à educação superior. As universidades irlandesas baseiam-se unicamente nos resultados do *leaving certificate* para preencher vagas restritas, nos cursos de mais prestígio, como direito, medicina e odontologia, que exigem níveis mais altos de desempenho. Os estudantes podem escolher entre 30 disciplinas em diferentes níveis (níveis fundamental, comum e superior) para o *leaving certificate*, e muitos dos currículos são inovadores e criativos. Contudo, os requisitos do exame dominam o ensino nas escolas de nível médio, especialmente no terceiro e no último ano, em preparação para os exames do *junior certificate* e do *leaving certificate*.

Entretanto, existe um ano da escolarização em que os alunos são incentivados a explorar as IM e a realizar projetos que reflitam seus interesses e capacidades individuais: o ano de transição, que ocorre depois que os alunos concluíram o exame do *junior certificate* – geralmente por volta dos 15 anos de idade. Segundo as diretrizes nacionais, o ano de transição "proporciona uma ponte para ajudar os alunos a fazer a transição de um ambiente altamente estruturado para um em que assumem maior responsabilidade por sua própria aprendizagem e decisões. Os alunos participam de estratégias de aprendizagem que são ativas e experimentais e que os ajudam a desenvolver uma variedade de habilidades transferíveis e criativas de pensamento crítico e de resolução de problemas" (National Council for Curriculum and Assessment, 2004).

AS IM NA IRLANDA

Kathleen Lynch, diretora do Centro de Estudos da Igualdade do University College Dublin, foi a primeira pessoa na Irlanda a escrever sobre a teoria das IM de Gardner e a discutir seu potencial para a educação irlandesa. Em 1989, ela citou a teoria em seu livro, *The Hidden Curriculum* (Lynch, 1989). Em um livro posterior, *Schools and Society in Ireland* (Drudy e Lynch, 1993), ela dedicou todo um capítulo ao tópico da inteligência, do currículo e da educação. Lynch argumentou que a definição de *inteligência* é crucial, pois "o que se define como inteligência ou capacidade tem um efeito profundo no que se define como conhecimento legítimo nas escolas" (Drudy e Lynch, 1993).

Em janeiro de 1995, Lynch convidou Gardner ao University College Dublin, onde ele palestrou e facilitou uma oficina para legisladores e formadores de professores. Como resultado dessa palestra e oficina, decidimos iniciar um projeto de pesquisa-ação, a ser financiado pela Atlantic Philanthropies, sobre IM, currículo e avaliação no University College Cork (UCC), onde nós duas éramos do corpo docente. A questão de pesquisa fundamental abordada pelo projeto concentrava-se em descobrir se a teoria das IM poderia ser aplicada para melhorar aspectos do currículo e da avaliação nos níveis dos ensinos fundamental e médio na Irlanda. O projeto envolvia educadores de todos os níveis e setores, e tinha um componente de pesquisa-ação que envolvia mais de 30 professores de escolas da região de Cork.

Durante o primeiro ano do projeto, a ênfase era na teoria das IM e no desenvolvimento de abordagens pedagógicas usando pontos de entrada múltiplos. Essa abordagem foi facilmente entendida e rapidamente adotada pela maioria dos participantes das escolas. Um professor do ensino fundamental (hoje inspetor-chefe assistente do Ministério da Educação nacional) escreveu sobre como usava a teoria das IM:

> Minha turma 5ª série e eu temos trabalhado com as IM nos últimos meses. Como professor, a teoria me atraiu por causa da visão bastante ampla da inteligência que ela promove. As IM dão às escolas uma teoria educacional que genuinamente valoriza *todos* os talentos que as crianças possuem. É uma filosofia positiva da educação, que procura as potencialidades nas pessoas e realmente as valoriza. Todos os talentos que as crianças trazem para a escola são desenvolvidos e valorizados. Na sala de aula das IM, usamos essas potencialidades como portais para a aprendizagem. Ensinar com as IM significa procurar uma história, um poema, um desenho, uma canção, uma charada ou uma dança. Em suma, qualquer coisa que ajude uma criança a se conectar com um conceito ou habilidade nova.
>
> [...] Como o ensino e a aprendizagem com as IM ocorrem na sala de aula? Em uma palavra – brilhantemente! As crianças realmente amam o trabalho em grupo, o compartilhamento, as trocas, as canções, os desenhos, os cálculos, as histórias, planejamento, as decisões – o que for. Mas tenho certeza de que sua maior satisfação vem de terem seus próprios interesses valorizados como uma parte central do processo de aprendizagem. A aprendizagem não é apresentada como a mesma dieta para todos.
>
> Parte importante do nosso trabalho de classe é aprender que todos temos interesses e talentos diferentes. Cada um dos [alunos] da minha sala de aula fez o seu próprio Passaporte das IM – refletindo sua mistura específica de interesses e capacidades. Estamos aprendendo que, quando encontramos algo novo, certos caminhos de aprendizagem funcionam muito bem para nós. (O Donnchadha, 1997).

Quando começaram a se envolver mais profundamente com o planejamento curricular e a integrar conteúdo, pedagogia e avaliação, muitos professores do projeto das IM observaram que a teoria sozinha não era suficiente. Conforme perguntou um professor, que gostava do valor da consciência dos professores sobre a teoria das IM: "O que você faz com essa consciência? Fomenta? Aplica em métodos de ensino? Aonde se vai a partir da consciência?".

ENSINAR PARA A COMPREENSÃO

A resposta para muitos dos professores foi adotar uma abordagem de ensinar para a compreensão (*Teaching for Understanding*, TfU). O modelo de ensino para a compreensão, desenvolvido no Projeto Zero da Universidade Harvard sob orientação de Gardner, David Perkins e Vito Perrone, baseia-se em uma visão particular da compreensão, denominando-a "visão da apresentação" (Blythe, 1998; Stone-Wiske, 1997). A perspectiva da apresentação afirma, em suma, "que a compreensão é questão de ser capaz de fazer uma variedade de coisas que provoquem o pensamento sobre um tópico, como explicar, encontrar evidências e exemplos, generalizar, aplicar, propor analogias e representar o tópico de novas maneiras" (Blythe, 1998, p. 12). O modelo contém quatro ideias básicas: geração de tópicos, entendimento de objetivos, apresentações da compreensão e avaliação contínua. As boas apresentações da compreensão permitem que os alunos construam e demonstrem sua compreensão de várias maneiras. O professor pode criar apresentações com vistas a dar suporte às IM dos alunos e a construir com base nas suas inteligências potenciais. O projeto de Cork descobriu que o modelo de ensino para a compreensão é ideal ao uso em conjunto com uma abordagem inclusiva das IM na criação, implementação e avaliação do currículo.

Os resultados gerais do projeto das IM no UCC confirmaram que a teoria das IM era coerente com a filosofia de educação prevalecente nas escolas de ensino fundamental irlandesas, que incentiva uma abordagem de educação centrada na criança (Hyland, 2000). Nas escolas de nível médio, a dominância da abordagem de ensino e aprendizagem para os exames atuou contra a implementação da teoria das IM. Contudo, havia bons exemplos de abordagens de IM em certas áreas disciplinares, particularmente nas classes do 1° e 2° ano e do ano de transição.

De modo geral, os professores envolvidos no projeto reconhecem que a teoria das IM proporcionava uma nova lente pela qual podiam enxergar o potencial dos seus alunos. Isso foi particularmente verdadeiro com alunos cujo desempenho acadêmico era fraco e quando as expectativas dos professores eram tradicionalmente limitadas. A teoria das IM foi especialmente bem-recebida por professores em escolas de áreas socialmente desfavorecidas. Isso confirmou a visão dos líderes do projeto de que seria necessário trabalhar mais com essas escolas, e que qualquer nova iniciativa de apoio deveria ser de âmbito escolar, em vez de apenas envolver professores individuais.

Em 2001, foi criado um projeto de parceria entre a universidade e as escolas, chamado Bridging the Gap, com a participação de 40 escolas dos ensinos fundamental e médio de áreas em desvantagem social da cidade de Cork. O objetivo do projeto era fechar a lacuna existente entre alunos de escolas localizadas em áreas de desvantagem social e seus pares mais favorecidos. Embora o foco do projeto não estivesse especificamente nas IM, a sua filosofia foi adotada desde o começo, e as artes tiveram papel importante, ajudando a aumentar as oportunidades educacionais dos alunos envolvidos. Os pesquisadores do Projeto Zero de Harvard estiveram em Cork em diversas ocasiões para fazer oficinas e seminários e para promover e avaliar o trabalho do projeto. Os efeitos osmóticos e em cascata dessas atividades sobre a cultura educacional de Cork foram significativos. Embora o envolvimento e a aplicação da teoria das IM e outras práticas associadas a ela tenham diferido de indivíduo para indivíduo e de escola para escola, a linguagem das IM se tornou moeda corrente em Cork. A teoria das IM passou a ser cada vez mais aceita na Irlanda.

AS IM E O ENSINO PARA A COMPREENSÃO NA FORMAÇÃO DE PROFESSORES

Um curso de um ano de pós-graduação em educação é pré-requisito para a docência em nível médio na Irlanda. Quase 2 mil professores que obtiveram esse diploma no UCC entre 1997 e 2007 foram apresentados à teoria das IM e ao modelo de ensino para a compreensão e incentivados a usar essas abordagens em sala de aula. Um trecho extraído do portfólio de ensino de um desses professores demonstra como a teoria das IM influenciou o pensamento e as pedagogias desses professores durante sua prática de ensino na sala de aula:

> Em termos de ensino e aprendizagem, a teoria das IM concentra nossa mente no fato de que precisamos abordar a pluralidade do intelecto da criança. [...] A discussão em grupo proporciona uma oportunidade para a criança fazer uma contribuição valiosa. [...] O fato de que cada pessoa no grupo tem seus pontos fortes serve para tornar o grupo mais forte, pois todos precisam uns dos outros. [...] Se realmente aceitamos e valorizamos a teoria das IM, devemos procurar e desenvolver metodologias que permitam que todas as inteligências resplandeçam na experiência da aprendizagem. Isso significa que não podemos voltar à estrutura hierárquica do ensino. Pelo contrário, devemos agarrar a noção do construtivismo com as duas mãos e dar liberdade aos alunos para explorarem e construírem o conhecimento e o entendimento a partir das suas próprias potencialidades.

AS IM E A COMUNIDADE EDUCACIONAL MAIS AMPLA NA IRLANDA

O projeto das IM no UCC também visava influenciar atitudes entre os legisladores educacionais em âmbito nacional. Isso foi feito por meio de uma série de estratégias, incluindo palestras, oficinas e seminários para diversos grupos de interesse e indivíduos; pelo envolvimento em comitês curriculares nacionais e corpos consultivos, e por reuniões individuais com legisladores influentes. Muitas dessas estratégias se mostraram efetivas ao longo do tempo. Os documentos e as diretrizes da política educacional nacional durante os últimos 10 anos fazem cada vez mais referência à teoria das IM e sua relevância para o ensino e para a aprendizagem.

Uma busca recente no *website* do Conselho Nacional de Currículo e Avaliação (*National Council for Curriculum and Assessment, NCCA*), o grupo oficial que orienta o governo irlandês em questões de currículo e avaliação na pré-escola e nos ensinos fundamental e médio, identificou numerosas referências à teoria das IM na documentação do NCCA. A seção "Novos entendimentos do desenvolvimento infantil" (*New Understandings of Child Development*) nas diretrizes sobre a educação na primeira infância, *A Framework for Early Learning* (2007a), inclui a teoria das IM de Gardner. Reconhece-se que essa teoria "abre caminho aos princípios subjacentes ao Documento Consultivo do NCCA de 2004 e à *Framework for Early Learning* de 2007".

Outro documento publicado recentemente pelo NCCA, *Exceptionally Able Students: Draft Guidelines for Teachers* (2007b), leva a teoria das IM explicitamente em conta ao descrever capacidades excepcionais e sugerir listas para identificar crianças com essas capacidades. (Esse foi o primeiro documento conjunto publicado pelo NCCA da Irlanda e pelo CEA da Irlanda do Norte e talvez seja o marco do começo de uma nova era de cooperação em questões educacionais entre o norte e o sul da ilha, seguindo a assinatura do tratado da Irlanda do Norte pelos governos irlandês e britânico e a instalação de um governo compartilhado na Irlanda do Norte em 2006.) Essa publicação tem um capítulo intitulado "Outras maneiras de pensar sobre ensino e aprendizagem", que enfatiza a teoria das IM e dá exemplos de estratégias de ensino baseadas nas várias inteligências. Referências explícitas à teoria das IM também podem ser encontradas em documentos nacionais relacionados com as artes no ensino fundamental; educação social, pessoal e de saúde; avaliação do currículo fundamental; educação cívica, social e política no nível médio, e abordagens de ensino e aprendizagem no ano de transição.

A TEORIA DAS IM E O ENSINO PARA A COMPREENSÃO NO ENSINO E APRENDIZAGEM NA UNIVERSIDADE

A partir do final da década de 1990, foram disponibilizadas verbas específicas do órgão financiador da educação superior nacional, a Higher Education Authority, para melhorar o ensino e a aprendizagem nas universidades e aumentar o acesso para grupos que tradicionalmente eram pouco representados. Esses grupos compreendem estudantes de grupos socioeconômicos inferiores, estudantes com deficiências e estudantes idosos. As universidades foram incentivadas a expandir suas abordagens de ensino para desenvolver um ambiente de aprendizagem mais inclusivo, que reconhecesse a diversidade de aprendizes.

Entre os projetos financiados no UCC sob as iniciativas aprovadas, estavam "A Multiple Intelligences Approach to Teaching and Learning" e "Teaching for Understanding in a University Context". Esses projetos e cursos de desenvolvimento profissional para docentes proporcionaram uma nova oportunidade para aplicar a teoria das IM e o modelo do ensino para a compreensão, desta vez em um contexto de ensino universitário. Além de serem influenciados pelo trabalho do Projeto Zero, os cursos baseavam-se nos resultados de pesquisas realizadas pela Carnegie Foundation for the Advancement of Teaching, em particular o trabalho da Carnegie Academy for the Scholarship of Teaching and Learning in Higher Education. Entre esses estudos, destaca-se o trabalho seminal de Boyer, *Scholarship Reconsidered* (1990), e sua continuação, *Scholarship Re-Assessed* (Glassick, Juber e Maeroff, 1997), bem como as várias publicações de Pat Hutchings (1996, 1998) sobre portfólios de ensino e disciplinares, o trabalho sobre as abordagens disciplinares de ensino e aprendizagem de Mary Huber (Huber, 2004; Huber e Hutchings, 2005; Huber e Morreale, 2002), e o trabalho de Lee Shulman (2004) sobre pedagogias especiais. A complementaridade do trabalho de especialistas e pesquisadores da Carnegie Foundation e do Projeto Zero foi particularmente relevante para professores universitários no UCC (Hyland, McCarthy e Higgs, 2007).

Em seus planos estratégicos, o UCC se compromete explicitamente com a igualdade; inclusão social, cultural e étnica, e facilitação para estudantes com deficiências. A abordagem de ensino e aprendizagem das IM é uma manifestação visível desse compromisso, e foi adotada por muitos docentes. Alguns comentários de docentes que participaram dos cursos, seminários e oficinas no UCC sobre a teoria das IM e sobre o modelo de ensino para compreensão mostram como sua abordagem no contexto universitário mudou em virtude de seu envolvimento com essas teorias. Laurence Dooley, do Department of Management and Marketing, defende a teoria das IM porque ela o motiva em sua crença de que um bom ensino pode promover a inteligência e o desempenho dos alunos e fazer a diferença:

> O trabalho de Gardner traz esperança para todos os educadores, enfatizando que os professores têm a capacidade de nutrir a inteligência de seus alunos com uma instrução e recursos melhores, que percorram as IM. Desse modo, os estudantes podem melhorar suas capacidades em certos tipos de inteligência, e todos os alunos podem aprender. Somente com o uso adequado da teoria das IM, através de uma perspectiva construtivista e de ensino para a compreensão, é que todos os alunos podem ter oportunidade igual de sucesso e de realizar o seu potencial.

André Toulouse, do Departamento de Anatomia, discute as implicações da teoria das IM no ensino:

Embora certos aspectos possam ser questionáveis, é impossível não reconhecer a variedade e singularidade de combinações de "inteligências". É muito importante oferecer aos alunos uma ampla variedade de oportunidades para maximizar a experiência da aprendizagem.

Ele conclui que essa teoria "provavelmente seja a reflexão mais fidedigna da verdadeira natureza da inteligência humana que existe no momento".

Em nível nacional, os docentes de outras universidades e instituições de ensino superior também adotaram a abordagem das IM de ensino e aprendizagem. No Waterford Institute of Technology, os professores de engenharia de edificações estão envolvidos em um projeto de ensino e pesquisa para criar um modelo instrucional com as IM para aulas virtuais. Esse projeto tem parceiros de outros países da União Europeia, incluindo a Turquia, o Reino Unido, Chipre e França, e faz parte de um projeto de pesquisa financiado pela União Europeia, dentro da Socrates Minerva Action.

Ainda no instituto Waterford, professores da Escola de Enfermagem usam a abordagem de IM de Ellen Weber para ensinar o currículo de enfermagem. Pesquisas preliminares indicam que grupos de alunos que usam essa abordagem têm se saído melhor do que grupos-controle que não usam essas abordagens, nos resultados de exames práticos de enfermagem. Um resumo desse trabalho foi publicado no relatório anual da National Academy for the Integration of Research and Teaching and Learning (2007) da Irlanda.

CONCLUSÃO

Os professores dos ensinos fundamental, médio e superior que se associaram ao movimento das IM em Cork e em toda a Irlanda consideram que a teoria proporciona o planejamento e o ensino do currículo de um modo que envolve os alunos de maneira mais efetiva e cria um ambiente inclusivo para a aprendizagem estudantil. Isso se mostrou particularmente verdadeiro, pois os estudantes se sentiam excluídos no passado, a proporção de fracasso nos exames era alta, e muitos dos alunos fracassavam por serem negligenciados por um sistema com foco indevidamente acadêmico.

Embora os diversos projetos de pesquisa e desenvolvimento com as IM realizados no UCC não proporcionem evidências conclusivas de que o maior sucesso acadêmico está necessariamente associado à aplicação da teoria das IM, existem evidências convincentes de que o ensino e a aprendizagem voltados para as IM levam a maior envolvimento dos estudantes em sua própria aprendizagem, mais motivação por parte dos alunos e professores e um ambiente de aprendizagem mais inclusivo.

Em nossa experiência, a teoria das IM atua como uma injeção de entusiasmo para professores que às vezes estão esgotados. Ela lhes dá uma fé renovada em seu papel como professores e no potencial de seus alunos.

Agora, acreditam que os alunos podem vencer e que eles, como professores, podem ter um papel importante nessas vitórias. Todavia, os projetos do UCC confirmam a visão de que a teoria das IM, por si só, não sustentará a melhoria do ensino e da aprendizagem. As estratégias de IM devem ser fundamentadas em um rigoroso planejamento curricular e modelo de ensino. Para os pesquisadores e professores do UCC, o modelo de ensino para a compreensão mostrou ser o veículo ideal de ensino.

Sem dúvida, alguém dirá que qualquer programa de desenvolvimento profissional prolongado ajudará os professores a se envolverem de maneira mais efetiva com o ensino. Todavia, não se pode dizer o mesmo sobre os alunos e sua aprendizagem. Não é comum um programa de desenvolvimento profissional trazer melhorias visíveis e sustentadas no envolvimento dos alunos, do mesmo modo que a introdução de uma abordagem de IM. Entre nós, autores deste capítulo, temos mais de meio século de experiência dando cursos de formação básica e continuada para professores. Sentimos uma animação maior entre professores e alunos quando são apresentados à teoria das IM do que com qualquer outra teoria da aprendizagem. Entender a base da teoria das IM e seu potencial para melhorar o ensino e a aprendizagem exige tempo e dedicação, mas são tempo e dedicação bem gastos. Implementar e sustentar as IM por meio do modelo de ensino para a compreensão exige um esforço mais prolongado e persistência, mas acreditamos que é uma ferramenta educacional que realmente conduz ao aperfeiçoamento.

No livro *Good Work*, Gardner, Csikszentmihalyi e Damon (2001) argumentam que "fazer um bom trabalho é prazeroso. Existem poucas coisas na vida tão agradáveis como quando nos concentramos em uma tarefa difícil, usando todas as nossas habilidades, sabendo o que deve ser feito". Essa sentença resume corretamente as nossas visões: a teoria das IM e o trabalho sustentado de muitos bons diretores, professores, alunos e funcionários não apenas trazem prazer aos professores e alunos, como resultam em um ambiente de aprendizagem mais inclusivo e melhoram as vidas e as realizações dos alunos.

Referências

Blythe, T. (Ed.). (1998). *The teaching for understanding guide*. San Francisco: Jossey-Bass.

Boyer, E. (1990). *Scholarship reconsidered: Priorities of the professoriate*. Princeton, NJ: Carnegie Foundation for the Advancement of Teaching.

Drudy, S., & Lynch, K. (1993). *Schools and society in Ireland*. Dublin: Gill and Macmillan.

Gardner, H. (1983). *Frames of mind: The theory of multiple intelligences*. New York: Basic Books. [*Estruturas da mente*: a teoria das inteligências múltiplas. Porto Alegre: Artmed, 1994]

Gardner, H., Csikszentmihalyi, M., & Damon, W. (2001). *Good work: When excellence and ethics meet*. New York: Basic Books. [*Trabalho qualificado*: quando a excelência e a ética se encontram. Porto Alegre: Artmed, 2004]

Glassick, C. E., Huber, M. T., & Maeroff, G. I. (1997). *Scholarship assessed: Evaluation of the professoriate*. San Francisco: Jossey-Bass.

Huber, M. T. (2004). *Balancing acts: The scholarship of teaching and learning in academic careers*. Washington, DC: American Association for Higher Education and Accreditation and the Carnegie Foundation.

Huber, M. T., & Hutchings, P. (2005). *The advancement of learning*. Jossey-Bass.

Huber, M. T., & Morreale, S. P. (Eds.). (2002). *Disciplinary styles in the scholarship of teaching and learning: Exploring common ground*. Washington, DC: American Association for Higher Education and Accreditation and the Carnegie Foundation.

Hutchings, P. (Ed.). (1996). *Making teaching community property: A menu for peer collaboration and peer review*. Washington, DC: American Association for Higher Education and Accreditation and the Carnegie Foundation.

Hutchings, P. (Ed.). (1998). *The course portfolio: How faculty can examine their teaching to advance practice and improve student learning*. Washington, DC: American Association for Higher Education and Accreditation.

Hyland, Á. (2000). *Multiple intelligences, curriculum and assessment*. Cork: University College Cork.

Hyland, Á., McCarthy, M., & Higgs, B. (2007). Fostering, recognising and rewarding scholarly teaching in University College Cork: Three perspectives. In C. O'Farrell (Ed.), *Teaching portfolio practice in Ireland: A handbook*. Dublin: Centre for Academic Practice and Student Learning, Trinity College.

Lynch, K. (1989). *The hidden curriculum: Reproduction in education. A reappraisal*. Lewes: Falmer Press.

McCarthy, M., & Higgs, B. (2005). The scholarship of teaching and its implications for practice. In G. O'Neill, S. Moore, & B. McMullin (Eds.), *Emerging issues in the practice of university learning and teaching*. Dublin: All Ireland Society for Higher Education.

National Academy for the Integration of Research and Teaching and Learning. (2007). *Annual report*. Cork: Author.

National Council for Curriculum and Assessment. (2004). *Transition year guidelines*. Dublin: Author.

National Council for Curriculum and Assessment. (2007a). *A framework for early learning*. Dublin: Author.

National Council for Curriculum and Assessment. (2007b). *Exceptionally able students: Draft guidelines for teachers*. Dublin: Author.

O Donnchadha, G. (1997, verão). MI in our classrooms. *MI Bulletin*.

Organization for Economic Cooperation and Development. (2006). *PISA report: Assessing scientific, reading and mathematical literacy: A framework for PISA*. http://www.pisa.oecd.org/document/.

Shulman, L. (2004). *The wisdom of practice: Essays on teaching and learning, and learning to teach*. San Francisco: Jossey-Bass.

Stone-Wiske, M. (Ed.). (1997). *Teaching for understanding: Linking research with practice*. San Francisco: Jossey-Bass. [*Ensino para a compreensão*: a pesquisa na prática. Porto Alegre: Artmed, 2007]

A CONTRIBUIÇÃO DAS INTELIGÊNCIAS MÚLTIPLAS PARA A CRIAÇÃO DE UMA CULTURA DE IDEIAS NA EDUCAÇÃO ESCOCESA

Brian Boyd

A Escócia continua no mesmo lugar de antes?
—Macbeth, IV. iii. 164

Full many a gem of purest ray serene
The dark unfathomíd caves of ocean bear;
Full many a flower is born to blush unseen.
And waste its sweetness on the desert air.

Some village-Hampden, that with dauntless breast
The little tyrant of his fields withstood;
Some mute, inglorious Milton here may rest,
Some Cromwell guiltless of his country's blood.
—Thomas Gray, "Elegy Written in a Country Churchyard"

Quantas gemas do mais puro e sereno brilho;
As escuras e desconhecidas grutas do oceano escondem;
Quantas flores nascem para desabrochar sem jamais serem vistas;
E desperdiçar seu aroma no ar do deserto.
Quantas Hampdens, que com sua coragem
Ao tirano de seus campos resistiram;
Quantos inglórios Miltons aqui jazem calados,
Quantos Cromwells inocentes do sangue de seus conterrâneos.
—Thomas Gray, "Elegy Written in a Country Churchyard"

Neste capítulo, enfoca-se o surgimento de modelos mais inclusivos de educação na Escócia no decorrer dos últimos 100 anos, por meio das lentes da história familiar e da política nacional. Descrevem-se as mudanças políticas que reduziram o papel de testes e concepções tradicionais da inteligência no acesso à escola de nível médio, mesmo que a separação dos alunos em turmas por desempenho, conhecida como *streaming* ou *tracking*, ainda seja problemática. Em 2004, participei de um grupo de revisão ministerial que argumentou em favor de um currículo que propicie aos jovens a possibilidade de se tornarem aprendizes capazes, indivíduos confiantes, colaboradores efetivos e cidadãos responsáveis. O uso da teoria de Gardner condiz com esses objetivos. Em 2007, fiz uma pesquisa sobre o uso da teoria das IM, cujos dados apontam o nível de impacto que as IM tiveram na prática profissional dos professores. Os dados são apresentados aqui na forma de estudos de caso e nas palavras dos próprios professores.

Neste capítulo, reflete-se sobre o impacto das inteligências multiplas (IM) em escolas escocesas. Começa-se com uma narrativa pessoal histórica da escolarização na Escócia nos últimos 100 anos, analisando o papel desempenhado pelo conceito tradicional de inteligência. A seguir, trata-se da reforma curricular recente no sistema escolar escocês, e relata-se uma pesquisa realizada em 2007 com escolas escocesas, sobre a compreensão atual das IM e seu papel no processo de aprendizagem e ensino. Finalmente, propõem-se algumas indicações dos avanços futuros das IM na Escócia.

TRÊS GERAÇÕES DE EDUCAÇÃO ESCOCESA: UMA JORNADA PESSOAL

Em 29 de agosto de 1932, Margaret McDowall recebeu o certificado da escola diurna (fundamental) da Divisão Avançada da St. Patrick's Primary School em Glasgow. Aos 14 anos, ela deixou a escola com o seguinte boletim:

| Estudos | Muito bom |
| Caráter e conduta | Excelente |

O importante de observar aqui é que ela saía dos níveis avançados de uma escola de ensino fundamental; não chegou a frequentar a escola de ensino médio porque não foi considerada apta a isso. Ela não estudou matemática ou ciências ou línguas modernas; em vez disso, aprendeu a cozinhar e a cuidar da casa.

É difícil compreender que, em um país orgulhoso de si mesmo, desde o século XVI, houvesse uma escola em cada paróquia com o objetivo de alcançar a alfabetização universal, e jovens na década de 1930 que não tivessem direito ao ensino médio. O efeito de longo prazo da experiência escolar de Margaret foi simplesmente aceitar que não era muito inteligente, mas, em cada aspecto do seu papel como esposa e mãe, demonstrou seu excelente caráter e conduta – e suas inteligências.

O ensino médio se tornou universal e compulsória na Escócia depois da Segunda Guerra Mundial, mas a seleção era a norma. Os critérios eram uma mistura de testes padronizados do conteúdo curricular (o exame de qualificação) e testes de QI (realizados em toda a população aos 8 e 11 anos). As escolas de nível médio seguiam um currículo acadêmico tradicional, com clássicos da literatura, línguas modernas, ciências, história, geografia, arte, música e educação física em evidência. As escolas de 5ª a 9ª séries ofereciam uma variedade de temas semelhante aos das antigas divisões avançadas. As línguas modernas, por exemplo, não apareciam no currículo dessas séries. Contudo, no decorrer da década de 1950 e início da de 1960, as escolas começaram a oferecer disciplinas consideradas mais acadêmicas.

A pressão para a mudança na estrutura da educação cresceu durante a década de 1950. Era cada vez mais difícil justificar a seleção aos 11 ou 12 anos, com a compreensão crescente de que muitos alunos mereciam uma oportunidade de obter certificação nacional.

Em 1960, estudei em uma escola de ensino médio no centro de Glasgow. Minha educação representa o que, para muitos da minha geração, era considerado um tipo de era dourada. Ainda assim, a realidade era bastante diferente. O *streaming*, ou seja, a seleção interna com base na capacidade geral, garantiu que dos seis garotos que foram para o ensino médio apenas três conseguissem nela permanecer. Esse desperdício de talento estava embutido no sistema. Minhas realizações ao final do meu período foram modestas, embora suficientes para me colocar na Universidade de Glasgow, o primeiro de toda a minha família a conhecer a educação superior.

Meu filho, Christopher, nasceu em 1986. Nessa época, todas as escolas de nível médio da Escócia (com exceção do pequeno setor privado, que detém em torno de 4% da população em idade escolar em âmbito nacional) haviam se tornado escolas abrangentes não seletivas. Todavia, embora a seleção para a escolarização nesse nível houvesse desaparecido, a seleção interna permanecia viva e forte. Ao final do seu primeiro, ele foi colocado em turmas de inglês, matemática e francês, com base em medidas de desempenho anterior, por cada disciplina.

A EDUCAÇÃO ESCOCESA NO COMEÇO DO SÉCULO XXI

A educação escocesa tem melhorado continuamente durante os últimos 100 anos. Minha formação educacional foi melhor que a dos meus pais, e a do meu filho foi melhor que a minha. Entretanto, a inteligência continua sendo a última fronteira. Do ponto de vista intelectual, a teoria das IM, juntamente com o trabalho de outros, incluindo Reuven Feuerstein, venceu a discussão, mas, culturalmente, é difícil mudar a noção psicométrica de uma inteligência única, fixa e previsível, presente na visão de senso comum que as pessoas costumam ter do mundo.

Muitos acreditam que a capacidade de se beneficiar com o sistema escolar gira em torno de conceitos de inteligência, motivação e comportamento, e a pesquisa, desde os primeiros estudos sobre intervenções nos resultados de exames, tem confirmado que os alunos de classe média na Escócia obtêm mais benefícios da escolarização, têm seis vezes mais probabilidade de ir para a universidade e sete vezes menos probabilidade de acabar na prisão. Desse modo, se a inteligência não possui correlação com a classe social ou com a etnia, se a motivação é uma mistura complexa de fatores internos e externos, e se o comportamento está ligado ao contexto, isso sugere que pode haver algo na maneira como as escolas são estruturadas que esteja contribuindo para o baixo desempenho de certos alunos.

Em 2004, um grupo ministerial de revisão curricular, do qual participei, produziu o relatório *A Curriculum for Excellence* (Scottish Executive Education Department, 2004). Esse relatório propôs um modelo para o currículo escolar das idades de 3 a 18 anos, estabelecendo objetivos, propósitos, valores e princípios. Em essência, o currículo, que inclui o *como* e o *o quê* (pedagogia e conteúdo), deve proporcionar a todos os jovens a possibilidade de se tornarem cidadãos bem-sucedidos, indivíduos confiantes, colaboradores efetivos e cidadãos responsáveis.

O grupo de revisão fundamentou suas recomendações em publicações escocesas, como *Teaching for Effective Learning* (Consultative Council for the Curriculum, 1996), que haviam revisado a literatura sobre inteligência, pensamento, criatividade e ensino para a compreensão. Como um de seus pontos de partida, usou a teoria das IM de Howard Gardner, que desafiou muitos pressupostos arraigados e mudou para sempre a maneira como falamos sobre a inteligência. A sugestão de que a pergunta "o quão inteligente você é?" não é mais relevante e de que a única questão legítima é "como você é inteligente?" fundamentou a noção transmitida pelo relatório de que todos os jovens são capazes de ser alunos bem-sucedidos, se tiverem "uma tradução cortês".

Em 2008, Jerome Bruner, antes de palestrar na conferência Learning and Teaching... and All That Jazz em Glasgow, escreveu: "acabo de receber e ler *A Curriculum for Excellence* do Grupo de Revisão Curricular Escocês. Tudo que posso dizer é que a Escócia pode agradecer à sua estrela da sorte [...] um documento brilhante e ambicioso, além de corajoso e criativo".

Pela primeira vez, o currículo escolar escocês estava sendo influenciado diretamente por ideias como as IM.

IM NO SÉCULO XXI: LEVANTAMENTO DAS ESCOLAS ESCOCESAS

Enquanto este capítulo está sendo escrito, existem 3 mil escolas no sistema estatal escocês, por volta de 300 escolas de nível médio e o restante de escolas de ensino fundamental, para necessidades de apoio adicional e creches. Elas são administradas por 32 jurisdições locais, variando em tamanho desde Glasgow, a maior, com aproximadamente 30 escolas de ensino médio, a Clackmannanshire, com 3. O sistema, em teoria, é governado em nível nacional, mas administrado localmente. Na realidade, as jurisdições locais têm uma função estratégica e podem implementar as suas próprias iniciativas em termos de políticas, por exemplo, para cumprir as prioridades nacionais em educação. Nas jurisdições, as escolas têm uma certa liberdade para adotar iniciativas pedagógicas que lhes possibilitem melhorar a qualidade da aprendizagem entre seus alunos. Desse modo, até agora, ideias como as IM tinham mais possibilidade de ser adotadas em nível local ou escolar do que em âmbito nacional. Não existe a imposição de nenhuma pedagogia centralizada.

Em 2007, foi realizada uma pesquisa para investigar como os educadores escoceses entendem e implementam as IM. Solicitou-se permissão a todas as 32 jurisdições locais para enviar questionários eletrônicos a cada uma das escolas, que deveriam ser respondidos pela pessoa que a escola considerasse mais apropriada. Recebemos 790 questionários respondidos, representando 20% das escolas do país e 83% das jurisdições locais. Dos respondentes, 643 eram professores, assistentes de sala de aula, ou administradores, e 36 indicaram que desempenhavam funções de amparo ao ensino, como apoio comportamental e de aprendizagem. Outras 56 pessoas indicaram exercer funções que não estavam relacionadas diretamente com o ensino, por exemplo, bibliotecários, técnicos e pessoal do escritório, e 55 não disseram qual era sua função.

A divisão por setor foi interessante, com apenas 66% vindos de escolas de nível médio, o que representa apenas em torno de 10% do número total de escolas. Isso foi surpreendente, pois as escolas de ensino fundamental da Escócia têm a reputação de serem mais inovadoras e criativas. Talvez, como veremos depois, a dificuldade para motivar os alunos em um sistema cada vez mais voltado para os exames possa ter sido o catalisador para as escolas enxergarem as IM como parte de uma solução percebida.

Inteligências múltiplas: uma ideia nova?

Existe uma percepção ampla na educação escocesa de que as IM e outras ideias educacionais, como a filosofia para crianças (Lipman, 2003), o enriquecimento instrumental (Feuerstein e Jensen, 1980) e o ensino para a compreensão (Perkins, 1995), têm origem relativamente recente. Alguns professores escoceses, conservadores por natureza, ainda as consideram "recentes" e "progressistas". Isso foi observado no levantamento: 60% dos respondentes informam que ouviram falar das IM nos últimos 5 anos. De fato, se ampliarmos o período para 10 anos, por volta de 91% de todos os respondentes teriam ouvido falar das IM dentro desse período. Isso talvez sugira que ocorre um retardo na transferência de ideias, tanto do ponto de vista geográfico quanto teórico.

Fontes de informações

As respostas para a questão "onde você conheceu as IM?" explica em parte a porcentagem relativamente elevada de respondentes que haviam ouvido falar das IM apenas recentemente. A formação básica de professores emergiu como a mais provável fonte de informações sobre as IM (28%), com o desenvolvimento continuado de professores em segundo lugar (23%). A leitura de livros ou artigos representou 34% da fonte de informações. Não se pode dizer a partir dos dados, mas é razoável supor que aqueles que conheceram as IM na formação básica tiveram formação recente, e é provável que aqueles cuja fonte foi a formação continuada também tenham conhecido as IM recentemente, pois as questões das habilidades de pensamento e metacognição somente começaram a ser discutidas amplamente entre os professores escoceses nos últimos 10 ou 15 anos.

Benefícios percebidos das IM

Segundo os dados, os professores na Escócia consideram que os benefícios, reais ou percebidos, das IM são os seguintes:

- Os professores podem abordar a dificuldade de aprender de um aluno tratando-a com base em uma inteligência diferente (65%).
- As pessoas têm mais de um tipo de inteligência (58%).
- Todos são inteligentes de algum modo (49%).
- Podemos desenvolver e melhorar nossas inteligências (55%).
- As inteligências representam pontos de entrada para a aprendizagem das crianças (41%).
- Os alunos devem conhecer essa compreensão das inteligências (43%).
- As noções convencionais de QI são desafiadas (35%).

Algumas dessas respostas talvez sejam mais previsíveis do que outras. A ideia de que certas crianças simplesmente não respondem às pesadas abordagens linguísticas e lógicas do ensino acadêmico, mas podem ser aprendizes de sucesso se outras das suas inteligências forem mobilizadas, é uma visão comum dos professores na Escócia. Eles gostam da noção de Gardner de que as inteligências representam pontos de entrada para a aprendizagem. O que se espera menos é a visão de que os alunos devem "conhecer essa compreensão das inteligências". Historicamente, não se permitia que os alunos escoceses se envolvessem com essas metaquestões da maneira, por exemplo, que Carole Dweck defende em *Self-Theories* (1999).

Fica claro que os professores consideram o conceito de IM como algo que lhes dá uma ideia de por que certos alunos parecem incapazes de aprender em certos aspectos de sua educação. O modelo mental fixo (Dweck, 1999) existe tanto em professores quanto em alunos, mas, depois que se entende a teoria das IM, ela abre possibilidades para os professores mediarem a aprendizagem para a criança. Essa teoria oferece uma perspectiva otimista que enxerga a inteligência como um conceito multidimensional, e cada uma das inteligências pode atuar como ponto de entrada para a criança chegar à compreensão.

Inteligências múltiplas e aprendizagem estudantil

Com relação ao nível de auxílio que a teoria das IM propiciou em aspectos específicos do processo de aprendizagem, a resposta mais comum foi o domínio afetivo, enquanto a maioria das outras estava relacionada com domínios cognitivos. O envolvimento (89% dos respondentes) foi a principal área apontada pelos respondentes; no domínio cognitivo, o entendimento (86%) e o pensamento criativo (76%) emergiram como os mais importantes. Parece que os professores escoceses acreditam que o conceito de IM ajuda a motivar crianças que, de outra forma, concluiriam que seu fracasso inicial foi um reflexo da sua falta de inteligência.

As histórias por trás dos dados

O levantamento solicitou que os respondentes comentassem as questões. Seus comentários foram longos, totalizando 104 páginas. Não houve tentativa, nesse estágio, de apresentar uma análise sistemática dos temas e subtemas. Ao invés disso, tentei deixar que as palavras dos professores falassem por si mesmas e apresentassem algumas das histórias que emergem. As seções a seguir são organizadas por setor escolar.

Necessidades de apoio adicional

Até muito recentemente, na Escócia, as crianças consideradas incapazes de se beneficiar com a educação normal estudavam em uma escola especial. Na década de 1970 e até a de 1980, essas escolas eram organizadas pela classificação de necessidade especial – por exemplo, dificuldades de aprendizagem moderadas, dificuldades emocionais e comportamentais, e necessidades graves e complexas. A terminologia era grosseira, e mesmo um dos documentos educacionais mais esclarecidos da década de 1960, The Primary Memorandum (Scottish Education Department, 1965), que introduziu as teorias de Piaget nas escolas escocesas, continha a sentença "o retardo não pode ser curado". Os "embotados" e "retardados" eram considerados uma subcategoria distinta de alunos até a década de 1970. Nos anos 1980, a terminologia havia mudado, para refletir a mudança de foco, e as *necessidades educacionais especiais* (NEE) substituíram as diversas subcategorias. Mais recentemente, na Escócia, o termo se tornou *necessidades de apoio adicional* (NAA) e, para cada criança, existe a presunção da escolaridade normal. O número de escolas separadas diminuiu; o objetivo é a inclusão, mas ainda existem algumas escolas específicas para NAA.

A Ladywell School está localizada em Glasgow. A equipe da escola refletiu sobre a sua prática, analisou as IM, e está tentando aplicar os princípios à aprendizagem e ao ensino. Seus comentários foram, de longe, os mais longos de qualquer escola no levantamento, sugerindo um comprometimento e entusiasmo com o conceito de IM. A escola não estava sofrendo pressão externa para trabalhar com as IM, mas foi uma resposta profissional ao fenômeno dos alunos com NAA, cujo potencial educacional pode ser facilmente percebido como limitado, por conta do seu rótulo.

O currículo da escola Ladywell enfatiza o que chamam de "aprendizagem social e emocional":

> A aprendizagem *interpessoal* proporciona que conheçamos e compreendamos a nós mesmos, reconheçamos e identifiquemos nossos sentimentos, conheçamos nossos pontos fortes e fracos, nossas preferências, crenças e valores, o que nos motiva e como aprendemos melhor, e que apliquemos esse autoconhecimento em nossas escolhas e ações. É essa aprendizagem intrapessoal que fundamenta nossa capacidade de controlar nossos sentimentos e de nos tornar indivíduos internamente motivados e autodirigidos, capazes de assumir a responsabilidade por nosso próprio comportamento e aprendizagem e de demonstrar persistência e resiliência ante retrocessos, fracassos e decepções.

Em um ambiente de NAA, não é de surpreender que se encontre ênfase em relacionamentos e interações sociais. A resposta da escola Ladywell argumenta:

> A aprendizagem no domínio social – a aprendizagem *interpessoal* – nos proporciona formar relacionamentos sociais, cooperar com os outros, resolver desacordos, resolver problemas e celebrar e respeitar similaridades e diferenças entre nós. A habilidade fundamental para a aprendizagem social é a empatia – a capacidade de entender os outros. Essa aprendizagem social e emocional pode ser amplamente discutida como o desenvolvimento da alfabetização emocional.

O currículo da escola Ladywell também tem diversos focos específicos dentro das IM. Na escola, "a música de fundo desempenha um papel importante na aprendizagem, e os alunos são incentivados a refletir sobre os efeitos que diferentes tipos de música têm sobre o seu humor, atenção e motivação (inteligência *musical-rítmica*)". A escola está ciente da necessidade de desenvolver a alfabetização e afirma que "a inteligência *verbal-linguística* é desenvolvida por meio de interações pessoais e reflexão escrita". A inteligência *visuoespacial* "se desenvolve por meio de nosso currículo de artes e em muitas atividades de educação pessoal e social e de drama". A inteligência *corporal-cinestésica* é desenvolvida "em nosso currículo de drama e artes e em atividades de educação pessoal e social". No contexto mais amplo do bem-estar, os alunos "são incentivados a cuidar da sua saúde mental e a tirar mais da vida, apreciando a natureza e envolvendo-se com o seu ambiente (inteligência *naturalista*)". Finalmente, "algumas das nossas atividades de raciocínio e resolução de problemas na educação pessoal e social promovem a inteligência *lógico-matemática*".

Não se pode dizer que uma aplicação tão criteriosa e detalhada das IM ao currículo em uma escola para crianças com NAA seja típica, mas as respostas de outras escolas semelhantes indicam que aqueles que atuam no setor das NAA, talvez por causa da natureza dos desafios, são mais capazes de relacionar a sua prática diretamente com a teoria do que aqueles que atuam em outros setores.

Ecoando Jerome Bruner (1962), outro respondente de uma escola de NAA argumenta: "levando ao pé da letra, cada criança deve ser capaz de aprender qualquer coisa usando a 'inteligência' apropriada como entrada para essa aprendizagem". Outro sugere: "acho que elas [IM] são vitais para nossas crianças e que todas devem conhecer suas inteligências e como as estão construindo. É uma tragédia que isso não esteja sendo ensinado!".

Escolas do ensino fundamental

Nenhuma escola individual se sobressaiu como a escola Ladywell, mas emergiu um quadro coerente, apresentado aqui como uma composição.

Os professores são generalistas; lecionam todo o currículo. Por essa razão, têm mais chances de acreditar que "nem todos são iguais, e as pessoas podem ter talentos em uma área, enquanto parecem não ter em outras". Nos últimos anos – desde o movimento thatcheriano em busca de um tipo limitado e quantitativo de contabilização – , os professores foram submetidos a um regime de testagem cada vez mais restritivo, e não gostam disso: "Por muito tempo, mediu-se o desempenho pelo quanto a pessoa pode aprender fatos. Contudo, isso não forma necessariamente um cidadão completo". Esses professores sabem da importância de seu papel; passam o dia com as classes, cinco dias por semana por 38 semanas do ano, e conhecem muito bem as diferenças individuais: "Creio que, se os professores conhecerem os diferentes tipos de inteligências e como elas podem ser transferidas para a prática, mais crianças cumprirão o seu potencial". Os professores falam de olhar para as "outras inteligências, como a musical ou a naturalista", a fim de proporcionar oportunidades para os alunos aprenderem quando aprender fica difícil. Uma professora falou de "trabalhar com um grupo de leitores relutantes" e usar um formato de "leitura recíproca". As crianças se ajudam a questionar, esclarecer, prever e resumir enquanto estão envolvidas na leitura. Isso resultou em um grupo de garotos que se sentiam motivados e estimulados a ler, pois tinham que prever, questionar e se envolver de outras maneiras com o texto. A professora acreditava que havia "tocado em suas inteligências interpessoal e criativa".

Nos últimos anos, Howard Gardner visitou a Escócia em diversas ocasiões para participar de conferências e oficinas oferecidas pela Tapestry, uma organização sem fins lucrativos estabelecida no ano 2000 para proporcionar um envolvimento de longo prazo com ideias educacionais seminais a educadores. Seu carisma pessoal teve um efeito sobre os educadores (1.300 apareceram para ouvi-lo falar em uma ocasião). Um professor lembra: "Quando ouvi o professor Gardner falar pela primeira vez sobre as IM, fiquei entusiasmado com suas palavras, e minha mente se encheu de possibilidades para as crianças. [...] A aprendizagem e o ensino deviam envolver a abordagem potencial de cada criança individual".

Para essas escolas, as IM são um antídoto para as reformas mais didáticas e baseadas em metas. Representam a filosofia que guiou a sua prática criativa nas décadas de 1960 e 1970. A criança como indivíduo, com potencialidades e necessidades evolutivas, capaz de ser conduzida à compreensão por professores dispostos a abordar a aprendizagem a partir de perspectivas diferentes, está no centro do pensamento da escola na Escócia, e a IM encontra-se em sintonia com os professores.

Escolas de ensino médio: pressões conflitantes – vitórias acadêmicas ou realizações mais amplas?

Os comentários feitos por respondentes de escolas desse nível compreenderam 65 páginas, refletindo, em quantidade e no foco de suas preocupações, a tensão existente na Escócia entre as medidas de sucesso, no nível do aluno individual e de toda a escola, com base em exames acadêmicos nacionais, e a preocupação, expressada por muitos professores, de que vários alunos continuam a ter um desempenho fraco porque suas inteligências não são reconhecidas: "Sempre acreditei que certas pessoas não recebiam crédito suficiente por coisas que sabiam fazer quando não se encaixavam nos agrupamentos acadêmicos tradicionais, e fico feliz de poder incentivá-las com as inteligências que possuem".

A prática de agrupar é disseminada nas escolas escocesas, mas nem todos os professores se sentem confortáveis com ela: "Acho que é importante que professores e alunos enxerguem que a inteligência NÃO é fixa, que não existe um teto predeterminado de desenvolvimento ou potencial. Acho que é importante que o aluno esteja no centro da aprendizagem".

A pressão dos exames costuma ser citada como barreira para a implementação das IM: "A aprendizagem por meio das IM terá pouco valor se o sistema de exames apenas avaliar em termos linguísticos e matemáticos. Segundo a minha visão, existe pouca razão para aprender pelas IM e depois regredir por ser avaliado de um modo em que 'não se é competente'". Outra pessoa observou: "Também não temos um sistema de exames que reconheça as IM. Estamos trabalhando sob uma enorme pressão para os testes e precisamos ter muito mais imaginação na maneira como reconhecemos, cultivamos e recompensamos o desempenho".

Ainda assim, os dados do levantamento dessas escolas são animadores. Parece que a parte mais dominada pelos exames no sistema escolar escocês está emergindo da visão instrumental e limitada da educação e olhando para as necessidades dos alunos em toda a sua complexidade. As IM proporcionam um desafio ao *status quo*, um desafio ao qual, ao que parece, os professores estão respondendo de maneira positiva e criteriosa.

O FUTURO?

A teoria das IM teve apenas um impacto limitado na prática do sistema escolar escocês como um todo. Os avanços foram pequenos e fragmentados, devendo-se principalmente a indivíduos entusiásticos. Todavia, a paisagem está mudando. Organizações como a Tapestry têm envolvido professores em uma análise de grandes ideias, como o ensino para a compreensão e as IM. O relatório *A Curriculum for Excellence* (Scottish Executive Education Department, 1965), com ênfase na aprendizagem profunda, na pedagogia e na educação integral da criança, com base na cultura de ideias que se desenvolve entre os professores escoceses, talvez logo possa proporcionar que as IM tenham o tipo de impacto que deveriam ter na capacidade dos jovens de se tornarem aprendizes bem-sucedidos. O que queremos é proporcionar que os professores criem a sala de aula aprendente (*The Learning Classroom;* Boyd, 2008), um lugar onde as IM estejam no centro da pedagogia e onde o pensamento, a compreensão e a criatividade sejam as marcas do ensino.

Atualmente, no começo do século XXI, as ideias estão de novo na moda. Pedagogias poderosas surgem em todo o mundo, e a formação profissional de professores tem se beneficiado com a confluência de teorias, pesquisas e práticas. O caminho está aberto para ideias como as IM encontrarem o seu lugar de direito, em um processo educacional que busque produzir aprendizes bem-sucedidos, indivíduos confiantes, colaboradores efetivos e cidadãos responsáveis.

Referências

Boyd, B. (2008). *The learning classroom.* Paisley: Hodder Gibson.
Bruner, J. S. (1962). *The process of education.* Cambridge, MA: Harvard University Press.
Consultative Council on the Curriculum. (1996). *Teaching for effective learning.* Dundee: Author.
Dweck, C. S. (1999). *Self-theories: Their role in motivation, personality and development.* Philadelphia: Psychology Press.
Feuerstein, R., & Jensen, M. R. (1980). *Instrumental enrichment: An intervention programme for cognitive modifiability.* Baltimore, MD: University Park Press.
Lipman, M. (2003). *Thinking in education* (2nd ed.). Cambridge: Cambridge University Press.
Perkins, D. (1995). *Smart schools: Better thinking and learning for every child.* New York: Free Press.
Scottish Education Department. (1965). *Primary education in Scotland (The Primary Memorandum).* Edinburgh: HMSO.
Scottish Executive Education Department. (2004). *A curriculum for excellence.* Edinburgh: Author.

O CURRÍCULO REFORMULADO

As inteligências múltiplas e as novas rotas de ensino e aprendizagem em universidades romenas

FLORENCE MIHAELA SINGER | LIGIA SARIVAN

Este capítulo analisa como usar as IM para renovar programas de formação de professores. O modelo curricular que implementamos enfatiza a compreensão profunda e visa fechar a lacuna tradicional entre competências relacionadas com domínios específicos e com o ensino. Criamos um modelo múltiplo como ponto de partida para uma abordagem metodológica que sustenta a aprendizagem dos alunos de licenciatura e se transfere para a sala de aula. Apresentamos diversos exemplos da implementação desse currículo e discutimos os novos avanços originados nas interações em sala de aula.

ERA UMA VEZ NO LESTE DA EUROPA: UM LEGADO CONFLITANTE

Era uma vez uma linda terra ("um porta para o paraíso", dizia uma balada): altas montanhas, com vistas de tirar o fôlego sobre vales, lagos e florestas; suaves colinas com pomares, videiras e poços de petróleo; campos ricos (tão ricos que alguns historiadores chamavam a terra de "celeiro da Europa"). Sua capital era sofisticada e divertida, sendo chamada de "a pequena Paris". Seus habitantes se chamavam orgulhosamente de "romenos" para demonstrar sua honrada estirpe, derivada do famoso, rico e poderoso Império Romano. Era como um oásis latino entre falantes principalmente eslavos, razão pela qual se dizia ser o mais oriental país latino.

Infelizmente, essa interessante terra não estava livre da feiúra, de mentiras e do mal. Veio uma grande guerra, e, ao final dela, um exército vermelho ocupou a Romênia e a colocou atrás da cortina de ferro. Foi assim que a linda terra caiu na escuridão e se tornou um país muito triste. Vivendo em um Estado policial, as pessoas não tinham mais orgulho e ficaram com muito medo: qualquer um podia ser preso e enviado para um centro de reeducação, um manicômio, um local de trabalhos forçados ou a prisão.

As pessoas esqueciam de sorrir e esqueciam de amar umas às outras: qualquer um podia ser um informante. Um sistema de propaganda política tentava incutir os benefícios do regime comunista na mente coletiva: *Tudo é minuciosamente programado pelo partido. Se você obedecer, receberá aquilo de que precisa.* "Aquilo de que precisa" não era uma opção individual, mas um pacote obrigatório. As pessoas começaram a parecer iguais: homens e mulheres moravam em prédios cinzas, vestiam roupas cinzas, caminhavam em ruas cinzas, sob céus cinzas. O Grande Irmão queria uma sociedade obediente, uniforme e fácil de conduzir.

O resultado foi uma sociedade profundamente esquizoide: os indivíduos nunca diziam o que pensavam, sempre usavam uma máscara em público, declaravam todas as "verdades" oficiais se precisassem, jamais confiavam em ninguém e se fechavam a todos os significados que a propaganda política quisesse transmitir. Provavelmente, a pior de todas as respostas humanas possíveis a um regime linha-dura, as mães corriam o risco de morrer em abortos ilegais para não dar a luz aos seis filhos centralmente planejados para cada família.

As escolas compartilhavam os aspectos conflitantes da cultura romena. O partido tentava programar o desempenho escolar do mesmo modo que programava o crescimento econômico. À primeira vista, a propaganda atacava principalmente as humanidades na seleção curricular e no discurso padrão. A história se tornou a *história oficial*; a ideologia reestruturou a lista de autores obrigatórios. Todavia, a programação obsessiva reproduziu a abordagem autoritária em todas as disciplinas escolares. O professor informava, explicava e concluía. Os estudantes escutavam, tomavam nota e memorizavam a visão única do livro-texto único. Mais adiante, os estudantes reproduziam o material para o teste baseado em informações. Os alunos deviam ser obedientes, silenciosos e sentar em filas, jamais de frente uns para os outros. O trabalho cooperativo era errado, suspeito de comportamento subversivo e diversão. A escola precisava lidar apenas com questões sérias, e a instrução devia ser difícil e jamais prazerosa.

A reação esquizoide também se manifestava na educação. Como válvula de escape, os professores de matemática e ciências tinham uma abordagem excessivamente teórica, e os professores de humanidades preferiam imitar o cânone. Preso entre a teoria abstrata e a mímica, o sistema educacional era confrontado extraoficialmente por uma imensa indústria do ensino, voltada para aquilo que a escola não conseguia fazer (ou não tinha permissão): formar estudantes individualmente ou em grupos pequenos.

Durante os 50 anos de ditadura, a liderança comunista se vangloriava dos resultados notáveis da única sociedade progressista e declarava ter uma produção industrial recorde, colheitas impressionantes, o maior prédio da Europa, os melhores líderes, a primeira-dama mais instruída e, por último, mas não menos importante, os estudantes mais inteligentes, que ganhavam prêmios em torneios internacionais. Essa postura era mais um exemplo da grande mentira contada pelo comunismo.

A sociedade estava longe de ser igualitária, a economia não era nada competitiva, e o padrão de vida estava entre os mais baixos da Europa. O líder e sua esposa eram analfabetos, e os estudantes mais inteligentes que ganharam os prêmios internacionais eram produto do sistema de instrução e desertaram em busca de uma vida e educação melhores do outro lado da cortina de ferro. A avassaladora maioria dos graduados da louvada "escola para todos" tinha uma compreensão factual superficial das disciplinas escolares e, felizmente, não entendia a conformidade com a uniformidade comunista que o sistema tentava incutir. Esses mesmos graduados estavam nas linhas de frente da surpreendente revolução que aboliu a última cortina de ferro em 1989. Será que viveram felizes para sempre?

A HISTÓRIA DA REFORMA INTERMINÁVEL: VELHAS MANEIRAS, NOVAS MANEIRAS E AS IM EM UM FUTURO INCERTO

A separação violenta do comunismo trouxe inquietação. Todos queriam mudar. A intenção da reforma escolar era genuína e compartilhada por professores, estudantes, tomadores de decisões e pais. Ainda assim, esses atores não tinham uma visão comum de como a mudança deveria ocorrer. Muitos tateavam no escuro, em busca de direcionamento. Outros exploravam maneiras inovadoras de criar uma escola centrada no estudante. Todos descobriram rapidamente que a liberdade política tinha sido muito mais fácil de alcançar do que uma verdadeira liberação de velhos hábitos.

A nova visão da educação era constantemente obscurecida pelos fantasmas do passado. Teoria e mímica, o professor onisciente e autoritário, o aluno neutro, a ênfase na quantidade, a tradição curricular rígida, os exemplos padronizados e muitos clichês metodológicos ainda assombravam a educação romena na década de 1990. Durante a maior parte da década, as políticas educacionais mudavam com as estações. Ministros da educação entravam e saíam do palco político, cada um carregando sua velha bagagem e tentando reformular a estratégia do predecessor (se houvesse alguma). Essa abordagem não deixou espaço para um desenvolvimento coerente de longo prazo. Reformas eram novamente anunciadas e iniciadas de cima para baixo no começo de cada ano escolar. Seus resultados erodiram a esperança e causaram frustração em pais, alunos, professores e diretores. A perspectiva de baixo para cima era praticamente desconhecida.

Apesar das dificuldades constantes da reforma, as abordagens modernas permearam os limites recém-abertos e realimentaram a necessidade de mudança. A teoria das inteligências múltiplas (IM) entrou no sistema escolar romeno por várias rotas. Em meados da década de 1990, experimentos de pequena escala foram realizados em uma escola (Sarivan, 1996, 1999), mas o escopo limitado do projeto não foi suficiente para transformar as IM em uma força de mudança.

No final da década de 1990, a instrução diferenciada e as IM faziam parte de um programa de formação de professores em cascata, realizado no local de trabalho. A cascata é um padrão de cima para baixo, em harmonia com a nossa tradição centralizada e, desse modo, a teoria das IM recebeu endosso oficial. Do ponto de vista geográfico, isso teve um grande impacto. A implementação do programa passou do nível nacional para o regional, do regional para o distrital e, finalmente, para o nível escolar. A diluição inerente a contar uma história em vários níveis não permitiu que os professores alcançassem um entendimento profundo.

Ao final do século XX, as IM também tinham entrado no currículo de muitos programas acadêmicos iniciais de formação de professores. Por ser uma teoria, as IM se qualificavam como um *corpus* de conhecimento válido e foram agrupadas descritivamente com outras teorias. Os futuros professores deviam estudá-la. Embora memorizassem as inteligências, mal-entendiam a ideia de um perfil cognitivo individual, e não sabiam como implementar as IM na sala de aula. Questionados sobre como reconheciam as crianças inteligentes na escola, a resposta dos futuros professores revelava o viés tradicional: "os mais inteligentes são os que se saem melhor em matemática e ciências".

No começo do novo milênio, a teoria das IM havia se tornado uma tendência da moda. Entretanto, como todo modismo, permaneceu basicamente na superfície. Não se reformulavam os modelos mentais dos professores, e raramente se mudava alguma coisa nas mentes dos alunos. O hábito da imitação fazia os professores usarem as IM circunstancialmente. Tarefas que valorizavam talentos diversos eram uma garantia de inovação frente ao inspetor. Se as tarefas eram explicadas corretamente, se tinham ou não algum sentido para os alunos era algo que não fazia muita diferença. O que não havia nessa implementação superficial eram objetivos centrados nos estudantes. Apesar do potencial da teoria, as principais características do roteiro educacional permaneciam inalteradas.

Se fôssemos atribuir uma causa segura para os fracassos da moda das IM, devemos olhar as raízes do sistema de formação de professores da Romênia. Como parte da formação acadêmica, a formação básica do professor apresenta diversos clichês. Um deles é a valorização do conhecimento amplo, e o conhecimento profundo constitui um foco secundário. É mais importante aquilo que os graduados sabem do que aquilo que fazem com sua aquisição. Outro problema é o foco na teoria. Quanto mais abstrata a teoria, mais elogiado o resultado e os formandos que o alcançaram. Por fim, a avaliação acadêmica é descontextualizada e nebulosa. A autoridade do professor é o único padrão para avaliar o desempenho dos alunos.

Quais são as consequências para os futuros professores? A teoria que aprendem tem pouco a ver com a sua prática futura na sala de aula. O papel que o formador de professores teórico desempenha não é modelo a considerar para as carreiras futuras dos professores. O padrão uniforme de instrução e avaliação acadêmica repete a visão uniforme de sua própria experiência na universidade. Desse modo, o padrão de resultados ineficazes na escola é reproduzido a cada geração de novos professores e multiplicado, como na repetição de uma história com um final infeliz. O poder dessa tradição acadêmica reorganiza cada inovação conforme seus velhos padrões. A teoria das IM opõe-se à própria ideia de uniformidade (inteligência uniforme, escola uniforme, currículo uniforme), mas, depois de absorvida no padrão, torna-se parte da abordagem uniforme. Apesar das rachaduras em suas paredes, a escola se fortalece em suas antigas maneiras.

Para termos êxito na implementação de reformas educacionais, devemos tentar formar melhor os futuros professores e os já graduados. Sua aprendizagem deve ser tão boa que eles consigam transferir o conhecimento relacionado com domínios específicos no contexto específico de uma variedade de classes. Nas seções seguintes, discutimos a aplicação das IM em um programa de formação de professores, apresentamos um modelo de representações múltiplas e descrevemos um exemplo que foi implementado efetivamente em ambientes acadêmicos e escolares.

IM RECARREGADAS: UM PONTO DE PARTIDA PARA A RENOVAÇÃO DA FORMAÇÃO DE PROFESSORES

Acreditamos que as IM podem ser usadas como uma ferramenta conceitual para reformular o currículo acadêmico e a formação de professores, a qual terá um grande impacto nas escolas. Nesse sentido, enfatizamos a teoria das IM como um modelo para o desenvolvimento curricular, por pelo menos três razões. Ela descreve a mente humana em termos de uma multiplicidade de capacidades expressas por meio de códigos simbólicos e procedimentos específicos. Ela explica a identidade epistemológica dos diversos domínios de estudo, com códigos representativos e procedimentos específicos que organizam o conhecimento e permitem resolver problemas no mundo real. Proporciona um contexto que valoriza o indivíduo treinado capaz de responder a uma variedade de desafios em uma determinada cultura (Gardner, 2000, 2006).

Como resultado disso, a formação de professores poderia se afastar da tradição incômoda e buscar novos horizontes. Nesse contexto, fizemos uma tentativa de reestruturar programas de formação de professores, enfatizando a competência no planejamento curricular e oferecendo perspectivas múltiplas para sua implementação. Criamos um currículo com foco nos talentos e experiências anteriores dos indivíduos. Desse modo, desenvolvemos uma estrutura curricular como fonte de linhas relacionadas com domínios específicos, nas quais os futuros professores se matriculam (Singer e Sarivan, 2006). Segundo esse modelo, as competências dos graduados devem se estruturar em quatro estágios principais.

Em primeiro lugar, os futuros professores devem identificar e superar as representações múltiplas da aprendizagem em um determinado domínio. Os estudantes em programas de formação de professores chegam com suas próprias ideias sobre como a aprendizagem ocorre. Na maior parte do tempo, são teorias pessoais ou generalizações que derivam de sua própria escolarização, incluindo a educação superior. Basicamente, esses aspirantes a professor entram nos programas de formação com mentes escolarizadas, evoluindo do padrão uniforme de educação. Por isso, o nosso principal objetivo é ajudar os estudantes a se tornarem cientes de suas falsas representações e a desconstruirem clichês prejudiciais à aprendizagem e ao ensino.

Em segundo lugar, os futuros professores devem observar e analisar as dificuldades de aprendizagem de seus alunos, no contexto dos perfis cognitivos individuais desses alunos. Devem perder o hábito de olhar uma classe como um grupo de alunos mais e menos inteligentes. Quando lhe perguntam por que certos alunos têm dificuldade para aprender, esses professores explicam que algumas crianças são mais capazes e talentosas do que outras. Não conseguem reconhecer que cada estudante tem capacidades variadas, com pontos fortes e pontos fracos. Portanto, nosso programa de formação de professores ajuda os futuros professores a descobrir mais sobre os alunos e suas dificuldades de aprendizagem.

Em terceiro lugar, os futuros professores devem desenvolver um conjunto de competências que contribuam para a compreensão de seus alunos em relação ao domínio em questão. Proporcionamos contextos para os professores estruturarem e reestruturarem a sua própria aprendizagem em termos de questões educacionais, teorias, observações pessoais e experiências cognitivas. Dentro desse processo, nossos estudantes obtêm representações múltiplas de sua área de conhecimento e da disciplina escolar que lecionarão.

Um perfil de ensino específico se desenvolve ao longo dos três estágios apresentados. Professores de história, professores de artes, professores de tecnologia e todos os outros compartilham várias atividades de ensino, mas aprendem e implementam-nas de maneira diferente. Independente de sua área de conhecimento específica, todos os professores planejam, organizam, avaliam e refletem: essas são as categorias amplas da competência no ensino. Contudo, além de abstrações e generalizações, a competência no ensino se manifesta na disciplina ensinada. Os professores de matemática e os professores de línguas, por exemplo, não planejam da mesma forma, não lideram uma discussão em grupo de maneira semelhante e nem sequer decodificam a proposta curricular do mesmo modo. Essas diferenças ocorrem não apenas porque os professores são individualmente diferentes, mas também porque sua formação em uma área disciplinar lhes dá perspectivas específicas sobre como lidar com um problema. De maneira alguma esses domínios específicos são uma desvantagem no ensino. Pelo contrário, quando utilizados corretamente, promovem a compreensão profunda dos alunos sobre o tema. É por isso que os futuros professores de línguas, por exemplo, aprendem a estruturar a aprendizagem de línguas de seus alunos mais ou menos capazes do ponto de vista linguístico se ativarem seu conhecimento filológico, como análise de textos e interpretação plural, perspectiva, horizonte de expectativas, e assim por diante (Sarivan, 2005). De maneira semelhante, os estudantes de matemática serão professores efetivos de matemática se aprenderem, juntamente com outras coisas, como planejar uma forma significativa de resolução de problemas, fazendo uso do seu raciocínio estratégico.

Finalmente, os futuros professores devem desenvolver uma postura reflexiva, bem como trabalho de equipe e parcerias para melhorar a sua própria aprendizagem e ensino. Nosso objetivo é proporcionar contextos de aprendizagem que desafiem os estudantes a estruturar competências metacognitivas em si mesmos e em seus alunos, bem como abrir suas mentes a abordagens integradas e formação de redes na escola e na comunidade.

Para alcançar esses objetivos, faz-se necessária uma nova metodologia. Tentamos uma mudança para criar uma parceria genuína de aprendizagem entre o formador e os formandos. Ou seja, a voz única do professor dá espaço para as vozes múltiplas dos estudantes. Ao invés do padrão tradicional do *magister dixi*, tentamos desenvolver uma bem-sucedida história polifônica.

ALÉM DO PONTO DE VISTA ACADÊMICO ONISCIENTE: UMA INOVAÇÃO METODOLÓGICA

Se fôssemos envolver nossos alunos na escrita de suas próprias histórias significativas de aprendizagem, teríamos que lidar com uma variedade de talentos e de áreas do conhecimento. Neste ponto, é importante perguntar: o que estimularia, por exemplo, o interesse dos estudantes de matemática na teoria das IM? Ao longo do curso, a ênfase em características numéricas do cérebro (por exemplo, o recém-nascido humano tem $2,5 \times 10^8$ sinapses por 100 mm^3 de substância cinzenta [Huttenlocher, 2002]) mostrou ser um bom ponto de entrada com esse grupo. De maneira alternativa, os estudantes de línguas foram apresentados às IM ouvindo a história de como Gardner desenvolveu a sua teoria.

Para corroborar sua compreensão do perfil de inteligência, os estudantes foram lembrados de um famoso poema romeno intitulado *Lago*. Recordar o poema permitiu uma comparação que contribuiu para a compreensão profunda. O perfil individual é como uma imagem da água. O perfil de inteligência dos alunos é um grupo de inteligências com pontos fortes e fracos, semelhante a um lago que brilha sob o sol. Certas partes têm um brilho dourado, outras alternam-se entre reflexos de luz e sombras, e outras são escuras. Os filólogos adoraram a imagem e aceitaram o desafio de experimentar algo semelhante com seus alunos. O mesmo fizeram os matemáticos, depois de serem expostos a experiências numéricas e lógicas. Procuraram apresentações, metáforas e analogias para os conceitos que deviam ensinar durante as semanas seguintes. Nessas abordagens, o ponto de entrada e a metáfora significativa representam os conceitos de IM e os modelos metodológicos que facilitam a compreensão do ensino e da aprendizagem.

Nossa opção metodológica é sugerida como um modelo que apresenta um caminho espiral para entender conceitos (ver a Figura 19.1). Chamamos essa abordagem de *treinamento de representações múltiplas* (TRM). O modelo baseia-se em duas linhas de ação: proporcionar uma variedade de representações como instrumentos poderosos em disciplinas variadas, e desenvolver modelos representativos para estimular a abstração e a síntese (Singer, 2997, 2009). Nosso maior desafio foi superar a implementação superficial das IM, bem como o clichê acadêmico do "conhecimento altamente teórico e amplo".

Como podemos facilitar a compreensão dos futuros professores sobre a teoria, além de recitar a lista das oito inteligências? Além disso, como podemos fortalecer o seu comprometimento com o uso da teoria em sua carreira de professores? A resposta está no uso dos conceitos da teoria das IM que têm impacto metodológico. No nível do planejamento disciplinar, traduzimos o conhecimento declarativo em procedimentos. Esses procedimentos são usados em uma variedade de contextos de aprendizagem para mobilizar a compreensão metodológica e do conteúdo.

Seguindo os caminhos de aprendizagem na Figura 19.1, observamos que o formador de professores seleciona um conceito (ponto de entrada), transfere-o para um procedimento (criar apresentações significativas), e o desenvolve e usa em vários contextos de aprendizagem (por exemplo, teoria das IM,

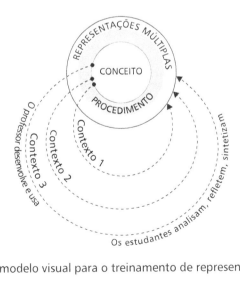

Figura 19.1 Um modelo visual para o treinamento de representações múltiplas.

planejamento curricular, métodos interativos, esquemas seriais). O professor ajuda seus alunos a explorar, refletir, sintetizar e aplicar diversos elementos dos contextos, por meio do procedimento do ponto de entrada, que funciona como um veículo para a compreensão. Nas sessões de apresentação da disciplina, os estudantes são desafiados a refletir sobre os procedimentos de ensino a que foram expostos. Revisam histórias e canções que ouviam, imagens e esquemas que olhavam, papéis que dramatizavam. Nesse processo, os estudantes internalizam o ponto de entrada, podendo definir e explicar seu uso. Podem até inventar suas próprias maneiras para introduzir os diversos temas do currículo dos seus alunos. Essencialmente, espera-se que o ponto de entrada se torne um conceito multirrepresentativo: um conceito e um procedimento bem-aprendido, pronto para ser aplicado em uma variedade de contextos na sala de aula.

Nossa experiência com a implementação do programa de formação de professores baseado nas competências mostra que o TRM leva a uma aprendizagem exitosa, que se transfere para um ensino exitoso. As vias de aprendizagem contextualizada desenvolvidas pelo TRM ajudam os estudantes a alcançar uma profundidade de compreensão que possibilita a reiteração de sua aprendizagem no diferente e complexo contexto de resolução de problemas representado pelo ensino em uma situação planejada ou real.

O TRM na Figura 19.1 aplica-se à parceria entre o formador de professores e o futuro professor. Contudo, também se aplica à parceria entre o professor e o aluno em uma classe bem-sucedida. É claro, os conceitos usados e seu nível de complexidade são diferentes, mas o mecanismo de desenvolver um entendimento profundo é o mesmo. Assim, a Figura 19.2 reproduz a Figura 19.1 no ambiente da sala de aula, onde o ex-estudante se tornou professor e facilita a aprendizagem de seus próprios alunos. Os contextos de ensino e aprendizagem ajudam o professor a ir mais fundo em sua compreensão pessoal e o estudante a internalizar novos conceitos.

As histórias na próxima seção detalham dois exemplos de ensino e aprendizagem baseados nas IM em ambientes escolares reais, que representam um exemplo da implementação do TRM com evidência das transferências que demonstram uma perspectiva diferente para a compreensão dos estudantes.

HISTÓRIAS DO TREINAMENTO DE REPRESENTAÇÕES MÚLTIPLAS: DO MODELO CURRICULAR A EXPERIÊNCIAS DA VIDA REAL

Durante os últimos cinco anos, desenvolvemos nosso modelo dentro de programas de formação de professores para estudantes de graduação e pós-graduação. Nesta seção, discutimos as principais questões de uma disciplina de matemática para futuros professores da pré-escola e das séries iniciais do ensino fundamental. Os resultados de competições e avaliações nacionais mostram que conceitos numéricos e geométricos, bem como operações ma-

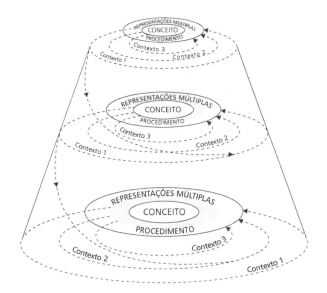

Figura 19.2 Implementando o TRM: um modelo evolutivo.

temáticas básicas, são bastante malcompreendidos por crianças pequenas. A razão é a aprendizagem descontextualizada e baseada na repetição que se origina na rotina dos professores.

A necessidade de uma compreensão profunda de conceitos matemáticos levou à seguinte hipótese: se os jovens aprendizes estiverem envolvidos em projetos transdisciplinares conectados com situações da vida real, serão mais capazes de adquirir os conceitos e as estratégias de resolução de problemas dentro de um contexto positivo. Dito de forma simples, se usarmos o modelo do TRM, a qualidade da prática de sala de aula melhorará, e os alunos de nossos alunos terão uma compreensão mais profunda dos principais conceitos.

Os estudantes foram confrontados inicialmente com o exemplo de educação básica da Reggio Emilia, lendo o capítulo relevante em *The Disciplined Mind* (Gardner, 2000). Aplicaram técnicas de raciocínio crítico para fazer uma leitura significativa do trecho e fizeram uma discussão em grupo depois de sua análise individual. A seguir, fizeram dramatização e refletiram. O professor desempenhou o papel do professor do ensino fundamental, e os alunos dramatizaram as crianças que tiveram a chance de aprender matemática contextualizada. Desse modo, trabalharam com números, medidas, geometria e resolução de problemas por meio do projeto. Os futuros professores refletiram então sobre cada dramatização, e conseguiram experimentar e enxergar os benefícios da abordagem a partir da perspectiva dos seus alunos: diversão e motivação, significado para a aprendizagem, construção do conceito.

Depois disso, os estudantes deviam desenvolver um plano de ensino para uma unidade institucional. O tema, a série e a idade das crianças ficavam à sua escolha. No final, apresentavam os planos, que eram revisados pelo professor e, se necessário, aperfeiçoados. Os estudantes implementaram seus planos e compartilharam resultados, conclusões e artefatos da implementação em sala de aula por ocasião do exame final. Para uma demonstração mais vívida de sua habilidade docente, representaram uma sequência de atividades do plano de ensino em uma dramatização, na qual seus colegas representavam o papel das crianças. Assim, o exame se transformou em um evento bastante agradável e os futuros professores puderam vivenciar a alegria e o rigor da avaliação. Todavia, o resultado mais espetacular foi a resposta das crianças à abordagem dos nossos estudantes. Descreveremos brevemente um dos artefatos desenvolvidos durante o trabalho do projeto na sala de aula.

No começo do período, as crianças da classe discutiram suas férias de verão recentes e fizeram uma lista de seus lugares preferidos. A partir da lista, foram agrupadas para desenvolver uma maquete, à qual integraram suas memórias pessoais, com revisão de geometria e correspondência. Também aprenderam a adicionar e subtrair. A Figura 19.3 mostra uma dessas maquetes, que representava a cidade dos avós. Descreveremos a seguir a sequência de tarefas que levou a esse resultado. Os alunos brincaram com formas geomé-

Figura 19.3 Cidade dos avós criada pelos alunos.

tricas de plástico, com as quais construíram uma estrada dividindo a cidade em duas partes. Usando moldes que o professor forneceu, recortaram flores e borboletas de papel colorido. Segundo suas imaginações, as crianças decoraram os artefatos com pedaços menores de papel de várias formas e cores.

A próxima tarefa era associar os elementos das duas partes da maquete em uma correspondência individual. Depois que essa parte da maquete estava pronta, os alunos a analisaram a partir do ponto de vista estético e a decoraram. No outro lado da "estrada", as crianças construíram casas com cubos e pirâmides de papelão colorido, que o professor cortou e elas aplicaram. As crianças associaram um cubo a uma pirâmide, colaram os dois, e acrescentaram outras formas para fazer portas e janelas. A igreja foi construída pelo professor e decorada pelos alunos, fazendo uso de formas geométricas. Um lago feito com bolinhas de gude foi uma boa maneira de trazer animais "sedentos" para a maquete, ajudando os alunos a aprender a somar e subtrair. Como as crianças lembram de uma cidade moderna, onde existem carros na rua principal, elas colocaram carrinhos de brinquedo perto do lago. O resultado é uma imagem lúdica de carros "sedentos" vindo beber como animais. Além disso, o professor usou essa representação para falar de um estacionamento junto ao lago e redesenhou o contexto para mais prática de adição e subtração.

RELENDO AS HISTÓRIAS: PONTOS FRACOS E FORTES

Nem tudo parece perfeito nas experiências de formação de nossos professores. Principalmente nas fases iniciais, durante as três ou quatro primeiras semanas do curso, muitas respostas são superficiais. Animados com a aparência de diversão nas atividades e testes da nova teoria, vários estudantes se sentem tentados a considerar cada canção, foto ou história como uma aplicação genuína das IM, esteja ela conectada ou não com o tema de discussão, encaixe ou não no perfil das crianças. Muitos se concentram em usar uma variedade de códigos para corresponder melhor a uma representação padrão do livro-texto. Os estudantes não entendem a essência da aprendizagem contextualizada e individualizada que as IM promovem e reproduzem a essência da escola uniforme, sob uma máscara de inovação.

Outra perspectiva com o viés tradicional ocorre quando os estudantes projetam suas unidades instrucionais. Quando planejam tarefas para cumprir os requisitos das representações múltiplas, dois tipos de equívocos combinam-se com as interpretações corretas no nível do grupo. As tarefas de alguns alunos concentram-se em aprender fatos em vez de conceitos. Isso é mais um exemplo de como fazer as crianças aceitarem a norma do "problema da repetição da citação famosa, exemplo famoso, autor famoso, melhor comentário" sem buscar uma compreensão profunda dos conceitos, que promoveria a transferência futura do conhecimento.

Outros alunos criam diversas tarefas voltadas para coisas diferentes e não buscam um objetivo claro. Nesse caso, o foco está em dar tarefas múltiplas que são irrelevantes para os objetivos do currículo em nome da variedade, o que faz a perspectiva múltipla se perder na tradução. Todas essas abordagens canhestras nos mostram que, em nossa cultura, não é fácil implementar abordagens efetivas baseadas nas IM. Apesar das declarações sobre a reforma educacional, a escola romena ainda é marcada por preconceitos metodológicos tão arraigados nas mentes dos professores e estudantes, que mal conseguem identificá-los.

Para além do uso superficial das IM, cursos baseados no TRM trouxeram uma nova perspectiva para os programas de formação de professores. Nossos alunos ficam entusiasmados com a aplicação das IM, tanto ao envolver uma experiência de aprendizagem pessoal quanto ao criar de uma tarefa baseada nas IM e em sua implementação na sala de aula. O entusiasmo, como uma postura positiva em relação às IM, funciona como catalisador para aprender a ensinar e no ensino verdadeiro.

É importante entender o TRM para a aprendizagem e para o ensino. Depois de fazerem vários planos para projetos de unidades instrucionais, os estudantes são capazes de criar oportunidades que ajudem seus alunos a entender conceitos e procedimentos. Esses projetos abrem espaço para as experiências dos alunos, bem como para seus perfis cognitivos. Visam multiplicar a resposta possível em mais que apenas um código simbólico. Desse modo, os alunos dão o melhor de seu talento e esforços, e observamos resultados criativos espetaculares nas salas de aula.

Outro resultado positivo de nossos cursos é uma categoria de produtos desenvolvida por professores, ou seus alunos, ou pelos professores e alunos em parceria. Esses produtos são recursos de aprendizagem valiosos para atividades futuras. Veja o exemplo do castelo de matemática na Figura 19.4.

Esse artefato não apenas é bonito, como também tem um grande potencial de aprendizagem. O professor é o arquiteto do castelo de matemática. Os alunos recortam e colorem formas para dar vida à planta. É assim que um retângulo se transforma em um cilindro, como a principal parte do prédio. Um círculo recortado se torna um cone e depois o telhado. Um retângulo preso a meio círculo faz uma porta, para ser colocada na torre principal. O processo de construção combina o bidimensional e depois o tridimensional. Depois de concluído, o castelo é guardado por soldados, que somente deixam entrar quem disser uma senha, que é uma resposta a uma pergunta de matemática. As crianças se sentem motivadas a procurar a resposta certa, pois o acesso ao castelo permite que participem de um conto de fadas vivo. As perguntas são colocadas progressivamente na escada do castelo, para ajudar todas as crianças a entrar. Os soldados fazem perguntas de apoio, dão dicas e pistas para que todos consigam encontrar a senha certa. Quando todo o grupo con-

Figura 19.4 Castelo de matemática dos alunos, guardado por soldados.

seguir dizer a senha, as crianças penetram na mágica do castelo (Figura 19.5) e continuam a jogar dentro do castelo.

Com a metodologia adequada, abre-se um portal para o mundo do conhecimento, e, a partir daí, pode-se começar qualquer história instrucional. "Era uma vez, uma terra com montanhas, florestas e um grande lago, guardado por um..."; "era uma vez, um imperador romano que guerreou com..."; "era uma vez um termômetro que tremia de frio...". Espera-se que aprendam felizes para sempre.

AGRADECIMENTOS

Agradecemos aos alunos de licenciatura da Universidade de Ploiesti e aos estudantes de pós-graduação da Universidade de Bucareste, que participaram com entusiasmo dos programas experimentais.

Figura 19.5 Todos dentro (a história).

Referências

Gardner, H. (2000). *The disciplined mind: Beyond facts and standardized tests, the K-12 education that every child deserves.* New York: Penguin Books.
Gardner, H. (2006). *Multiple intelligences: New horizons.* New York: Basic Books.
Huttenlocher, P. R. (2002). *Neural plasticity: The effects of environment on the development of the cerebral cortex.* Cambridge, MA: Harvard University Press.
Sarivan, L. (1996). Multiple intelligences: A theory for classroom practice. *Invățământul primar (Primary Education Journal)*, 3, 63-67. (em romeno).
Sarivan, L. (1999). Multiple intelligences: New steps towards classroom practice. *Invă țământul primar* [Primary education journal], 3-4, 49-54. (em romeno).
Sarivan, L. (2005). Multiple intelligences and teacher training: The story of an experience. *Limba și literatura română. Perspective didactice* [lingual e literature romenas: perspectives didáticas] (pp. 127-134). Bucharest: Editura Universăţii din Bucureşti. (em romeno).

Singer, F. M. (2007). Beyond conceptual change: Using representations to integrate domain-specific structural models in learning mathematics. *Mind, Brain, and Education*, 1(2), 84-97.

Singer, F. M. (2009). The dynamic infrastructure of mind – A hypothesis and some of its applications. *New Ideas in Psychology, 27*, 48-74.

Singer, M., & Sarivan, L. (coord.). (2006). *Quo vadis, academia? Landmarks for a comprehensive reform of higher education.* Bucharest: Sigma. (em romeno, com *abstract* em inglês).

PRÁTICAS DE INTELIGÊNCIAS MÚLTIPLAS NA TURQUIA

Osman Nafiz Kaya | Ziya Selçuk

Depois que a República Turca foi estabelecida por Atatürk em 1923, houve muitas revoluções radicais, inclusive no sistema educacional turco, para que a Turquia chegasse ao nível das civilizações contemporâneas. Todavia, como uma extensão das teorias tradicionais da inteligência, o sistema educacional turco baseia-se em habilidades matemáticas e verbais. Nas últimas duas décadas, a teoria das IM foi um instrumento importante para melhorar o desenvolvimento cognitivo, afetivo e comportamental dos estudantes. Os primeiros estudos sobre a teoria das IM foram realizados depois da metade da década de 1990. Este capítulo analisa as primeiras tentativas de usar a teoria das IM como princípio organizador em diversas escolas particulares, apresenta como foram estruturadas disciplinas de métodos orientados pelas IM para professores em faculdades de educação e concentra-se no impacto da teoria das IM na reforma educacional desenvolvida pelo Ministério Nacional da Educação da Turquia, em 2005.

A República Turca foi estabelecida por Mustafa Kemal Atatürk em 1923, depois da abolição do Império Otomano. A vida na Turquia é uma rica variedade de culturas e tradições, algumas das quais podem ser rastreadas até 5.000 a.C., e outras de herança mais recente. Pessoas de muitas culturas e religiões diferentes viviam durante o período do Império Otomano, e essa diversidade foi preservada na Turquia. Embora 99% da população seja de muçulmanos, a religião é considerada uma questão pessoal. A Turquia tem uma democracia duradoura e um sistema legal secular, que separa a religião e as questões estatais. Atualmente, existem aproximadamente 250 igrejas e 35 sinagogas abertas para culto. Istambul é um dos poucos lugares no mundo onde se podem ver igrejas, sinagogas e mesquitas construídas a pouca distância umas das outras. A hospitalidade é um dos marcos da cultura turca, e os turcos acreditam que os visitantes devem ser tratados como convidados de Deus. A maioria dos turcos gosta da oportunidade de receber estrangeiros e aprender sobre culturas diferentes.

Na Turquia, a educação obrigatória é constituída por oito anos de ensino fundamental (dos 7 aos 15 anos). O ensino médio dura quatro anos (dos 15 aos 19) e abrange as escolas geral, vocacional e técnica. Espera-se que todas as escolas usem os currículos desenvolvidos pelo Ministério Nacional da Educação. Os alunos fazem um exame vestibular de âmbito nacional para admissão a programas de educação superior. A educação superior é proporcionada por 67 universidades estatais e 30 particulares. As universidades – geralmente programas de graduação de dois e quatro anos – estão sob supervisão do Conselho de Educação Superior da Turquia. Nas universidades, a língua de instrução é o turco; porém, o inglês também é usado em algumas delas.

A história da educação turca está intimamente relacionada com os valores culturais e com as visões pedagógicas da Turquia. Como uma extensão de teorias tradicionais da inteligência, o sistema de educação turco baseia-se no estudo de matemática e língua. De fato, os exames de admissão para a educação superior têm uma parte matemática e uma parte verbal. A engenharia, a matemática e as ciências puras sempre foram populares na Turquia. Outras ocupações são consideradas campos secundários. Uma ocupação relacionada com música, pintura, esportes, literatura, direito e meio ambiente é escolhida quando não existe oportunidade para ocupações científicas.

A Turquia tem um sistema de educação que valoriza os insumos, mas não existe uma infraestrutura de avaliação. Por exemplo, os seguintes insumos são considerados muito importantes: alocação de uma parte do orçamento para a educação, o número de novos professores por ano e o número de novos computadores comprados para as escolas. Todavia, não existe tentativa ou infraestrutura para avaliar a qualidade dos produtos. O objetivo da educação é preparar os alunos para os exames. Os exames de admissão ao ensino médio e à universidade permitem que apenas 10% dos alunos sejam aprovados. Entre os 41 países membros da Organização para Cooperação e Desenvolvimento Econômico, a Turquia tem a maior disparidade entre escolas com mais e com menos oportunidades para os alunos. A menos que as disparidades entre as escolas acabem, algumas delas sempre atrairão mais alunos, e a pressão dos exames continuará. Nessa atmosfera, pais e educadores sensíveis estão tentando encontrar alternativas.

A abordagem pedagógica costumeira nas escolas é didática e baseia-se na transmissão do conhecimento. Os estudantes que memorizam o maior número de informações são considerados os mais bem sucedidos. Uma das críticas mais importantes sobre o sistema educacional turco recai sobre a falta de adaptação da pedagogia aos interesses e capacidades dos estudantes. Não existe infraestrutura econômica ou educacional para orientar os estudantes, e não existem políticas de emprego para atender esses interesses e capacidades. A maneira como interesses e capacidades de estudantes são classificados e a demanda por uma teoria da inteligência para cobrir essa lacuna se tornaram um tema sério de discussão. Pais e professores esperam que sejam consideradas capacidades além do discurso matemático-verbal. A teoria das inteligências múltiplas (IM) tem sido usada como evidência nessas considerações.

RECONHECENDO A TEORIA DAS IM NA TURQUIA

Os primeiros estudos realizados na Turquia sobre a teoria das IM, surgidos durante a segunda metade da década de 1990, eram traduções do material sobre estudos realizados em outros países. Modelos simples transferidos dos Estados Unidos explicavam a teoria. Além disso, palestrantes convidados de vários países fizeram palestras para um pequeno número de educadores. A questão "o que é IM?" foi enfatizada, e o foco estava na definição e explicação das múltiplas inteligências.

Depois de 1997, uma questão diferente, "por que IM?" assumiu preponderância. Em outras palavras, o que estava errado no sistema existente que tornava uma nova perspectiva necessária? Por que a teoria das IM melhoraria o sistema educacional turco? Essas perguntas foram dirigidas a acadêmicos e professores inovadores, em seminários e conferências. Acadêmicos interessados receberam convites do governo, de empresários e de escolas públicas para apresentar a teoria. Professores de várias cidades tiveram oportunidades, pela primeira vez, de aprender sobre a teoria por meio de seminários nacionais. Embora um grupo de professores falasse sobre a teoria das IM com muita admiração, a maioria dizia que já as praticava.

Durante o terceiro estágio, a pergunta "como?" se tornou comum. Como os professores aplicam a teoria das IM na sala de aula? Grandes oficinas, seminários e conferências realizadas em escolas públicas e privadas permitiram o *feedback* de profissionais para fazer a conexão entre teoria e prática. Finalmente, surgiu um novo caminho de desenvolvimento para a teoria, específico para a Turquia.

AS IM COMO PRINCÍPIO ORGANIZADOR DAS ESCOLAS NA TURQUIA

As primeiras tentativas de implementar a teoria das IM no sistema educacional turco começaram nas escolas particulares Enka em Istambul, no final da década de 1990. As escolas organizaram suas salas de aula com base nas IM, com a participação de alunos de vários países. As escolas Enka publicaram a versão turca de *Multiple Intelligences: Interviews and Essays*, de Gardner (1999), a primeira versão turca de um livro publicado sobre as IM. Alguns educadores interessados em como organizar uma escola baseada nas IM visitaram as escolas Enka e tentaram conduzir práticas semelhantes em suas próprias escolas.

Inicialmente, a teoria foi vista como uma nova moda em educação, e poucos estudiosos universitários se interessaram por ela. Todavia, quando foi elaborada uma base científica para a teoria, o número de acadêmicos interessados aumentou. Por exemplo, Ziya Selçuk da Universidade de Gazi em Ankara, a capital da Turquia, analisou escolas nos Estados Unidos que usavam as IM e sintetizou observações e ideias. Em 1998, ele abriu o primeiro instituto de educação onde a teoria das IM era combinada com o sistema de educação e com os currículos existentes na Turquia.

Como resultado dos estudos realizados na Escola Prática da Universidade de Gazi, foi publicado o livro *Multiple Intelligences Practices* (Selçuk, Kayili e Okut, 2002). O livro adaptou a teoria das IM ao sistema educacional turco, estabeleceu seus princípios, e indicou como esses princípios podem ser colocados em prática nas salas de aula. Na Private Gazi Elementary School, bem como em escolas públicas voltadas para práticas de IM, três efeitos ficaram evidentes na implementação da teoria: cooperação interdisciplinar, maneiras mais amplas de definir as inteligências dos alunos e a mudança da mensuração para avaliação.

A cooperação interdisciplinar se tornou necessária entre os professores. Embora professores da mesma disciplina já trabalhassem juntos antes, professores de disciplinas diferentes começaram a se reunir depois da introdução das IM. Como disse um diretor: "Os regentes começaram a sair de suas salas depois das práticas de IM". O diretor da Cay Primary School de Rize, uma pequena província turca, disse: "Depois das práticas das IM, aprendemos a ser uma empresa, e não somos apenas nós que representamos a escola. Todos os funcionários começaram a representar a escola. A razão foi que os projetos eram comuns a todos". Desse modo, uma organização horizontal nasceu da organização vertical tradicional.

Depois da introdução das IM, os professores passaram a perceber os alunos de maneira diferente. Um professor da Private Gazi Elementary School disse: "Antes, eu considerava bem-sucedidos apenas os alunos que eram bons em matemática e que tinham habilidades verbais. Os alunos bons em outras áreas eram menos inteligentes para mim. Contudo, agora sei que defino o campo popular como inteligência, e sinto muito por ter tido preconceitos para com certos alunos. [...] Eu tinha um jardim de oito metros quadrados, mas aguava apenas dois metros quadrados dele".

Antes da aplicação das IM, os professores prestavam atenção na mensuração, mas negligenciavam a avaliação. Agora, começaram a prestar mais atenção no processo de avaliação, em vez de limitar o desempenho da aprendizagem a alguns resultados de testes. Por exemplo, uma professora, falando de um de seus alunos da Private Maya Elementary School, disse: "Quando eu media, ele rodava; mas, quando avaliava, ele passava. O aluno não era muito bom com relação ao resultado, mas era positivo e um bom participante do processo".

Para mostrar como essas mudanças se manifestaram e ilustrar o valor da contribuição da teoria das IM para o sistema educacional turco, apresentamos as opiniões de um dos primeiros professores a trabalhar com as IM na Turquia, Hussein, e um estudo de caso de um aluno, Mehmet.

Hussein, o professor que mudou

Hussein formou-se no Teacher Training College, o mais importante instituto de formação de professores na Turquia. Começou a lecionar aos 18 anos e trabalhou por 25 anos em escolas públicas. Depois disso, trabalhou na Private Gazi Elementary School e agora leciona na Private Maya Elementary School.

Hussein contribuiu para a formação de milhares de professores em IM, concentrando-se na questão: "O que mudou em sua vida profissional depois de conhecer as IM?". Sua resposta a essa questão revelou como ele havia mudado sua visão sobre alunos e sobre seus próprios métodos de ensino:

> Até compreender as IM, fui um professor autocentrado. Eu pensava que os alunos não podiam ensinar uns aos outros ou fazer nenhuma contribuição para a instrução, pois não eram professores. Depois que comecei a usar as IM, minhas opiniões sobre a questão de tornar os alunos ativos mudaram totalmente.
>
> Notei que todo o meu ensino seguia o estilo lógico-matemático. Eu tinha a tendência de considerar os alunos que seguiam meu estilo mais bem-sucedidos. Preocupava-me que o trabalho em grupo tornasse vazias as horas na sala de aula. Comecei a usar as atividades baseadas no desenvolvimento interpessoal dos alunos mais do que jamais havia usado, e não podia imaginar que a aprendizagem com os colegas poderia contribuir tanto para o desenvolvimento pessoal.
>
> Entretanto, os campos matemático, linguístico e visual da inteligência eram mais importantes para mim. As questões em exames internacionais diziam respeito a esses campos. Contudo, mais adiante, desafiei meu ponto de vista totalmente quando entendi que até atividades musicais podem contribuir para a compreensão de temas matemáticos e linguísticos.
>
> O retorno positivo das atividades cinestésicas na compreensão de temas matemáticos e geométricos foi inacreditável.
>
> Uma amostra de cem atividades com as inteligências nos deu uma variedade de modos de instrução. Quebra-cabeças, museus, ruas, escritórios, pôsteres, guias telefônicos e jornais se tornaram materiais de aula ou locais adequados para as lições.
>
> Outra vantagem das IM era que nos davam a oportunidade de conhecer mais os nossos alunos. Por exemplo, antes de compreender as IM, eu pensava que alunos com muita inteligência intrapessoal eram antissociais. Eu pedia para eles passarem algum tempo no mesmo ambiente com outras pessoas. Contudo, entendi que eles eram mais produtivos quando trabalhavam sozinhos. Quando queriam, passavam algum tempo em um ambiente mais social.
>
> Outro exemplo está relacionado com alunos cinestésicos. Eu tinha a opinião geral de que eles não poderiam ser bons em matemática e geometria.

Entretanto, fiquei chocado quando um dos meus alunos respondeu a pergunta sobre a área de um triângulo, pegando uma tesoura e recortando um triângulo na folha do exame. Depois disso, passei a prestar mais atenção no desenvolvimento de atividades matemáticas para alunos cinestésicos.

No decorrer dos meus seminários, fiquei mais entusiasmado depois que ouvi milhares de professores dizerem que se tornaram mais ativos depois que aprenderam sobre as IM. Sou da opinião de que talvez seja tarde demais para alunos que tiveram a instrução unilateral, mas, para os alunos de hoje, ainda existem muitas chances.

Mehmet, o aluno "bem-sucedido e malsucedido"

Mehmet é um aluno da 4ª série, que tem notas muito baixas. Contudo, todos o adoram, e ele participa da maioria das atividades sociais da escola. Mehmet é um grande líder. É ativo, corre muito e é um ótimo jogador de futebol. Além disso, escreve cartas para empresas sobre os problemas que a escola enfrenta.

Seus professores dizem que Mehmet tem uma grande capacidade de aprender, mas seu desempenho é fraco em matemática, ciências e língua. Os boletins anuais dessas disciplinas são muito importantes para as escolas, de modo que, nesse sentido, ele é malsucedido. A autoconfiança de Mehmet é muito alta em certas áreas, mas muito baixa em outras. Portanto, Mehmet se descreve como "bem-sucedido e malsucedido".

Depois que a escola de Mehmet decidiu aplicar os princípios das IM, muitas coisas mudaram. Mehmet está feliz com a situação: "Antes, havia jogos e aulas, mas agora as aulas parecem jogos". Mehmet superou sua ansiedade com a matemática, usando as práticas das IM, e obteve uma nota alta no exame nacional de admissão para o ensino médio.

ESTUDANTES DE LICENCIATURA CONHECEM A TEORIA DAS IM

A teoria das IM foi introduzida na educação superior turca depois do ano 2000. Os resultados positivos obtidos em estudos de pós-graduação sobre a teoria (Başbay, 2000; Bümen, 2001; Çakir, 2003; Dilli, 2003; Doğan, 2000; Gö ğebakan, 2003; Kaptan e Korkmaz, 2001; Kaya, 2002; Sezginer, 2000; Talu, 1999; Tarman, 1999) chamaram a atenção das faculdades de educação.

Como resultado, os futuros professores começaram a analisar a teoria das IM em suas disciplinas de educação geral (ensino e aprendizagem, psicologia da educação). Essas disciplinas hoje compreendem os princípios básicos da teoria das IM, as definições e características das múltiplas inteligências, as diferenças entre a teoria das IM e o ensino tradicional, bem como as inovações que a teoria das IM trouxe para o ambiente de aprendizagem. Devido às posturas positivas dos futuros professores em relação à teoria das IM e à sua adoção, vários livros relacionados com a formação de professores hoje têm um capítulo sobre as IM (Demirel, 2000).

A transferência das IM da teoria para a prática nas faculdades de educação ganhou *impulso* por meio das disciplinas sobre métodos de ensino de matemática, ciências, estudos sociais e formação de professores para a educação básica. Algumas disciplinas também incluíam outros métodos de ensino, como aprendizagem baseada em problemas e aprendizagem cooperativa, mas outras concentravam-se apenas na teoria das IM.

Por exemplo, Kaya leciona as disciplinas de métodos de ciências para estudantes de licenciatura em ciências e educação básica totalmente na linha da teoria das IM desde 2003. Desde o começo da disciplina, ele não é a fonte de informações. Em vez disso, os estudantes se envolvem ativamente. Depois de uma introdução geral às teorias da educação nas primeiras duas semanas de classe, Kaya apresenta a teoria das IM, seus princípios básicos e como as inteligências afetam a educação em ciências. Os alunos analisam livros didáticos de ciências pela perspectiva da teoria das IM, discutem como a teoria contribui para o processo de avaliação da aprendizagem das crianças e investigam críticas sobre a teoria. A maioria dos candidatos a professor entende as definições de IM, quais indivíduos são fortes em quais inteligências, e quais atividades instrucionais abordam quais inteligências.

Um problema comum envolve compreensões errôneas e conhecimento superficial sobre os princípios fundamentais da teoria das IM e sobre como ela foi desenvolvida. Vários futuros professores pensam que Gardner desenvolveu a teoria depois de muitos anos de observação ou apenas sentado sem fazer pesquisa sobre como a mente humana funciona. Desse modo, pequenos grupos de futuros professores analisam partes do livro *Frames of Mind: The Theory of Multiple Intelligences*, de Gardner (1983), para ajudá-los a entender melhor a natureza da teoria. Depois disso, apresentam seus resultados. Por exemplo, um grupo revisou como Gardner identificou as diversas inteligências e representou os oito critérios específicos que usou para qualificar cada candidata a inteligência a partir de perspectivas multidisciplinares.

A seguir, aprendem como a teoria das IM pode ser praticada na sala de aula para cumprir os objetivos da educação em ciências. A maioria dos futuros professores tem dificuldade para criar um plano de aula baseado nos princípios da teoria das IM. Um candidato a professor do ensino fundamental explicou esse desafio: "Quando preparei meu plano de aula de ciências segundo as IM para ensinar o conceito de matéria a alunos da 5ª série em um período de 40 minutos, não tinha certeza dos tipos de atividades de ensino que seriam mais apropriadas para uma das inteligências do que para outras, para um ensino efetivo de ciências, e como poderia passar de uma atividade a outra". Os estudantes entrevistam um professor que aplica a teoria das IM em disciplinas de ciências do ensino fundamental e observam as aulas dessa pessoa.

Depois de compartilhar as observações, Kaya apresenta ideias práticas tiradas de estudos publicados para planos de aula de ciências baseados na teoria das IM (Armstrong, 2000; Campbell e Dickinson, 1998; Kaya e Ebenezer, 2003; Lazear, 1992). A maioria dos candidatos a professor tende a usar uma versão modificada do procedimento de sete passos de Armstrong (1994) para criar uma sequência de aulas baseadas nas IM (Kaya e Ebenezer, 2003). Todavia, alguns preferem usar o modelo de Campbell e colaboradores (1996). Escolhem um tema do currículo de ciências do ensino fundamental e preparam um plano de aula, segundo a teoria das IM. Cada plano é avaliado pelo estudante, pelos colegas e pelo professor.

Um mito comum entre os candidatos a professor é que cada objetivo de aprendizagem ou estrutura de conhecimento deve ser ensinado em todas as IM ou pode não alcançar todos os alunos. Acreditam que cada aluno deve aprender usando suas potencialidades, e não suas fraquezas. Assim, ignoram o princípio da teoria das IM de desenvolver as inteligências subutilizadas dos alunos em um nível razoável. Para tal, devem incluir atividades de ensino baseadas nas inteligências subutilizadas dos alunos e observar o que acontece durante a aula.

Como resultado de intensas discussões presenciais ou *on-line* sobre suas experiências e observações na sala de aula, esses candidatos a professor entendem que existem quatro fatores importantes que afetam a maneira como aulas de ciências baseadas nas IM são planejadas e executadas em uma sessão de 40 minutos: (1) identificar as potencialidades de cada aluno relacionadas com as IM, usando um instrumento confiável e válido; (2) verificar resultados de estudos relacionados com as dificuldades dos alunos para aprender um tema relevante de ciências; (3) considerar a natureza da estrutura de conhecimento que os alunos devem aprender, com relação às IM; (4) analisar a capacidade do professor de controlar a atividade em IM. Finalmente, decidem que não existe necessidade de abordar todas as inteligências em todos os objetivos ou aulas, mas que cada aula deve ser organizada de maneira razoável, para implementar aproximadamente três a cinco inteligências.

Os candidatos a professor implementam seus planos de aula em classes de escolas de ensino fundamental e observam seus colegas fazerem isso. Kaya observa a prática de muitos dos futuros professores. A maioria das implementações é filmada. Depois, são discutidos relatos do observador e filmagens.

A maioria dos futuros professores beneficia-se significativamente com suas experiências com as práticas de IM em salas de aula autênticas. Um disse:

> Ouvi falar muito da teoria das IM antes de fazer este curso, mas nunca tinha acreditado que todos os estudantes pudessem aprender as disciplinas da escola, especialmente a de ciências, pois as ciências sempre foram um tema chato e difícil para mim. Em particular, depois de minha experiência de ensino com a teoria das IM, entendi que cada aluno é singular e deve

usar suas potencialidades enquanto aprende as disciplinas. [...] Vi que as IM funcionam muito bem em salas de aula verdadeiras. Por exemplo, a maioria dos alunos queria continuar suas aulas de ciências sem intervalo. Esse tipo de comportamento, especialmente nos anos do ensino fundamental, é uma evidência importante, indicando os efeitos positivos da implementação da teoria das IM no interesse dos alunos em aprender, na escola e nas ciências.

Um grupo de comunicação *on-line* ajuda os candidatos a professor no decorrer da disciplina. Embora o tempo da classe se limite a três horas por semana, o módulo virtual possibilita que o professor e os futuros professores interajam regularmente. Quase todos os candidatos a professor descrevem sua comunicação *on-line* como uma maneira interessante de compartilhar informações sobre a teoria e sobre as práticas das IM. Acreditam que seu discurso eletrônico tornou o conhecimento teórico e prático sobre a teoria das IM mais significativo e permanente, e teve um efeito positivo em suas atitudes em relação ao uso da teoria na sala de aula. Um candidato a professor disse: "As comunicações virtuais relacionadas com as críticas sobre a teoria e as respostas de Gardner a elas me ajudaram a entender o que é a teoria e como ela foi desenvolvida. [...] Discussões intensas pela Internet sobre os relatos do observador de salas de aula reais me ajudaram muito a entender o valor das práticas das IM nas salas de aula do ensino fundamental".

Outro ganho significativo da comunicação *on-line* foi a percepção de muitos professores de que não existe uma abordagem única de instrução baseada na teoria das IM, pois puderam enxergar como seus colegas interpretaram a teoria em salas de aula. A maioria dos candidatos a professor, hoje professores que trabalham em cidades do leste e sudeste da Turquia, dizem que certamente querem usar a teoria das IM em suas salas de aula.

O PAPEL DA TEORIA DAS IM NA REFORMA DA EDUCAÇÃO NACIONAL

Em 2003, Selçuk, o fundador da Escola de Aplicação da Universidade de Gazi, foi apontado secretário de educação da Turquia, e a teoria das IM foi inserida sistematicamente nas escolas públicas. O currículo, que não era revisado desde 1968, foi reformado por Selçuk e seu grupo. Essa mudança partiu dos avanços tecnológicos e científicos no mundo, da adaptação a critérios da União Europeia e de requisitos nacionais. As bases para essa transformação educacional foram a abordagem progressista em filosofia, a abordagem cognitivo-construtivista, e a teoria das IM como modelo pedagógico.

A teoria das IM foi introduzida por acadêmicos e professores que se dedicaram a fazer uma mudança paradigmática nos programas de instrução. Oficinas para as diferentes disciplinas ensinaram como a teoria das IM poderia ser inserida no planejamento curricular. Editores realizaram seminários sobre como as práticas das IM poderiam ser incorporadas nos livros didáticos.

Essa rodada de formação buscou corrigir alguns equívocos do passado. Por exemplo, alguns professores concentravam-se na teoria das IM, e não no currículo em si. De maneira semelhante, houve alguns erros na inclusão de práticas baseadas nas IM nos livros didáticos. Por exemplo, sugeria-se que os professores classificassem os alunos segundo suas potencialidades específicas e depois preparassem aulas apenas para essas inteligências. Em vez disso, os professores receberam instrução sobre como integrar muitas inteligências em uma aula. Para citar um exemplo, ao ensinar a fração ½ para alunos da 1ª série, um professor sugeriu a seguinte prática de uso da inteligência corporal-cinestésica para aumentar a inteligência lógico-matemática: "Todos os alunos da turma ficam de pé e levantam os braços na altura dos ombros; os braços, então, se tornam a linha da fração. A cabeça representa o 1, e as pernas são o 2, e, dessa forma, pode-se ensinar a fração ½ de forma corporal-cinestésica".

Os princípios para preparar planos de aula diários em todas as escolas da Turquia foram publicados na forma de uma norma, e foram criados padrões para planos de aula baseados nas IM. A teoria das IM e amostras de sua aplicação começaram a ser inseridas em livros didáticos. O novo currículo alinhou-se com a teoria construtivista, mas não era citado como um currículo da teoria das IM. Livros do professor e livros do aluno foram adicionados aos livros didáticos. Refletiu-se sobre como os professores poderiam usar a teoria das IM para preparar um plano diário, implementá-lo, organizar materiais como planilhas de trabalho, usar livros no período de prática, e testar e avaliar. Essas mudanças no currículo na Turquia influenciaram livros, periódicos e materiais do setor privado. Desde 2003, o rótulo "apropriado para inteligências múltiplas" foi afixado a milhares de livros de referência, periódicos e instrumentos educacionais na Turquia.

Atualmente, as práticas nas escolas turcas comparam-se às usadas em escolas de outros países. Os educadores turcos compartilham suas experiências com as IM entre si e com educadores de outros países, em seminários acadêmicos regionais e internacionais. Em simpósios sobre boas práticas na Turquia, professores e acadêmicos de todo o país apresentam exemplos que podem ser implementados em escolas de todo o mundo.

Referências

Armstrong, T. (2000). *Multiple intelligences in the classroom* (2nd ed.). Alexandria, VA: Association for Supervision and Curriculum Development. Inteligências múltiplas em sala de aula. 2. ed. Porto Alegre: Artmed, 2001.

Başbay, A. (2000). *An analysis of curriculum and classroom activities according to multiple intelligences theory*. Dissertação de mestrado inédita, Hacettepe University, Ankara, Turkey.

Bumen, N. (2001). *The effects of implementation of the multiple intelligences theory supported by reviewing strategies on student's achievement, attitude and retention.* Tese de doutorado inédita, Hacettepe University, Ankara, Turkey.

Çakir, İ. (2003). *Designing supplementary activities for the sixth grade English course through the multiple intelligences theory.* Tese de doutorado inédita, Hacettepe University, Ankara, Turkey.

Campbell, L., Campbell, B., & Dickinson, D. (1996). *Teaching and learning through multiple intelligences.* New York: Basic Books.

Demirel, Ö. (2000). *Curriculum development: Theory to practice.* Ankara: Pegem A Publication.

Dilli, R. (2003). *To use multiple intelligence theory on art education courses.* Dissertação de mestrado inédita, Gazi University, Ankara, Turkey.

Doğan, Ö. (2000). *The effect of the teaching activities based upon multiple intelligences theory on grade-4 students achievement and retention in mathematics.* Dissertação de mestrado inédita, Gazi University, Ankara, Turkey.

Gardner, H. (1983). *Frames of mind: The theory of multiple intelligences.* New York: Basic Books. [*Estruturas da mente*: a teoria das inteligências múltiplas. Porto Alegre: Artmed, 1994]

Göğebakan, D. (2003). *How students' multiple intelligences differ in terms of grade level and gender.* Dissertação de mestrado inédita, Middle East Technical University, Ankara, Turkey.

Kaptan, F., & Korkmaz, H. (2001). The effect of science teaching using multiple intelligences theory on students' achievement and attitude. In *IV. National Science Education Conference* (pp. 169-174). Ankara, Turkey: Turkish Ministry of National Education.

Kaya, O. N. (2002). *The effect of the multiple intelligences theory on grade-7 students' achievement, retention of their knowledge, attitude and perceptions in the topic of atom and atomic structure.* Dissertação de mestrado inédita, Gazi University, Ankara, Turkey.

Kaya, O. N., & Ebenezer, J. (2003, abril). *The effects of implementation of the multiple intelligences theory on grade-7 students' attitudes and perceptions toward science.* Artigo apresentado no encontro anual da American Educational Research Association, Chicago.

Lazear, D. (1992). *Teaching for multiple intelligences.* Bloomington, IN: Phi Delta Kappan Educational Foundation.

Selçuk, Z., Kayili, H., & Okut, L. (2002). *Multiple intelligences practices.* Ankara, Turkey: Nobel Publication.

Sezginer, Y. O. (2000). *Effect of multiple intelligence activities on expository essay writing performance.* Dissertação de mestrado inédita, Middle East Technical University, Ankara, Turkey.

Talu, N. (1999). Multiple intelligences theory and its reflections on education. *Hacettepe University Journal of Faculty of Education, 15,* 164-172.

Tarman, S. (1999). *The theory of multiple intelligences in curriculum development process.* Dissertação de mestrado inédita, Hacettepe University, Ankara, Turkey.

Parte IV
AMÉRICA DO SUL

As inteligências pessoais, a possibilidade de uma nova inteligência e a busca da educação para todos são os pontos focais dos colaboradores da América do Sul. Representando países com um histórico de pobreza e violência, os autores trabalham para criar escolas e sistemas educacionais inovadores na Argentina e na Colômbia. Barrera e León-Agustí enfocam o desenvolvimento das inteligências interpessoal e intrapessoal para ajudar os estudantes a resolver problemas de forma produtiva e pacífica. Battro documenta a importância crescente da inteligência digital. Com a revolução digital, são necessárias novas habilidades e novas maneiras de pensar. Todos os autores estipulam a necessidade de escolas inclusivas.

A TEORIA DAS INTELIGÊNCIAS MÚLTIPLAS NA ARGENTINA
Uma estrutura teórica que favorece a educação para todos

PAULA POGRÉ | MARCELA ROGÉ

Este capítulo descreve o trabalho da L@titud e outras iniciativas desenvolvidas por alguns de seus membros. O foco específico é o trabalho para introduzir e implementar a teoria das IM com vistas a promover uma educação para todos na Argentina. Contextualizado na longa tradição que o país tem de educação pública e no debate em andamento sobre pedagogia, o capítulo destaca princípios e estratégias específicos que a L@titud desenvolveu para orientar a implementação das IM nas escolas argentinas. Usando exemplos específicos, o capítulo ilustra como a teoria das IM pode ajudar as escolas a chegar a todas as crianças, independentemente de sua vivência anterior e de sua história educacional. Em 1996, um grupo de pesquisadores e profissionais da educação de diferentes países da América Latina participou do Summer Institute do Projeto Zero na Universidade de Harvard, em Cambridge, Massachusetts. Junto com estudos profundos sobre a teoria das IM e sobre a estrutura do ensino para a compreensão, os pesquisadores participaram de uma série de discussões a respeito de como desenvolver o que havíamos aprendido no contexto cultural de nossos países. Para promover o diálogo e fazer avançar as inovações educacionais na América Latina, em 2001 estabelecemos uma parceira com o Projeto Zero para lançar a L@titud. A rede L@titud conecta profissionais e educadores na América Latina e apoia iniciativas locais dirigidas à promoção da compreensão, por parte dos estudantes, dos mundos sociais, culturais e naturais que eles habitam.

Gostaríamos de agradecer à Universidade Nacional de General Sarmiento, Projeto PROYART, Universidade de San Andrés, L@titud Nodo Sur, Fundação Acindar, Fundação Ford e todos os professores e estudantes envolvidos, por sua colaboração e apoio.

Neste capítulo, descrevemos o trabalho da L@titud, a Latin American Initiative toward Understanding and Development (Iniciativa Latino-americana por compreensão e desenvolvimento), na Argentina, e outras iniciativas lideradas por seus membros, com foco no uso da teoria das inteligências múltiplas (IM) como estrutura conceitual para promover uma educação para todos. Começamos examinando o contexto histórico dos desafios com que se deparam os educadores argentinos e as ideias pedagógicas dominantes quando a teoria das IM foi divulgada pela primeira vez no país. A seguir, descrevemos como a rede L@titud na Argentina aplica a teoria, adaptando-a para uso em contextos locais. Com exemplos específicos, ilustramos os atuais desafios nas escolas argentinas e como sustentamos nosso trabalho com as IM para enfrentá-los. Concluímos com a discussão de como as IM podem nos ajudar a chegar a todas as crianças, independentemente de sua experiência anterior e de sua história educacional.

HISTÓRICO: UM CONTÍNUO DE PARADOXO E TENSÃO

A Argentina tem uma antiga tradição de educação pública e gratuita. Mais de 70% dos alunos hoje em dia frequentam escolas públicas. Na segunda parte do século XIX, um grande número de imigrantes europeus veio para o país. A chamada *Generación del 80* (a geração da década de 1880) estabeleceu os alicerces para o sistema de educação pública e gratuita na Argentina, que, na época, referia-se ao ensino fundamental compulsório, no qual os cidadãos aprendiam a falar a mesma língua e a respeitar a ordem e a disciplina. Diferentemente das escolas de educação fundamental, as escolas de nível médio eram reservadas à elite, voltadas essencialmente a educar pessoas que ocupariam cargos de decisão e a servir como caminho para a educação universitária.

No início do século XIX, a educação básica passou a ser oferecida em nível médio. O objetivo era transformar a tradição de educar uns poucos em um sistema abrangente que desse a todos igual acesso ao conhecimento. Embora bem intencionado, o movimento não atingiu seus objetivos. Os estudantes diferentes ou despreparados eram rejeitados pelo sistema. Os professores não tinham condições de lidar com a gama de habilidades de aprendizagem que se encontravam na mesma sala de aula. Ao contrário da esperada expansão de acesso e oportunidade iguais, o processo se caracterizou por altas taxas de reprovação para os pobres e desfavorecidos.

Em 1976, uma ditadura militar mortífera tomou o poder e assumiu o controle do país, incluindo suas instituições educacionais. A ideologia desse governo entrou em conflito com a "pedagogia da libertação" no campo da educação (Freire, 1972). Introduzida no início dos anos de 1970, a pedagogia da libertação enfatizava métodos educativos baseados no diálogo e na conversação. Educação demais, afirmava Freire, implicava uma abordagem "bancária", ou seja, os educadores acabavam tentando fazer "depósitos" nos alunos. Segundo Freire (1972), a educação não deveria ser a ação de uma pessoa sobre a outra, e sim o trabalho de uma com a outra.

Em 1983, depois de sete anos de governo militar autoritário, a Argentina voltou a ter uma organização política democrática, e seus novos líderes começaram a tratar das necessidades prioritárias do sistema educacional e da vida nas escolas. Enfrentávamos um paradoxo. Por um lado, ajudou-nos uma longa e produtiva tradição de um sistema educacional público; por outro, nossa realidade imediata era uma estrutura e um processo que tinham fracassado em atender à diversidade socioeconômica, cognitiva e étnica.

Nos anos 1990, a Argentina apoiou os objetivos da equidade no acesso à educação de boa qualidade, como declarado na Conferência de Jontiem (1990) e no Acordo de Salamanca (1994). Em 1993, a Lei Federal de Educação, em uma tentativa de sintonizar os princípios da educação para todos, ampliou a oferta de educação compulsória para incluir desde a pré-escola (5 anos) até a 9ª série (14 anos). A lei também tentava garantir o direito de todos os cidadãos a ter acesso à educação de boa qualidade. Embora o sucesso dessa lei em termos de impacto seja polêmico, ela conseguiu envolver os educadores argentinos em debates interessantes. Trabalhou-se muito com questões como contextos inclusivos de aprendizagem na escola, relação entre investigação de conhecimento e ambiente democrático em sala de aula, e educação para todos, independente de suas origens.

O crescimento das escolas privadas foi contemporâneo à expansão da educação pública. Assim como esta, a escola privada tem um longo histórico na Argentina. Algumas escolas foram fundadas há mais de 100 anos, algumas eram bilíngues e atendiam a crianças de segmentos de elite. Na década de 1970, o espectro da educação privada aumentou, à medida que a segmentação da sociedade continuava. Entre períodos democráticos e autoritários de governo, as famílias de classe média estimulavam e apoiavam a criação de escolas privadas para garantir ambientes de aprendizagem mais democráticos para seus filhos. No processo, algumas escolas privadas se tornaram pioneiras da inovação pedagógica, o que incentivou um nível privilegiado de educação e estimulou a segmentação do sistema.

No meio desses desafios e debates, a teoria das IM chegou à Argentina na década de 1990. Um grupo de pesquisadores e profissionais da educação percebeu o potencial da teoria para transformar o sistema educacional, tornando-o mais democrático e inclusivo. Os educadores argentinos também vislumbravam o uso das IM como estrutura para ajudar a atingir o objetivo da educação para todos.

HISTÓRICO PEDAGÓGICO: O CENTRO SE DESLOCA DO PROFESSOR AO ALUNO

As pedagogias centradas no professor, um produto da idade moderna, tinham se tornado o alicerce do sistema educacional argentino no final do século XIX. Nas escolas, os professores davam aulas, e esperava-se que todos os alunos aprendessem no mesmo ritmo. Essa pedagogia gerou matrizes de aprendizagem – esquemas internos segundo os quais os indivíduos enfrentariam a realidade e se conectariam com o mundo real socialmente determinado (Quiroga, 1991). Dominados por essas matrizes de aprendizagem, os alunos não eram estimulados a pensar ou a agir de forma diferente de como pensavam seus professores. Essas matrizes eram baseadas nos pressupostos estabelecidos há muito de que as escolas não eram para todos e de que nem todo mundo era capaz de aprender – pressupostos que levavam à exclusão de estudantes considerados culturalmente diferentes e intelectualmente inadequados.

Na década de 1970, junto com a pedagogia da libertação de Freire, o campo argentino da educação foi influenciado pela obra de Jean Piaget e Lev Vygotsky, que descreveram um processo de aprendizagem em que os alunos cumpriam um papel ativo na construção de seu conhecimento. Essa visão da aprendizagem sugeria uma pedagogia centrada no aluno, que viria a reformar a ideia e a prática da exclusão. Infelizmente, apesar de sua forte influência no campo acadêmico, as teorias não foram além das torres de marfim para chegar à prática dos professores.

A chegada da teoria das IM na década de 1990 trouxe uma nova perspectiva ao debate sobre a pedagogia centrada no aluno. Se todos processamos informações de forma diferente, como um sistema de "tamanho único" poderia ser eficaz para os processos de aprendizagem de todos os estudantes? A teoria das IM nos desafiou a acolher a diversidade na sala de aula e reforçou a noção de incluir, em vez da de excluir, alunos com diferentes capacidades. Além disso, a teoria parece ser prontamente entendida e facilmente aceita pelos professores argentinos. Os conceitos são transparentes e sustentam muitas de suas crenças e práticas.

OS PRINCÍPIOS OPERACIONAIS DA L@TITUD PARA A IMPLEMENTAÇÃO DAS IM

Inicialmente, a teoria das IM sofreu uma série de interpretações equivocadas. Algumas pessoas a consideraram um conjunto de rótulos para os alunos, e outras acreditavam que ela poderia automaticamente se transformar em uma proposta didática. Em resposta a essas visões equivocadas e com base nas lições aprendidas com nossas experiências, o grupo central da L@titud construiu quatro princípios operacionais para a implementação das IM.

O primeiro é aplicar uma abordagem de base à inserção da IM. Entendemos que a verdadeira transformação não pode ser imposta por um sistema que vem de cima, devendo acontecer dentro das escolas. Para dar apoio à transformação de base, a L@titud estabeleceu uma rede de profissionais que promoviam o diálogo regional e as iniciativas locais. Aproveitamos integralmente o conhecimento local para a formação profissional, bem como para disseminar a pesquisa e os recursos educacionais em espanhol.

O segundo é entender a cultura da escola. Cada escola tem sua própria cultura singular, e trabalhar dentro dela implica um foco dirigido para onde se situa a escola e na determinação de seu nível de prontidão para novas iniciativas. Ao se introduzirem novas ideias e práticas, prestamos muita atenção às necessidades e às preocupações dos professores e às circunstâncias da escola em que trabalham. Envolvemos todos os interessados como participantes ativos no processo de aprendizagem e mudança.

O terceiro é estabelecer uma ponte entre a teoria e a prática. A teoria das IM é poderosa e requer um esforço conjunto para se aplicar à prática de sala de aula de formas adequadas. A L@titud integrou a estrutura de ensino para a compreensão do Projeto Zero com a teoria das IM, a fim de promover melhores práticas de ensino. Especificamente, ajudamos os professores a entender que a prática das IM não significa impor superficialmente diferentes inteligências à aprendizagem de temas, e sim estimular os alunos a se envolver em uma série de "performances" relacionadas ao tópico, a pensar e a agir de forma flexível diante do conhecimento (Stone-Wiske, 1998).

O quarto princípio que a rede argentina L@titud segue ao implementar as IM é conectar áreas de conteúdo de aprendizagem com a estrutura de IM e com o ensino para a compreensão. A fim de fazer frente a esse desafio, a L@titud na Argentina recrutou especialistas em conteúdo para se somarem a sua equipe e assessorarem o trabalho nas escolas. Os membros do grupo, professores, profissionais e especialistas nas disciplinas de matemática, espanhol, ciências e artes, trabalharam com professores de diferentes séries e em diferentes áreas temáticas para ajudá-lo a refletir sobre suas próprias práticas de ensino.

Esses quatro princípios operacionais funcionam em conjunto para garantir o sucesso da implementação das IM com um foco no trabalho em rede dos profissionais, na cultura escolar, na teoria colocada em prática e no conhecimento disciplinar. Orientada por esses princípios, a rede L@titud realizou vários projetos para melhorar as práticas de ensino e disseminar o trabalho com IM.

OS PROJETOS DA L@TITUD RELACIONADOS ÀS IM

Desde o início, em 2001, a rede L@titud na Argentina colaborou com muitas universidades e empresas em todo o país para ajudar a implementar a teoria das IM nas escolas. Vários dos projetos da rede relacionados às IM se basearam em bairros ou distritos de baixa renda. Em função do preconceito, muitos professores tinham poucas expectativas em relação a seus alunos, tendiam a ensinar-lhes menos e a expressar menos satisfação em sua situação de ensino. Nosso foco nesses distritos desfavorecidos visava reduzir a desigualdade de nosso sistema educacional e avançar mais um passo em direção ao objetivo de uma educação para todos. Uma série de estratégias, que exploramos na próxima parte, foi utilizada nesses projetos relacionados às IM.

Trios pedagógicos

Um trio pedagógico é uma equipe de três membros: um professor de escola, um formador de professores e um pesquisador universitário. Em um projeto dirigido pela Universidade Nacional de General Sarmiento, tivemos até 30 trios pedagógicos em escolas de ensino médio para um projeto. A equipe trabalhava conjuntamente no planejamento de lições e em sua aplicação em sala de aula, usando uma abordagem dialógica ao interagir com os alunos. O trio se reunia e discutia o desenvolvimento do processo de aprendizagem dos alunos depois de cada aula e também os envolvia na reflexão sobre seu próprio desempenho na aprendizagem. Os trios também criaram formas de tornar visível a aprendizagem por meio da documentação do trabalho que todos estavam fazendo: professores, alunos, formadores de professores e pesquisadores. Os trios pedagógicos baseados nos princípios das IM envolviam a todos em movimentos através de caminhos para aquisição de conhecimento e compreensão.

Redes de professores

Outra estratégia bem-sucedida foi a formação de redes de professores e de escolas. Inicialmente, formávamos a rede institucional, conectando os professores dentro da escola e entre seus departamentos. Por meio dessa rede, os professores se ajudavam com perguntas relacionadas à disciplina ao planejar trabalhos ou aulas inovadoras. Também discutiam questões e desafios à medida que surgissem. A rede interna das instituições servia de garantia para os professores, incentivando-os a correr riscos e a explorar novas práticas. Uma vez estabelecidas, as redes institucionais eram conectadas para formar uma rede de distrito. Em um projeto, tivemos 40 escolas interconectadas por meio de uma rede, que possibilitava que professores e administradores fossem além de suas salas de aula e escolas para aprender mais sobre questões mais amplas, como diversidades da aprendizagem. O compartilhamento de informações sobre abordagens de IM e estrutura de ensino para a compreensão formava a espinha dorsal das reuniões de redes distritais.

Prática reflexiva

Central à mudança nos professores é o estabelecimento do hábito da prática reflexiva contínua. Em todas as nossas oficinas, ajudamos os professores a refletir sobre seus processos de aprendizagem, bem como a respeito de suas práticas de ensino, usando a teoria das IM como estrutura orientadora. Os professores costumavam ficar entusiasmados com relação a suas visões durante a oficina. De volta à escola, contudo, voltavam às velhas práticas. Os trios pedagógicos e as redes institucionais os ajudavam a continuar explorando as ideias que haviam aprendido nas oficinas.

Parceria público-privada

Em função de seus maiores recursos, algumas escolas privadas estavam entre as primeiras a obter acesso à teoria das IM por meio de oficinas e materiais impressos em inglês, e rapidamente implementaram práticas de sala de aula relacionadas às IM. Dado o alto nível de segmentação que existia em nosso sistema educacional, a introdução das IM somente em escolas de elite poderia ter ampliado ainda mais as distâncias em ensino e aprendizagem entre escolas privadas e públicas. Para prevenir esse resultado negativo, a L@titud convidava as escolas públicas do bairro para as oficinas oferecidas às escolas privadas, a fim de promover uma parceria público-privada. Essas oficinas permitiam que os educadores vissem que o ensino implica enfrentar desafios, não importa o contexto em que lecionem. Eles entendiam que a diversidade não era uma questão de educação privada ou pública e que todos os professores tinham estudantes diversos em suas salas de aula. Ao trabalhar juntos, os professores de escolas privadas e públicas começaram a considerar os estudantes capazes de aprender, não importando sua origem social, econômica ou cultural. Algumas das escolas privadas inovadoras começaram a compartilhar seu conhecimento e suas melhores práticas com as escolas públicas durante as oficinas de IM e outros projetos conjuntos.

Foco nas qualidades dos alunos

O trabalho da L@titud em projetos relacionados às IM tem sido frutífero. As práticas dos professores mudaram, assim como suas expectativas em relação aos alunos. Por exemplo, ao preparar uma unidade chamada "De que são feitos os poemas?", uma professora de espanhol usou uma estrutura baseada nas IM para orientar o plano de aula em vez de dar uma aula tradicional, na qual os alunos leem e analisam poemas e depois seguem adiante. Nessa unidade, os alunos liam estilos modernos e clássicos de se escrever poesia. A seguir, participavam de discussões, dramatizavam os poemas e até criavam seus próprios livros de poesia. A professora se surpreendeu ao ver o entusiasmo com que os alunos responderam a esse novo tipo de experiência de aprendizagem. Nas palavras dela, "Estou impressionada de ver alunos de uma escola técnica tão entusiasmados com poesia. Eles até mostraram seus poemas para suas famílias".

Por meio dessa aula, a professora entendeu melhor como as IM podem ajudá-la a chegar a mais estudantes e a estimular sua compreensão profunda do tema.

À medida que transformam suas práticas, os professores começam a ver as crianças de outra forma, tornam-se cada vez mais conscientes dos distintos tipos de talentos e das diferentes abordagens de aprendizagem entre seus alunos, uma mudança de percepção que afetou muito as expectativas que tinham em relação a esses alunos. Por exemplo, alguns professores acreditavam que não valia a pena ensinar determinados conteúdos a alunos desfavorecidos porque eles provavelmente não chegariam à universidade. Agora, esses mesmos professores começaram a incluir literatura de boa qualidade em seu planejamento. Depois de fazer com que os alunos lessem a obra de Kafka, um professor comentou: "Eu não esperava que meus alunos gostassem de ler Kafka".

O prazer que os alunos tiveram ao ler Kafka é apenas um dos vários exemplos. Muitos professores observaram que, quando pararam de rotular os estudantes e se deram conta de que todos eles podem aprender, as crianças começaram a produzir muitas formas de texto e a ler grandes obras da literatura.

Outro exemplo dessa mudança de perspectiva é uma experiência liderada pela Universidade Nacional de General Sarmiento. Os alunos compilaram uma antologia, à qual chamaram de "Histórias para nós". Escolheram contos, justificaram sua seleção, e escreveram o prólogo e as notas biográficas sobre os autores. Alguns alunos foram à biblioteca em busca de informações; outros escreveram textos, e outros, ainda, leram sua produção para os colegas a fim de saberem qual era o impacto de seus escritos. Por fim, o livro foi montado e publicado. Tornou-se o livro-texto daquela turma de literatura pelo resto do ano letivo.

Em matemática, a maioria dos alunos e dos professores em escolas desfavorecidas costumava dizer: "A matemática é só para os geniozinhos". Com a mudança de visão das crianças, uma equipe da rede distrital organizou reuniões de solução de problemas nas quais era apresentada uma série de problemas matemáticos e se aceitava a participação de todas as crianças. Aproximadamente 100 alunos participaram no primeiro ano de reuniões. Alguns alunos de diferentes turmas e mesmo de diferentes escolas formaram grupos de trabalho. Os membros discutiam os problemas apresentados e trabalhavam para resolvê-los. Na conclusão das reuniões, os grupos escolhiam o problema que mais tinham gostado de resolver e o apresentavam de alguma forma incomum – por exemplo, dramatizando-o ou apresentando-o em forma de cartaz. Um aluno disse: "Foi divertido elaborar o cartaz e os elementos concretos que representariam a solução. Foi divertido porque se aprende coisas novas fazendo isso. Acho que, com nosso projeto, colocamos um pouco de diversão na matemática". As reuniões envolveram o interesse dos alunos em tal nível que, no ano seguinte, quase mil deles participaram. Alguns dos recém-chegados diziam: "Se o fulano participou no ano passado, eu também posso". Na reunião final de um de nossos projetos, um aluno resumiu bem o que a aprendizagem havia significado para ele. "Aprender implica pensar, raciocinar, analisar e questionar". Outro disse: "Quando aprendo, dá para sentir no meu corpo".

CONCLUSÃO

A teoria das IM teve um grande impacto no pensamento pedagógico e nas práticas educacionais na Argentina. O ensino escolar – público e privado – está mudando aos poucos. Em vez de todos os alunos se sentarem em filas de frente para o quadro-negro e ouvirem o professor que dá aulas, agora há mais salas de aula onde se ouve o zumbido do trabalho dotado de sentido para os alunos. As visões dos professores acerca das crianças, particularmente daquelas com origens socioeconômicas baixas, estão mudando. Nas escolas em que as mudanças estão em andamento, os professores gostam mais de lecionar, e os alunos, de aprender.

Em nível nacional, um importante fator desencadeante para difundir os princípios da teoria das IM aconteceu quando o Ministério da Educação, na década de 1990, entendeu que essa teoria sustentava os preceitos de uma educação para todos e que sua disseminação era importante dos pontos de vista político e educacional. Vale a pena mencionar que as iniciativas seguintes foram uma grande contribuição ao trabalho da rede L@titud. O Ministério da Educação estava promovendo a teoria das IM em seminários e oficinas. O gabinete também estimulou a linguagem e a prática relacionada às IM por meio da distribuição de sua revista nacional (Zona Educativa). Graças à editora Paidós, há versões em espanhol de livros sobre a teoria das IM disponíveis no país.

A Argentina tem uma longa história de valorização da educação básica para todos. A teoria das IM contribuiu para nossa compreensão de que cada aluno possui direito a educação de boa qualidade. Em um país em que o sistema de educação tem um histórico de segmentação, as práticas educativas relacionadas às IM são especialmente relevantes. A teoria das IM, em diálogo com outras ideias progressistas e com nossas próprias tradições pedagógicas, possibilitou que nos concentrássemos nas capacidades de aprendizagem de todos os indivíduos e abríssemos caminhos à educação de boa qualidade. Na Argentina, as aplicações da teoria das IM nos trouxeram ainda mais para perto de nosso objetivo de educação para todos.

Referências

Freire, P. (1972). *Pedagogy of the oppressed*. Harmondsworth: Penguin.
Quiroga, A. (1991). *Matrices de aprendizaje. Constitución del sujeto en el proceso de conocimiento*. Buenos Aires: Edic. Cinco. Colección Apuntes. Stone-Wiske, M. (1998). *Teaching for understanding: Linking research with practice*. San Francisco: Jossey-Bass.
Stone – Wiske, M. (1998). Teaching for under standing: Linking research with praetice. San Francisco: Jossey – Bass. [*Ensino para a compreensão*: a pesquisa na prática. Porto Alegre: Artmed, 2007]

INTELIGÊNCIAS PESSOAIS E UMA EXPERIÊNCIA COLOMBIANA

María Ximena Barrera | Patricia León-Agustí

Este capítulo explora o potencial das inteligências pessoais como forma de atingir o objetivo educacional de desenvolver indivíduos autônomos. Apresentamos nossas experiências de promoção das inteligências pessoais na Colômbia, descrevemos os desafios que enfrentamos ao iniciar uma escola para crianças desfavorecidas, desenvolvendo um currículo que fosse relevante às vidas desses alunos e formulando um programa de disciplina para a capacitação que afetasse seu comportamento. Os exemplos do capítulo ilustram como as IM potencializam os professores e os alunos para que se tornem agentes de mudança e crescimento. O capítulo conclui com uma discussão da importância crítica das inteligências pessoais para resolver problemas de formas produtivas e não violentas.

Neste capítulo, expomos a experiência de um grupo de educadores que assumiu o desafio de iniciar uma escola para crianças desfavorecidas das favelas de Bogotá, Colômbia. Foi fundamental a nossos esforços encontrar formas de tornar a educação formal relevante aos alunos que moram em um ambiente caracterizado por ciclos de pobreza, desesperança e violência. Para essas crianças, acreditamos que o objetivo educacional mais importante é ajudá-las a se tornar agentes da mudança em suas próprias vidas, bem como nas vidas daqueles com quem convivem.

Na busca por um modelo educacional dotado de sentido para crianças desfavorecidas, a teoria das inteligências múltiplas (IM) de Gardner nos pareceu bastante convincente como estrutura orientadora. Particularmente, identificamos a relevância de sua noção de inteligências pessoais (inteligências intra e interpessoais) para nosso contexto. As inteligências pessoais enfatizam o auto-

---

Agradecemos as pessoas cujo tempo e cujas habilidades contribuíram muito para este capítulo: Rosario Jaramillo, Constanza Hazelwood e Oscar Trujillo. Somos especialmente gratas a Marcela Vásquez-León por seus comentários e sua assistência editorial.

conhecimento e a compreensão de outras pessoas. Consideramos ambos como fundamentais para o desenvolvimento da autonomia intelectual, moral e social dos alunos. Essa autonomia é um precursor da "capacidade de uma pessoa de comandar a si mesma levando em conta os pontos de vista ao seu redor" (Kamii, 1984, p. 410). Para nós, a inteligência pessoal, a autonomia e os agentes da mudança estão inter-relacionados. Por exemplo, é difícil, se não impossível, falar de autonomia se não houver apropriação e apreciação da pessoa por ela mesma – seus sentimentos, pensamentos e ações. Da mesma forma, é esse sentido de autonomia que possibilita que uma pessoa vá além de si mesma para entender outras: como elas pensam, sentem e agem. Seguindo Gardner, vemos as inteligências pessoais como competências e habilidades específicas que permitem que os seres humanos se descubram e transformem sua realidade para fazer do mundo um lugar melhor. Baseado nessa convicção, nosso trabalho estava direcionado ao desenvolvimento da capacidade dos estudantes de entender melhor não apenas os temas de estudo específicos, mas também a si mesmos, pessoas com quem interagem e o mundo que compartilham.

Começamos apresentando um pouco do histórico contextual da educação na Colômbia. Descrevemos as condições socioeconômicas dos alunos em Bogotá e alguns dos desafios comportamentais que os educadores enfrentam diariamente. Seguimos contando a história de como nosso projeto começou e nosso grupo de estudos foi formado. O grupo foi um recurso fundamental para abordar os desafios que enfrentávamos. Damos exemplos de como nossa investigação sobre as inteligências pessoais sustentou o desenvolvimento de currículo e as mudanças comportamentais. Por fim, oferecemos observações finais sobre como uma compreensão aprofundada das inteligências pessoais pode servir de apoio a educadores comprometidos com a autonomia dos alunos e com seu desenvolvimento como agentes da transformação.

NOSSO PROJETO E SEU CONTEXTO

Em meados dos anos 1980, depois da publicação de um corpo de literatura sobre a teologia da libertação, do impacto das obras de Paulo Freire e do lançamento de iniciativas de alfabetização na América Central, um grupo de educadores colombianos direcionou sua atenção à necessidade urgente de oferecer uma educação que permitisse aos estudantes desenvolver sua própria voz – pronunciar-se como pessoas, não apenas pronunciar palavras. Como parte desse grupo, fundamos uma escola em Bogotá, uma cidade de mais de 7 milhões de habitantes na qual somente uma pequena porcentagem de crianças tem acesso a boas oportunidades educacionais. Nossa escola atendia alunos residentes em uma comunidade composta por vários bairros, em que uma população potencial de estudantes de mais de 2.500 crianças só tinha acesso a uma escola fundamental projetada para atender a 150 alunos.

Em 1985, fundamos nossa escola, o Colegio Del Barrio (escola de bairro de baixa renda). Inicialmente, era uma escola de ensino fundamental de 80 alunos. Em 1995, formou sua primeira turma de ensino médio. Atualmente, ela atende mais de 400 alunos. Esse crescimento em termos de séries e de número de alunos é um sinal do êxito da escola, principalmente levando-se em conta que não recebemos qualquer verba do governo. O crescimento da escola foi um processo demorado, difícil e, por fim, gratificante. Enfrentamos desafios por parte da sociedade, da comunidade e das crianças a quem atendemos.

Desafios sociais e educativos

Desde seu passado colonial até hoje em dia, a Colômbia continuou bastante dependente da Europa e dos Estados Unidos. Indo muito além dos domínios econômico e geopolítico, essa dependência também tem um impacto sobre o desenvolvimento intelectual, cultural e humano do país. O profundo sentido de dependência de nossa sociedade resultou em um sentido correspondente de insegurança. Inseguros de nós mesmos, hesitamos em buscar formas de criar nossos próprios padrões e desenvolver nossos estilos de vida.

A educação colombiana, um espelho da sociedade, sustenta as estruturas sociais existentes: a família tradicional, a burocracia do Estado, os velhos partidos políticos e elites econômicas, e uma sociedade baseada em classes, marcada por amplas desigualdades socioeconômicas. Como instituições sociais, as escolas foram projetadas para criar cidadãos que se comportem de forma a garantir a continuação do *status quo*. O papel dos professores é transmitir o conhecimento aos alunos. Suas ações são condicionadas pela autoridade e por princípios heterônomos. Os alunos que passam por esse sistema educacional crescem para sustentar o modelo de sociedade baseado na dependência.

O modelo da dependência também é evidente na falta de conhecimento útil disponível aos professores quando tratam de resolver problemas pedagógicos em sala de aula. A formação universitária não está voltada para ajudar os professores a entender como traduzir a teoria na prática ou como criar teoria a partir de sua própria experiência e reflexão. Os professores raramente compartilham suas experiências e seu conhecimento por meio de metodologias como planejamento conjunto, reflexão coletiva, retorno mútuo sobre métodos de ensino ou observação em sala de aula.

Trinta anos de experiência como educadores na Colômbia nos fizeram conscientes da necessidade de promover um sistema educacional que faça a sociedade avançar para além desse sentido de dependência, submissão à autoridade e heteronomia. Nossa escola ofereceu essa alternativa, e nos dispúnhamos a ajudar mais crianças a desenvolver cidadania e autonomia. Como seu acesso à educação era muito limitado, nossa prioridade era servir às crianças de comunidades de baixa renda. Nesse esforço, também exploramos formas de apoiar o desenvolvimento profissional dos professores.

Desafios da comunidade

Além de questões referentes à comunidade e à educação, enfrentamos muitos desafios na comunidade que atendemos, em nosso esforço para iniciar escolas. O primeiro deles foi conquistar a confiança dos pais. Embora a ideia de criar uma nova escola em um bairro de baixa renda fosse atraente para os pais, muitos temiam que, em vez de servir à comunidade, usássemos a situação de marginalidade em proveito próprio. No passado, esse grupo de pais e seus filhos havia sido sujeito de uma série de estudos e projetos de pesquisa. Muitas vezes, os pesquisadores estudavam os problemas, mas em nada contribuíam especificamente para melhorar a comunidade. Em função dessas experiências, encontramos os pais reticentes e desconfiados no início do projeto.

Um segundo obstáculo para nós foi a falta de um espaço físico no bairro para construir a escola. Não tivemos outra opção a não ser usar o Colegio St. Frances, uma escola católica privada só para meninas, como local de início. Localizada a alguns quilômetros de distância do bairro, esse ponto era problemático. Os pais relutavam em enviar seus filhos a uma escola localizada fora da comunidade, com medo que eles pudessem ser sequestrados ou vendidos – medos bem fundados, dado que, em Bogotá, isso era ocorrência diária na época. Para garantir aos pais a segurança de seus filhos, indicamos professores que iriam no ônibus da escola com as crianças durante todo o primeiro ano.

Outro fator que dificultava nosso trabalho era a relação entre a comunidade e os proprietários do Colegio St. Frances. O prédio pertencia a uma comunidade religiosa norte-americana cujos valores eram rejeitados por um bairro que era nosso parceiro potencial. As lideranças desse bairro eram comunistas que se opunham à educação religiosa e à influência norte-americana. Inicialmente, esse confronto ideológico limitava nosso alcance a alguns dos bairros mais necessitados. Com o passar dos anos, por meio de nossa comunicação constante e com as evidências do sucesso da escola, a situação mudou e conseguimos chegar aos bairros que tinham mais necessidades.

Violência doméstica e questões de comportamento das crianças

Vivendo na pobreza e sendo analfabetos, muitos pais usam os castigos físicos para disciplinar seus filhos. A violência doméstica é tão comum, infelizmente, que é raro o seu relato. Nunca nos esqueceremos do dia em que uma menina de 9 anos chegou à aula com uma mão queimada. Quando lhe perguntamos o que havia acontecido, ela nos disse: "Eu tenho que fazer o arroz em casa e ontem queimei a comida. A minha mãe, para me castigar e garantir que não vai acontecer de novo, botou a minha mão na boca do fogão". Enquanto ela contava a história, escorriam lágrimas por suas bochechas. Sua dor física e emocional era visível.

Muitos de nossos alunos também sofriam abusos sexuais em casa. Uma menina de 11 anos era observada com frequência pelos professores que a consideravam triste, solitária e assustada. Quando a orientadora escolar começou a trabalhar com ela, a menina finalmente conseguiu nos contar que seus dois tios a violentavam todas as terças e quintas-feiras, quando sabiam que ela estava sozinha em casa. Infelizmente, esse não era um caso isolado.

Em resposta às duras condições de vida, vários de nossos alunos tratavam a outros com muita agressividade, tendendo a enfrentar os problemas por meio de confronto violento, agindo como se a lei do mais forte fosse a única forma de resolver os conflitos. Raramente os víamos dialogando ou negociando entre si. Com frequência descobríamos que portavam facas, chaves de fenda ou canivetes, que descreviam como "armas de ataque pessoal" ou de "defesa". Essas crianças estavam trazendo à escola comportamentos que eram fundamentais para sua sobrevivência nas ruas.

Muitas vezes, os estudantes demonstravam total desconsideração pela autoridade e pelas regras da escola. O vandalismo era comum nas dependências escolares. Por exemplo, as plantas e as flores nos canteiros cuidadosamente preparados dentro da escola eram destruídas repetidamente, apesar de avisos de que haveria consequências. Esse comportamento destrutivo também era demonstrado em outros lugares, como em salas de aula e no refeitório. Jogava-se lixo nos banheiros constantemente.

Como nossa experiência prévia era com alunos de uma origem socioeconômica elevada, não tínhamos o conhecimento contextual necessário para entender as circunstâncias socioculturais de estudantes de baixa renda. Quando começamos a trabalhar com eles, ficou claro que, para sermos eficazes, teríamos que conhecer seu contexto social e reconhecer as diferenças individuais que caracterizam seu processo de aprendizagem. Em lugar de responsabilizar os alunos, precisávamos tratar alguns de seus problemas de comportamento examinando o contexto em que se originaram. Esses comportamentos violentos muitas vezes são as únicas ferramentas de que os estudantes dispõem para se defender e sobreviver nas ruas. Ao mesmo tempo, também devemos ajudá-los a entender que a escola é diferente, que é um lugar onde os professores tem seu melhor interesse em mente, que nela os alunos estão protegidos e que seus comportamentos têm consequências. Um desafio fundamental era encontrar formas de reduzir os conflitos que surgem dessas realidades conflitantes, para alunos e para professores. Enfrentar esse desafio tem sido uma luta no decorrer de todo o nosso projeto.

ENFRENTANDO DESAFIOS E AVANÇANDO

Os desafios e os problemas que encontramos não eram apenas numerosos, mas também graves, e demandavam esforços coletivos. Nesta parte, descrevemos como enfrentamos os desafios descritos, incluindo a formação de um grupo de estudos de educadores. Também discutimos como nossa investigação sobre as inteligências pessoais influenciou o desenvolvimento de novas formas de currículo e levou ao uso de abordagens eficazes para promover ou potencializar os estudantes.

Formando um grupo de trabalho

Junto com o estabelecimento do Colegio Del Barrio, formamos um grupo de estudos composto por professores, o diretor, os coordenadores escolares e um psicólogo. O grupo tinha vários objetivos: refletir sistematicamente sobre as dificuldades à medida que elas surgissem, estudar teorias que informassem nossa reflexão e colocar em prática as recomendações às quais tivéssemos chegado por meio de nosso esforço coletivo. O bem mais valioso do grupo era o compromisso de cada membro com a educação das crianças. Começamos a ler histórias e estudar conceitos, incluindo o conceito de autonomia, a teoria das IM e a estrutura de ensino para a compreensão do Projeto Zero. Reuníamo-nos todos os sábados de manhã, durante quatro horas, para analisar e refletir sobre casos e situações individuais que demandavam ação.

No início do trabalho do grupo de estudos, também refletimos sobre a importância de entender nossas qualidades e limitações individuais e de saber como as usar para criar um ambiente de confiança e abertura à aprendizagem. O estudo das inteligências pessoais reafirmou nossa visão de que um fator fundamental para melhorar a escola era fortalecer as relações e a comunicação entre administradores, professores, alunos e membros da comunidade. Considerávamos o desenvolvimento das inteligências pessoais como a força motriz por trás da mudança. Quando começamos a estudar e desenvolver materiais e modelos entre nós mesmos, uma das maiores fontes de satisfação foi o reconhecimento de nosso crescimento pessoal. Esse sentido de realização nos levou a estabelecer um compromisso ainda maior. Todos nos sentimos parte do empreendimento e estávamos dispostos a assumir riscos responsáveis para melhorar nossas práticas em sala de aula e na escola.

A teoria das IM nos ajudou a descobrir nossas qualidades e usá-las para resolver problemas de forma criativa e trabalhar coletivamente. À medida que dávamos continuidade a nosso estudo e trabalho conjuntos, ficou ainda mais evidente que a aplicação da teoria potencializava ainda mais a tolerância com as pessoas que eram diferentes de nós mesmos e o entendimento verdadeiro de que nem todos processam a informação da mesma maneira. A identificação de nossas próprias qualidades nos deu confiança e segurança para enfrentar nossas próprias limitações. Aos poucos, criamos um ambiente de confiança que nos permitiu compartilhar nossas maiores conquistas e nossos mais difíceis obstáculos na tentativa de implementar novas ideias em sala de aula e na escola como um todo.

À medida que um relacionamento de confiança se formava entre os membros, esse grupo de estudos começou a cumprir um papel de liderança no desenvolvimento do currículo e na solução de problemas cotidianos de forma criativa. Nosso novo currículo era mais envolvente e mais relevante em relação às necessidades de nossos alunos e da comunidade. Nosso programa de disciplina para a capacitação estimulava as habilidades dos alunos em negociação interpessoal e solução não violenta de problemas.

Reformulando o currículo para aumentar sua relevância para as vidas dos alunos

Em função de suas experiências anteriores e de seu contexto sociocultural violento, nossos alunos recebem e processam informações de formas singulares. Por exemplo, comparado com estudantes que frequentam o Colegio St. Frances, os nossos apresentavam mais dificuldades de resolver problemas de livros-texto quando as operações tinham os símbolos matemáticos de "mais" ou "menos", mas eram bem mais rápidos no uso de operações matemáticas quando se tratava de resolver problemas práticos cotidianos, como comprar arroz e pão e voltar para casa com o troco certo.

Essas crianças se sentiam à vontade trabalhando com conceitos matemáticos no mundo real, mas tinham dificuldades com problemas abstratos. Esse exemplo foi um entre muitos que deixavam clara a importância de trazer o mundo dos alunos à sala de aula e fazer com que o que eles aprendiam ali fosse relevante para seu mundo fora da escola. Esse tipo de currículo, em nossa opinião, geraria novas formas de interagir com nossos alunos. Para desenvolvê-lo, precisávamos reconhecer a comunidade como fonte de aprendizagem e usar essa visão no ensino escolar formal. Foram necessários quatro anos para que achássemos que estávamos pondo abaixo os muros da escola e nos aproximando de enfrentar o desafio de combinar o currículo escolar com as vidas dos alunos fora da escola.

Um exemplo de como o currículo mudou para atender a esse objetivo foi o projeto desenvolvido por alunos de 4ª série, que estavam estudando plantas e tinham feito uma horta pequena para plantar legumes. Uma criança disse que seu pai havia trabalhado plantando batatas e que agora estava dirigindo seu caminhão para levar o produto a feiras em torno da cidade. Convidamos o pai para que viesse à escola várias vezes e compartilhasse com as crianças aquilo que sabia sobre plantar e transportar batatas. Depois, as crianças visitaram uma das lojinhas às quais ele vendia e entrevistaram o dono sobre a venda do produto. O projeto, que começou como uma atividade de ciências, acabou envolvendo matemática, língua e economia. Também deu aos alunos uma melhor compreensão do mundo ao seu redor, já que relacionava atividades comunitárias com o que elas estavam aprendendo na escola.

Outro exemplo de conexão entre o currículo e as vidas dos alunos vem de uma aula de informática. Nos primeiros anos, quando usávamos o prédio do Colegio St. Frances, nossos estudantes iniciantes ou mais veteranos tinham acesso ao laboratório de informática uma vez por semana, por um período de três horas. Deveriam realizar uma série de trabalhos, incluindo textos sobre a história da tecnologia de informática e sua importância atual, bem como das respostas escritas a perguntas formuladas em manuais técnicos sobre o uso de computadores. Os alunos e o professor consideravam esse conteúdo pouco envolvente, resultando em frequentes problemas disciplinares. O grupo de estudos, que incluía um professor de tecnologia, decidiu reescrever o currículo.

O desenvolvimento de uma nova disciplina de informática passou a ser um projeto verdadeiramente coletivo entre todos os participantes, que resultou na ideia de fazer com que os alunos usassem o laboratório de informática para pesquisar e formular um trabalho interdisciplinar para o final do curso. Eles tinham seu último ano para escolher um tópico, desenvolver o projeto e realizá-lo sob orientação de um adulto. O projeto devia refletir os interesses e as necessidades de cada aluno individualmente e da comunidade, proporcionar ao aluno um desafio intelectual e levar em consideração suas capacidades, seus talentos e seus objetivos. Os alunos usavam os computadores para coletar informações, tabular dados, produzir gráficos, redigir o relatório e apresentar seu projeto final. No processo, aprendiam a usar os computadores de forma prática. O professor criou um clima em sala de aula que permitiu que os alunos aprendessem em seu próprio ritmo. Os que eram mais rápidos na aquisição de competência em computadores ajudavam os que estavam menos adiantados.

Os alunos ficaram claramente motivados. Apesar das limitações de tempo e recursos, conseguiam gerar projetos finais de qualidade impressionante. Ao mesmo tempo, os problemas disciplinares quase desapareceram. Muitos alunos descobriram que o uso de computadores era muito útil no programa de integração escola-empresa, com vistas a inseri-los no mercado de trabalho. Esse programa para estudantes de nível médio possibilitava que trabalhassem durante a manhã e estudassem à tarde, oferecendo-lhes a oportunidade de adquirir experiência prática. Para alguns deles, o uso dos computadores se tornou uma fonte de renda. Depois de formados, um bom número deles continuou estudos de informática.

Nossa experiência com a teoria das IM nos levou a ver nossos alunos por outro prisma e a entender que todas as crianças, seja qual for sua situação econômica, são inteligentes de formas diferentes, com capacidades e talentos diferenciados. As IM não oferecem uma prescrição de currículo nem estratégias educativas, e sim uma oportunidade de pensar sobre as estratégias para envolver nossos alunos no aprendizado relevante aos contextos de suas famílias e bairros. Nos exemplos, incorporamos múltiplos pontos de entrada e saída em nossas unidades de currículo. Gardner (1991) descreve os pontos de entrada como diferentes maneiras com que o professor pode abordar um tópico. Essas diferentes maneiras ajudam todos os alunos a encontrar um modo de se envolver com a aprendizagem.

Para tornar o significado mais concreto, pense nos tópicos escolares como salas. Os pontos de entrada são diferentes portas pelas quais os estudantes podem entrar. Elas podem estar relacionadas ao uso de narrativas lógico-quantitativas, existenciais/fundacionais, estéticas, práticas/experimentais ou interpessoais. Também usamos pontos de saída em nossas unidades curriculares, oferecendo aos alunos diferentes formas de expressar sua compreensão. Fizemos experiências com formas não tradicionais, como um poema, uma escultura, uma dramatização e um folheto que os alunos produziam para mostrar sua compreensão de um tema específico. Descobrimos que permitir que os alunos expressem sua compreensão usando suas qualidades lhes ajudava a obter um sentido acurado de quem são e do que fazem melhor. O processo de expressão da compreensão melhorava sua autoestima e sua autoconfiança – duas qualidades consideradas essenciais para o desenvolvimento da autonomia dos estudantes.

POTENCIALIZANDO OS ALUNOS PARA FAZER TRANFORMAÇÕES COMPORTAMENTAIS

Outra área de preocupação em que as IM foram particularmente úteis é o desenvolvimento de melhores interações sociais entre estudantes, famílias e comunidade. Especificamente, usamos o desenvolvimento de inteligências pessoais para promover mudanças na conduta escolar dos alunos. Formulamos um programa de "disciplina para a capacitação", que visava estimular a capacidade dos alunos de funcionar como agentes de sua própria mudança e de seu próprio crescimento.

No início de nosso trabalho como grupo de estudo, decidimos nos afastar dos procedimentos disciplinares escolares tradicionais. Segundo esse modelo, o coordenador disciplinar estava encarregado de lidar com todas as questões disciplinares dos estudantes. Quando surgia um problema de disciplina, o professor, em vez de resolvê-lo com os indivíduos envolvidos, devia recorrer ao coordenador disciplinar, que assumia a responsabilidade de solucioná-lo e decidir sobre uma punição. Além de ser burocrática e ineficiente, a punição, como ficar sem recreio ou permanecer na escola depois da aula, quase nunca estava relacionada com a transgressão do aluno. Tais procedimentos disciplinares refletiam um nível de heteronomia por parte do adulto. Os alunos não tinham voz e não se interessavam pela solução do problema. O grupo de estudos experimentou muitas estratégias e fracassou várias vezes. Afinal, identificamos uma série de passos, chamados "disciplina para a capacitação", que se mostraram eficazes.

1. Quando ocorria um ato de agressão entre dois ou mais alunos, cada um tinha a oportunidade de dar sua própria versão do que havia acontecido.

Às vezes eram questionados individualmente, às vezes juntos. Na maioria dos casos, obtínhamos versões muito diferentes do mesmo incidente. A tendência comum era que um culpasse o outro.
2. Em alguns casos, principalmente com alunos mais velhos, pedia-se que escrevessem individualmente, da forma mais verdadeira possível, sua versão do incidente. Aos de menos idade se pedia que conversassem entre si e tentassem formular uma descrição da situação. Esse processo convidava os estudantes a refletir sobre o nível de responsabilidade de cada pessoa envolvida no incidente. Em alguns casos, quando as versões escritas continuavam a ser diferentes, liam a versão um do outro e depois tinham um tempo para gerar uma versão comum.
3. Quando chegassem a uma única versão do que aconteceu, os alunos propunham uma forma de melhorar seu comportamento. Inicialmente, davam punições a si mesmos, como "sem recreio", "ficar depois da aula" ou "trabalhar mais sobre um determinado tema". Com tempo e reflexão, entendiam que a sanção deveria ser recíproca, ou seja, deveria melhorar o comportamento levando em conta as pessoas afetadas, os sentimentos que foram magoados e os danos que aconteceram. Era muito importante reconquistar a confiança que havia sido rompida pelo mau comportamento do aluno. A relação com a pessoa afetada precisava ser recuperada.
4. Os estudantes produziam três possíveis sanções. Depois da discussão, todas as partes tinham que chegar a um consenso sobre a mais adequada. Depois de chegar a um acordo, anotavam a sanção e estabeleciam um compromisso de não repetir o comportamento ofensivo. Esse contrato tinha que ser levado para casa e assinado pelos pais. Esse passo mantinha os pais informados e lhes dava uma oportunidade de comentar o acordo. Se a situação era séria o suficiente para que os pais fossem diretamente envolvidos, pedia-se que viessem à escola e ouvissem a descrição dos alunos sobre o que acontecera. A mudança que resultou desses passos da disciplina para a capacitação ficou clara. À medida que começaram a assumir responsabilidades por suas ações, os estudantes também começaram a desenvolver um sentido de autonomia pessoal. Com o tempo, quando surgia um problema, procuravam soluções em lugar de um bode expiatório.

CONCLUSÃO

Acreditamos que as IM são particularmente relevantes no contexto da desigualdade socioeconômica em um país como a Colômbia, onde as estruturas de educação convencionais impuseram métodos e currículos que em geral não guardam relação com os desafios complicados que os estudantes encontram em suas vidas cotidianas. As estruturas tradicionais de educação tendem a reforçar um sistema hierárquico de desigualdade, não sendo capazes de reconhecer a agência de estudantes e professores. Também se negligenciam as necessidades das comunidades de que suas crianças e seus jovens sejam educados de forma a estarem preparados para enfrentar problemas profundos na sociedade.

A teoria das IM contribuiu muito para fortalecer as interações entre os diferentes atores envolvidos em nossa escola, ajudando-nos a identificar potenciais múltiplos de nossos alunos, que contribuíram para a comunidade como um todo. Em termos de nosso currículo, uma mudança importante foi a introdução de projetos relevantes para a comunidade. A presença das inteligências diversificadas dos alunos ficava clara quando eles escolhiam desenvolver projetos que combinassem com suas próprias qualidades e interesses. Também era fácil ver as inteligências pessoais em funcionamento durante esses projetos. Os alunos demonstravam um desejo honesto de ajudar-se e trabalhar como equipe, ainda que cada um fosse individualmente responsável por seu próprio projeto. Em vez de um foco exclusivo na competição, o que vimos foi uma verdadeira colaboração e um cuidado genuíno entre eles.

A demonstração de comportamento positivo por parte dos alunos como resultado do programa de disciplina para a capacitação impressionou professores, pais e membros da comunidade. Pela primeira vez em suas vidas, muitos alunos começaram a se considerar agentes de mudança e crescimento. Viram a consequência de seu comportamento agressivo e de aprenderem ações pró-sociais alternativas, e entenderam a importância de desenvolver habilidades para se envolver em interações positivas entre estudantes, com seus pais e professores, e em sua comunidade. À medida que suas inteligências interpessoais se desenvolviam, o mesmo acontecia com a comunidade escolar.

Nossa escola oferece um currículo ativo, centrado no aluno, que responde a seu contexto cultural. Esperamos ter criado uma atmosfera positiva na escola, que convide os alunos a aprender e a gostar de aprender. Nosso objetivo maior é ter uma escola onde o ensino tenha sentido para os alunos e a aprendizagem seja útil em suas vidas cotidianas e futuras fora da escola. A teoria das IM nos ajudou a avançar rumo a esse objetivo.

Referências

Gardner, H. (1991). *The unschooled mind*. New York: Basic Books.
Kamii, C. (1984). *Autonomy: The aim of education envisioned by Piaget*. Phi Delta Kappan, 65 (2), 410– 415.

INTELIGÊNCIAS MÚLTIPLAS E O CONSTRUCIONISMO NA ERA DIGITAL

Antonio M. Battro

O quadro clássico do desenvolvimento cognitivo oferecido por Jean Piaget foi reapresentado em termos de dois fatores: o interesse nos diferentes perfis de capacidades intelectuais, como proposto na estrutura das IM desenvolvida por Howard Gardner, e as novas formas de expressão e comunicação possibilitadas globalmente pelas novas mídias digitais. O programa *One Laptop Per Child* (Um Laptop por Criança), dirigido por Nicholas Negroponte, está dando a crianças de escolas fundamentais de todo o mundo novas oportunidades de adquirir as habilidades digitais necessárias na nova era. As inteligências múltiplas estão em ação, compartilhando os amplos recursos da rede. Muitas crianças portadoras de deficiências podem ter acesso à educação usando tecnologia digital. Talvez esteja se desenvolvendo na espécie humana uma nova inteligência, uma inteligência digital.

Neste capítulo, examino a forma como o quadro clássico do desenvolvimento cognitivo, da forma captada nas obras de Jean Piaget, foi reapresentado em termos de dois fatores: o interesse em diferentes perfis de capacidades intelectuais, como proposto na estrutura de múltiplas inteligências desenvolvida por Howard Gardner (1983, 1999), e as novas formas de expressão e comunicação que as novas mídias digitais possibilitaram em nível global. Apresento algumas experiências pessoais para demonstrar como os modelos cognitivos tradicionais e os modelos da diferença individual se desenvolveram nas últimas décadas. Espero que este testemunho revele algumas conexões interessantes entre os dois modelos e possa nos inspirar para construir mais, principalmente com as crianças portadoras de deficiências.

MÚLTIPLAS INTELIGÊNCIAS: CONSTRUTIVISMO E CONSTRUCIONISMO

Em *The Mind's New Science* (1985, p. 11), Gardner escreveu que Piaget "lançou todo um novo campo da psicologia – relacionado com o desenvolvimento cognitivo humano – e proporcionou a agenda de pesquisa que o mantém ocupado até hoje. Até mesmo refutações a suas afirmações específicas são um tributo a sua influência geral". Ao mesmo tempo, Gardner observou que os pacientes com danos cerebrais "podem perder uma ou outra capacidade de uso de símbolos quase completamente, enquanto outras faculdades simbólicas podem permanecer essencialmente intactas" (Gardner, 1989, p. 95). Na visão de Gardner, essas conclusões sobre a dissociação de várias capacidades cognitivas desafiavam a visão holística da mente em desenvolvimento apresentada por Piaget. Contudo, junto com outros (Feldman, 1980), Gardner continua a honrar o quadro piagetiano geral de construção de conhecimento porque cada inteligência na estrutura das IM apresenta sua própria construção de conhecimento. Em um sentido profundo, a teoria das IM também é construtivista.

As IM enfatizam duas dimensões que foram minimizadas na teoria do desenvolvimento piagetiana. Em primeiro lugar, afirma que várias capacidades cognitivas podem, por uma série de razões, desenvolver-se em diferentes ritmos e deixar de funcionar em diferentes condições. Em segundo, em vez de se concentrar no tema epistêmico – as formas da mente que são comuns a todos os seres humanos por serem membros de uma espécie, a teoria das IM chama a atenção para o fato de que os indivíduos podem apresentar perfis cognitivos bastante diferenciados, e assim o fazem. Dito de outra forma, a teoria está claramente inserida na cultura científica atual da (neuro) modularidade enquanto o foco de Piaget estava nos aspectos universais do desenvolvimento das crianças.

Como biólogo, Piaget via todo o desenvolvimento como desdobramento de predisposições genéticas no cérebro humano, da forma modulada pela experimentação ativa em um ambiente relativamente previsível. Infelizmente, durante sua época (1896-1980), era difícil observar o cérebro funcionando e se desenvolvendo em detalhes, pois não existia tecnologia de imagem cerebral sofisticada. Era impossível imaginar como poderia ser um "cérebro educado" (Battro, Fischer e Léna, 2008). Nem a noção central de plasticidade era entendida integralmente na época. Hoje em dia, o novo campo da neuroeducação está florescendo, e a teoria das IM encontra solo fértil em seu cenário crescente.

Um importante avanço no trabalho de Piaget ocorreu quando suas ideias de construtivismo foram conceituadas com referência na aprendizagem em uma era cada vez mais digital. Em particular, o matemático Seymour Papert, que se tornou educador, ampliou a ideia piagetiana fundamental de construtivismo lógico para o *construcionismo*, com vistas a incluir aprendizagem e educação. Nas palavras de Papert: "Das teorias construtivistas, aproveitamos a visão de aprendizagem como reconstrução em vez de transmissão de conhecimento. A seguir, ampliamos a ideia de materiais que podem ser manipulados à ideia de que a aprendizagem é mais eficaz quando faz parte de uma atividade que o aprendente vivencia como construção de um produto dotado de sentido" (Papert, 1986). Essa ideia tinha forte sustentação na invenção e na implementação, por Papert, da linguagem de computação Logo em diferentes campos, como matemática, geometria, música robótica, línguas e artes visuais (Papert, 1980; Reggini, 1982, 1985, 1988). O construcionismo estava embutido na forma como as crianças programavam seus computadores, encontravam novas formas de eliminar seus erros e chegavam a resultados que poderiam ser integrados a outras construções.

TRABALHANDO COM PORTADORES DE DEFICIÊNCIAS

A Logo se tornou uma poderosa ferramenta para o trabalho com jovens portadores de deficiências, uma população que, como médico-neurocientista, há muito me interessa (Battro, 1986, 2000; Battro e Denham, 1989). Trabalhando em hospitais e em escolas especiais, observei muitas crianças e adolescentes portadores de deficiências que tinham perfis bastante diferenciados em termos de capacidades e deficiências. Trabalhando com computadores, muitos desses jovens conseguiram encontrar um novo significado para seus esforços, um desafio intelectual que podem lutar para superar e um sentimento de terem feito um "bom trabalho". Muitos deles são ativos no mundo digital atual e integrados em diferentes níveis na sociedade do conhecimento.

Em vários casos, tive o privilégio de acompanhar suas trajetórias durante décadas, e sempre me impressiono com o inesperado e muitas vezes positivo crescimento de suas capacidades. Recentemente, encontrei um de meus ex-alunos de Logo, um jovem com um retardo mental leve, que praticamente não conseguia fazer qualquer cálculo aritmético, mas adorava computadores, tinha uma linguagem sofisticada e muito boas maneiras. Hoje, ele é encarregado do fluxo de caixa em um restaurante onde insere dados relativos a diferentes mesas e serviços. Ele ainda carece totalmente da capacidade algorítmica necessária em aritmética, mas se tornou especialista na heurística de encontrar o item exato para colocar na conta final de um cliente, uma espécie de programa de múltipla escolha em um contexto prático e exigente. Esse caso reforça a ideia de que a formação com computadores pode levar alguns indivíduos portadores de deficiências a encontrar seu caminho na vida e ajudar a estabelecer pontes que superem o dano a um módulo cognitivo, como a inteligência matemática, neste caso.

Obviamente, qualquer formação precisa de tempo. Nem sempre é fácil identificar a semente de uma futura e inesperada habilidade que será útil posteriormente na vida. Contudo, a ideia central do construcionismo é a construção contínua de estruturas cognitivas que, ao atingirem alguma estabilidade, se tornam uma plataforma para um novo passo. Essa conquista importante abre novas perspectivas no estudo das relações entre desenvolvimento e aprendizagem como sistemas dinâmicos (van Geert, 1991; van Geert e Steenbeek, 2008). Desde Piaget, sabemos que qualquer processo específico de aprendizagem precisa do apoio de uma plataforma em determinado nível de estabilidade (Fischer e Bidell, 1998). Agora podemos explorar essa questão em mais detalhe com a ajuda de novas ferramentas digitais para cada uma das inteligências descritas pela teoria das IM.

Minha tese é que os dois modelos – o construcionismo neopiagetiano e a teoria das IM – interagem em diferentes níveis de aplicação. Isso fica muito claro no campo das deficiências. No inicio dos anos 1980, os computadores foram introduzidos na educação, e uma das primeiras questões relacionadas a essa nova ferramenta era ajudar crianças portadoras de deficiências (Battro, 1986). Passei a entender "o computador como ferramenta do cérebro" (Battro, 2002) no MIT, quando Seymour Papert e sua equipe criaram um ambiente de aprendizagem baseado no computador para crianças portadoras de deficiências físicas (Valente, 1983).

Como exemplo daquilo que se pode realizar em um ambiente digital e como isso pode ser explicado em termos de teoria psicológica, descrevo um caso reconhecidamente extremo. Nico, um jovem argentino, teve removido seu hemisfério direito por hemisferectomia funcional quando tinha 3 anos, para tratar sua epilepsia grave (Battro, 2000). Trabalhei vários anos ajudando Nico a usar um computador na escola e em casa. Muitas de minhas intervenções foram inspiradas no modelo das IM: abordagens diferentes para atingir um alvo, diferentes formas de lidar com um problema, novas formas de interagir com diferentes inteligências somente com metade do cérebro.

Em determinado momento, observei que a falta do hemisfério direito estava causando um atraso em sua aquisição de habilidades com desenho e pintura. Mesmo assim, ele estava no topo da turma em termos de raciocínio lógico. Com a ajuda de um computador, tentei construir uma ponte entre suas inteligências espacial e lógico-matemática. Em uma atividade, Nico usou um programa Logo para produzir um contorno colorido (uma atividade lógico--matemática) e depois manipulou *mouse* e teclado para desenhar letras em seu nome (uma atividade espacial). Nesse caso, as IM foram usadas para orientar a prática e informar a reabilitação: duas inteligências diferentes para arte e lógica foram acopladas a duas habilidades diferentes, analógica e digital. Cada linha do par se comunica com a outra, mas permanece estruturalmente independente. Esse exemplo ilustra com clareza o ponto central das IM em relação à modularidade de duas ou mais inteligências distintas e suas possíveis interações.

Quando conheci Nico, ele tinha 5 anos, e nem eu nem meus colegas sabíamos o que fazer para educar uma criança inteligente que só tinha o hemisfério esquerdo. Hoje, ele está prosperando em muitos aspectos de sua vida: terminou o ensino médio e recebeu um diploma de informática. Sua trajetória de aprendizagem é impressionante. Sua vida é um exemplo visível das mudanças produzidas pela neuroplasticidade no cérebro educado e um desafio a muitas visões tradicionais sobre a mente em desenvolvimento (Immordino-Yang, 2007).

UMA INTELIGÊNCIA DIGITAL?

Esse exemplo dramático também pode servir como janela para observar uma "nova" inteligência digital, como a chamamos meu colega Percival J. Denham e eu (Battro e Denham, 2007). Na verdade, o uso inteligente de um computador tem raízes profundas no desenvolvimento e mesmo na evolução. Baseia-se em um simples clique, que chamamos de "opção de clique" – a decisão de ativar (ou não) uma tecla, apertar um botão ou uma alavanca. Quando Nico percorria um programa de computador, produzia-se um número considerável de cliques usando o teclado e o *mouse*. Essa sequência de decisões representa um caminho complexo na memória de trabalho de um indivíduo e constitui um procedimento heurístico, que achamos que sustenta o desenvolvimento de uma inteligência digital. Especificamente, o processo de *debugging*, ou seja, a experiência informática de corrigir erros de programação, é essencial na construção da novidade e, mais amplamente, no processo criativo.

A perspectiva das IM também oferece algumas chaves para se entender o envolvimento rápido e massivo com os computadores por parte de crianças em todo o mundo. Em minha opinião, a teoria das IM oferece uma estrutura teórica e experimental consistente para que entendamos a vida mental em sentido muito amplo – cognitivo, emocional e moral. Se os critérios estabelecidos inicialmente por Gardner (1983) puderem ser cumpridos, a lista de inteligências múltiplas poderia ser ampliada para incluir uma "inteligência digital". Essencialmente, buscamos entender por que e como "cada geração se tornará mais digital do que a anterior" (Negroponte, 1995, p. 231).

AS HABILIDADES NECESSÁRIAS EM UM MUNDO GLOBALIZADO

Vivemos em uma era digital, em um mundo globalizado, no qual temos que encontrar novas formas de educar as crianças (Battro, 2004; Gardner, 2004). Continuando em uma linha pessoal, permitam-me mencionar uma ferramenta altamente promissora para nossos tempos. Baseado em muitos anos de pesquisas com construcionismo e habilidades humanas, a associação sem fins lucrativos *One Laptop Per Child* (OLPC), fundada por Nicholas Negroponte em 2005 (www.laptop.org), está oferecendo *laptops* de baixo custo e altamente conectados, chamados de XO, a milhões de crianças em países em desenvolvimento. Essas ferramentas incentivam e apoiam a construção e o compartilhamento de conhecimento e habilidades nas artes e nas ciências.

O programa OLPC também promete ter um impacto considerável na educação de crianças portadoras de deficiências. No Uruguai, o primeiro país a lançar o OLPC para todas as crianças e professores em escolas de ensino fundamental, os computadores foram dados inicialmente a crianças em escolas especiais (www.ceibal.edu.uy) e em áreas rurais, onde algumas vão à escola a cavalo. A Figura 23.1 mostra a alegria dessas crianças a cavalo com seus *laptops*.

O que me chama a atenção é que o novo *laptop* tem algumas propriedades fundamentais relacionadas às IM. A tela do XO mostra vários ícones, como uma paleta para desenhar e pintar, um tambor para música, um bloco para escrever, um globo para se comunicar usando a Internet. Em um sentido profundo, esse projeto avançado de computador representa várias inteligências em ação. Vejo crianças e jovens trabalhando juntos com arte em torno de uma paleta (inteligência espacial), outros grupos conversando ou compartilhando algumas informações da Internet em torno de um globo (inteligência

Figura 23.1 Crianças, *laptops* e cavalos no Uruguai rural.

Fonte: Cortesia de Pablo Flores.

interpessoal) e um escrevendo (inteligência linguística e, talvez, intrapessoal). Esse ambiente está sempre mudando: em determinado ponto, cada uma das inteligências descritas na teoria das IM é representada.

De fato, o projeto do XO não foi inspirado conscientemente nas IM, mas acabou sendo uma representação vívida dos potenciais básicos da mente humana da forma descrita por essa teoria. Esse resultado não é uma coincidência. Em minha opinião, ele mostra os fortes alicerces neurocognitivos das IM. Qualquer criança pode usar uma série de inteligências, e todas podem fazê-lo de modo consoante com seu perfil específico de capacidades. Além disso, a interface "XO/IM" é de muita ajuda aos portadores de deficiências, porque muitos tipos de sensores e motores também podem ser conectados ao XO e funcionar como próteses. Os portadores podem encontrar no XO todas as ferramentas de que necessitam para ativar alguma inteligência em particular, ampliar seus próprios modos de representar o conhecimento e interagir com outras pessoas. O projeto OLPC espera concretizar esse potencial educativo em todo o mundo.

CONCLUSÃO

Está claro que precisamos de novas habilidades cognitivas para viver e funcionar em um ambiente digital. Hoje, uma parte significativa da população mundial está usando telefones celulares e, no futuro próximo, haverá computadores portáteis de alto desempenho disponíveis para milhões de crianças. Espero que nos aproximemos ao Objetivo do Milênio, da ONU, de dar educação fundamental a todas as crianças do mundo até o ano de 2015 (Battro, 2007).

Nessa perspectiva, o impacto das IM e do construcionismo, individual ou conjuntamente, pode muito bem crescer em ordens de magnitude. Nos últimos anos, a pesquisa em psicologia neurocognitiva experimental foi além dos laboratórios, passando às escolas (Battro et al., 2008). Essa intervenção não pode deixar de melhorar a aprendizagem em si e a compreensão de como ela ocorre. Contudo, ainda sabemos mais sobre o cérebro que aprende do que sobre o cérebro que ensina. Os seres humanos ensinam de uma maneira que os outros animais não fazem. Em particular, e mais importante, as crianças ensinam. Agora, elas estão ensinando as pessoas mais velhas do que elas a usar o computador. A educação, o diálogo entre professores e alunos, é nossa grande vantagem como espécie.

Cada geração deve ser educada em ambientes cognitivos e sociais diferentes (Gardner, 2004). As capacidades gerais da mente humana que Piaget descreveu e a modularidade das IM descritas pela teoria de Gardner fazem parte do desdobramento das novas capacidades que estamos constantemente desenvolvendo, sobretudo aquelas envolvidas no mundo digital. Estamos possivelmente diante de um novo tipo de evolução, porque a educação está mudando nosso cérebro individual. Por exemplo, nossas redes neuronais que supostamente evoluíram para reconhecer objetos físicos são "recicladas" para ler (Dehaene, 2007). Um processo semelhante pode ser previsto no caso de novas habilidades necessárias no ambiente digital de hoje em dia. Talvez uma nova inteligência, uma inteligência digital, esteja se desenvolvendo na espécie humana. Com certeza, precisamos de mais pesquisas sobre esse tópico para entender nossa era digital. Estou convencido de que a teoria das IM e o construcionismo podem se revelar poderosos catalisadores para esse empreendimento.

Referências

Battro, A. M. (1986). *Computación y aprendizaje especial. Aplicaciones del lenguaje Logo en el tratamiento de niños discapacitados*. Buenos Aires: El Ateneo.
Battro, A. M. (2000). *Half a brain is enough: The story of Nico*. Cambridge: Cambridge University Press.
Battro, A. M. (2002). The computer in the school: A tool for the brain. In Pontifical Academy of Sciences (Ed.), *Challenges for science: Education for the twenty-first century*. Vatican City: Author.
Battro, A. M. (2004). Digital skills, globalization and education. In M. Suarez Orozco & D. Baolian Qin-Hillard (Eds.), *Globalization: Culture and education in the new millennium*. Berkeley: University of California Press.
Battro, A. M. (2007). Reflections and actions concerning a globalized education. In Pontifical Academy of Social Sciences (Ed.), *Charity and justice in the relations between peoples and nations*. Vatican City: Author.
Battro, A. M., & Denham, P. J. (1989). *Discomunicaciones. Computación para niños sordos*. Buenos Aires: El Ateneo.
Battro, A. M., and Denham, P. J. (2007). *Hacia una inteligencia digital*. Buenos Aires: Academia Nacional de Educación.
Battro, A. M., Fischer, K. W., & Léna, P. J. (Eds.). (2008). *The educated brain: Essays in neuro-education*. Cambridge, MA: Cambridge University Press.
Dehaene, S. (2007). *Les neurones de la lecture*. Paris: Odile Jacob.
Feldman, D. H. (1980). *Beyond universals in cognitive development*. Mahwah, NJ: Erlbaum.
Fischer, K. W., & Bidell, T. R. (1998). Dynamic development of psychological structures in action and thought. In R. M. Lerner (Ed.), *Handbook of child psychology*. Hoboken, NJ: Wiley.
Gardner, H. (1983). *Frames of mind: The theory of multiple intelligences*. New York: Basic Books. [*Estruturas da mente*: a teoria das inteligências múltiplas. Porto Alegre: Artmed, 1994]
Gardner, H. (1985). *The mind' s new science: A history of the cognitive revolution*. New York: Basic Books.
Gardner, H. (1989). *To open minds: Chinese clues to the dilemma of contemporary education*. New York: Basic Books.

Gardner, H. (1999). *Intelligence reframed. Multiple intelligences for the twenty-first century*. New York: Basic Books.
Gardner, H. (2004). How education changes: Considerations of history, science and values. In M. Suarez Orozco & D. Baolian Qin-Hillard (Eds.), *Globalization: Culture and education in the new millennium*. Berkeley: University of California Press.
Immordino-Yang, M. H. (2007). A tale of two cases: Lessons for education from the study of two boys living with half their brains. *Mind, Brain and Education*, 1(2), 66-83.
Negroponte, N. (1995). *Being digital*. New York: Knopf.
Papert, S. (1980). *Mindstorms: Children, computers, and powerful ideas*. New York: Basic Books.
Papert, S. (1986, November). *Constructionism: A new opportunity for elementary science education*. Proposal to the National Science Foundation.
Reggini, H. C. (1982). *Alas para la mente. Logo, un lenguaje de computadoras y un estilo de pensar*. Buenos Aires: Galápago.
Reggini, H. C. (1985). *Ideas y formas. Explorando el espacio en Logo*. Buenos Aires: Galápago.
Reggini, H. C. (1988). *Computadoras ¿Creatividad o automatismo?* Buenos Aires: Galápago.
Valente, J. (1983). *Creating a computer based learning environment for physically handicapped children*. Unpublished doctoral dissertation, Massachusetts Institute of Technology.
Van Geert, P. (1991). A dynamic systems model of cognitive and language growth. *Psychological Review*, 98, 3-52.
Van Geert, P., & Steenbeek, H. (2008). Understanding mind, brain and education as a complex dynamic developing system: Measurement, modeling and research. In A. M. Battro, K. W. Fischer, & P. J. Léna (Eds.), *The educated brain: Essays in neuroeducation*. Cambridge, MA: Cambridge University Press.

Parte V

ESTADOS UNIDOS

Os colaboradores desta parte ampliam o nosso entendimento da aplicação das IM com a criação de escolas baseadas nos princípios da teoria e educando populações específicas. Representando o conhecido campo do meme das IM, essas escolas proporcionam oportunidades para ver a educação baseada nas IM em ação e para aprofundar nossa compreensão das práticas inspiradas nas múltiplas inteligências. O trabalho com o currículo e a avaliação com alunos latinos e crianças da etnia diné (Navajo) mostra que as IM podem proporcionar, a todos os grupos de estudantes, escolhas significativas na escola e maneiras múltiplas de sucesso na vida. Concluindo, Branton Shearer reflete sobre suas experiências com a avaliação das IM. Conforme discutido ao longo do livro, o uso de avaliações imparciais, autênticas e relevantes para as IM é um desafio para professores e administradores em países de todo o mundo.

A PRIMEIRA ESCOLA BASEADA NAS INTELIGÊNCIAS MÚLTIPLAS NO MUNDO

A história da Key Learning Community

Chris Kunkel

A esperança tem duas lindas filhas. Seus nomes são raiva e coragem: raiva da maneira como as coisas são e coragem para fazer com que não permaneçam como estão.
Santo Agostinho de Hipona

Não estamos preparando crianças para vidas padronizadas.
Pat Bolaños, diretora fundadora da Key School

Em 1987, uma pequena escola urbana dos Estados Unidos mudou para sempre a face da educação. Alguns anos antes, em 1983, havia sido publicado um relatório sobre os fracassos da educação nos Estados Unidos, chamado *A Nation at Risk*, e as autoridades governamentais logo começaram a aplicar diretrizes rígidas. Esperavam que esses "novos fundamentos" melhorassem o desempenho e criassem uma "sociedade aprendente". Um grupo de oito professoras de uma escola pública de Indianápolis previu a chegada de um opressivo currículo de preparação para testes e começou a pesquisar alternativas. Depois de ler o livro *Frames of Mind* (1983), do psicólogo Howard Gardner, encontraram a resposta. Desenvolvendo uma metodologia temática e voltada para projetos, no âmbito do currículo de inteligências múltiplas, esses professores começaram um movimento mundial que revolucionou e mudou a educação. Na Key Learning Community, professores e alunos trabalham a fim de identificar as potencialidades dos alunos para cultivar a aprendizagem. No trabalho com projetos e avaliação autêntica, os alunos desenvolvem competências para o mundo real e capacidades de liderança necessárias para vencer no mundo de hoje.

As atuais tendências em educação nos Estados Unidos são preocupantes. À luz da legislação No Child Left Behind* (NCLB), uma prática crescente no país é usar testes padronizados estaduais para determinar o desempenho geral de cada aluno, cada professor e cada escola. Muitos acreditam e advertem (Gardner, 2006; Popham, 2001; Sacks, 1999) que os testes padronizados mostram apenas uma imagem limitada do desempenho dos estudantes. Ainda assim, a prática da testagem padronizada continua e, na verdade, aumenta. A opressão produzida por essa prática de foco limitado é disseminada. Muitas escolas hoje focalizam o seu currículo para adaptá-lo a essa medida indiscutivelmente inválida da aprendizagem – uma ação que resulta em um dia escolar fatigante e monótono para todos, quando a prática de memorização e repetição determina a rotina.

A questão de "o que é uma avaliação válida na avaliação da educação básica?" já foi debatida por um certo tempo. Durante décadas, políticos, autoridades escolares e autores de livros-texto têm gerado o que chamam de materiais "à prova de professores" para ensinar e testar. Importante aqui é o relatório de 1983, *A Nation at Risk* (National Commission on Excellence in Education, 1983), que gerou informações desanimadoras sobre a educação e estimulou um esforço para padronizá-la em todo o panorama educacional dos Estados Unidos.

Simultaneamente à publicação de *A Nation at Risk*, um grupo de oito mulheres incomuns que lecionavam na Escola Pública 113 de Indianápolis achou que havia chegado o limite e resolveu fazer algo a respeito. Simplesmente, precisava haver uma maneira melhor e mais autêntica de ensinar e dar *feedback* aos alunos. Kathy Sahm, uma das oito professoras, recorda: "Cada uma de nós tinha uma história de uma criança que era boa na sala de aula, mas que, quando se olhavam seus testes ou o boletim, não se enxergava o sucesso" (Kunkel, 2007). Assim, esse relatório de 1983 criou um projeto referencial, quando os fundadores da Key School se lançaram na busca para encontrar um modo melhor de atender as crianças de sua escola de periferia.

O INÍCIO DA JORNADA

*A genialidade, na verdade, significa pouco mais que a
faculdade de perceber de uma maneira incomum.*
William James

Enquanto liam de tudo, desde o filósofo John Dewey aos teóricos Elliot Eisner e James B. Macdonald, essas oito educadoras se depararam com o livro *Frames of Mind*, de Howard Gardner (1983). Depois de descobrir essa teoria das inteligências múltiplas (IM), elas questionaram se essa não poderia ser uma ideia ló-

---

* N. de T.: Programa Nenhuma Criança Deixada para Trás

gica para fundamentar a criação de uma escola. Então, decidiram perguntar ao próprio Howard Gardner. Quando ficaram sabendo que ele estaria palestrando em Kutztown, na Pensilvânia, no final de outubro, pegaram seus carros e foram de Indianápolis, no leste do estado, até lá para ver o que ele achava dessa ideia. Gardner explicou que a plateia esperada não era de educadores, mas também admitiu que ficara intrigado com a noção de criar uma escola que usasse as IM como base do currículo. Eles conversaram muito e, assim estimuladas e motivadas, as oito de Indianápolis voltaram para casa para começar o trabalho.

Depois de garantir o apoio do superintendente distrital, as fundadoras da Key School começaram a escrever projetos para captar verbas e fazer pesquisas, e viajaram para conversar com pesquisadores educacionais e para visitar escolas progressistas que usassem práticas não tradicionais. Elas conheceram os pesquisadores do Projeto Zero na Escola de Pós-graduação em Educação da Universidade Harvard, da Universidade de Indiana e da Universidade de Chicago. Visitaram vários lugares, como as escolas públicas de Pittsburgh e a escola particular Carolina Friends School, que supostamente estavam fazendo um interessante trabalho no campo da educação.

No início da sua jornada, as fundadoras da Key School imediatamente reconheceram a genialidade da teoria das IM de Howard Gardner. Determinaram que a Key School (seu nome original) se basearia nas IM e que cada inteligência teria o mesmo grau de importância. Aplicada ao contexto da educação, podiam ver que a teoria criava um terreno fértil, no qual todos os estudantes podiam realizar suas potencialidades. Gardner, por sua vez, atribui às oito de Indianápolis a criação da primeira escola baseada nas IM no mundo. De fato, essas oito mulheres impressionantes tiveram a ideia: sem que percebessem deram início ao movimento das IM na educação básica quando abriram as portas para 150 alunos da pré-escola à 6ª série, em 1987.

Todavia, as fundadoras da Key School não queriam banalizar o uso das IM: pretendiam proporcionar um programa que mergulhasse profundamente em cada inteligência. Para tratar com rigor cada uma das inteligências, seria necessário uma equipe adequada. Para que as crianças tivessem acesso igual a cada uma das oito inteligências, deveria haver pessoas trabalhando com generalidades, mas também com áreas especiais, incluindo música, artes visuais e habilidades corporais-cinestésicas.

Com a equipe adequada, poderia ser criado um horário apropriado, que permitisse o máximo de tempo para os alunos trabalharem em cada inteligência. "O horário é projetado para permitir que cada aluno experimente todas as IM. Existe uma ênfase tão forte em música, educação física e artes quanto em matemática e inglês. Professores certificados e especializados estão presentes em horário integral para ensinar cada inteligência. Como resultado, os alunos estão livres para explorar cada área em profundidade. Como são expostos profundamente a todas as diferentes inteligências, têm uma boa chance de ter sucesso na escola desde cedo e descobrir seus pontos fortes" (Kunkel, 2003, p. 77). Finalmente, a avaliação gira em torno das IM. No boletim de progresso de cada aluno, no lugar de notas para áreas disciplinares tradicionais, as IM são delineadas individualmente.

A Key School também usa a teoria do fluxo como um dos principais componentes do currículo das IM. O fluxo é uma ideia identificada por Mihaly Csikszentmihalyi (1990), segundo a qual quando o indivíduo se envolve totalmente em uma atividade, perde a sensação do tempo. Em cooperação com Csikszentmihalyi, a Key School desenvolveu o primeiro centro de atividades de fluxo, talvez o aspecto mais importante do programa fundamental da escola (pré-escola até 5ª série). Na classe de fluxo, os alunos têm a oportunidade de explorar suas inteligências livremente, enquanto o professor observa e registra as escolhas e as potencialidades. No fluxo, os alunos aprendem sobre o conceito de fluxo, bem como sobre o conceito de motivação intrínseca. Alunos e professores identificam onde estão os interesses e os pontos fortes de cada um, e essa descoberta desenvolve o conhecimento intrapessoal. Desenvolvendo o conhecimento de potencialidades pessoais e afiando sua inteligência intrapessoal, os alunos abrem o caminho para mais evolução e o uso futuro de seu autoconhecimento.

O "pod" é outra parte do programa de ensino fundamental e médio da Key School, que ajuda os alunos a identificar e desenvolver os pontos fortes de suas IM. Uma aula pod é uma aula optativa, que os alunos fazem quatro dias por semana, na qual escolhem explorar uma área de habilidade pessoal ou qualquer uma das inteligências que despertam seu interesse (Kunkel, 2007). Exemplos de pods para diferentes anos são: Saúde do Planeta, Fantoches, Magos da Ciência, Canções e Sinais e Voluntários. Os pods, então, são "projetados para dar aos estudantes a oportunidade de fazer um trabalho de que gostem e que considerem desafiador. Esses esforços podem colocá-los em uma experiência de 'fluxo'. Os estudantes enfrentam um desafio que é enriquecedor, rigoroso e relevante" (Kunkel, 2007, p. 206). A hora do pod pode ser a melhor hora do dia: os alunos imergem em uma atividade que adoram e, à medida que trabalham, têm a chance de desenvolver suas potencialidades.

A fim de fechar o plano para a Key School, as fundadoras decidiram que o ambiente de aprendizagem na escola seria cooperativo, e não competitivo. Seriam adotadas salas de aula com crianças de várias idades. O envolvimento dos pais seria crucial, de modo que o estatuto da Key School foi projetado para ajudar os pais a entender e aceitar o seu papel no processo. Finalmente, uma escola singular precisaria de um sistema no qual pudesse funcionar de maneira ideal. As fundadoras estudaram teóricos organizacionais, como James B. Macdonald, W. Edwards Deming e Peter Senge. Equipadas com ideias importantes, as fundadoras da Key School estavam no caminho de levar a teoria para a realidade.

ABORDAGEM TEMÁTICA, PROJETOS TEMÁTICOS E AVALIAÇÃO

> *A investigação temática se faz, assim, em um esforço comum de consciência da realidade e de autoconsciência, que a inscreve como ponto de partida para o processo educacional.*
> Paulo Freire (1970)

Desde o princípio, a Key School elegeu um currículo temático. A cada primavera, depois de uma considerável contribuição de pais, alunos e de toda a comunidade, a equipe da escola seleciona os temas para o ano seguinte. O uso de um tema para projetar o currículo tem várias consequências positivas: ajuda os alunos a fazerem conexões pessoais com sua aprendizagem, sugere tópicos interessantes, significativos e importantes, e proporciona uma base rica para grandes projetos temáticos para o semestre, como "Nisso Eu Acredito", "Padrões", "Ambientes", "Harmonia" e "Descobridores de Caminhos".

Quando os pais precisaram enviar seus filhos para escolas da região de Indianápolis depois de saírem da Key Elementary, expressaram o desejo de que o programa fosse ampliado até os anos finais. A equipe da escola também considerava que faria sentido expandir o programa até o ensino médio. Assim, em 1993, a Key Renaissance Middle School abriu, seguida em 1999 pela Key High School. Em 2000, todo o programa se reuniu em um único prédio, que se tornou uma escola de educação para todos os níveis, cobrindo desde a pré-escola até o fim do ensino médio.

Como parte do compromisso contínuo da equipe da escola de tornar a pesquisa e o estudo parte regular do seu trabalho, o livro *The Basic School*, de Ernest Boyer (1995), se tornou um texto essencial. Nesse livro, Boyer identificou oito pontos em comum:

> Com a expressão "pontos básicos em comum", queremos dizer aquelas experiências universais que são compartilhadas por todas as pessoas, as condições essenciais da existência humana que dão significado a nossas vidas, incluindo: Ciclo da Vida, Uso de Símbolos, Participação em Grupos, Sentido de Tempo e Espaço, Resposta à Estética, Conexões com a Natureza, Produzindo e Consumindo e Vivendo com Propósito. Dentro desses oito temas, acreditamos que cada tópico ou disciplina acadêmica tradicional pode encontrar o seu espaço. (Boyer, 1995, p.85)

Quando o programa secundarista da Key School foi desenvolvido no início da década de 1990, ficou decidido que as séries finais do ensino fundamental continuariam a usar os temas escolhidos pela equipe do ensino básico, mas que o ensino médio usaria esses oito pontos em comum como temas, um a cada semestre, como requisito para a graduação. A escola secundarista faria um ciclo entre os pontos a cada quatro anos. Como os alunos são admitidos para o ensino médio apenas na 9ª série, cada aluno seria exposto a cada ponto e seria capaz de aplicá-lo a cada inteligência. Como temas, os pontos comuns de Boyer estruturam um currículo para alunos da Key High School: os estudantes existem em uma comunidade global, com semelhanças consideráveis entre si.

John Dewey (1902, p. 9) observou que "a educação deve ser centrada na criança; devemos começar a planejar a aula olhando onde a criança está em seu desenvolvimento". Como o projeto da Key School nasceu em parte das frustrações com os testes padronizados e com a restrição concomitante do currículo, outra preocupação importante era o modo de avaliação. À luz da insanidade que ocorria nas escolas públicas dos Estados Unidos desde o início da década de 1980 em relação à preparação para testes, ficou decidido que, na Key School, o currículo orientaria a avaliação.

Depois de dois anos com um boletim tradicional, os professores da Key School decidiram que não haveria mais boletins com notas de A a F. Em vez disso, concordaram em usar um boletim de progresso que desse um retorno aos alunos sobre o seu progresso individual. As fundadoras da escola queriam que a avaliação fosse baseada nas melhores pesquisas científicas, considerando o desenvolvimento cognitivo, e não as típicas comparações com a curva normal. Isso as levou a um colega de Gardner e Csikszentmihalyi, David Henry Feldman. Sua teoria do "universal ao singular" (Feldman, 1980) ajudou as educadoras da escola a criar descritores evolutivos para o desempenho em cada inteligência. Esses descritores descrevem um *continuum* de desenvolvimento cognitivo em cada uma das inteligências e são usados como categoria para preencher o boletim de progresso da Key School.

Em vez de áreas temáticas, o boletim lista todas as inteligências. Em vez de notas com letras, o boletim tem um espaço para indicar a motivação do aluno (intrínseca, extrínseca, passiva ou perturbadora) e se ele está fazendo progresso estável, progresso rápido ou se necessita de ajuda. No nível do ensino médio, os professores indicam onde o aluno se encontra ao longo do *continuum* de desenvolvimento cognitivo em cada inteligência. Uma narrativa para cada inteligência completa o boletim.

Uma das partes avaliadas no boletim de progresso é o projeto temático do semestre – o principal trabalho de cada aluno para o semestre. Gardner (2006) sempre apoiou o uso de projetos na Key School:

> Quando bem-realizados, os projetos podem ter vários propósitos. Envolvem os alunos por um período significativo, motivando-os a produzir esboços, revisar seu trabalho e refletir sobre ele. Promovem uma postura cooperativa positiva, na qual cada aluno faz uma contribuição diferente. Assim, modelam o tipo de trabalho útil que será realizado depois da conclusão da escola, na comunidade mais ampla. Permitem que os alunos descubram suas áreas de potencial e façam o melhor que podem nelas; engendram um sentimento de envolvimento profundo ou fluxo, substituin-

do a motivação intrínseca no lugar da motivação extrínseca (Csikszentmihalyi, 1990). Talvez mais importante, oferecem um caminho adequado para demonstrar as formas de compreensão que o aluno alcançou (ou não) no decorrer do currículo escolar regular". (Gardner. 2006, p. 120)

Desde o início, as fundadoras da Key School esperavam evitar os testes padronizados completamente (embora nunca tenham conseguido) e usar os projetos como o principal foco de avaliação (o que a Key School faz). A prática rotineira na Key School exige que cada aluno faça um projeto para cada tema a cada semestre. O projeto temático deve mostrar um desenvolvimento profundo em uma ou mais áreas de inteligência, deve demonstrar reflexão e desenvolvimento por meio de um diário de reflexões, e deve produzir algum tipo de trabalho original.

Esses projetos temáticos documentam o desenvolvimento de capacidades pessoais em muitas áreas. Por exemplo, a inteligência linguística é promovida claramente por meio desse trabalho, à medida que os alunos escrevem diários e fazem apresentações orais de seu projeto. Os alunos também desenvolvem sua inteligência intrapessoal à medida que analisam o tema e decidem o assunto de sua apresentação. Eles pesquisam o tópico, colocam-no no contexto da sua experiência de vida e determinam como apresentar o seu trabalho para os colegas. Essa apresentação se torna uma experiência interpessoal.

Também tem sido uma tradição na Key School os alunos fazerem um portfólio de sua aprendizagem. Uma vez que escolhem colocar certas partes no portfólio, refletem sobre o trabalho. Essa autoavaliação proporciona um excelente *feedback* e aperfeiçoa o processo de autorreflexão, à medida que o aluno avança no programa, da pré-escola ao final do ensino fundamental. No nível do ensino médio, os alunos devem reunir seu trabalho e criar um portfólio digital ou em multimídia, que será apresentado no final do último ano. Esse portfólio digital também é usado no processo de admissão à universidade, quando os alunos podem anexar uma cópia ao seu histórico escolar. Em muitos dos casos, talvez na maioria, os portfólios proporcionam uma visão mais autêntica do seu trabalho do que qualquer outra forma conseguiria.

O DESENVOLVIMENTO DA LIDERANÇA E DA INTELIGÊNCIA INTRAPESSOAL

Conhece-te a ti mesmo.
Sócrates

O desenvolvimento da liderança continua sendo um dos objetivos básicos do programa. Em um projeto de pesquisa de doutorado realizado na Key School, demonstrou que o projeto dos alunos e as apresentações são uma importante ferramenta de pedagogia e avaliação estudantil.

O desenvolvimento dos projetos emergiu como um poderoso ingrediente curricular para o desenvolvimento da liderança. Os alunos criam confiança e autoconsciência apresentando seus projetos; no processo, desenvolvem a inteligência intrapessoal, uma qualidade importante em pessoas em posições de liderança (Kunkel, 2003).

Um dos aspectos singulares do programa da Key School é o desenvolvimento deliberado do autoconhecimento ou inteligência intrapessoal. Desde os primeiros dias da pré-escola, os professores começam a ajudar os alunos a entender e usar suas potencialidades. Os generalistas trabalham esse processo com os alunos, enquanto professores de áreas especiais (música, artes e educação física) tentam fomentar talentos especiais. Nas classes com atividades de fluxo, o trabalho é mais deliberado.

As experiências nas atividades de fluxo estabelecem uma base que permite que os alunos adquiram autoconhecimento, e a inteligência intrapessoal se aprofunda por meio de sua experiência em educação na pré-escola e no ensino fundamental. Depois do tempo nas classes de fluxo, os alunos dão o próximo passo intrapessoal. Nas séries finais do ensino fundamental, quando participam do programa de mentores, os alunos começam a pensar sobre uma carreira em que possam se interessar. Para complementar as potencialidades e os interesses dos alunos, seleciona-se, cuidadosamente, um mentor que entenda os objetivos do programa. Os alunos passam algum tempo a cada semana em um local de trabalho, em uma área que corresponda a suas potencialidades e a seus interesses.

O programa de aprendizado é a joia da coroa do programa de desenvolvimento da inteligência intrapessoal na Key Learning Community. Durante o último ano, os alunos escolhem uma forma de aprendizado baseada em suas potencialidades, em um campo em que gostariam de vir a trabalhar um dia. Às vezes, esse aprendizado é a continuação da experiência com o mentor, mas, com frequência, a escolha é uma versão mais madura dessa seleção, baseada em uma percepção intrapessoal mais afiada. Quando o aluno faz o programa desde a pré-escola até o final do ensino fundamental, passa uma quantidade substancial de tempo descobrindo e refletindo sobre potencialidades e interesses individuais. Se usarem esse tempo de maneira sensata, os alunos terão desenvolvido a sua inteligência intrapessoal de forma plena.

Pela exploração das inteligências na classe de fluxo, no programa de mentores, no programa de aprendizado, bem como em todo o trabalho disciplinar, os alunos conseguem fazer juízos críticos sobre as suas escolhas educacionais e vocacionais. Para ir um passo além, esperamos que cada aluno use as potencialidades que descobriu e desenvolveu para fazer algo positivo na comunidade ou até no mundo. Isso faz parte do trabalho que precisamos fazer para ajudar a desenvolver o ideal democrático. Otto Scharmer (2007, p.3), um "futurista", concorda com o nosso ponto de vista quando observa:

"Também colocamos quantidades consideráveis de dinheiro em nosso sistemas educacionais, mas não conseguimos criar escolas e instituições de ensino superior que desenvolvam a capacidade inata das pessoas de pressentir e moldar o seu futuro, que considero a capacidade mais importante de todas para a economia do conhecimento deste século". Contudo, na Key Learning Community, o currículo é projetado exatamente para isso.

REFLEXÕES, AVALIAÇÕES E CONCLUSÕES

Nada conquista, exceto a verdade, e a vitória da verdade é o amor.
Santo Agostinho de Hipona

A Key Learning Community surgiu a partir de um ideal maravilhosamente puro e quase totalmente progressista. Em 1987, e nos primeiros anos seguintes, o estudo integral de língua, de matemática baseada em projetos e a mesma disponibilidade de tempo para todas as IM eram a norma, à medida que os professores trabalhavam para trazer uma experiência especial aos alunos. Embora as crianças do ensino fundamental ainda passem uma quantidade substancial de tempo nas áreas de fluxo, arte, música e educação física, tivemos que nos preocupar mais com o desenvolvimento das inteligências lógico-matemática e linguística. Eis as mudanças que fizemos recentemente e por quê.

Desde o começo, a Key School tem usado um processo de admissão baseado em um sorteio. Quando a escola abriu em 1987, com uma taxa de pobreza entre os alunos de 32%, a educação progressista reinava, e nosso currículo de IM e pedagogia baseada em projetos ajudou nossos alunos a florescer de muitas maneiras. Contudo, mesmo então, os resultados dos alunos mais pobres nos testes não estavam melhorando. De um modo geral, esses alunos não faziam a pré-escola, e não passavam para a escola com habilidades desenvolvidas nas áreas testadas, matemática e inglês. Em comparação com seus colegas, muitos desses alunos (hoje chamados "em situação de desvantagem") tinham dificuldade com as inteligências lógico-matemática e linguística.

Entretanto, esse atraso não importava tanto naquela época. Nivelar por cima para desafiar todos os alunos, a tutoria entre os colegas, o apoio e a alavancagem para alunos com dificuldades em grupos heterogêneos eram boas estratégias para a porcentagem relativamente baixa de alunos pobres. Além disso, com menos de um terço dos alunos na categoria de *status* socioeconômico baixo, os resultados dos testes estavam bons, em média – acima da média, se comparados com outras escolas do distrito. Assim, nas décadas de 1980 e 1990, os alunos de baixo *status* socioeconômico não eram o foco ou um desafio na Key School. Eram apenas parte da comunidade e estavam bem. Sabíamos que havia mais de duas inteligências, e sabíamos que o programa baseado nas potencialidades cumpriria sua função. E cumpriu.

Agora, 22 anos depois, o número de alunos pobres na Key School mais que dobrou. Atualmente, 72% dos alunos da Key Learning Community são pobres e necessitam de apoio amplo. Essa mudança na demografia trouxe um grande desafio para a escola. Considere essa comparação. Em 1987, 7 de cada 21 crianças em uma classe precisavam de apoio extra em língua básica e matemática para conseguir ler e calcular nos níveis básicos e se sair bem em testes padronizados. Atualmente, esse número saltou para 16 em 24 crianças – um grande desafio para nossos professores. Como não é de surpreender, essa mudança na população fez os resultados gerais dos testes caírem na Key School. A pressão do distrito escolar para melhorar os escores se tornou a ordem do dia.

Com uma sensação de urgência, temos estudado essas questões e chegamos a algumas decisões relativamente rápidas. Nos primeiros 15 anos de existência da Key Learning Community, nossos escores nos testes estaduais eram bons o suficiente para continuar com nosso programa de currículo progressista e enriquecedor, sem jamais dedicar um único momento ao preparo de testes mais difíceis. Naqueles dias, como tínhamos um currículo e pedagogia progressistas, as questões dos testes e os padrões de raciocínio necessários para respondê-las eram um tanto distantes para a maioria dos alunos da Key School. No começo do período de testes a cada ano, os alunos ficavam "um pouco enlouquecidos". Entretanto, ao final, tinham o que precisavam para sentarem-se, acalmarem-se e, então, usar as estratégias de resolução de problemas necessárias para responder as questões. Naqueles dias, os alunos conseguiam obter bons resultados sem preparação. Todavia, isso tudo agora mudou.

Em 2004, observamos uma queda considerável em nossos escores nos testes padronizados. Simultaneamente, observamos uma queda nas capacidades em todas as inteligências, e em uma porção maior da nossa população estudantil. Na tentativa de encontrar uma maneira melhor, a "nossa maneira", começamos alterando as configurações etárias múltiplas do nível fundamental. Hoje, temos os alunos da pré-escola trabalhando em seu próprio grupo. Agrupamos alunos da 1ª e 2ª séries em grupos multietários, assim como os alunos da 3ª, 4ª e 5ª séries (Antes disso, tínhamos alunos da pré-escola e 1ª série, da 2ª e 3ª séries, e da 4ª e 5ª séries agrupados.) Esperamos que esses novos grupos façam mais sentido para o seu desenvolvimento, com a nova configuração demográfica que atendemos atualmente.

No entanto, com as pressões da NCLB e com essa demografia diferente, também nos resignamos a fazer um pouco de preparação para os testes. Hoje, analisamos os escores dos testes e as áreas com resultados fracos, e ajudamos os alunos nessas áreas. Damos uma oportunidade para os alunos "escaramuçarem" com dicas de escrita e fatos de matemática. Também mostramos exemplos das folhas que receberão durante o período de teste. Não estamos contentes com isso, pois tira uma grande parte do nosso trabalho de classe com os projetos. Contudo, a última coisa que queremos fazer é ver o programa ser fechado por sermos considerados obstinados ou arrogantes. A legislação NCLB não se importa com quem somos ou com o que já realizamos.

Ainda assim, embora essas mudanças tenham sido difíceis e representem uma ameaça a nossas filosofias progressistas, nosso currículo de IM ainda está intacto. Os alunos ainda podem passar um tempo substancial nas áreas especiais e um período diário na classe de pod, e os professores ainda se concentram nas potencialidades. A Key School também mantém o nosso rigoroso horário para projetos temáticos da pré-escola ao ensino médio, e os projetos temáticos semestrais ainda têm um lugar importante em nosso programa. Dedicamos muita energia em ajudar os alunos a entender a importância de seu projeto; como antes, os alunos são gravados (registrados digitalmente, na linguagem atual), e as gravações são usadas como parte da sua avaliação. Esse foco em projetos e produtos significativos foi um fundamento importante do programa da Key School em 1987 e continua sendo hoje em dia. Nosso evento de encerramento do semestre ainda é uma prioridade, e é revigorante, às vezes inspirador, ver a maravilhosa aprendizagem que ocorre na Key School durante esses eventos.

As salas de aula multietárias também estão sendo mantidas. Nossa escola tem a 6ª e a 8ª séries em grupos multietários, e o ensino médio tem três séries juntas. Isso é difícil, pois o distrito divide o currículo para o teste da 3ª série, o teste da 4ª série, e assim por diante até o final do ensino fundamental. Temos permissão para criar nossos próprios mapas curriculares no lugar das orientações distritais e fazemos testes por série a cada quatro semanas e meia. Somos gratos ao distrito por essa flexibilidade.

Apesar das dificuldades recentes, o programa da Key School ainda mantém um currículo de projetos temáticos baseado nas IM, e a sua popularidade tem aumentado (desde 1987) para incluir as séries finais do ensino fundamental e o ensino médio. Em 2006, devido ao reconhecimento do programa e a nossa longa lista de espera, abrimos um segundo campus para a escola fundamental. Então, não se questiona se o programa é bom; ele é. A questão é se o distrito escolar está pedindo demais e tirando do programa, em detrimento do nosso trabalho. A questão é se a equipe da Key School está tomando decisões sensatas que satisfaçam as atuais diretrizes políticas sem destruir a textura daquilo que a escola representa. Isso é delicado, e é crítico para o nosso futuro.

Na comemoração do nosso 20º aniversário, realizada em maio de 2007, Howard Gardner observou que, embora a Key Learning Community seja conhecida ao redor do mundo, ela não é bem conhecida em âmbito local. A verdade é que, mesmo que fosse conhecida em Indianápolis, geralmente não é bem compreendida. Muitos confundem as IM com estilos de aprendizagem. Paradoxalmente, a Key School já foi descrita como uma escola para superdotados e como uma escola explicitamente para alunos com necessidades especiais. Foi caracterizada como recebedora de verbas intermináveis do distrito – o que está longe de ser verdade. Visitantes de olhos radiantes muitas vezes acham que encontramos uma utopia educacional aqui, o que, obviamente, também não é verdade. A Key School tem a mesma demografia do resto das escolas públicas de Indianápolis em termos de *status* socioeconômico, alunos superdotados (ou não), diferenças étnicas e necessidades especiais. Em suma, a Key School, claramente, tem os mesmos desafios que a maioria das outras escolas públicas urbanas do país.

Nesse ambiente nacional obcecado por resultados de testes, nem sempre se apreca uma escola pública urbana progressista. Alguns acreditam que a pedagogia baseada em temas e focada em projetos não é a maneira certa de educar crianças urbanas em situação de risco; a atual frase de efeito é que as escolas devem se "basear em padrões". Contudo, nós da Key School sentimos que essa educação, que fomente a liderança, o autoconhecimento e a independência, é o que acabará com o abismo do desempenho e ajudará nossos alunos a obter sucesso agora e no longo prazo. Embora nossos alunos do nível fundamental tenham tido dificuldades recentes com os testes padronizados, quando passam para o ensino médio, os escores são os mais altos em nosso distrito escolar. Finalmente, a taxa de graduação da Key School varia de 88 a 100% desde a nossa primeira turma de 2003, um feito especial, considerando comparações com outras escolas do ensino médio com taxas de pobreza semelhantes.

Os professores e os funcionários da Key Learning Community dedicam-se a analisar nossas práticas no contexto da nossa própria demografia. Além de analisar os resultados dos testes e examiná-los profundamente, fizemos amplas avaliações do programa. Por meio dessas avaliações mais autênticas, estamos aprendendo que o aspecto mais importante do nosso trabalho é a cooperação positiva entre funcionários, pais, comunidade e estudantes. Estamos aprendendo que devemos ser honestos conosco e abertos à avaliação e à evolução. Sabemos que precisamos encontrar maneiras de nossos pais e alunos participarem e assumirem a liderança do processo. Esse processo complexo garantirá um programa que capacite os alunos a se apropriarem de suas potencialidades, para que prestem atenção nas escolhas que fazem em sua própria formação e em seus caminhos de vida. Sabemos que esse objetivo não pode ser realizado por meio da experiência da preparação para o teste.

A Key Learning Community tem sido uma experiência de sabedoria desde o começo. Vemos o nosso trabalho como um exercício rigoroso em conectar autenticamente a teoria à prática. Por meio da sua jornada educacional, os alunos da Key School aprendem a executar um projeto bem-sucedido, conectar sua aprendizagem com o mundo onde desejam viver e trabalhar, e apresentar o trabalho concluído para seus pares. O principal objetivo para os alunos, à medida que avançam através da escola, é identificar suas potencialidades e desenvolvê-las. Por meio dos processos de aprendizagem existentes na escola e com o conhecimento pleno de suas potencialidades e de como usá-las, os alunos aprendem a identificar problemas e resolvê-los efetivamente. Por fim, nossa maior esperança para os estudantes é que usem suas potencialidades para fazer mudanças positivas em suas vidas e na comunidade global (ver Capítulo 9).

A influência da Key School na educação foi sentida em toda parte. A escola já recebeu visitantes de seis continentes e de 42 dos 50 estados americanos. Existe muita atenção nos meios de comunicação, incluindo uma matéria na *ABC News*, outra no programa *Sunday Morning* da CBS, duas histórias na TV da Coreia do Sul e outra ainda no *New York Times Magazine*, para citar apenas alguns exemplos. Os professores já foram convidados a visitar dezenas de estados e países para compartilhar o nosso trabalho. Em um esforço continuado para promover a cooperação com educadores interessados, fazemos um seminário aprofundado a cada ano e dias de visita bimensais. Milhares de pessoas participaram ao longo dos anos, e muitas incorporaram as ideias em suas próprias escolas (ver Capítulo 13).

Quando nos questionam quais aspectos do programa podem ser aplicados universalmente, recomendamos as classes pod optativas ou a criação de atividades de fluxo para ajudar os alunos a identificar e entender suas potencialidades. Recomendamos a contratação de especialistas para ensinar as inteligências musical, espacial e corporal-cinestésica, ao invés de esperar que o professor regente cubra todas elas. Contudo, sempre que nos perguntam sobre a transferibilidade do programa, advertimos: não se pode apenas pegar o pacote da Key School, embrulhá-lo e levar para usar em certa escola. Para que essas ideias funcionem, é preciso reunir a equipe que as implementará e permitir que cooperem para desenvolver as novas ideias para a escola em conjunto.

As escolas que usam as IM mudaram a maneira como o mundo enxerga a educação. A falecida Pat Bolaños, diretora fundadora da Key School, uma vez disse em um vídeo (citado em Ward and Associates, 1992): "Realmente, queremos mudar o rumo da educação". O que se realizou na Key Learning Community é algo extraordinário. É um tributo a Pat, a seus colegas e a seu legado que a Key School e todas as outras escolas representadas neste livro estejam fazendo exatamente isso. Mudando o rumo da educação, estamos cultivando estudantes que podem vir, de fato, a mudar o mundo.

Referências

Boyer, E. L. (1995). *The basic school*. New York: Carnegie Foundation for the Advancement of Teaching.

Csikszentmihalyi, M. (1990). *Flow: The psychology of optimal experience*. New York: HarperPerennial.

Dewey, J. (1902). *The child and the curriculum*. Chicago: University of Chicago Press.
Feldman, D. H. (1980). *Beyond universals in cognitive development*. Norwood, NJ: Ablex.
Freire, P. (1970). *Pedagogy of the oppressed*. New York: Continuum.
Gardner, H. (1983). *Frames of mind: The theory of multiple intelligences:* New York: Basic Books. [*Estruturas da mente*: a teoria das inteligências múltiplas. Porto Alegre: Artmed, 1994]
Gardner, H. (2006). *Multiple intelligences: New horizons*. New York: Basic Books.
Kunkel, C. D. (2003). A study of community participation and leadership development in an urban public school. *Dissertation Abstracts International*, 65(02), 175. (UMI No. 3122704)
Kunkel, C. D. (2007). The power of Key: Celebrating 20 years of innovation at the Key Learning Community. *Phi Delta Kappan*, 89(3), 204-209.
National Commission on Excellence in Education. (1983). *A nation at risk*. Arlington, VA: ERIC.
Popham, W. J. (2001). Teaching to the test? *Educational Leadership*, 58(6), 16-20.
Sacks, P. (1999). *Standardized minds: The high price of America's testing culture and what we can do to change it*. Cambridge, MA: Perseus Books.
Scharmer, C. O. (2007). *Theory U. Leading* from the future as it emerges. Cambridge, MA: Society for Organizational Learning.
Ward and Associates. (1992). *The wrong stuff* [Video]. Washington, DC.

INTELIGÊNCIAS MÚLTIPLAS AO REDOR DO MUNDO

A história da New City School

Thomas R. Hoerr

A teoria das IM foi concebida como um meio de enxergar o potencial humano, não como um currículo ou uma estrutura para o planejamento escolar. Embora essa teoria repercuta bem com educadores que procuram maneiras novas e variadas de os estudantes aprenderem, não existe um mapa para implementar as IM no âmbito da escola. As experiências da New City School mostram uma das maneiras pelas quais isso pode ser feito. Por 20 anos, os professores da New City School analisaram como poderiam usar as IM para promover a aprendizagem dos alunos. A investigação que começou como um grupo de leitura dos docentes levou as IM a se tornarem um aspecto integral da cultura da escola. Atualmente, a teoria das IM estrutura a pedagogia e a avaliação, informa o diálogo entre educadores e pais e tem tido um impacto positivo no companheirismo entre os professores.

A teoria das inteligências múltiplas (IM) é implementada desde 1988 na New City School em St. Louis, Missouri, e tem sido uma ferramenta poderosa para ajudar os professores a enxergar os alunos de maneiras mais abrangentes e positivas. Isso não significa dizer que o caminho para as IM sempre foi fácil ou tranquilo; não é o caso. De fato, a jornada das IM não foi livre de desafios e, mesmo enquanto escrevo, continuamos a procurar a melhor maneira de usá-las e de encontrar o equilíbrio certo entre objetivos e abordagens educacionais. Ainda assim, está claro que nossos alunos ganharam, nossos docentes cresceram e a New City se tornou uma escola melhor desde que começamos a usar as IM.

A New City School é uma escola independente, que atende 360 alunos, a partir dos 3 anos, até a 6ª série. St. Louis está localizada no meio do país, em uma área razoavelmente conservadora. (O apelido de Missouri, "the show me state"*, é uma orgulhosa indicação das posturas céticas de seus cida-

---

* N. de T. Estado do "ver para crer".

dãos.) Todavia, desde a fundação da escola em 1969, sua filosofia progressista abraçou a aprendizagem lúdica, o foco no desenvolvimento do caráter e o entendimento da diversidade humana. O mantra "academia, ambiente, diversidade" é impresso em nossos materiais, pois acreditamos que todos esses princípios devem ser usados para preparar os alunos para o futuro. Nosso corpo discente é bastante diverso: aproximadamente um terço de nossos alunos é formado por crianças negras; outro terço deles, crianças de todas as etnias, recebe ajuda financeira com base na necessidade, e nossos alunos residem em 55 códigos postais.

Por quase 20 anos, definimo-nos como uma escola de IM. Além de usarmos as IM como instrumento para ajudar as crianças a aprender, também assumimos nossa tarefa de ajudar outros educadores ao redor do mundo a usá-las. Nossos professores escreveram dois livros sobre como usar as IM no ensino e na avaliação estudantil (*Celebrating Multiple Intelligences*, 1994; *Succeeding with Multiple Intelligences*, 1996). Escrevi um livro sobre como implementar as IM no âmbito da escola, *Becoming a Multiple Intelligences School* (Hoerr, 2001), e vários artigos sobre as IM. Realizamos quatro conferências sobre IM, tendo Howard Gardner como nosso palestrante principal; milhares de educadores do mundo todo visitaram a nossa escola e, recentemente, abrimos a primeira biblioteca do mundo voltada para as IM. Mesmo assim, com um pouco de frustração e um pouco de orgulho, sou bastante consciente de que o nosso uso das IM continua sendo um trabalho em processo. Isso me frustra, pois não temos "a resposta" (embora eu entenda que não existe uma única resposta) e, ao mesmo tempo, sinto orgulho, pois continuamos a refletir sobre nosso desempenho e a procurar maneiras de obter auxílio das IM. Nosso modo de implementar as IM é bastante diferente do que era há 20 ou 10 anos, e sei que continuará a evoluir na próxima década e além.

Nossa jornada pelas IM começou quando li *Frames of Mind* (Gardner, 1983) em 1988. Fui logo arrebatado pelas implicações que o livro apresentava para os educadores. O modelo de Gardner deixava claro que precisávamos olhar os alunos através de uma lente mais ampla do que a que nos chega por medirmos seu potencial apenas nas "inteligências escolásticas" (Hoerr, 2001), enfocando exclusivamente o quanto sabem ler, escrever e calcular. Eu sabia de vários alunos incrivelmente talentosos para os quais a escola parecia uma provação. Essas crianças brilhavam nas aulas de música ou na pista de atletismo, mas tinham dificuldade em discussões de literatura, por exemplo. Podiam ser talentosas em pintura ou no trabalho com outras pessoas, mas ter dificuldades em matemática. Lembro de outros estudantes, inclusive alguns dos meus, que pareciam apenas tolerar seu tempo de escola, esperando ansiosamente pelo intervalo ou pela saída, pois a maneira como aprendiam não correspondia à maneira como lhes ensinavam as coisas. Com frequência, havia apenas uma rota para o sucesso na escola, e ela não correspondia à maneira como aprendiam. Então, lembrei as numerosas discussões que tive com amigos meus, pessoas que haviam se tornado bem-sucedidas e que falavam de como haviam "sobrevivido à escola".

De fato, as escolas fazem um ótimo trabalho, criando e reforçando uma hierarquia educacional limitada. No topo da pirâmide, estão estudantes que aprendem por meio das inteligências escolásticas. Um pouco abaixo na hierarquia, estão alunos cujos talentos se encontram em áreas que não costumam ser valorizadas nas escolas. Essas crianças podem ser excelentes em artes; podem ser boas no trabalho com outras pessoas e no relacionamento interpessoal; podem ser atletas ou amantes da natureza. Todavia, com frequência, a menos que esses talentos sejam acompanhados por potencialidades nas inteligências escolásticas, as escolas podem se tornar locais inóspitos para elas, e o sucesso pode ser difícil. Essa limitação de oportunidades é exacerbada no atual ambiente de testes rígidos.

De certa maneira, essa hierarquia de inteligências é natural. Muitos educadores aprenderam pelos meios tradicionais e se saíram bem na escola, de modo que é natural que apreciem as inteligências escolásticas tradicionais em seus alunos. Além disso, as escolas foram programadas para gerar trabalhadores, e os três R eram considerados as chaves para o sucesso econômico.* Por isso, não surpreende o fato de a maioria das escolas oferecer uma via acadêmica bastante restrita para o sucesso.

Não nos enganemos: *é* importante que os estudantes se saiam bem nas áreas acadêmicas tradicionais, mas uma compreensão e uma apreciação das IM deixa claro que as inteligências escolásticas não abrangem todas as maneiras em como crianças podem e devem crescer. Com frequência, as áreas de artes, música e educação física são consideradas ornamentação, e o progresso dos alunos é relegado ao verso do boletim (quando essas áreas sobrevivem aos cortes no orçamento da escola, antes de mais nada). Abraçar o modelo das IM eleva o papel da arte, da música e do movimento na educação.

Talvez mais notável para mim seja o modo como a concepção de Gardner das inteligências pessoais proporciona um modelo para habilidades que são importantes para qualquer atividade na vida. Em particular, a identificação das inteligências interpessoal e intrapessoal parecia acarretar ricas implicações educacionais. (De fato, o poder das inteligências pessoais de Gardner foi enfatizado pelo sucesso subsequente do livro *Emotional Intelligences*, de Daniel Goleman, lançado em 1995. Goleman usou uma terminologia diferente da de Gardner, mas o foco das inteligências emocionais corresponde bem às inteligências interpessoal e intrapessoal deste.)

---

*N. de R. T. "Reading, riting and rithmetic" (leitura, escrita e aritmética): expressão irônica que usa peculiaridades fonéticas do inglês para produzir a onomatopia de uma gargalhada (rrr, isto é, "ar, ar, ar").

Depois de minha leitura inicial de *Frames of Mind*, minha mente estava fervendo com as possibilidades que as IM representavam para incrementar a aprendizagem estudantil e fazer todos os alunos aprenderem mais. Mantive três visões basilares, e elas continuam a informar a maneira como usamos as IM atualmente:

1. Existem diferentes maneiras de aprender.
2. As artes são importantes.
3. Quem você é importa mais do que aquilo que você sabe.

COMEÇANDO COM AS IM

Eu sabia que dar vida às IM na minha escola exigiria muito trabalho árduo. Também sabia que isso exigiria a aceitação do corpo docente: eu não podia simplesmente ordenar que nos tornássemos uma "escola das IM". (Mesmo que pudesse ter dado tal ordem, não o faria porque não é meu estilo.) Fiz uma breve apresentação sobre o livro *Frames of Mind* e sobre as IM em uma reunião dos professores e enfatizei o seu potencial, no qual acreditava. Convidei professores a se reunirem comigo para ler o livro. Sugeri que nos reuníssemos algumas vezes antes do final do ano escolar e continuássemos a nos encontrar durante o verão. "Vou dar uma cópia do livro a cada um", falei, "e fornecer lanche para nossas reuniões. Facilitarei a primeira sessão, depois nos alternaremos conduzindo a discussão. Quem está interessado em me acompanhar?".

Para minha satisfação, mais de uma dúzia de professores, aproximadamente um terço do corpo docente, escolheu unir-se ao grupo. Chamei nosso grupo de Comitê de Talentos e começamos a nos encontrar depois da escola a cada duas semanas. As discussões, conduzidas pelos professores, eram ricas. Discutimos a definição de inteligência de Gardner e suas implicações e tentamos usar as várias inteligências em nossa aprendizagem. Incorporamos jogos para revisar o capítulo sobre a inteligência espacial e usamos canções para revisar o capítulo sobre a inteligência musical, por exemplo. Nosso grupo era uma minoria entre os docentes, de modo que decidimos compartilhar o que estávamos aprendendo com o resto. A cada reunião dos professores, fiz questão de pedir aos membros do Comitê de Talentos para compartilhar o que estávamos aprendendo e discutindo. Além disso, os membros do comitê fizeram questão de compartilhar seu conhecimento e seu entusiasmo com os demais colegas. Em 1989, alguns de nós visitaram a Key School em Indianápolis para entender como as IM haviam ganhado vida.

Aplicar essa noção das IM ao ensino e à aprendizagem era difícil. Falamos sobre como reconhecer as IM mudaria o que ocorre na sala de aula, como a avaliação dos alunos também teria que mudar e o impacto que isso teria em nossas comunicações com os pais dos alunos. Ainda estávamos entusiasmados, mas vimos que abraçar as IM seria um esforço mais complexo do que pensávamos originalmente.

Os professores começaram a procurar maneiras de usar as IM em suas salas de aula. Logo, vimos que o seu uso ocorria de três maneiras: professores usando as IM em seu ensino, alunos usando as IM para mostrar o que haviam aprendido e alunos trabalhando em centros de IM criados por seus professores. À medida que começamos a implementar as IM, os alunos responderam de modo positivo, nos tornamos melhores observadores de seus interesses e de como aprendiam. Reconhecemos que muitas vezes podemos apenas inferir quais inteligências um aluno está usando para resolver um dado problema, pois os problemas podem ser resolvidos de diversas maneiras. Ficava claro que as IM corroboravam nosso objetivo da aprendizagem lúdica, e os professores estavam gostando de usar uma nova ferramenta para enxergar as crianças e planejar o currículo. O uso das IM também facilitou o companheirismo entre os professores (Barth, 1990) à medida que cooperavam e aprendiam uns com os outros.

EDUCAÇÃO DOS PAIS

Nos dois primeiros anos, nosso avanço rumo às IM foi desimpedido. Tivemos frustrações e dificuldades normais, mas nenhum obstáculo importante. Nosso trabalho com as IM somente era limitado por nossa visão e nossas energias. Precisamos nos segurar para não experimentar coisas demais, rápido demais. Os professores adoravam ver os alunos respondendo às diferentes inteligências, e o uso das IM continuava a ganhar impulso. Contudo, por volta de 1994, começamos a sentir que os pais de alguns alunos estavam tentando nos frear um pouco.

As crianças aprendem mais quando o lar e a escola trabalham juntos, então tentamos manter os pais informados prosseguir no diálogo com as famílias. Eu enviava uma carta semanal para os pais dos alunos e sempre fui pró-ativo em compartilhar e em escutar. A implementação das IM tornou isso ainda mais importante, pois nenhum dos pais havia estudado em uma escola que usasse tais fundamentos. Eu sabia que os pais precisavam ser informados e fiz questão de explicar como estávamos usando as IM para ajudar os alunos a aprender. Os pais entenderiam o que estávamos fazendo e ficariam entusiasmados. Assim eu pensava.

Na verdade, não compreendi que os pais de hoje são diferentes dos pais dos seus antecessores. Muitos deles são da Geração X, nascidos entre 1965 e 1980. Uma característica desse grupo demográfico é que não se intimidam com a autoridade, e às vezes podem ser desconfiados ou céticos. O uso de inteligências não escolásticas e a ausência de percentuais para representar o progresso dos alunos pode tornar difícil para esses pais entenderem e aceitarem as IM. O debate sobre a importância dos resultados de testes padronizados exacerba essa dificuldade.

Como resultado, embora eu tenha falado especificamente sobre as IM em muitas das cartas semanais para os pais, e os professores falassem um pouco das IM em nossos encontros há anos, a maioria dos pais não entendia a teoria. Para ser mais preciso, os pais não entendiam a nossa forma de implementá-las e como as usávamos para ajudar as crianças a aprender. De fato, o que considerávamos positivo – estudantes falando sobre o quanto se divertiam na escola – era causa de alarme em certos lares. Vários pais acreditavam que a escola precisa ser difícil e que os alunos não devem gostar de ir à aula. Embora não dissessem, isso ficava claro a partir da sua reação ao entusiasmo dos filhos. Alguns pais começaram a se preocupar com o nosso rigor acadêmico e questionavam se seus filhos estavam sendo preparados adequadamente. Como os alunos consideravam a escola divertida e começaram a usar suas "outras" inteligências não escolásticas – musical, artística e corporal-cinestésica –, alguns pais questionavam se não estávamos reduzindo nossos padrões escolásticos. Ficou claro para mim que esse era um problema significativo, e que eu não poderia resolvê-lo sozinho.

Formei um comitê docente para encontrar maneiras de apresentar e explicar o trabalho com as IM para os pais dos nossos alunos. Quando nos reunimos pela primeira vez, muitos dos professores falaram de experiências semelhantes, relatando ocasiões em que os pais de alguns alunos questionaram como e por que estávamos implementando as IM. Isso certamente não constituía um problema para todos os pais, mas a preocupação era suficientemente significativa, de modo que precisávamos agir.

Nosso comitê gerou algumas ideias e sugestões específicas e produtivas (a maioria das quais continuamos a usar hoje em dia, mais de 15 anos depois). Os trabalhos de arte dos alunos sempre adornaram nossos corredores, e combinamos de retratar o trabalho dos alunos em todas as inteligências nas paredes e nos corredores. Além disso, observamos que a presença do trabalho dos alunos por si só não era suficiente, não importa o quão fosse bonito ou impressionante. Além de simplesmente apresentar evidências do progresso dos alunos, precisávamos colocar uma explicação do que estava sendo mostrado e como se encaixava em nosso currículo. "Não é suficiente que os corredores fiquem bonitos", falei, "eles também devem ser informativos". Mesmo hoje em dia, todos os mostruários são acompanhados com legendas explicando o que está representado e como aquilo leva à aprendizagem estudantil.

Também decidimos tornar nossos eventos de volta às aulas depois das férias mais adequados às IM. Em vez de apenas falar das inteligências e de como as estávamos usando, aplicamos as IM e deixamos os pais se envolverem em algumas das mesmas experiências que seus filhos vivenciaram. Nesses eventos, os professores escolheram atividades e orientaram os pais dos alunos no uso das IM. Os pais usaram suas inteligências corporal-cinestésica e espacial para montar um quebra-cabeça que explicava o currículo e os objetivos do ano. Trabalharam em equipe para falar sobre problemas e levantar questões. Trabalharam em centros de IM para ter uma percepção dos tipos de atividades que seus filhos faziam e viram em primeira mão como as IM ajudavam-nos a aprender.

Anos depois, ainda usamos algumas dessas práticas de comunicação com os pais (na verdade, educação dos pais), e outras foram eliminadas. Não usamos mais as IM nos eventos, apesar de os pais nos dizerem que ajudavam a entender um pouco sobre como as inteligência eram usadas (e que era divertido). Paramos de fazer isso porque os professores estavam receosos de que não teriam tempo suficiente nas reuniões para apresentar adequadamente todas as informações que os pais precisavam saber (objetivos do ano, expectativa acadêmica e comportamental, canais de comunicação, e assim por diante). Isso foi reforçado por um comentário que a mãe de um aluno fez para mim: "Tinha tanta ênfase no *como* durante o evento, que nunca aprendi *o que* eles estudariam naquele ano". Embora ainda falemos sobre as IM e expliquemos o que são e por que as usamos, particularmente nas séries iniciais, esse não é mais o foco do evento.

Contudo, ainda continuamos com algumas das outras estratégias para educar os pais. Ainda colocamos explicações acompanhando o trabalho dos alunos que penduramos nos corredores. Continuamos a usar minha carta semanal para os pais, agora uma carta eletrônica, que traz fotos de nossos alunos em suas atividades (disponível em www.newcityschool.org), para informar e divulgar as IM. Cada série também envia uma carta eletrônica para os pais dos alunos, e os professores usam cartas para compartilhar o trabalho com as IM.

Para muitos pais – talvez a maioria ou a totalidade – o que realmente importa é o que veem no boletim dos filhos, mas sempre me choca a disparidade entre o que diretores e professores dizem que suas escolas valorizam e o que relatam aos pais. Em muitos casos, os líderes escolares (as flâmulas e os cabeçalhos em papéis da escola) falam em desenvolver o caráter e o respeito, mas essas qualidades são colocadas no verso do boletim, isso quando sequer são listadas ali. Os professores e diretores dizem que é importante que os alunos desenvolvam uma apreciação por pessoas diferentes deles, por exemplo, mas essa capacidade não se reflete no que é avaliado e relatado. Quando existe disparidade entre o que as escolas valorizam e o que avaliam e relatam, os esforços dos professores são prejudicados; isso terá um impacto negativo no desempenho dos alunos e no apoio dos pais. Objetivos nobres são bons e necessários, mas os comportamentos dos professores estruturam-se naturalmente pelas medidas do progresso estudantil porque são responsabilizados (pelos pais, administradores, alunos e por eles mesmos). À medida que avançamos com as IM, devemos refletir aquilo que valorizamos (as múltiplas inteligências dos alunos) na maneira como avaliamos o progresso dos alunos regularmente e no que compartilhamos com seus pais.

Determinamos que nossas maneiras tradicionais de monitorar o progresso dos estudantes não eram mais adequadas; elas eram necessárias, mas não suficientes. Os exercícios e os testes escritos (inclusive os testes padronizados) têm o seu papel, mas não fornecem uma imagem completa do crescimento estudantil. O uso das IM significava que os alunos estavam usando uma variedade de inteligências para aprender, de modo que também parecia apropriado deixar que mostrassem o que haviam aprendido dessa maneira.

Os professores começaram a procurar modos de fazer com que as inteligências não escolásticas pudessem ser usadas para mostrar o que os alunos haviam aprendido. Algumas das nossas estratégias iniciais ainda são usadas. Nossos alunos da pré-escola criaram corpos humanos funcionais, em tamanho natural, como forma de demonstrar sua compreensão dos sistemas do corpo, assim como os alunos da 3ª série construíram dioramas para mostrar o que aprenderam sobre as tribos de nativos americanos que haviam estudado. Nossos alunos da 1ª série criaram insetos imaginários para mostrar que entendiam a adaptação, e os da 2ª série construíram um monumento que deveria existir para retratar um aspecto da expansão de nosso país para o Oeste. Ao estudar biografias e cidadãos que fazem a diferença, os alunos da 4ª série participaram de um museu vivo, no qual se vestiram como as pessoas que estudaram, e responderam a perguntas sobre suas vidas. Os alunos da 5ª série escreveram e dramatizaram um musical sobre a história dos Estados Unidos. Os da 6ª série fizeram murais gigantes para mostrar um preconceito, como preconceito de raça, sexo, idade ou aparência. Cada um desses projetos é acompanhado por um relatório escrito da pesquisa, para que possamos avaliar o progresso estudantil de maneiras não tradicionais e tradicionais. O tempo todo, desenvolver a inteligência intrapessoal se tornou um dos focos, conforme os professores pediam que os alunos refletissem, avaliassem seus esforços e falassem do modo como aprenderam.

Talvez a mudança mais significativa em nossas práticas de avaliação tenha sido a criação de uma primeira página nova para nosso boletim ("Página Um") e a dedicamos exclusivamente às inteligências pessoais. Muitos boletins abordam essas áreas cruciais do desenvolvimento humano apenas com pequenas frases que avaliam se o aluno "faz seu maior esforço" ou se "é um aprendiz cooperativo". Em comparação, acreditamos que as inteligências pessoais são as mais importantes e que farão a diferença em qualquer tarefa e em qualquer situação. Consequentemente, parte importante da nossa responsabilidade é ajudar os alunos a desenvolver suas inteligências intrapessoal e interpessoal. Assim, decidimos começar o boletim e a reunião seguinte com os pais, enfocando as inteligências pessoais dos alunos.

Fizemos longas reuniões com o comitê docente para determinar o que constitui as inteligências pessoais e o que poderíamos avaliar e relatar de maneira razoável. Na categoria *Desenvolvimento Intrapessoal*, "Sabe se autoavaliar; entende e compartilha seus sentimentos", nossa Página Um aborda as seguintes áreas:

Confiança

- Sente-se confortável ao assumir uma posição diferente do grupo de colegas.
- Apresenta comportamentos de risco adequados.
- Sente-se confortável em papéis de líder e de seguidor.
- Lida bem com a frustração e com os fracassos.
- Apresenta um autoconceito positivo e preciso.

Motivação

- Apresenta motivação interna.
- Envolve-se ativamente no processo de aprendizagem.
- Demonstra curiosidade.
- Demonstra tenacidade.
- Exibe criatividade.

Resolução de problemas

- Demonstra bom juízo.
- Pede ajuda quando precisa.
- Consegue gerar hipóteses e soluções.
- Demonstra perseverança ao resolver problemas.
- Aceita e aprende com o *feedback* que recebe.

Responsabilidade

- Aceita a responsabilidade por seus atos.
- Aceita a responsabilidade por materiais e pertences.
- Lida bem com transições e mudanças.
- Aceita limites em situações de trabalho e lazer.
- Usa senso de humor adequado.

Esforço e hábitos de trabalho

- Participa de atividades e discussões.
- Cumpre tarefas e atividades cuidadosa e detalhadamente.
- Mantém caderno, mesa e armário ou escaninho organizados.
- Tem atenção adequada à sua idade.
- Trabalha de forma independente.
- Segue instruções escritas e orais.

- Escuta com atenção.
- Usa o tempo de forma efetiva.

Em *Desenvolvimento Interpessoal,* "Consegue interagir com as pessoas", a Página Um aborda:

Entendimento da diversidade

- Toma decisões baseadas em informações adequadas, não em estereótipos.
- Entende a perspectiva dos outros, incluindo a de pessoas de outras etnias e culturas.
- Demonstra preocupação e empatia pelos outros.
- Respeita a individualidade das pessoas.

Trabalho de equipe

- Coopera com colegas e adultos.
- Trabalha na resolução de conflitos.
- Age com responsabilidade quando em grupo.
- Apresenta capacidade de fazer concessões.
- Expressa sentimentos e dá *feedback* construtivo e apropriado.

Quando começamos a usar a Página Um, estávamos um pouco ansiosos, pois nossos pais estavam acostumados a responder e a discutir os escores de testes e porcentagens de cumprimento de tarefas de casa nas reuniões com os professores. Como reagiriam, pensamos, ao ouvir juízos dos professores sobre seus filhos em algo tão amorfo quanto "confiança" ou "entendimento da diversidade"? Para nosso alívio, os pais gostaram da oportunidade de falar sobre o tipo de pessoa que seus filhos estavam se tornando. Às vezes, é claro, os pais viam seus filhos de modo diferente de como nós os vemos, talvez mais ainda com as inteligências pessoais. Os professores estão preparados para dar exemplos, para explicar por que avaliaram uma criança desta ou daquela forma. De modo geral, os pais entendem, mesmo que não gostem, e trabalham conosco para desenvolver estratégias em casa e na escola para abordar as áreas de necessidade.

A Página Um tem tido bastante êxito em nos ajudar a enfocar aquilo que é mais importante e em lembrar a todos o que valorizamos. Quando os professores se preparam para as reuniões com os pais, começam a avaliar o progresso estudantil, refletindo sobre as inteligências pessoais dos seus alunos.

Além de mudar o que relatamos nos boletins, também pensamos que os portfólios dos estudantes tornariam mais fácil perceber o crescimento em todas as inteligências e formamos um comitê dos portfólios para decidir a melhor maneira de fazer isso. Começamos a usar portfólios e decidimos que os conteúdos de cada ano deveriam conter um autorretrato ou uma biografia com elementos de todas as inteligências. Cada trabalho também teria uma legenda explicando as inteligências que exigiu ou refletiu e a base para sua inclusão. Criamos a noite do portfólio, na primavera, uma noite em que os pais eram convidados a conhecer os portfólios dos filhos.

É EVOLUTIVO

Em *Corporate Lifecycles* (1989, p.xiii), Ichak Adizes declara: "Assim como os organismos vivos, as organizações têm ciclos de vida; elas passam pelos problemas e pelas dificuldades normais que acompanham cada estágio do ciclo de vida organizacional e enfrentam os problemas transicionais de avançar para a próxima fase de desenvolvimento". É verdade que as instituições mudam à medida que crescem e progridem – independentemente de cumprirem seus objetivos ou não – e, é claro, são afetadas por mudanças na liderança, na demografia e no meio político. Isso ocorreu na Apple Computer, na Harvard University e na New City School. Contudo, os comentários de Adizes são ainda mais relevantes quando aplicados à implementação de uma inovação educacional. A New City School passou por várias fases em sua evolução nas IM, e existem mais por vir (descritas em meu livro, *Becoming a Multiple Intelligences School*).

Nossos primeiros anos de implementação das IM foram de exploração e entusiasmo. Adquirida uma compreensão do potencial das IM, ficou fácil enxergar como as práticas educacionais tradicionais não satisfaziam as necessidades de muitos alunos. Os professores começaram a procurar maneiras de incorporar as IM em sala de aula. Havia muita animação, acompanhada por certa hesitação e confusão. Mudar práticas pedagógicas e de avaliação significava fazer diferentes tipos de trabalho, com certeza, e isso muitas vezes também significava trabalhar mais. Não havia textos sobre as IM, de modo que os professores refletiam e compartilhavam táticas que haviam funcionado com eles, e é por isso que publicamos dois guias do professor para a implementação das IM. Ao mesmo tempo, identificávamos e categorizávamos momentos para as IM no horário, e rotulávamos atividades e produtos relacionados. Em retrospectiva, parece claro que foi somente devido ao poder e ao potencial das IM que perseveramos.

Entretanto, o uso das IM pode apresentar dificuldades, pois os alunos invariavelmente respondem bem a abordagens baseadas nas IM. Mesmo quando precisam atuar fora de suas zonas de conforto ou predileções, as atividades com as IM são interessantes e divertidas. Além disso, muitos professores consideram reforçadores o interesse e sucesso dos alunos com as IM (e, às vezes, usar as IM também valida o perfil de inteligências do professor). Isso é bom, mas traz uma dificuldade inerente, pois as aulas não podem ser motivadas simplesmente pelo prazer que aluno ou professor sente nem podem ser voltadas unicamente para experiências com as IM. Sentimos essa atração durante os primeiros anos. Muitas vezes, falei aos professores: "Não é suficiente que os alunos estejam gostando da aula e estejam animados a virem para a escola. Isso é maravilhoso, mas devemos perguntar como a aula se conecta com nossos objetivos curriculares". (O poder das IM talvez apareça no fato de que, ocasionalmente, ainda preciso lembrar isso a todos, 20 anos depois. As IM devem ser usadas de uma maneira refletida, que considere os objetivos acadêmicos e as expectativas curriculares.)

À medida que nossa reputação nas IM cresceu, começamos a receber questionamentos de outros educadores do país e do mundo. Sentíamos (e ainda sentimos) a responsabilidade de ajudar os outros e abrimos nossas portas para receber visitantes. Antes dos ataques terroristas de 11 de setembro de 2001, tínhamos uma média de 500 a 700 visitas de educadores por ano. Atualmente, o impacto da No Child Left Behind e os vestígios dos ataques reduziram essa cifra, e temos uma média de mais de 300 educadores por ano. Todavia, dificilmente passo um dia sem receber um *e-mail* com algum questionamento sobre as IM de algum lugar, inúmeras vezes de outros países.

Encontramos uma abordagem de IM que funciona para todos os membros de nossa comunidade de aprendizagem. Nossos professores consideram as IM uma ferramenta efetiva; os alunos aprendem com alegria, e seus pais estão contentes. Ainda assim, o uso das IM permanece um trabalho em processo. Duas décadas depois, ainda nos perguntamos: "Qual é o equilíbrio certo entre as IM e as habilidades acadêmicas tradicionais?". Sabemos que as IM são uma ferramenta poderosa para o desenvolvimento estudantil e para a aprendizagem lúdica, mas também sabemos que nossos alunos precisam se sair bem nas áreas acadêmicas tradicionais. Esses ímpetos não precisam ser contraditórios, mas a maneira como se divide o tempo se torna um fator crucial.

O uso das IM exige uma quantidade significativa de tempo do professor para planejamento e preparação, e requer bastante tempo dos alunos para se envolverem. O tempo dedicado às IM deve vir de algum lugar, geralmente de exercícios acadêmicos tradicionais. Será que passar mais tempo com as inteligências pessoais significa que os alunos concluirão os estudos sem saber soletrar? Será que incorporar a inteligência espacial em aulas de estudos sociais significa que os alunos aprenderão menos história? Ou isso significa que terão uma compreensão maior dos temas que foram tratados? Como se equilibra o tempo que o uso das IM exige com os ganhos que proporciona? Aprendemos que, quando as IM são usadas para abordar objetivos curriculares, isso não deve ser considerado um dilema entre dois caminhos. As IM podem melhorar a instrução e facilitar a aprendizagem estudantil.

Nosso equilíbrio educacional está sempre logo à frente, e talvez isso seja bom. Afinal, não existe um ponto fixo que leve ao nirvana educacional. Mesmo que existisse tal ponto, logo ficaria obsoleto quando os alunos, os funcionários e as condições mudassem. Em vez disso, o equilíbrio educacional é um pêndulo, sempre indo e vindo. Meu trabalho é garantir que não estejamos satisfeitos e que sejamos criteriosos na busca do sempre esquivo equilíbrio.

OLHANDO À FRENTE

Continuo a caracterizar nosso trabalho com as IM como uma evolução. Ainda não chegamos lá e, de fato, jamais chegaremos. Fizemos avanços notáveis em certas áreas, como em nosso foco nas inteligências pessoais. O *feedback* que recebemos das escolas de ensino médio nas quais nossos alunos se matriculam indica que estes se saem bem do ponto de vista acadêmico, mas isso não é tudo: eles se conhecem bem, são fortes membros do grupo, são participantes na sala de aula e sabem como aprender. A incorporação da inteligência espacial em nossa instrução também é muito forte. O uso de projetos, mostras e apresentações na avaliação dos alunos se tornou rotina com o uso de dioramas, maquetes e representações espaciais. As apresentações dos alunos são a norma, e nossos alunos têm bons resultados em testes padronizados. Recentemente, abrimos a primeira biblioteca do mundo voltada para as IM, e nosso Jardim Centenário é um ímã naturalista para os alunos. O uso das IM se conecta de um modo maravilhoso, e a aprendizagem lúdica é a norma.

Entretanto, em cada uma dessas áreas ainda temos bastante a fazer. O uso da inteligência musical muitas vezes é uma exceção. Embora as práticas de avaliação cubram as IM, em certas áreas, não fizemos o progresso que esperávamos. Com os portfólios, por exemplo, continuamos no que chamamos de "nível da demonstração": os alunos e pais gostam de olhar os conteúdos dos portfólios, e a noite do portfólio é popular com as famílias, mas não fazemos um bom uso deles para monitorar o progresso dos alunos. O jardim e a biblioteca das IM são elementos físicos dignos de menção, dos quais os alunos e, os funcionários gostam, e nossos visitantes muitas vezes invejam. Todavia, nenhum dos dois cumpriu o seu potencial. O jardim é bonito, e nossos alunos gostam dele, mas ainda estamos trabalhando para usá-lo como instrumento a fim de integrar a inteligência naturalista em nosso currículo. De maneira semelhante, a biblioteca das IM é visualmente formidável, mas ainda estamos trabalhando a fim de encontrar a melhor maneira de usá-la para amparar as IM. Hoje incorporamos centros de IM regularmente, e a biblioteca oferece oportunidades abundantes, mas apenas começamos a realizar o seu potencial.

Nossa escola mudou notavelmente devido ao uso das IM, e a aprendizagem e as vidas dos alunos foram alteradas de maneira incrível. Eles e a escola melhoraram por causa das IM, e nossos professores também se beneficiaram. Esta tem sido uma jornada maravilhosa, um tanto frenética às vezes, e estou ansioso pelos próximos passos.

Referências

Adizes, I. (1988). *Corporate lifecycles*. Upper Saddle River, NJ: Prentice Hall.
Barth, R. (1980). *Run school run*. Cambridge, MA: Harvard University Press.
Faculty of the New City School. (1994). *Celebrating multiple intelligences: Teaching for success*. St. Louis, MO: New City School.
Faculty of the New City School. (1996). *Succeeding with multiple intelligences: Teaching through the personal intelligences*. St. Louis, MO: New City School.
Gardner, H. (1983). *Frames of mind: The theory of multiple intelligences*. New York: Basic Books. [*Estruturas da mente*: a teoria das inteligências múltiplas. Porto Alegre: Artmed, 1994]
Goleman, D. (1995). *Emotional intelligence*. New York: Bantam Books.
Hoerr, I (2001). *Becoming a multiple intelligences school*. Alexandria, VA: ASCD Press.

E SE ELES APRENDEM DE OUTRO MODO?

Inteligências múltiplas: desperte o potencial de aprendizagem!

RENÉ DÍAZ-LEFEBVRE

Os latinos são o maior grupo de minoria dos Estados Unidos, totalizando 47 milhões (por volta de 15,5% da população do país). Os estudantes de graduação latinos têm a metade da probabilidade de seus colegas brancos de concluir o grau de bacharel. Muitos estudantes latinos podem se frustrar porque desejam uma instrução que não se baseie nas inteligências linguística e lógico-matemática. O Glendale Community College implementou uma abordagem imaginativa, por meio do estudo-piloto chamado Multiple Intelligences/Learning for Understanding (MI/LfU). A inclusão de valores culturais (*família, respeito, simpatia, biculturalismo*) mostrou ser um componente crucial e integral na efetividade da abordagem que empodera os estudantes latinos para que acreditem que *Sí Soy Inteligente* (Sim, Sou Inteligente).

Simplesmente, não estava funcionando para mim e para meus alunos. Eu precisava fazer alguma coisa. Não podia mais repousar sobre a crença de que passar a maior parte da minha carreira como professor de um *community college* dando aulas e testes escritos era a melhor maneira de os estudantes aprenderem. Será que eu não estava ensinando ou atingindo tantos alunos quantos pensava? Eu sempre me preparava para as aulas. Até fazia questão de contar piadas, mas meus alunos não estavam "pegando". Não estavam aprendendo o material, pareciam desconectados na classe e iam mal nos testes.

E o que dizer dos números significativos de estudantes latinos na classe? Será que eu os estava decepcionando? Muitos me viam como um modelo, alguém que tinha vindo da mesma origem mexicana e que falava a mesma língua espanhola. Eu era alguém com quem podiam se identificar e com quem deviam gostar de aprender. Neste capítulo, apresento uma síntese do que aconteceu quando um professor universitário correu o risco de tentar algo diferente e desafiador: aplicar a teoria das inteligências múltiplas (IM) ao currículo de psicologia e as implicações na aprendizagem de estudantes latinos em um *community college* urbano do sudoeste dos Estados Unidos.

A HISTÓRIA DE JAVIER

Lembro bem, de forma vívida e real. A experiência ainda me assombra até o dia de hoje. Era um lindo dia de primavera, e minha classe de introdução à psicologia havia acabado. Eu estava me sentindo bem com a revisão que tínhamos feito em preparação para o teste da semana seguinte, que cobriria o cérebro e o sistema nervoso. "Os alunos que participaram da discussão devem ir bem no teste", pensei comigo mesmo, "e o resto, bem, espero que tenham feito boas anotações!".

Javier estava mergulhado em seus pensamentos, ocupado com o que parecia ser um desenho ou rabiscos. Não pude evitar de notar sua atitude de contentamento e prazer. Ele parecia estar em seu mundo próprio – um mundo visual. Enquanto eu apagava o quadro, Javier continuava desenhando. Fiquei pensando em quantas vezes as pessoas (especialmente os professores!) fazem estereótipos de alunos como Javier por causa da sua aparência, de suas roupas e de seu modo de falar. Javier podia ser um dos personagens de *O preço do desafio*, um filme sobre Jaime Escalante, professor de matemática de uma escola de periferia que motiva os alunos que vivem no "lado errado dos trilhos" a se saírem bem nas disciplinas de matemática. Quando me preparava para deixar a sala, perguntei a Javier se a discussão sobre o cérebro havia feito sentido para ele. Ele sacudiu os ombros, como que dizendo: "É, pode ser, mas que diferença faz? Eu não vou bem nos testes, quem se importa?".

Enquanto continuávamos a falar sobre a classe e sobre a escola em geral, mencionei que havia notado que ele passara toda a aula de revisão desenhando. Sem querer soar preocupado demais por ele não ter tomado notas, perguntei se podia ver o que ele havia desenhado. Javier abriu seu caderno, revelando desenhos incríveis do cérebro humano. Fiquei impressionado com a riqueza dos detalhes coloridos. E o que era ainda mais notável, ele havia feito os desenhos de memória; seu livro passou a aula fechado.

Os desenhos compreendiam o córtex cerebral, o cerebelo, o corpo caloso, os lobos do cérebro e os dois hemisférios. Pedi para Javier descrever o que os desenhos significavam para ele. Ele começou a explicar em um tipo de dialeto das ruas, chamado *calo*, falado com frequência por jovens descendentes de mexicanos, conhecidos como *cholos*. "Esta área se chama cerebelo", explicou Javier. "E, sabe, *ése* [uma expressão popular usada para cumprimentar um amigo do sexo masculino], é como quando alguém lhe dá um bom *cabronazo en la cabeza* [um grande golpe na cabeça] e você fica meio tonto. Bem, esta parte do cérebro organiza o movimento, postura, *y tambien* o equilíbrio do corpo". Seu exemplo fazia bastante sentido e demonstrava seu entendimento da função do cerebelo.

Em seu desenho de vista lateral do hemisfério esquerdo, notei uma grande seta vermelha apontada para a área de Broca, localizada no lobo frontal inferior e envolvida na geração da fala. "Para que é isso?", perguntei. *"Pues, tú sabes ése* [sabe, amigo]", respondeu Javier, "veja bem, minha *nana* [nome afetivo para avó] teve um derrame há um ano no lado direito do corpo. Sabe, *ése,* o lado esquerdo do cérebro afeta o lado direito do corpo, e vice-versa! Ela fala muito devagar, como se estivesse lutando para conseguir soltar as palavras. As coisas que ela diz fazem perfeito sentido. Nós a entendemos; ela só leva tempo para falar as frases completas. Houve lesão nessa área".

Ao sair pela porta, Javier se virou para mim e disse: "É isso que eu acho que você estava tentando nos ensinar sobre o cérebro, *prófe* [professor]".

Essa interação ocorreu há 15 anos e ainda me dá calafrios na espinha.

Javier "rodou" no teste escrito sobre o cérebro, concluiu a disciplina com média D, fez mais algumas disciplinas e abandonou a faculdade. Apesar disso, sei que ele entende o cérebro e suas funções. Ele entendeu pessoalmente.

E OS GAROTOS GRANDES?

Lembro de ouvir com atenção, à medida que meus colegas professores falavam sobre como transformaram suas salas de aula incluindo a teoria das IM em seu currículo. A conferência era sobre as IM, e sua audiência era composta exclusivamente por professores e administradores de escolas de ensino fundamental. Seus alunos, segundo os participantes, estavam animados com a aprendizagem. Uma professora com experiência de 10 anos disse que, desde que começara a aplicar a teoria, acredita realmente que seus alunos apresentam um amor genuíno pela aprendizagem.

Enquanto ouvia esses professores inspiradores descreverem o que estavam fazendo, não pude evitar de sentir uma ponta de inveja. Pareciam estar se divertindo muito e atingindo os alunos. Eram professores da escola fundamental falando que cada criança é inteligente a seu próprio modo e como a teoria das IM aumentou sua compreensão do ensino e de como as crianças aprendem. Pensei comigo mesmo: "Bem, ok, essa parece uma grande ideia para os pequenos, mas leciono para jovens, no nível universitário. Jamais funcionaria – ou será que funcionaria?". Essa questão me assombrava, desafiava e intrigava, levando-me a buscar uma possível forma de incluir a teoria das IM e seus benefícios em um sistema de educação superior profundamente arraigado nos testes escritos.

UM EXPERIMENTO EM APRENDIZAGEM

Atualmente, existe uma ampla variedade de iniciativas em andamento nos Estados Unidos visando proporcionar visões novas e animadoras da aprendizagem. Os cientistas cognitivos têm descoberto que as pessoas não aprendem no vácuo, mas por meio de interações sociais. Os pesquisadores do desenvolvimento humano estudam a motivação para descobrir o que faz as pessoas exercerem o esforço para aprender. Os neurocientistas mergulham profundamente na maneira como o cérebro funciona para redefinir a própria aprendizagem. Descobriu-se que a atividade cerebral ocorre de diversas maneiras: espontaneamente, automaticamente e em resposta a desafios. Para aprender de modo efetivo, essa atividade cerebral deve ser estimulada por pelo menos uma dessas maneiras e ser combinada com sistemas de *feedback* produtivos e adequados. Além disso, para que a aprendizagem continue, o cérebro deve ter tarefas desafiadoras, que exijam quantidades significativas de reflexão ou energia emocional. Esse desafio parece ser parte importante do funcionamento cerebral saudável (Gardner, 1985).

Depois de fazer muitas leituras e pesquisas sobre a teoria das IM e de frequentar e participar de um curso de IM de três semanas na Universidade da Califórnia, em Riverside, eu estava motivado, determinado e pronto a assumir um grande risco como professor "especializado" e criar algo novo e diferente. Será que eu poderia atingir e ensinar mais alunos universitários usando uma teoria que funciona tão bem com crianças? Para explorar alguns dos pressupostos das IM no ambiente da universidade, um estudo-piloto experimental, chamado Multiple Intelligences/Learning for Understanding (MI/LfU), foi desenvolvido e implementado no Glendale Community College (Maricopa Community College) no Arizona em 1994 e 1996. Esse estudo introduzia maneiras inovadoras de os estudantes fazerem tarefas e demonstrarem a aprendizagem de informações essenciais. A ideia era incorporar a teoria das IM a um novo paradigma, para que formas criativas de aprendizagem resultassem em entendimento real (Díaz-Lefebvre e Finnegan, 1997).

A abordagem MI/LfU foi aplicada em 10 classes de introdução à psicologia, com a participação de 131 alunos. O tamanho das classes era limitado (em média 13 alunos por classe) para observar melhor os resultados dos esforços do projeto. Os alunos tinham várias opções de aprendizagem a escolher e, mais importante, demonstrar compreensão e aplicação de conceitos e princípios básicos. Essas opções de aprendizagem eram dramatização/*role play*, mímica, colagem, escultura, dança criativa, poesia original, desenho/pintura, aplicação musical/rítmica ou apresentações, simulação computadorizada, resenha de livro, escrita criativa de diário e testes escritos.

Os alunos se tornaram miniespecialistas e cofacilitadores da aprendizagem, à medida que faziam "apresentações da compreensão" do conteúdo acadêmico. A avaliação para a compreensão se completava com o uso de categorias de avaliação ou categorias diagnósticas. As avaliações reflexivas de alunos e professores proporcionavam um valioso *insight* da aprendizagem e do processo de ensino. Quando o estudo-piloto foi concluído, outros professores se uniram à iniciativa com muito entusiasmo. Os professores de inglês, artes, química, matemática, estudos da infância e família, comunicação, psicologia, espanhol, antropologia, enfermagem, música e biologia começaram a usar os princípios de IM e ensino para a compreensão, desenvolvidos no estudo experimental inicial. Professores corajosos e dedicados desafiavam os alunos – e a si mesmos – a sair de suas zonas de conforto, explorando maneiras criativas de aprender o material acadêmico.

Vinte e cinco professores se envolveram na iniciativa. Os docentes participaram de uma sessão de seis horas de orientação no MI/LfU, e eram realizadas sessões mensais de diálogo docente sobre aprendizagem, ensino e avaliação. As sessões seguiam o modelo *The Courage to Teach*, de Parker Palmer (1998). A cada semestre, todos os docentes participantes faziam uma avaliação, chamada Reflexões sobre Ensino e Aprendizagem.

DEMONSTRAÇÃO DA APRENDIZAGEM ESTUDANTIL: A OPÇÃO DE APRENDIZAGEM

A opção de aprendizagem incorpora várias das inteligências propostas pela teoria das IM. Seu propósito é proporcionar orientação e uma oportunidade para que os estudantes aprendam o material acadêmico de maneira diferente. Aprendendo o material de um modo que faça sentido para o aluno, chega-se à compreensão. É difícil determinar se os estudantes realmente entendem. Entender significa que a pessoa pode tomar algo que aprendeu – conceitos, termos, teoria, conhecimento – e aplicar adequadamente em novas situações.

No ambiente universitário, o desafio se torna a capacidade do aluno de demonstrar entendimento de termos, conceitos e conhecimento, da maneira como são aplicados no mundo real fora da sala de aula. Algumas premissas básicas aplicam-se aqui, com relação à avaliação, aos alunos e ao ensino.

Nem todos os alunos aprendem ou entendem o material do mesmo modo. Ainda assim, para muitos, os testes escritos são o único método usado para avaliar como são inteligentes. O propósito da opção de aprendizagem é proporcionar opções e escolhas criativas que acentuem as diferentes inteligências. A criatividade e o uso da imaginação são bastante incentivados, avaliados e recompensados. O componente escrito e reflexivo do formato da opção de aprendizagem é parte integral da experiência de aprendizagem do aluno.

O professor é o especialista no conteúdo e decide que termos, conceitos e tópicos o aluno deve aprender. Proporciona estímulo, apoio e confiança na capacidade do aluno de vencer. O professor dá a orientação necessária, e o aluno escolhe os termos e os conceitos que deseja incorporar na opção de aprendizagem. Essencialmente, o aluno é estimulado a se responsabilizar por sua própria aprendizagem e por seu comportamento.

A opção de aprendizagem proporciona a oportunidade de reforçar o material coberto na classe e nas tarefas de leitura, bem como o material que possa aparecer em um teste. Ela se torna um bom exercício de revisão para os alunos, que podem explorar diversos modos de aprendizagem, sair de suas zonas de conforto, ser criativos e se divertir. Christina, uma estudante de psicologia de 19 anos, contou: "Como eu tinha opções entre as quais escolher, não me sentia intimidada. [...] Eu olhava o semestre por um viés positivo. Eu sentia vontade de aprender psicologia da maneira que gostava e ganhar o diploma pelo que decidi realizar. MINHA ESCOLHA. Todos se motivam quando têm uma opção de escolha".

O LABIRINTO DA AVALIAÇÃO

A avaliação efetiva da aprendizagem estudantil representa uma questão importante para a educação superior há alguns anos, não apenas nos Estados Unidos, mas em vários países. Os dados são coletados e disponibilizados usando medidas tradicionais de desempenho e progresso acadêmico dos estudantes. Com tantas informações disponíveis, às vezes é tentador pensar que muitas pessoas na comunidade universitária caem no modismo generalizante que tomou conta de outros níveis da educação.

A avaliação para a compreensão ajuda o professor e o aluno a definirem padrões. Também cria caminhos de instrução, motiva o desempenho, fornece *feedback* diagnóstico, avalia o progresso e o comunica a outros (Díaz-Lefebvre, 2003).

Refletindo sobre a resistência que senti nos primeiros dias do experimento MI/LfU, parecia que tentar algo tão desconhecido, sem nenhuma garantia, não era interessante o suficiente para que certas pessoas se arriscassem e abrissem mão do *status quo*. Essa visão se aplica a administradores, estudantes e docentes. A mudança é tediosa, desconfortável, perturbadora e totalmente assustadora para a maioria das pessoas. Para outras, a mudança representa uma oportunidade de crescer, se soltar e olhar as várias possibilidades de autorrenovação pessoal e profissional.

Muitos estudantes universitários se perdem pelas brechas do sistema porque aprendem de maneiras diferentes. A criação de abordagens múltiplas para demonstrar como são inteligentes está na base da tentativa de alcançar esses alunos. Às vezes, indivíduos que estão muito afastados da ação ignoram ou não entendem a realidade do que ocorre na sala de aula. As histórias de dois alunos diferentes ilustram essa questão.

ROSARIO... *SÍ SOY INTELIGENTE*

O conceito de Freud de estrutura da personalidade sempre é um dos preferidos dos alunos de introdução à psicologia. Lembro de como uma das minhas alunas, Rosario, captou a essência da sua compreensão de id, ego e superego de Sigmund Freud de um modo criativo, escrevendo um poema. Ela explicou:

> Meu poema "Rixa" interpreta de maneira criativa as vozes do Superego, do Id e do Ego. A primeira estrofe é o Superego reclamando do Id. A segunda é o Id brigando com o Superego. Finalmente, a última estrofe é o Ego implorando para seus irmãos antagônicos entenderem seus erros. O Superego detesta a ameaça que o Id representa para o seu mundo. Ele está sempre consertando a bagunça que o Id faz. "Quebrar o vidro, depois moldá-lo" é um verso que pode ser interpretado de diferentes maneiras. Pode-se dizer que o Superego deve moldar o vidro novamente depois que o Id o destrói. O Id revida e diz que o Superego não tem coragem e jamais correrá riscos. O leitor notará que o Id continua a atiçar o Superego: "Você conhece o extremo da insensibilidade?". O Ego entra como árbitro. Ele tenta mostrar o quadro maior. O verso "Dura tanto – menos que alguns anos" está dizendo que "você chegou até aqui, mas não vai durar muito mais". Também decidi imprimir ao poema um aspecto visual. O leitor verá que as palavras do Superego começam à esquerda, e continuam para a direita. As palavras do Id são mostradas no formato oposto, e um pouco irregulares. As palavras do Ego estão no meio, em um tom conciliador. Essa apresentação baseia-se nas características das três posições.

Proporcionando a Rosario um ponto de entrada diferente para sua compreensão e aplicação de um conceito freudiano difícil, ela mostra sua compreensão em um nível diferente de reflexão do que a maioria dos alunos. Continuando:

> Nunca vou esquecer esses conceitos freudianos depois de escrever o poema. Para poder interpretar as três características corretamente, eu tinha que entender as ideias. Contudo, o reforço e a liberdade criativa da opção de aprendizagem permitem que ela seja mais significativa do que palavras em um livro grosso. Meu poema também despertou uma compreensão maior do conceito e das ideias para uma opção de aprendizagem diferente. Honestamente, posso dizer que tenho um entendimento muito mais forte dos conceitos de Id, Ego e Superego. Essa foi uma das tarefas mais prazerosas que tive a oportunidade de fazer em toda a minha carreira educacional.

Os colegas de Rosario e eu escutamos atentamente e ficamos admirados quando ela recitou seu incrível poema. Alguns alunos vieram falar comigo e disseram que tiveram um entendimento maior de Freud depois de ouvir o poema e a discussão que se seguiu. Carlos falou como sua motivação mudou depois que teve opções para demonstrar como é inteligente:

Siento que he tenido más motivación para aprender psicología debido a las diferentes opciones de conocimiento. La razón para esto es porque me fue "concedida" la oportunidad de aprender a "mi" manera. Al serme concedida esa oportunidad, aprendí mucho más que si yo fuera que tomar examines escritos cada semana [Díaz-Lefebvre, 2006b]. [Sinto que tive mais motivação para aprender sobre a psicologia por causa das diferentes opções de aprendizagem. A razão para isso é que me "deram" a chance de aprender ao "meu" modo. Por ter tido essa chance, aprendi muito mais do que se tivesse feito testes escritos a cada semana.]

Nessa avaliação, Carlos fala da importância de ser incentivado a se expressar em espanhol: "Posso expressar meus sentimentos e pensamentos sobre o material que estou aprendendo".

RUBRICAS CRIATIVAS DE AVALIAÇÃO, OU COMO SE AVALIA ISSO!

Uma rubrica é um conjunto de diretrizes para comparar o trabalho dos alunos. Ela proporciona descritores para níveis variados de desempenho e responde estas questões: Por quais critérios os desempenhos são julgados? Qual é a variação na qualidade do desempenho? Como os diferentes níveis de qualidade são descritos e diferenciados? As rubricas são usadas no nível fundamental de educação por algum tempo, ao passo que o uso de rubricas no nível universitário é relativamente recente.

A rubrica de avaliação desenvolvida no estudo-piloto avalia como o aluno concluiu a opção de aprendizagem, bem como o progresso nos seguintes critérios: (1) criatividade/imaginação; (2) demonstração/desempenho; (3) organização/formato; (4) reflexão/metacognição; (5) evidências de compreensão. Os professores completam uma rubrica de avaliação para cada aluno que seleciona uma opção de aprendizagem (Díaz-Lefebvre, 1999).

Além disso, depois de cada opção de aprendizagem, cada aluno deve preencher e entregar as respostas a três questões reflexivas. De um modo geral, as questões desafiam os alunos a:

- Identificar ou definir, explicar e mostrar exemplos de como determinados termos e conceitos foram incorporados criativamente na opção de aprendizagem.
- Justificar, explicar e usar exemplos de como e por que a opção de aprendizagem específica selecionada (por exemplo, mímica, poesia) ajudou ou reforçou a compreensão do material acadêmico mencionado no livro-texto ou discutido em classe.
- Escrever um parágrafo (ou mais) de reflexão e avaliação da experiência da opção de aprendizagem (por exemplo, criando uma escultura, a oportunidade de aprender conceitos de enfermagem de um modo diferente).

REVISITANDO JAVIER E OUTROS COMO ELE

Comecei o capítulo com Javier, um homem incrivelmente inteligente e brilhante. Devo muito a esse jovem latino. O que aprendi com ele sobre como as pessoas aprendem mudou minha visão de como a teoria das IM pode ser aplicada a grupos diferentes de alunos: latinos falantes de espanhol. Devo admitir que, no passado, eu resistia à noção de haver populações ou grupos separados de pessoas (asiáticos, nativos americanos, e assim por diante) que poderiam se beneficiar da instrução com as IM. Afinal, uma inteligência é um potencial humano biológico e psicológico que todos possuímos. Correto?

A teoria das IM não se aplica apenas aos latinos. Contudo, minhas interações com Javier me levaram a questionar o que aconteceria se eu apresentasse a abordagem MI/LfU para alunos que falam uma língua diferente e cujos valores culturais e costumes representam uma parte significativa da comunidade que minha faculdade e distrito escolar atendem. Por volta de dois terços da população latina nos Estados Unidos é de descendência mexicana (nascidos nos Estados Unidos ou no México). Segundo o Pew Hispanic Center, uma organização suprapartidária que fornece informações sobre questões, posturas e tendências que influenciam os Estados Unidos e o mundo, por volta de um quarto dos adultos hispânicos são ilegais, cuja maioria chegou como parte de uma grande onda de imigração que começou a tomar força na década de 1970 (Pew Hispanic Center, 2007). As taxas de abandono da escola e os níveis baixos de frequência na universidade representam desafios críticos para esse crescente segmento da sociedade norte-americana. Existem grandes diferenças entre os subgrupos latinos, em termos de suas características culturais, experiências de imigração, história, níveis socioeconômicos e outros fatores importantes. Não é mais correto negar essas diferenças ou pressupor que todos os latinos tenham problemas psicológicos semelhantes (Fry, 2005).

Ao longo dos 12 anos da iniciativa MI/LfU, forneci material em espanhol para o pequeno grupo de alunos latinos que cursavam minhas aulas de psicologia. Tenho visto resultados animadores e promissores, incluindo valores culturais como *apego à família* (uma forte orientação, envolvimento e lealdade familiar), *personalismo* (preferência por atenção personalizada e cortesia em relações interpessoais), *respeito* (ênfase no respeito e atenção a questões ligadas à posição social em relacionamentos interpessoais, por exemplo, respeito para com idosos), *simpatia* (uma postura deferente para com familiares e outras pessoas em tentativas de manter a harmonia na família e em relacionamentos interpessoais), *enculturação* (uma orientação de retorno à própria cultura étnica nuclear), *biculturalismo* (a capacidade de funcionar efetivamente e de alternar adaptativamente entre duas culturas) (Velásquez, Arellano e McNeill, 2004).

Incluindo exemplos de líderes latinos proeminentes que representam diferentes inteligências, os estudantes latinos conseguem enxergar e identificar-se com indivíduos exemplares que compartilham origens culturais semelhantes. Por exemplo, apresentei o novelista Gabriel García Márquez para a inteligência linguística, o neurologista Santiago Ramón y Cajal para a inteligência lógico-matemática, a pintora Frida Kahlo para a inteligência espacial, a atleta Ana Guevara para a inteligência corporal-cinestésica, o guitarrista Carlos Santana e o cantor de ópera Plácido Domingo para a inteligência musical, o presidente do México Vicente Fox e o sindicalista César Chávez para a inteligência interpessoal, e o ativista ambiental Chico Mendes para a inteligência naturalista.

Embora o número de participantes latinos falantes de espanhol na MI/LfU tenha sido pequeno, vejo um *potencial* incrível de atingir esse segmento da população universitária. Quando se apresenta o material na língua em que a pessoa se sente mais confortável, proporciona-se ao aluno um excelente ponto de entrada ao fascinante mundo das possibilidades das IM. Acredito que a experiência MI/LfU pode trazer mudanças significativas e positivas para as vidas acadêmicas e pessoais de alunos latinos. Sinto-me animado a buscar formas de aplicação, avaliação e pesquisa sobre esse novo horizonte.

RESULTADOS, REPRODUÇÃO E LIÇÕES APRENDIDAS

Em 2004-2005, a iniciativa MI/LfU comemorou o seu 10º aniversário no Glendale Community College como uma abordagem acadêmica alternativa e viável para aprendizagem, ensino e avaliação criativa. Embora muitos dados tenham sido coletados e analisados ao longo desse período, principalmente por meio de avaliações discentes e docentes, era hora de conduzir uma pesquisa em grande escala sobres estudantes egressos e atuais. Em junho de 2004, uma enquete com 10 perguntas reuniu dados de alunos que participaram entre o outono de 2001 e a primavera de 2004. Foi distribuído um total de 1.239 questionários: 1.034 enviados pelo correio e 205 distribuídos em aula. Tivemos uma taxa de retorno de 34%.

Os resultados mostram aumento na motivação estudantil, retenção mais prolongada do material acadêmico e bastante satisfação por aprender com a MI/LfU, em comparação com métodos tradicionais. Os escores médios em todas as questões relacionadas com sua experiência de aprendizagem foram de 4,0 ou mais em uma escala de cinco pontos. Mais significativos foram os resultados de alunos que cursaram disciplinas nas chamadas ciências duras (matemática, biologia e química). Oitenta e quatro por cento dos alunos que tiveram aulas de biologia indicaram que sua capacidade de reter informações estava maior depois de concluírem a opção de aprendizagem. Alunos que tiveram aulas de química indicaram uma taxa de retenção de 93%, e alunos de matemática tiveram uma taxa de retenção de 86%. Em resposta a outra questão da enquete, *"Em sua opinião, qual é o método mais efetivo de avaliar a aprendizagem estudantil, os testes escritos ou as opções de aprendizagem de MI/LfU?"*, 84% dos alunos de todas as disciplinas pensavam que a abordagem MI/LfU era melhor que os métodos tradicionais para avaliar a aprendizagem estudantil. Em cada disciplina, as porcentagens favoráveis a essa abordagem foram as seguintes: matemática, 94%; estudos da infância/família, 94%; antropologia, 89%; espanhol, 88%; psicologia, 87%; inglês, 84%; enfermagem, 80%; música, 79%; química, 77%; biologia, 71%.

Ao longo da iniciativa, os alunos que usaram uma variedade de opções de aprendizagem apresentaram comportamento mais positivo ao aceitarem riscos na aplicação de diferentes maneiras de aprender o material acadêmico. Em particular, os alunos estavam mais interessados em explorar diferentes opções de aprendizagem quando o instrutor modelou, incentivou e recompensou as situações em que saíam das suas zonas de conforto. O instrutor ensinou por meio de métodos variados e criativos e também se arriscou. Nos documentos de avaliação, os alunos compartilharam que sua motivação e seu esforço extraclasse aumentaram, pois percebiam de modo mais claro o valor de suas experiências de aprendizagem, gostavam da oportunidade de ser criativos e começaram a desenvolver amor por aprender. A avaliação e os textos reflexivos dos alunos sobre as opções de aprendizagem apresentaram mais profundidade e análise do que com tarefas anteriores. Embora alguns tenham resistido à noção de experimentar algo novo, de modo geral, os alunos gostaram da oportunidade de tentar algo diferente. Para muitos deles, fazia sentido oferecer um currículo baseado em como cada indivíduo se motiva e aprende.

Além disso, aprendi bastante sobre os professores e sobre o ensino durante a iniciativa. A maioria dos colegas apoiou meus esforços para experimentar algo novo. Outros pensavam que eu era apenas mais um psicólogo "maluco" fazendo algo esquisito. Convenci alguns instrutores em meu próprio departamento e professores de outras disciplinas a experimentar as opções de aprendizagem e ver o que aconteceria. Minha maior satisfação como professor foi quando vi alunos latinos mais capazes e confiantes, desenvolvendo uma postura do tipo *Sí Se Puede* (Sim, Nós Podemos!) em relação a si mesmos e à aprendizagem.

CONCLUSÃO

A mudança e a pesquisa levam tempo e só vêm com trabalho árduo na academia. Devemos lembrar os professores e os administradores interessados em reproduzir essa abordagem que, quando desafiarem métodos antigos e paradigmas profundamente arraigados, enfrentarão resistência e oposição. A resistência pode surgir de colegas, administradores e estudantes, para manter o *status quo* sem jamais analisarem a possibilidade de perguntar "e se?". Todavia, as possibilidades são inesgotáveis e animadoras (Díaz-Lefebvre, 2006a).

Referências

Díaz-Lefebvre, R. (1999). *Coloring outside the lines: Applying multiple intelligences and creativity in learning.* Hoboken, NJ: Wiley.

Díaz-Lefebvre, R. (2003, agosto). In the trenches: Assessment as if understanding mattered. Learning Abstracts. *League for Innovation in the Community* College, 6(8). Download em 11 de julho de 2008, de http://league.org./istreamsite/info-form.cfm.

Díaz-Lefebvre, R. (2006a). *Inteligencias múltiples en el proceso de ensenaza ¡Despierte el potencial de aprendizaje!* Phoenix: Editorial Orbis Press.

Díaz-Lefebvre, R. (2006b). *The multiple intelligences/learning for understanding approach: Some pieces to the puzzle of learning.* Download em 10 de Janeiro de 2009, de http://www.mi-Ifu.com/Video percent20Files.html.

Díaz-Lefebvre, R., & Finnegan, P. (1997). Coloring outside the lines: Applying the theory of multiple intelligences to the community college setting. *Community College Journal*, 68(2), 28-31.

Fry, R. (2005, novembro). *Recent changes in the entry of Hispanic and white youth into college: Chronicling Latinos' diverse experiences in a changing America.* Washington, DC: Pew Hispanic Center.

Gardner, H. (1985). *The mind's new science: A history of the cognitive revolution.* New York: Basic Books.

Palmer, P. (1998). *The courage to teach.* San Francisco: Jossey-Bass.

Pew Hispanic Center. (2007, dezembro). *2007 National Survey of Latinos: As illegal immigration issues heat up, Hispanics feel a chill.* Washington, DC: Pew Hispanic Center.

Velásquez, R. J., Arellano, L. M., & McNeill, B. W (Eds.). (2004). *The handbook of Chicana/o psychology and mental health.* Mahwah, NJ: Erlbaum.

RESOLUÇÃO DE PROBLEMAS E O PROJETO DISCOVER

Lições do povo Diné (Navajo)

C. June Maker | Ketty Sarouphim

Resolver uma ampla variedade de problemas é um aspecto fundamental das IM. A observação de crianças e adultos envolvidos em resolver problemas é a maneira mais valiosa de descobrir suas potencialidades variadas e a expressão de suas capacidades. Na cultura diné (Navajo), o uso de uma avaliação baseada nessa filosofia resultou em uma compreensão maior de como capacidades se expressam em crianças que crescem em um ambiente rural e em uma cultura que valoriza muito as artes visuais. Descrevemos nossas experiências durante essas avaliações, damos exemplos do trabalho das crianças e apresentamos uma análise recente das potencialidades relativas das crianças diné, a partir da perspectiva transcultural.

Quando June Maker entrou pelo corredor da Chinle Boarding School e viu o cartaz escrito "Teste. Não perturbe" na porta da sala de aula onde nossa equipe estava avaliando alunos, ela ficou chocada. "Teste? Ah, não, não dizemos para as crianças que as estamos *testando*! Dizemos que estamos observando enquanto elas trabalham em tarefas de resolução de problemas. Achei que tinha explicado isso a professores e alunos. Por que o cartaz diz 'Teste'?" Dentro da sala de aula, June, Ketty e outros pesquisadores da Universidade do Arizona apresentavam uma série de tarefas às crianças, incluindo resolver quebra-cabeças chineses, contar histórias e também escrever histórias. Ao final do trabalho, várias crianças vieram até June e perguntaram: "Por que você nos testou hoje?". Com cuidado para não usar a palavra *teste*, ela descreveu o que havia feito com seus colegas. "Não, não", disseram as crianças, "Não tem problema. Se você nos *testou* hoje, não poderia voltar amanhã e nos testar de novo?".

Esse não foi um caso isolado em nosso trabalho com as crianças diné. Elas gostaram de resolver todos os problemas que apresentamos e sempre perguntavam quando voltaríamos. Evidentemente, as tarefas de resolução de problemas, criadas como parte da nossa avaliação para identificar talentos diversos, são convidativas, envolventes e desafiadoras. Quando as crianças se motivam para participar de atividades, há mais chances de que deem o melhor de si e de que nós identifiquemos suas verdadeiras capacidades e seu potencial.

O cenário também mostrou a compatibilidade entre a nossa abordagem de avaliação e a crença do povo diné sobre o significado da palavra *teste*. Em sua cultura, testar não significa fazer perguntas a alguém quando já sabemos a resposta. A prática dos pais norte-americanos de pedir para seus filhos dizerem as cores e contarem números, por exemplo, é estranha nesse contexto cultural. Para as crianças diné, testar significa dar algo para a pessoa fazer e observar como ela faz. Ou seja, testar significa observar capacidades de resolução de problemas em situações da vida real.

Neste capítulo, enfocamos a importância da resolução de problemas como o construto que define a inteligência. Mostramos como a definição de Howard Gardner influenciou nossa abordagem para analisar capacidades de resolução de problemas no projeto chamado DISCOVER. Além disso, ilustramos o valor da observação para desenvolver uma compreensão das capacidades das crianças, especialmente de crianças em áreas remotas da terra do povo diné, no norte do Arizona. Acreditamos que essas experiências podem ajudar outras pessoas interessadas em influências culturais e geográficas sobre o uso das inteligências múltiplas (IM).

A NAÇÃO DINÉ: O CONTEXTO GEOGRÁFICO E CULTURAL

O povo diné vive na área designada como nação Navajo, aproximadamente 27 mil milhas quadradas no noroeste do Novo México, nordeste do Arizona e sudeste de Utah. Com base no Tratado de 1868, em normas, decisões judiciais e atos posteriores do congresso, o povo diné vive em uma área separada e tem o direito de se governar, embora resida dentro dos limites territoriais dos Estados Unidos. No ano 2000, aproximadamente 180 mil indivíduos diné viviam na área geográfica limitada pelas Quatro Montanhas Sagradas. Outros 118 mil viviam em cidades e comunidades ao redor da nação Navajo e em outros estados e países. A idade média do povo diné é de 22,5 anos.

A paisagem nas altitudes mais baixas é composta principalmente por arbustos do deserto, enquanto, nas maiores altitudes, são encontrados pinheiros e outras árvores. Perto dos rios e córregos, algodoeiros e outras árvores maiores conseguem sobreviver nesse clima seco. As montanhas e a areia cor de salmão, com faixas de branco, cinza e vermelho escuro proporcionam um contraste nítido ao verde das árvores e dos arbustos. A terra tem uma beleza e uma majestade de tirar o fôlego. Nos últimos anos, as cidades dessa região se tornaram maiores, e mais pessoas estão vivendo perto delas. Por causa da importância da ovinocultura e da agricultura para o povo diné, a maioria das pessoas ainda vive em pequenas comunidades ou em áreas remotas, onde existe menos competição pela água escassa.

Outras famílias diné têm várias casas próximas umas das outras, e pode-se enxergar as gerações nas estruturas – os avós moram na tradicional *hogan*, os pais moram em uma casa ou trailer, e os filhos começam a construir *hogans* modernos, alguns com dois andares, e novos tipos de construção. As crianças nessa cultura são respeitadas e têm muita liberdade para crescer. A responsabilidade dos familiares (avós, pais e irmãos) é identificar os dons naturais da criança e encontrar maneiras de estimular essas sementes para que cresçam e deem frutos. Espera-se que cada indivíduo use seus dons para o bem de todos.

O povo diné tem quatro tipos de escolas: escolas públicas regidas pelo Estado do Arizona; escolas internas ou diurnas financiadas e operadas pelo Bureau of Indian Education (BIE), federal; escolas financiadas pelo BIE, mas operadas localmente, e "escolas da liberdade", administradas por conselhos eleitos localmente (Begay e Maker, 2007). As escolas internas foram as primeiras formas de educação que o governo norte-americano proporcionou, e muitas delas ainda existem, embora sejam muito menos comuns do que no passado. Em nossos projetos, trabalhamos com os três primeiros tipos de escolas. Algumas ficavam em comunidades rurais tradicionais com famílias, língua e cultura relativamente intactas. Outras se localizavam em comunidades situadas nos limites da nação, com muito mais influência de cultura e língua da maioria.

O PROJETO DISCOVER: DEFINIÇÕES DE SUPERDOTAÇÃO E DESENVOLVIMENTO DA AVALIAÇÃO

Financiado com verbas federais e fundos da nação Navajo, o projeto DISCOVER significa "Discovering Intellectual Strengths and Capabilities while Observing Varied Ethnic Responses"*. Conforme diz o nome, o principal propósito do projeto é identificar talentos diversos entre grupos étnicos, particularmente grupos que costumam ser excluídos de programas tradicionais para estudantes talentosos. O principal meio usado no projeto é a observação das respostas étnicas das crianças a tarefas de resolução de problemas.

Definindo superdotação

A teoria das IM foi a inspiração e o arcabouço para a criação da nossa definição de superdotação. Gardner (1983, p. 60-61) define inteligência como "um conjunto de habilidades de resolução de problemas que proporciona que o indivíduo resolva problemas genuínos ou dificuldades que encontrar [...], crie

---

* N. de T.: Descobrindo Potencialidades e Capacidades Intelectuais ao Observar Respostas Étnicas Variadas.

um produto efetivo, e [...] o potencial para descobrir ou criar problemas – estabelecendo assim a base para a aquisição de novo conhecimento". Orientados pela teoria das IM, definimos superdotação como *a capacidade de resolver os problemas mais complexos das maneiras mais eficientes, efetivas ou econômicas*. Segundo essa definição, indivíduos superdotados ou muito competentes também *são capazes de resolver problemas simples de maneiras muito eficientes, efetivas ou econômicas* (Maker, 1993, p. 70). Mais adiante, acrescentamos a palavra *elegantes* à definição, pois, quando trabalhamos com crianças diné, muitas vezes nos encontramos dizendo: "Isso é simples, mas *elegante*!".

Desenvolvendo um instrumento de avaliação

Equipados com uma definição clara de superdotação, os pesquisadores do projeto DISCOVER deram início a uma série de esforços para desenvolver formas de avaliação que nos ajudariam a identificar expressões étnicas variadas de potencialidades e capacidades intelectuais. No primeiro estudo, com falantes de espanhol bilíngues e falantes apenas de inglês, Maker e Schiever estudaram indivíduos identificados como altamente competentes no uso de inteligências específicas, pediram para eles resolverem uma série de problemas variando de estruturados a abertos, observaram enquanto resolviam problemas cada vez mais abertos, fizeram entrevistas sobre seus processos de resolução de problemas e, finalmente, analisaram videoteipes com o seu trabalho (Maker, 1993; Maker e Schiever, 2005). O *continuum* de tipos de problemas, uma modificação do trabalho do estudioso da criatividade Mihalyi Csikszentmihalyi (Getzels e Csikszentmihalyi, 1967, 1976), ajudou a evocar diversas competências de resolução de problemas. Usando esse instrumento, observamos que os participantes, aqueles considerados muito competentes e os considerados competentes, apresentavam as capacidades básicas citadas por Gardner em sua descrição das IM (Gardner, 1983), mas em graus variados ou em níveis diferentes. Esse estudo serviu como validação para a nossa visão de que as IM podem ser observadas durante o processo de resolução de problemas.

Na próxima série de estudos, usando a mesma estratégia geral de apresentar problemas e observar os comportamentos dos indivíduos que os resolvem, nossa equipe trabalhou com crianças e adultos de uma variedade de culturas. Ao final de cada série de atividades que apresentamos às crianças, solicitou-se que cada observador indicasse a criança ou as crianças que eram "efetivos, eficientes, elegantes ou econômicos" na resolução de problemas, e descrevesse o que essas crianças fizeram ou disseram que levou a tal conclusão. Se alguém usasse um termo como *muito motivado*, pedia-se que descrevesse comportamentos observáveis. Por exemplo, frases como "segue até terminar", "trabalha continuamente" e "não quer parar quando o tempo acaba" são comportamentos observáveis que levam a crer que alguém está "muito motivado". Registramos apenas os comportamentos observáveis. Depois que observamos mais de 5 mil crianças de várias culturas, e não foram listados novos comportamentos, categorizamos e classificamos segundo as inteligências e se eram características ou produtos do processo de resolução de problemas. Foram realizados estudos de fidedignidade e validade dessa avaliação, e a avaliação é aceita em vários estados e países como um meio válido de avaliar capacidades e de alocar as crianças em programas para indivíduos superdotados. Essa avaliação tem vários aspectos singulares:

- A avaliação compreende um conjunto de atividades envolventes e adequadas ao desenvolvimento da pré-escola ao ensino médio. As atividades são especificadas para quatro níveis: pré-escola à 2ª série, 3ª à 5ª série, 6ª à 8ª série, e 1ª ao 3ª ano.
- As atividades são projetadas para que resultem imparciais com as inteligências. Em vez de exigir uma resposta verbal a todas as questões, os observadores apresentam tarefas e usam materiais adequados à inteligência específica que está sendo avaliada.
- Durante o processo de avaliação, as crianças usam dois tipos de conhecimento: o conhecimento primário, derivado de experiências, e o conhecimento secundário, resultado da aprendizagem em contextos acadêmicos (Gardner, 1992).
- As tarefas de avaliação ultrapassam naturalmente as questões fechadas com respostas certas e métodos corretos, nos quais o problema deve ser definido e as soluções são determinadas completamente pelo indivíduo que resolve o problema.
- A avaliação ocorre em grupos pequenos em salas de aula regulares, ambientes mais autênticos para a aprendizagem das crianças e, portanto, com maiores probabilidades de revelar as suas verdadeiras capacidades intelectuais. Os estudantes que trabalham nesses grupos pequenos são estimulados a interagir, observando-se suas potencialidades interpessoais.
- A avaliação compreende procedimentos e instruções padronizados, bem como uma lista de comportamentos a observar. Os observadores registram os comportamentos de cada criança para designar o nível de resolução "efetiva, eficiente, elegante ou econômica" de problemas. Por exemplo, a designação de "muito motivado" seria sugerida por comportamentos observados como "segue até terminar", "trabalha continuamente" e "não quer parar quando o tempo acaba".

Nesse ponto, a avaliação da resolução de problemas do projeto DISCOVER no nível fundamental compreende o seguinte conjunto de atividades:

- Tarefas para avaliar capacidades artísticas espaciais, envolvendo as crianças na construção de uma variedade de objetos, animais e cenas usando pedaços de papelão colorido e conectores de plástico preto.

- Tarefas para avaliar capacidades analíticas espaciais, convidando as crianças a fazer formas geométricas e resolver problemas de dificuldade crescente usando quebra-cabeças chineses.
- Tarefas com foco em capacidades linguísticas – proporcionando oportunidades para as crianças falarem sobre os brinquedos que receberam e contar uma história sobre algum ou todos eles.
- Uma folha com problemas de matemática, que variam de problemas com uma resposta correta a problemas com um número ilimitado de respostas adequadas.
- Uma tarefa aberta de escrita, na qual as crianças escrevem sobre qualquer tema e no formato que decidirem.

A identificação de um conjunto de comportamentos de resolução de problemas corresponde às capacidades básicas que Gardner (1983) identificou para as inteligências linguística, espacial, lógico-matemática, interpessoal e intrapessoal. Também lembram traços encontrados na literatura da criatividade (por exemplo, fluência, flexibilidade, elaboração e originalidade) e na pesquisa sobre indivíduos eminentes (por exemplo, o comprometimento com a tarefa) (Amabile, 1996; Charles e Runco, 2000; Renzulli, 1978; Simonton, 2000; Torrance, 1972, 1981; Weisberg, 2006; Zuckerman, 1977). (Ver Maker, 1994, 1996, 2005; Rogers, 1998, para mais informações sobre esses comportamentos e sobre como fazem parte da avaliação. Ver Maker, 2005; Sarouphim, 2000, 2001, 2002, 2004, para informações sobre a validade dessa avaliação.)

RELAÇÕES ENTRE AS INTELIGÊNCIAS

Os resultados de nossa pesquisa sobre as relações entre as inteligências com o uso da avaliação DISCOVER corroboram a teoria das IM. Observamos que, de modo geral, as correlações entre diversas atividades são baixas, variando de 0,00 entre atividades artísticas espaciais e atividades de matemática na 2ª série a 0,29 entre atividades analíticas espaciais e atividades linguísticas escritas do ensino médio (Sarouphim, 2000, 2002, 2004). As correlações entre escores em atividades que avaliavam as mesmas inteligências foram baixas a moderadas, variando de 0,02 entre atividades espaciais artísticas e espaciais analíticas na 5ª série a 0,52 entre atividades espaciais analíticas e matemática na 4ª série. De maneira interessante, as correlações entre atividades linguísticas orais e escritas foram baixas a moderadas, aumentando de 0,29 na pré-escola a 0,43 na 4ª série, e diminuindo para 0,25 na 6ª à 8ª série e 0,28 no ensino médio série. Esses resultados e os estudos de caso de crianças diné que observamos da 2ª série ao início do ensino médio indicam que interações e relações entre as inteligências podem ser altamente individuais e se desenvolver com o tempo ou mudar como resultado da escolarização. A maioria das crianças, por exemplo, apresentou perfis semelhantes ao de Crystal, com uma ou duas inteligências dominantes. Quando usamos a avaliação DISCOVER, 26% apresentaram o maior nível de capacidades em uma atividade, enquanto apenas 14% tiveram esse nível em duas atividades. Crianças como Alex foram raras; apenas 0,3% das crianças em nossas amostras apresentaram o perfil mais alto de desempenho em todas as cinco atividades (trata-se Crystal e Alex na próxima seção).

ESTUDOS DE CASO: A IMPORTÂNCIA DA OBSERVAÇÃO

Para tornar os dados estatísticos mais acessíveis, proporcionamos dois exemplos para ilustrar perfis intelectuais variados entre crianças diné. Escolhemos crianças que observamos todos os anos por nove anos e com quem tínhamos trabalhado intimamente em classes e programas especiais. No primeiro caso, Crystal revela sua forte tendência de trabalhar com uma inteligência dominante. No segundo caso, Alex combina inteligências diferentes e parece ser igualmente proficiente em todas elas.

Crystal

Crystal é exemplar no uso de sua forte inteligência interpessoal para lidar com o mundo ao seu redor. Um dia, quando June estava avaliando um grupo de alunos, Crystal perguntou: "Onde você dormiu na noite passada?", "Você gosta de sorvete?", "Você gosta de chocolate?", "Onde você mora?", "Quantos anos você tem?", "Você é casada?", "Você tem filhos?". Ao final dessa série de indagações, as outras crianças disseram que ela não devia fazer essas perguntas. Crystal respondeu com um sorriso: "Ela respondeu, não foi?".

Outro dia, Crystal pediu o endereço de June, para que pudesse escrever a ela. June deu o endereço, sem esperar nada dela, pois já tinha dado seu endereço a muitas crianças antes. Uma semana depois de ter voltado para casa, June recebeu uma carta maravilhosa de Crystal, contando como sentia saudade dela e que adoraria se June viesse morar em Rock Point. Mais adiante naquela semana, June estava contando à sua colega Ketty sobre a maravilhosa carta de Crystal, e Ketty mostrou a sua carta que também havia recebido de Crystal! Crystal andava ocupada escrevendo para todos os observadores. Anos depois, quando June foi às cerimônias de graduação do grupo de estudantes que havia acompanhado, encontrou Crystal, que disse: "Guardei todas as suas cartas para mim". Crystal guardara as cartas porque os relacionamentos pessoais são a essência da sua vida.

O grande interesse de Crystal por relacionamentos pessoais ficou evidente no processo de avaliação do projeto DISCOVER. Nas atividades espaciais artísticas, as crianças deviam construir uma variedade de objetos. Crystal fez pessoas, e apenas pessoas – pessoas com personalidades diferentes, pessoas de diferentes culturas e faixas etárias, e pessoas com diferentes tipos de relacionamentos entre si. Em uma avaliação, ela convenceu todos os alunos de seu grupo a fazer "exercícios de gente", e o grupo se divertiu muito com aquilo. Várias vezes, ela se concentrava tanto em incentivar e ajudar os outros durante a atividade com os quebra-cabeças chineses que não terminava suas próprias tarefas. As histórias que ela contava eram sobre pessoas. Suas visões sobre suas personalidades e motivações ficavam muito além das que se poderiam esperar para uma criança da idade dela. Crystal até escrevia problemas pessoais para os exercícios de matemática. As pessoas – seus relacionamentos, suas necessidades, suas histórias e seus estados emocionais – coloriam o seu modo de aprender e de entender o mundo.

Alex

Ao contrário de Crystal, o caso de Alex representa estudantes que parecem trabalhar com todas as inteligências – pelo menos aquelas que estávamos avaliando – com igual facilidade. Quando pequeno, ele fazia produtos complexos durante a avaliação da habilidade espacial artística, consistindo muitas vezes de 30 a 40 peças, em comparação com as construções de 3 e 4 peças que são típicas dessa idade. Ele fazia os quebra-cabeças chineses com facilidade, completando a página de desafios (entregue àqueles que terminavam o livro de quebra-cabeças antes do tempo acabar) antes que a maioria chegasse à quinta página do livro (de seis). Quando estava no ensino médio, criamos duas páginas extras com desafios para garantir que estávamos avaliando os níveis mais elevados de capacidade desses alunos inteligentes. Para Alex, tivemos que desenvolver uma terceira página de improviso, pois ele havia concluído todos os jogos, faltando ainda 10 minutos.

Na área de língua e alfabetização, Alex também se sobressaía. Com o passar dos anos, criou uma variedade de produtos escritos: poesia, contos, autobiografias, narrativas descritivas e fantasia. Seu vocabulário era amplo e seus enredos eram complexos, mas claros. Sua imaginação era rica, e seu humor, contagioso.

Suas capacidades lógico-matemáticas se revelaram quando criou um programa de computador que dizia o nome da bibliotecária. Uma noite, a bibliotecária que estava trabalhando no centro de mídia ouviu uma voz chamando: "Kyla", "Kyla", "Kyla". Por dias, ela procurou por toda a biblioteca para encontrar a criança que chamava seu nome. Depois de uma longa busca, finalmente entendeu que o som estava vindo de um dos computadores, e não de uma criança de verdade. Ela achou que soava como a voz de Alex. Quando lhe perguntaram, ele admitiu que havia feito aquilo e explicou como.

A principal questão nessas histórias é enfatizar a importância da observação – observação com uma mente aberta e respeito por quem e o que se está observando. Nós, educadores, devemos constantemente limpar as lentes das nossas percepções para que possamos enxergar claramente aquilo que o outro está nos dizendo, e não o que queremos ver com base em nossas crenças e valores. O que aprendemos com essas crianças não poderia ter sido aprendido se as tivéssemos abordado com uma opinião fixa sobre o que é a inteligência ou sobre como as várias inteligências *devem* se expressar.

EXPRESSÃO E NÍVEL DE COMPETÊNCIA INTELECTUAL: O EFEITO DO CONTEXTO CULTURAL E GEOGRÁFICO

Depois que expandimos o uso da avaliação DISCOVER para outras culturas nos Estados Unidos e em outros países, comparamos o desempenho de estudantes em cada atividade com os estudantes diné que conhecíamos tão bem. Especificamente, analisamos os resultados da avaliação DISCOVER para 941 alunos da pré-escola à 5ª série de seis grupos étnicos (Sarouphim e Maker, 2008): brancos (14,7%), afro-americanos (13,9%), hispânicos (9,9%), nativos americanos (12,9%), habitantes do Pacífico Sul e das ilhas do Pacífico (12,8%), e árabes do Líbano e do Bahrein (35,9%). Usando uma MANOVA 5 x 6 (atividade x etnia), encontramos uma interação significativa para a etnia por atividade (F[5.793], = 6,98, p = 0,03), com um tamanho de efeito moderado de 0,24. O resultado particularmente relevante é que os diagramas da interação revelaram que os nativos americanos apresentaram escores significativamente mais altos do que os outros grupos em atividade artística espacial. Não foi encontrado efeito para atividade (F[5.793], = 1,21, p = 0,215) ou etnia (F[25.3965], = 4,98, p = 0,03).

De que maneira isso está associado com o contexto cultural e geográfico? Muitos que conhecem grupos de nativos americanos em geral reconhecerão o elevado valor que a maioria dessas culturas coloca na expressão artística. A tapeçaria, ourivesaria, cestaria e outras formas de artesanato há muito são fonte de renda e expressão artística na cultura indígena norte-americana. Talvez menos conhecido seja o uso da pintura simbólica com areia em cerimônias de cura e bênção dos diné. Em conexão com essas pinturas, o líder espiritual costura uma complexa cerimônia conectando canções, orações e ervas com sons, aromas e imagens do mundo natural, para produzir um "estado mental protetor, pacífico e otimista", pelo qual o indivíduo e sua família podem "superar problemas de saúde física, emocional e psicológica" (Begay e Maker, 2007, p. 143). Esse foco constante no todo e na conexão, segundo acreditamos, é a essência da inteligência espacial – a capacidade de enxergar ou criar uma imagem ampla ou símbolos conectados, que mostram as relações entre elementos aparentemente díspares.

Além do contexto cultural, outro fator a considerar é como o ambiente influencia o desenvolvimento das inteligências. Nesta vasta área geográfica, com poucas estradas pavimentadas, é impossível encontrar um nome ou número em uma via, com exceção das principais autoestradas. Para indivíduos que crescem na cidade, onde qualquer um encontra o caminho lendo placas na rua, esse ambiente realmente pode ser confuso. Contudo, para aqueles que crescem, o uso de imagens e um profundo conhecimento dos pontos cardeais torna a tarefa simples. Estamos acostumados a nos dizerem para ir até a pedra que parece uma mão e virar para o norte, ou subir duas colinas e, depois da segunda, virar para o sul. Uma experiência memorável para meus assistentes de pós-graduação foi quando se perderam e pediram ajuda a um idoso. O senhor se ofereceu para lhes desenhar um mapa. No mapa, ele desenhou os calombos da estrada, os buracos que deviam evitar e as principais formações rochosas que encontrariam se seguissem suas instruções. Meus assistentes encontraram o caminho e, no processo, aprenderam uma importante lição sobre diferenças culturais e ambientais.

O contexto geográfico também influencia o desenvolvimento de inteligências em crianças diné. Lembremos que, na parte espacial artística da avaliação DISCOVER, as tarefas variam de estruturadas a abertas. Durante a parte mais estruturada da atividade, mostramos imagens e pedimos para os alunos usarem pedaços de papelão colorido para fazer o que estava nas imagens. Na atividade aberta, os alunos poderiam "fazer qualquer coisa que quisessem". As crianças diné jamais disseram "não sei o que fazer". Observamos que a maioria delas relutava a parar de criar e passar a outra atividade. Todavia, em outros grupos étnicos que observamos, algumas crianças faziam as mesmas coisas que tinham feito nas atividades estruturadas ou simplesmente não faziam nada.

Uma das experiências mais memoráveis de June foi assistir a uma garota do início do ensino médio trabalhando com os quebra-cabeças chineses durante a avaliação analítica espacial. Primeiramente, a garota colocou todos os grandes pedaços onde se encaixariam no quebra-cabeça e depois colocou todos os paralelogramos. Depois dos paralelogramos, usou os quadrados, os triângulos médios e, finalmente, os triângulos pequenos. Embora trabalhasse com todas as seis páginas de jogos ao mesmo tempo, jamais trocou uma peça ou reorganizou o jogo. Todos foram colocados corretamente na primeira tentativa, e ela resolveu os quebra-cabeças mais rápido que qualquer um no grupo. Depois que a atividade terminou, June pediu à menina que refletisse sobre como havia montado os quebra-cabeças. Esta foi a estratégia básica que a garota usou: encontrar lugares para as peças mais difíceis primeiro e deixar as peças mais versáteis para terminar os quebra-cabeças. Ao invés de trabalhar separadamente com cada jogo, a garota trabalhou com todos ao mesmo tempo.

Essa tendência de trabalhar de maneira holística também influencia o desempenho das crianças diné em atividades para avaliar outras inteligências. Um exemplo pode ser visto a partir dos resultados da avaliação linguística do projeto DISCOVER. Na parte oral da avaliação, cada criança recebe um saco com diferentes tipos de brinquedos, mas das mesmas categorias (pessoas, animais, veículos, objetos). As crianças devem contar uma história sobre os brinquedos do saco. Na avaliação linguística escrita, as crianças devem escrever sobre algo que desejarem e da maneira que quiserem. Ambas são avaliações holísticas, ao invés de baterias de questões sobre palavras isoladas do vocabulário.

Muitas crianças diné que não obtiveram bons reultados nas partes de leitura e língua dos testes de desempenho tiveram avaliações elevadas nas avaliações linguísticas do projeto DISCOVER. Exemplo dramático é o de uma garota da 3ª série, Melissa. Seu escore verbal no Developing Cognitive Abilities Test ficou no 9º percentual, e seus escores no Iowa Test of Basic Skills, no 11º percentual em vocabulário e no 1º percentual em língua. Quando lhe disseram que poderia escrever o que quisesse no processo de avaliação DISCOVER, a menina produziu o seguinte poema:

> Meus olhos de outono assistem
> Fantasias assustadoras correndo pela noite de Halloween
> Fantasmas brancos dançando ao redor da minha casa
> Abóbora laranja aninhada na janela
> Bruxas negras voando pela lua cheia
> Folhas vermelhas e douradas caindo suavemente da árvore.

De maneira clara, a cultura e o ambiente têm efeitos amplos no desenvolvimento e na expressão das inteligências. A avaliação DISCOVER abordou essas diversas expressões intelectuais por meio da observação de crianças em tarefas de resolução de problemas. A identificação de potencialidades intelectuais culturalmente sensíveis ajuda a preparar o caminho para uma educação que responda mais às diferentes culturas.

CONCLUSÃO

O tema central deste capítulo é a observação. São revisados dois tipos de observação: as crianças observam para aprender e os adultos observam para aprender. Uma das razões por que as crianças diné e crianças de muitas outras culturas indígenas são negligenciadas nas salas de aula é que, na sua cultura, são ensinadas desde muito cedo a aprender pela observação. São ensinadas a observar cuidadosamente e a não interromper com questões. Esse tipo de comportamento não é compreendido ou valorizado na sociedade ocidental vigente, na qual as crianças superdotadas são descritas como verbalmente precoces: elas respondem questões com rapidez, elaboram as ideias com riqueza e detalhe e, mais importante, fazem muitas perguntas. As crianças nativas e as crianças de outras culturas com um elevado grau de inteligência espacial são ótimas observadoras, e grande parte da sua aprendizagem ocorre por meio dessa inteligência. Suas capacidades e preferências devem ser mais respeitadas em nossos programas acadêmicos de orientação verbal.

Paralela à necessidade de entender melhor o uso da observação na aprendizagem pelas crianças diné, existe a necessidade de aumentar a nossa própria percepção da importância da observação e de afiar a nossa capacidade de observar. Para certos educadores e psicólogos, assistir a uma criança cuidadosamente na sala de aula, em vez de organizar e coordenar suas atividades constantemente, pode nos ajudar a enxergar o padrão de comportamento das crianças. Assistir a um par interagindo pode nos dar pistas valiosas sobre como é possível auxiliar essas crianças a construir suas habilidades sociais. Ler a história de uma criança, sem uma caneta vermelha na mão e um olho crítico em busca de erros, pode levar a *insights* importantes e surpresas interessantes. A essência da avaliação é a observação – observação com respeito, abertura e desejo de aprender.

Referências

Amabile, T. M. (1996). *Creativity in context: Update to the social psychology of creativity*. Boulder, CO: Westview Press.

Begay, H., & Maker, C. J. (2007). When geniuses fail... Na-Dene (Navajo) conception of giftedness in the eyes of the holy deities. In S. N. Phillipson & M. McCann (Eds.), *Conceptions of giftedness: Socio-cultural perspectives* (pp. 127-168). Mahwah, NJ: Erlbaum.

Charles, R. E., & Runco, M. A. (2000). Developmental trends in the evaluative and divergent thinking of children. *Creativity Research Journal*, 13, 417-437.

Gardner, H. (1983). *Frames of mind: The theory of multiple intelligences*. New York: Basic Books. *Estruturas da mente*: a teoria das inteligências múltiplas. Porto Alegre: Artmed, 1994.

Gardner, H. (1992). Assessment in context: The alternative to standardized testing. In B. Gifford & M. O'Connor (Eds.), *Changing assessments: Alternative views of aptitude, achievement, and instruction* (pp. 77-120). Norwell, MA: KluWer.

Getzels, J., & Csikszentmihalyi, M. (1967). Scientific creativity. *Science Journal*, 3(9), 80-84.

Getzels, J., & Csikszentmihalyi, M. (1976). *The creative vision: A longitudinal study of problem finding in art*. Hoboken, NJ: Wiley.

Maker, C. J. (1993). Creativity, intelligence, and problem-solving: A definition and design for cross-cultural research and measurement related to giftedness. *Gifted Education International*, 9, 68-77.

Maker, C. J. (1994). Authentic assessment of problem solving and giftedness in secondary school students. *Journal of Secondary Gifted Education*, 6(1), 19-26.

Maker, C. J. (1996). Identification of gifted minority students: A national problem, needed changes and a promising solution. *Gifted Child Quarterly*, 40(1), 41-50.

Maker, C. J. (2005). *The DISCOVER Project: Improving assessment and curriculum for diverse gifted learners.* Storrs, CT. National Research Center on the Gifted and Talented.

Maker, C. J., & Schiever, S. W. (2005). *Teaching models in education of the gifted* (3rd ed.). Austin, TX: Pro-Ed.

Renzulli, J. S. (1978). What makes giftedness? Re-examining a definition. *Phi Delta Kappan,* 60, 180-184, 261.

Rogers, J. A. (1998). Refocusing the lens: Using observation to assess and identify gifted learners. *Gifted Education International,* 12(3), 129-144.

Sarouphim, K. M. (2000). Internal structure of DISCOVER: A performance-based assessment. *Journal for the Education of the Gifted,* 3, 314-327.

Sarouphim, K. M. (2001). DISCOVER: Concurrent validity, gender differences, and identification of minority students. *Gifted Child Quarterly,* 45, 130-138.

Sarouphim, K. M. (2002). DISCOVER in high school: Identifying gifted Hispanic and Native American students. *Journal of Secondary Gifted Education,* 14, 30-38.

Sarouphim, K. M. (2004). DISCOVER in middle school: Identifying gifted minority students. *Journal of Secondary Gifted Education,* 10, 61-69.

Sarouphim, K. M., & Maker, C. J. (2008). *Ethnic and Gender Differences in the Use of DISCOVER.* Manuscript in preparation.

Simonton, D. K. (2000). Creativity: Cognitive, personal, developmental and social aspects. *American Psychologist,* 55(1), 151-158.

Torrance, E. P. (1972). Predictive validity of the Torrance Tests of Creative Thinking. *Journal of Creative Behavior,* 6(4), 236-252, 272.

Torrance, E. P. (1981). Empirical validation of criterion-referenced indicators of creative ability through a longitudinal study. *Creative Child and Adult Quarterly,* 6, 136-140.

Weisberg, R. W. (2006). *Creativity: Understanding innovation in problem solving, science, invention and the arts.* Hoboken, NJ: Wiley.

Zuckerman, H. (1977). *Scientific elite: Noble laureates in the United States.* New York: Free Press.

HOWARD GARDNER
SCHOOL FOR DISCOVERY

VINCENT RIZZO

A HGSD adotou a teoria das IM como princípio fundador. Como escola-laboratório, a HGSD opta por se concentrar na prática. O impacto das IM sobre como e o que ensinamos é parte integrante de nosso programa. Neste capítulo, explico como é a teoria na prática e como os estudantes de uma escola são beneficiados por seu uso. Especificamente, trato de nossa tentativa de incorporar as IM de forma contínua em nosso trabalho. A equipe da escola adotou um modelo de aprendizado que auxilia a esclarecer nossas próprias bases teóricas para formulação de currículos, aprendizagem por projetos, avaliação autêntica e uso de meios mais tradicionais de medição do desempenho dos alunos. Por fim, demonstro a viabilidade da prática inspirada nas IM para todas as escolas, bem como seu potencial para a reforma escolar.

A Howard Gardner School for Discovery (HGSD) foi fundada em 2005, tendo sido convertida, a partir de uma antiga escola-laboratório no departamento de educação da Universidade de Scranton, na única escola privada independente, não associada a uma denominação religiosa, de Scranton, Pensilvânia. A Gardner School é a única de apenas duas escolas-laboratório participantes da International Association of Laboratory and University Affiliated Schools que não está filiada a universidades. As escolas-laboratório são escolas de formação para novos professores. O que faz com que a escola se destaque ainda mais como escola-laboratório é nossa organização em torno da teoria das inteligências múltiplas (IM). A influência das IM é mais sistemática do que óbvia. Há poucos sinais explícitos das IM em suas áreas comuns. Apenas uma pequena estante de livros no corredor do lado de fora do gabinete da direção tem uma compilação de textos sobre IM e outros títulos de Gardner.

Escolhemos a teoria das IM por duas razões. Em primeiro lugar, ela afirma o que os educadores observam e acreditam sobre as crianças: todas as crianças podem aprender e o fazem. Gardner (1991, p. 52) faz alusão a como até mesmo as crianças muito pequenas conseguem entender fenômenos complexos quando lhes são apresentados de forma acessível: "No domínio cognitivo, há formas de entender que tem um sabor abstrato diferenciado e que a criança parece pré-programada para apreciar. A compreensão de relações causais, a natureza e os elementos constituintes dos objetos e o mundo dos números podem todos ser evocados nos primeiros anos de vida".

A teoria das IM afeta não apenas o que e como fazemos as coisas, ela também nos faz questionar por que e se essas práticas vão no sentido do melhor interesse dos alunos. Em segundo lugar, organizar a prática de sala de aula em torno da teoria das IM oferece uma visão muito mais esperançosa das capacidades dos alunos de demonstrar seu domínio do tema. Gardner (1991, p. 143) apresentou um desafio: "Muito do que descobrimos em relação aos princípios da aprendizagem e do desenvolvimento humanos entra em franco conflito com as práticas comuns nas escolas". As escolas tendem a oferecer conteúdos que não desafiam e provas para medir a compreensão. Ao identificar as inteligências diferenciadas que as crianças possuem, a avaliação segundo as IM vai além daquilo que se aprende ou de como se aprende, para incluir as muitas formas por meio das quais as crianças podem demonstrar sua compreensão segundo seus perfis individuais de inteligência.

Na Gardner School, baseamos nossas decisões educacionais nos conceitos de autenticidade e relevância. O primeiro trata de como cada criança é um indivíduo com um perfil específico de inteligências e interesses. Para ser autêntica, a avaliação deve se basear na inteligência real sem canalizá-la através de outras capacidades. Ou seja, a avaliação da inteligência corporal-cinestésica é menos autêntica se feita por meio de um teste escrito. Deve-se permitir que as crianças demonstrem sua compreensão do conteúdo de maneira adequada a seus perfis.

A relevância trata de como cada criança reage a diferentes oportunidades em seu ambiente, e alguns elementos contextuais são percebidos como mais importantes do que outros. Refere-se ao questionamento que uma criança faz sobre por que a lição ou o tema lhe importa. Se não formos capazes de responder satisfatoriamente a essa pergunta, o esforço pode se perder. Em *A Different Kind of Classroom: Teaching with Dimensions of Learning* (1992), Robert Marzano observa que uma característica fundamental quando se quer que o trabalho na escola tenha sentido para os alunos é até onde eles são capazes de dirigir e construir as tarefas em questão. A aplicação de habilidades ou conhecimento aborda essa preocupação: o tema é relevante à medida que a criança sente que pode usá-lo.

Quanto mais as escolas conseguirem evocar de forma autêntica a individualidade dos alunos e reproduzir o tipo de produto ou solução de problema relevante que é necessário para aplicação no mundo real, mais bem preparado estará o aluno quando se lhe pedir que responda dentro de seu campo vocacional de escolha. Marzano (1992, p. 124) faz uma afirmação similar: "Essas tarefas requerem que os alunos usem seu conhecimento para chegar a objetivos semelhantes ou para aplicar conhecimento ao responder a perguntas específicas. Sua ênfase não está em aprender por aprender, e sim em aprender como subproduto de tentar realizar algo, de tentar responder a perguntas que são comuns às preocupações humanas. Esse é sempre o tipo de aprendizado mais poderoso".

As escolas não são isoladas, e sim parte de comunidades e sociedades mais amplas (Gardner, 1991). São um microcosmo de sua sociedade na forma como avaliam o trabalho escolar. Nelas, professores e pais atribuem valor ao trabalho de um aluno, e essas avaliações são precursoras dos campos profissional e vocacional, dentre outros existentes na sociedade. Depois que os estudantes se forem e, portanto, tornarem-se profissionais, seu trabalho será julgado por especialistas e outros profissionais do campo que escolherem. A autenticidade e a relevância na escola constroem autoconfiança nos aprendentes, que podem confiar que suas soluções funcionarão em aplicações do mundo real.

Neste capítulo, descrevo como a Gardner School concretiza essas noções de autenticidade por meio da individualidade, do aprendizado com mestres, de projetos e avaliações que confiam que os aprendentes lidarão com seu mundo de formas significativas e produtivas.

INDIVIDUALIDADE

> *Molly Perry, uma aluna da 8ª série na Gardner School, escreve: "A maior diferença entre a Gardner School e outras que eu frequentei é o movimento. Há transformação constante. [...] Quando a gente termina o trabalho, sempre há alguma outra coisa para fazer. A comunicação também é importante. Os professores conhecem as suas qualidades e as suas limitações, do que você gosta e do que não gosta. Eles conhecem você. Quando eu fui da minha outra escola para a Gardner School, foi como a sensação de sair de uma piscina. No início, foi um choque, por causa da mudança de temperatura. Depois, quando a gente se acostuma, a gente se lembra de como é fácil caminhar e respirar."*

Enquanto muitas escolas particulares têm uma população de elite, de classe alta ou média, a Gardner School é decididamente de classe média. Dessa forma, a escola está muito mais próxima, em termos de sua constituição demográfica, de escolas públicas, como a Key Learning Community, de Indianápolis, do que da maioria das escolas particulares independentes. Como escola-laboratório de formação de professores, é importante que nosso perfil de estudantes reflita de perto a comunidade a que servimos. Scranton foi colonizada por imigrantes do sul e do leste da Europa, e mais tarde por famílias de origem hispânica ou latino-americana. As escolas historicamente foram importantes para que as crianças prosperassem social ou profissionalmente, e continuam a ser um importante recurso da comunidade para atrair novas famílias e empresas.

A Gardner School é mais diversificada do que a maioria das outras escolas em nossa área, com aproximadamente 15% de alunos de grupos minoritários e nascidos no exterior. A escola subsidia as matrículas de cerca de um terço de seus alunos. Contudo a Gardner School vai além da diversidade em sala de aula e étnica: também trabalhamos com uma diversidade de capacidades. A escola admite alunos com autismo, transtorno de déficit de atenção e hiperatividade e proficiência limitada em língua inglesa. Nossas salas de aula inspiradas na teoria das IM, junto com turmas pequenas e assistentes adultos, funcionam melhor para todos os alunos.

Muitas escolas se identificam como "voltadas à criança" e exaltam as virtudes de se trabalhar com as crianças como indivíduos e desenvolver habilidades únicas que possam ter. Mesmo assim, poucas adaptam seu modelo de currículo e avaliação para refletir a singularidade de cada criança e sua perspectiva de mundo. Em vez disso, as crianças recebem um currículo geral para seguir e devem adaptar suas habilidades. A avaliação costuma ser a padronizada para inteligências lógico-matemáticas, quando as escolas generalizam "inteligência". Em contraste, a Gardner School leva a sério a individualidade.

A declaração de Molly no início desta seção sugere que os alunos que passam a um ambiente de IM terão uma surpresa prazerosa. Nossas salas de aula, à primeira vista, parecem muito diferentes das tradicionais. As contribuições individuais de alunos são visíveis em toda parte. Os trabalhos cobrem as paredes e os corredores. Há montanhas russas voadoras, feitas com blocos K'nex (ver http://www.knex.com/Thrill_Rides, http://www.knex.com/Thrill_Rides/) ao lado de formas geométricas coladas com *marshmallows* secos. Nas paredes, há pinturas e desenhos de roupas feitos por alunos de 3ª ou 4ª séries para ser vendidos em uma loja da escola, do tipo Walmart. Os visitantes não encontrarão uma sala dominada por mesas até que cheguem à sala de 7ª e 8ª séries, que funciona no porão. Cadeiras, mesas e amplos espaços de chão livre compõem a maior parte das áreas de ensino nas salas de aula. Os tapetes tem manchas de tinta e outros meios de aprendizagem que as crianças usam para construir, desenhar e montar suas exposições do que aprenderam no dia.

Na Gardner School, os estudantes entendem que seu papel é bastante diferente do que em outras escolas. As crianças são organizadas em um ambiente multietário, começando com creche e pré-escola. Há movimento e conversação consideráveis durante o dia. Algumas crianças estudam em pequenos grupos, enquanto outras podem trabalhar sozinhas ou ouvir o professor falar sobre a lição do dia. As crianças caminham e conversam livremente enquanto realizam o trabalho do dia na escola. As interações entre elas e os adultos soam mais como conversas do que como atividades didáticas e às vezes mostram como ambos estão aprendendo. Um observador poderia concluir que os alunos parecem muito envolvidos em sua educação – e esse é o nosso objetivo.

APRENDIZADOS COM MENTORES

> *Todas as quintas-feiras, Harold entra na escola levando uma bolsa velha e surrada. Com quase 90 anos, é especialista em economia e negocia diariamente no mercado de ações. Hoje, dará aulas a alunos de 3^a e 4ª séries sobre a volatilidade do mercado de ações. Harold atua como "mestre". Os alunos têm aprendido com ele e com outros voluntários desde que a Gardner School foi inaugurada.*

A escola adotou esse tipo de aprendizado com mentores com base na descrição de Gardner em *The Unschooled Mind* (1991), como estrutura para o processo de aprendizagem. Os aprendizados tornam centrais as inteligências interpessoais e intrapessoais ao enfatizar como aprendemos uns com os outros. Gardner (1983) estipula a importância desses aprendizados porque juntam iniciantes com profissionais experientes. Os primeiros não apenas ganham experiência didática, mas também conseguem observar os profissionais em ação, testar suas próprias habilidades que estão crescendo embasadas pelo profissional e ter uma sensação de situações reais autênticas e relevantes. As crianças aprendem com "mestres" da comunidade. Professores, pais, estudantes universitários, treinadores, moderadores e especialistas de Scranton vão à escola para orientar as crianças.

Harold, apresentado na história de abertura desta parte, orienta alunos de 3^a e 4ª séries que dirigem uma loja estudantil. Eles são responsáveis por comprar, planejar, dar preço e vender lápis, canetas e pequenos brinquedos em nossa comunidade escolar. Outros alunos administram uma empresa de festas de aniversário direcionada aos pais, que trazem lanches nas festas de seus filhos. A empresa *Birthday Blast,* de seis pessoas, surpreende as crianças que estão de aniversário com lanches, música, confete e serpentina por um período de três minutos. Depois de limpar o confete e a serpentina, os festeiros voltam à aula.

Um empreendimento novo é nossa empresa de molduras e exposições de alta qualidade *Upper Class.* Alunos de todas as séries apresentam itens de seus portfólios que julgam merecer exposição nas paredes e nos gabinetes de nossa escola. Sob orientação do proprietário de uma empresa local de molduras, os alunos de 5^a e 6ª séries criticam os trabalhos apresentados, escolhem um formato de expositor, depois emolduram e penduram cada trabalho selecionado. Todos os trabalhos ficam expostos por, pelo menos, um mês. Os pais são convidados a visitar nossa galeria em noites específicas durante o ano.

Embora não esteja mais associada a uma universidade, a Gardner School ainda serve como local de formação para professores de três faculdades locais, o que oferece um exemplo ainda mais específico de aprendizagem com mestres. Os alunos que estão fazendo práticas de ensino as realizam em seus estudos com experiências de campo e, por vezes, servem como professores-assistentes e monitores das crianças em sala de aula. Além disso, as crianças podem cumprir papel de iniciantes e de mestres, orientando-se entre si com base em seus perfis funcionais de habilidades e capacidades. Tanto para alunos da escola como para estudantes em prática de ensino, mantemos uma rubrica comum, que avalia desempenhos de iniciantes a mestres à medida que os conteúdos vão sendo dominados e demonstrados a outros na escola. Embora ainda se atribuam notas na maioria das aulas, esse processo está mais dirigido à avaliação formativa. É importante para nós que esses indicadores de situação sejam descritivos, no formato de uma rubrica, e não ordenado em forma de notas.

PROJETOS

> *A equipe da HGSD trabalha fervorosamente para cumprir seus prazos de publicação. No centro da sala de aula, os editores estão ocupados analisando o que foi apresentado por seus setoristas. Acotovelando-se em torno de um computador, a equipe de diagramação e o grupo de propaganda discutem configurações de espaço para colocar anúncios de vendedores. Os redatores tratam de escrever e pesquisar, enquanto examinam as notas de seus editores. Em meio a essa atividade, os professores caminham de grupo em grupo, incentivando os alunos e ajudando em questões relativas a formatação, atualidade do tópico ou citação da Internet.*

Os projetos oferecem veículos para que várias inteligências se desenvolvam concomitantemente. Por exemplo, embora as artes da linguagem obviamente se baseiem muito na inteligência linguística, também incentivam a intrapessoal, a interpessoal e outras, quando situadas no âmbito de um projeto. Visamos tornar a experiência de redação o mais autêntica e relevante possível. Um projeto de redação em sala de aula ancora o currículo em cada nível. A escrita está organizada em torno do conceito de público, e os alunos se concentram em um público específico que é designado para sua turma, considerando-se contadores de histórias e autores.

Para as crianças pequenas até os alunos do ensino básico, define-se o público como os pais, os professores e os mentores da comunidade. Entre a pré-escola e a 2ª série, os alunos preparam e compartilham histórias sobre si mesmos com imagens, palavras escritas e narrativas verbais. Essas histórias podem ajudar a desenvolver a autoconsciência, e os professores as reúnem em livrinhos. Os alunos que ainda não estão prontos para compor uma história têm dividido a tarefa com um mentor – um voluntário da comunidade, um pai ou uma mãe, um aluno mais velho – que os ajuda a expressar as ideias em palavras escritas. Alguns alunos fazem ilustrações para seus mentores e depois estes as registram por escrito.

Os alunos leem suas histórias ao público. Geralmente, também as leem para um diretor muito interessado. Lembro-me de Rachel e Mara entrando em meu gabinete. Ambas são alunas de pré-escola. "A gente pode entrar e ler os nossos livros?", perguntou Rachel. Eu disse que entrassem, e elas subiram em cadeiras exageradamente grandes, feitas para adultos. As duas meninas de 5 anos pareciam sentir orgulho, ainda que estivessem um pouco nervosas. Cada uma delas leu uma história em papéis grampeados e muito ilustradas com desenhos de lápis de cera. Rachel escreveu sobre uma borboleta – provavelmente tópico da aula de ciências naquela semana. Mara contou a história de uma princesa e um castelo. Quando saíram, elas me garantiram que voltariam assim que terminassem outro "livro".

Associado ao aprendizado prático na loja estudantil, o público dos alunos de 3ª e 4ª séries são os consumidores. Os estudantes preparam propagandas e escrevem textos descritivos para catálogos na Internet e elaboram folhetos para a loja. Esse tipo de redação requer que se leve em conta a perspectiva dos clientes potenciais, o que pode fortalecer a inteligência interpessoal. Também promove o pensamento lógico ao apresentar a informação de forma organizada e convincente.

Nossa turma de alunos mais avançados produz um jornal trimestral para um público adulto. Os alunos se candidatam a cargos usando currículos baseados em seu trabalho. Os editores-alunos e os professores fazem entrevistas antes de selecionar candidatos para vagas disponíveis. Profissionais de jornais e fotojornalistas locais orientam esses alunos de 7ª a 8ª séries. Durante seus dois períodos de trabalho no projeto por semana, os membros da equipe do jornal concebem, redigem, diagramam e publicam cada edição na Internet, para que outros alunos, pais e membros da comunidade interessados leiam. A criação de um jornal demanda não apenas inteligência linguística, mas também espacial e interpessoal.

AVALIAÇÃO

Quando nos reunimos na abertura de um novo ano letivo, encontramo-nos em nossa própria curva de aprendizagem como professores. Achávamos que conhecíamos avaliação de portfólio. Alertados por nossa mentora, Carol, para evitar a tendência a pensar "Eu (já) faço isso", começamos. Usaremos um portfólio de processo nas aulas deste ano e deveremos manter nosso próprio portfólio junto com os das crianças. Olhamos um para o outro e sorrimos, pensando na observação de Michelângelo, "Ainda estou aprendendo".

Gardner (1983) critica a utilidade limitada dos testes psicométricos para se avaliar as muitas formas de um estudante demonstrar compreensão e domínio. O Projeto Spectrum, do Projeto Zero de Harvard, criou ferramentas para avaliar o perfil intelectual de crianças pequenas – uma tarefa que Gardner considerava que valia a pena, embora fosse difícil e demorada. Nossa própria interpretação da teoria das IM sugere que ela legitima determinados métodos de avaliação, como projetos, portfólio e integração, porque oferece um quadro mais equilibrado e mais preciso do que a criança sabe e aprendeu por meio da compreensão de desempenhos. O aspecto prático do fazer estabelece conexões com a aplicação. A utilidade do currículo de uma escola reside em ser usado para algum propósito.

A autenticidade de um modelo de aprendizado prático e de colaboração entre alunos em projetos reais sustenta a visão das IM de avaliação. Como reconhece Gardner (1999, p. 208), em *Intelligence Reframed*, "o que importa é o uso de inteligências, de forma individual ou concertada, para levar a cabo tarefas valorizadas por uma sociedade. Assim, deveríamos avaliar o êxito das pessoas em tarefas que supostamente envolvam determinadas inteligências. [...] Devemos observar as pessoas em situações de vida real, onde elas precisam ser sensíveis às aspirações e motivos de outras".

Uma abordagem baseada na teoria das IM oferece experiências – como administrar uma loja, uma redação de jornal ou uma empresa – que não apenas proporcionam aprendizagem prática envolvente, como também determinam a compreensão de álgebra, ciências ou artes da linguagem. Essas experiências permitem aos estudantes e a seus professores ter oportunidade de determinar a aptidão para tarefas que têm valor no mundo real. A qualidade com que os alunos escrevem para um professor não indica tão bem o sucesso do aprendizado quanto à clareza com que uma amostra de texto é transmitida a um público apropriado.

A compreensão por parte dos alunos se mede em tantos formatos quantos forem possíveis. Usamos uma gama de ferramentas de avaliação: testes padronizados em nível estadual e nacional, testes e projetos criados e avaliados por professores e portfólios de processo. O portfólio de processo é um conjunto de versões que mostram os avanços de um trabalho. Registramos dados longitudinais sobre nossos resultados de testes a partir de Terra Nova e de avaliações estaduais da Pensilvânia. Nossos alunos geralmente ficam acima das normas para notas e apresentam crescimento constante à medida que avançam de uma série à outra, em qualquer das áreas centrais do currículo. Diferentemente das escolas que se sentem desafiadas por testes estaduais e sucessões de estatísticas de progresso anual comparativas, a Gardner School usa a informação para melhorar a prática e a aprendizagem. As avaliações são tratadas como oportunidades para fortalecer qualidades, melhorar o currículo, identificar déficits e fazer planejamento.

Além dos dados observáveis de aprendizados com mestres e projetos, bem como resultados em testes, avaliamos nossos alunos por meio de sua experiência à medida que fazem transição para outras escolas depois de se formarem. Nos últimos dois anos, temos contatado nossos ex-alunos para lhes pedir que relatem sua experiência escolar. Dos 20 que se formaram, mais da metade frequenta escolas particulares que exigem processos seletivos rigorosos. Com exceção de um aluno, todos foram aceitos e continuam a avançar normalmente em suas novas escolas, que tendem a ter entornos mais estruturados do que a Gardner School. Os relatos dos ex-alunos que frequentam escolas públicas também são positivos. Em dois casos, os que frequentaram a Gardner School e que foram classificados como tendo dificuldades de aprendizagem (dislexia ou problemas de comportamento) obtiveram alto desempenho, formando-se com honras em suas novas escolas.

CONFIAR NO APRENDENTE

Certa vez, participei de um programa de formação de verão, com duração de uma semana, que tratava da aprendizagem em estágio. O modelo de reflexão da formação incluía um esquema "pergunta e resposta" de meio de semana em que os participantes questionavam aquilo que os planejadores tinham considerado como pontos básicos e óbvios do programa. À medida que o fim da semana se aproximava, um dos planejadores parecia desanimado e questionava se as sessões diárias tinham sido apreciadas e entendidas. Outro membro da equipe de planejamento aconselhou: "Confie no aprendente".

Às vezes, minha experiência em educação sugere que os educadores perderam a confiança em nossos jovens alunos para que aprendam o que está sendo ensinado. Principalmente em um ambiente baseado em testes muito competitivos, duvidar das capacidades dos estudantes questiona nossas proficiências como professores. Quem duvida parece estar dizendo, efetivamente, o seguinte: *Como se pode provar que as escolas inspiradas na teoria das IM funcionam?*

Uma consideração crítica em nossa metodologia é o compromisso para com a paciência. A teoria das IM defende uma perspectiva mais aberta sobre ensino e tempo. Lembro-me de William, aluno de 4ª série que nos chegou como alguém que teria graves problemas de aprendizagem e comportamento. Seu desempenho em testes padronizados sugeria que ele estava mais de dois anos atrás de seus colegas nas áreas temáticas de matemática e leitura. William passou quatro anos em nosso programa e, a cada ano, sua base de conhecimento e seu desempenho em várias avaliações melhoravam a ponto de, quando se formou, estar junto dos colegas e mostrar poucos sinais de suas "deficiências" anteriores.

Agora, no ensino médio, William é um aluno consistente, que recebeu nota máxima várias vezes. Pode ser fácil sugerir que o fator mais importante em seu desenvolvimento como aluno esteja relacionado a nossa escola e nosso programa, mas uma perspectiva mais honesta, e que complementa a escola, é que ele precisava de mais tempo para demonstrar seu conhecimento e suas capacidades. O tempo é algo que os jovens adultos com certeza têm em abundância, mas que raramente lhes é dado nas escolas.

Na Gardner School, afirmamos que nossa prática tem sucesso não porque somos hábeis em ensinar mais nem porque nossos alunos são naturalmente mais inteligentes, e sim porque lhes oferecemos mais opções para compreensão e mais oportunidades de avaliar sua aprendizagem. Nosso entendimento da abordagem das IM implica essa compreensão verdadeira de um conceito no decorrer do tempo. Implica um envolvimento inicial, um período de tentativa e erro, durante o qual o conceito é considerado a partir de múltiplas perspectivas e um período de reflexão. Para todas as crianças, principalmente aquelas como William, esses tempos são aproximados e indispensáveis. A teoria das IM nos dá razões além da intuição ou de nossa dúvida acerca de nós mesmos para sermos pacientes com nossos aprendentes. Ao reconhecer a diversidade de inteligências que estão disponíveis para que os alunos se sirvam de sua compreensão do mundo e ao criar um ambiente que incentiva os alunos a desenvolver e expressar essas inteligências, podemos ter mais confiança e esperança em nosso próprio trabalho.

Referências

Gardner, H. (1983). *Frames of mind: The theory of multiple intelligences*. New York: Basic Books. *Estruturas da mente*: a teoria das inteligências múltiplas. Porto Alegre: Artmed, 1994.

Gardner, H. (1991). *The unschooled mind*. New York: Basic Books.

Gardner, H. (1999). *Intelligence reframed*. New York: Basic Books.

Marzano, R. J. (1992). *A different kind of classroom: Teaching with dimensions of learning*. Alexandria, VA: ASCD.

OS DESAFIOS DA AVALIAÇÃO DAS INTELIGÊNCIAS MÚLTIPLAS AO REDOR DO MUNDO

C. Branton Shearer

Desde que a teoria das IM foi introduzida, educadores ao redor do mundo buscam uma forma de avaliação que possam usar para entender os perfis de IM dos alunos e informar a instrução na sala de aula. A natureza complexa de cada inteligência torna um grande desafio a criação de uma avaliação válida, confiável e prática. Este capítulo descreve as diversas maneiras de abordar essa tarefa e as barreiras que os diferentes contextos culturais têm apresentado ao longo do caminho.

Para melhor entender as dificuldades da avaliação das inteligências múltiplas (IM) em diversas culturas, questionários foram enviados por *e-mail* a educadores e pesquisadores em 22 países, sendo identificados três tipos gerais de barreiras: preconceito cultural contra algumas das inteligências, visões filosóficas da educação que poderiam ser menos congruentes com as IM, e variação cultural em relação ao foco nas potencialidades dos indivíduos. Apesar desses desafios, a avaliação das IM pode ser um instrumento útil para entender as potencialidades dos alunos e avaliar a teoria em si.

Antes de mais nada, qualquer discussão dos desafios inerentes à avaliação das IM deve abordar a questão: por que avaliar as IM? Como a teoria sempre esteve às margens da educação, sendo reverenciada por poucos e desconsiderada pela maioria, a que propósito se serve avaliando as IM da maneira como a inteligência geral é avaliada tradicionalmente?

Em resumo, a avaliação das IM pode servir a três funções proveitosas: pode fornecer munição para educadores que estejam tentando validar e promover a teoria; pode ajudar os professores a entender as potencialidades e necessidades dos alunos e, assim, contribuir para a instrução; pode promover a autocompreensão e o planejamento educacional de cada aluno.

OS DESAFIOS

A aceitação e a implementação das IM foram impedidas em parte pela predominância das tradições psicométricas na pesquisa em inteligência. Por mais de um século, a ciência Ocidental contextualizou a inteligência como pouco mais que pensamento lógico e verbal, que poderia ser captado de maneira conveniente pelo escore no teste de QI. As moderadas correlações entre o QI, as notas acadêmicas e o *status* ocupacional (Block e Dworkin, 1976; Herrnstein e Murray, 1994; Sternberg, 1985[1]) foram consideradas suficientes para validar o QI e atribuir um potencial intelectual e econômico ao indivíduo.

Em comparação, a validade da teoria das IM não se baseia na estatística, mas em uma revisão qualitativa de diversas fontes de dados (neurológicas, antropológicas, psicométricas, da psicologia evolutiva, e outras). Como resultado, vários cientistas cognitivos consideram as IM pouco científicas. Devido a essa marginalização na literatura científica, legisladores e administradores podem rejeitar as IM como algo que não deve ser provado e excluí-las da prática educacional.

Outro obstáculo semelhante para a aceitação das IM é a inexistência de um teste prático que os professores possam usar para entender as potencialidades e limitações de cada aluno em relação às inteligências. Os professores que abraçam a ideia de múltiplas inteligências geralmente se baseiam em sua intuição, em suas observações informais e em instrumentos sem validação. Isso os deixa vulneráveis quando chega a hora de defender o uso das IM frente a pais e administradores, o que limita o crescimento das práticas de IM.

A AVALIAÇÃO MOTIVA A IMPLEMENTAÇÃO

As avaliações levam o potencial de uma ideia diretamente à tomada de decisões, estruturas e funções. Por exemplo, os escores em testes de QI influenciam a maneira como se define o potencial intelectual e, assim, o currículo, as realizações e as carreiras escolhidas. Durante a maior parte do século XX, um enorme complexo industrial-escolar sustentou o desenvolvimento e a implementação de testes de QI, que geralmente seguiam ordens vindas de cima, de autoridades governamentais e administradores escolares.

Em comparação, desde sua criação, em 1983, as IM têm sido um movimento de base que professores individuais e escolas pequenas e alternativas tentam fazer crescer. Os educadores acreditam que as IM reverberam suas experiências de sala de aula: as crianças apresentam uma variedade de habilidades, capacidades e estilos intelectuais que o escore do QI não consegue explicar totalmente.

Por mais de 20 anos, meu trabalho se concentrou na criação de avaliações válidas e práticas das IM, que pudessem possibilitar a sua colocação em prática, para benefício dos estudantes.

Tive o privilégio de viajar pelos Estados Unidos e por muitos outros países, compartilhando a delícia e a dor dos educadores, à medida que tentavam entender o poder das IM em meio a culturas, tradições e regimes de testes que desestimulam o seu crescimento. Vi as IM desabrocharem às margens do *establishment* educacional, proporcionando a criação de escolas mais efetivas e beneficiando pequenos números de alunos afortunados. Já me impressionei com iniciativas inspiradas, mas também me frustrei com a dificuldade de transferir esses esforços para o mundo maior da empobrecida educação pública de massa.

A marginalização das IM resulta, em parte, dos instrumentos de avaliação que as acompanham. A maioria das avaliações de IM tem formas não padronizadas, baseadas no desempenho e administradas individualmente. Concentram-se na descrição da qualidade do trabalho do aluno na sala de aula ou do perfil de IM do estudante, ou, às vezes, dos dois. Essas informações potencialmente úteis estão em nítido contraste com as diretrizes que exigem testes padronizados quantitativos e mais difíceis (como na legislação norte-americana No Child Left Behind). A tensão entre essas duas posições leva a uma compreensão equivocada das IM, como uma abordagem revolucionária que seria incompatível com o desenvolvimento de habilidades acadêmicas.

VARIEDADES DE AVALIAÇÕES DAS IM

Desde que as IM foram introduzidas, desenvolveram-se diversos tipos de avaliações compatíveis com sua ênfase na validade ecológica para o mundo real, incluindo testes de desempenho (Chen, Krechevsky e Viens, 1998); portfólios (Meisels, 1993; Stefanakis, 2002); apresentações, exibições e projetos (Díaz-Lefebvre, 1999; Hoerr, 2000); escalas de observação (Bolaños, 1996); listas (Armostrong, 1994; Kagan e Kagan, 1998; Silver, Strong e Perini, 2000), e questionários e entrevistas (Montgomery County Public Schools, 1990; Shearer, 2007).

Portfólios e avaliações baseadas no desempenho

Os portfólios são amplamente utilizados em escolas de IM, pois proporcionam uma rica fonte de informações sobre as habilidades e sobre a aprendizagem dos alunos. O portfólio é uma coleção de amostras de trabalho, reunidas para avaliação de um "especialista" externo. Como sua confecção é demorada e exige muito trabalho, costumam ser usados mais como exibições finais do que como avaliações formativas. As escalas de avaliação ou rubricas são usadas por uma pessoa treinada, como um professor, instrutor ou supervisor, para descrever ou mensurar o desempenho em um contexto específico (por exemplo, durante um evento esportivo, no trabalho, durante uma apresentação de dança ou debate, ou para avaliar textos criativos). O desenvolvimento e o uso de rubricas para avaliar o desempenho, os projetos e os portfólios exigem bastante experiência, tempo e energia.

Um bom exemplo de sistema de avaliação do desempenho foi desenvolvido ao longo de vários anos pelos professores da Key Learning Community (http://www.616.ips.k12.in.us/). Esse sistema proporciona um conjunto detalhado de descritores do desempenho evolutivo para avaliar o progresso de estudantes do ensino fundamental em cada uma das oito inteligências. Esse modelo possibilita que professores com um conjunto comum de variáveis descrevam o nível de capacidade da criança, evidenciado por seu desempenho em tarefas típicas da sala de aula. A Key Learning Community também faz longas filmagens de apresentações dos alunos, que servem como um portfólio cumulativo em vídeo.

A avaliação do Projeto Spectrum foi descrita por Gardner (1993) e depois comentada por Chen e colaboradores (1998) como um meio de "aquilatar o perfil de inteligências e estilos de trabalho de crianças pequenas". Estas são observadas por um certo período de tempo, interagindo com um conjunto cuidadosamente preparado de materiais para resolução de problemas, que incorporam cada uma das IM. Um avaliador treinado preenche um conjunto de escalas de avaliação, descrevendo vários aspectos da qualidade do desempenho da criança (interesse, habilidade, resultados, e assim por diante). Ao final de um longo período de tempo, produz-se um relatório do comportamento, que varia segundo a situação de sala de aula. Algumas das 15 a 20 atividades podem ser integradas ao currículo padronizado, mas outras são específicas do Spectrum.

Outra conhecida avaliação do desempenho para identificação de crianças talentosas e superdotadas é o DISCOVER (Maker, 1992). Esse pacote de materiais e atividades exige que uma equipe de avaliação visite a escola para observar os alunos realizando muitas atividades diferentes. Leva entre 8 e 9 horas para se preencher as informações sobre cada criança e resulta em uma avaliação aprofundada das capacidades do aluno.

A abordagem de portfólio descrita por Stefanakis (2002) proporciona uma estrutura para coletar o trabalho da criança de maneira sistemática. Usando um "procesfólio", o professor pode oferecer algum tipo de retorno a cada passo do caminho, e a criança reflete sobre cada trabalho da coleção. Desse modo, o portfólio resulta mais como uma avaliação formativa do que simplesmente avaliativa. Os produtos que constam no portfólio podem ser avaliados em comparação com um padrão externo (digamos, a habilidade matemática que se espera de alunos da 3ª série) ou com o desempenho anterior do próprio aluno.

Listas de observação

Muitos livros fornecem listas de IM, que também podem ser obtidas gratuitamente em diversas páginas da internet. Todavia, Gardner (1993, 1995) argumenta contra o uso dessas listas. Elas servem para promover uma compreensão superficial e distorcida das IM e para fomentar uma abordagem superficial à instrução, ao currículo, à avaliação e à renovação escolar. Além disso, também tendem a fundir as IM com uma variedade de estilos de aprendizagem e construtos ligados à personalidade. Apesar desses problemas, as listas de IM são amplamente utilizadas, pois são baratas, fáceis de usar e rápidas.

Entrevistas estruturadas, questionários e autoavaliações

As entrevistas estruturadas, os questionários e as autoavaliações têm uma longa história na seleção de pessoal e na avaliação clínica (Anastasi, 1979; Owens, 1976). Baseiam-se nas percepções e memórias do respondente, por isso, nem sempre são confiáveis. Para garantir uma avaliação válida, devem ser usadas em conjunto com outras fontes de informação, como resultados de testes e histórico escolar. Sua vantagem é serem relativamente fáceis de conduzir e eficientes quanto ao tempo. Muitas informações podem ser obtidas em uma entrevista ou por meio de um questionário.

Em 1987, comecei a realizar entrevistas clínicas com parentes de sobreviventes de traumatismo craniano que faziam reabilitação cognitiva. Como conselheiro, precisava entender as potencialidades e limitações dos sobreviventes em termos de suas IM antes da lesão, para que fosse possível empregar estratégias de remediação cognitiva baseadas em suas potencialidades. Essa entrevista estruturada para IM evoluiu para um questionário de autoavaliação (ou avaliado pelos pais), a Multiple Intelligences Developmental Assessment Scales (MIDAS; Shearer, 2007), que gera um perfil qualitativo e quantitativo da "disposição intelectual" da pessoa.

Os professores usam a MIDAS a fim de entender melhor as potencialidades (e fraquezas) intelectuais de seus alunos e, assim, orientá-los no uso de suas potencialidades para promover a aprendizagem. Conselheiros usam o perfil na MIDAS para ajudar os estudantes a aumentarem sua autocompreensão, sua autoestima e seu planejamento vocacional. Pesquisadores educacionais de diversos países validaram adaptações culturais e traduções do questionário para uso em escolas de ensino fundamental e médio, bem como na educação superior.

A vantagem da MIDAS é que se pode reunir uma quantidade de informações relacionadas com as IM em um período curto de tempo e aplicá-las a questões educacionais. Ainda assim, existem algumas advertências associadas ao seu uso. Como um instrumento de autoavaliação (ou pelos pais), as informações que gera devem passar por um processo de verificação. Além disso, o perfil pode ser interpretado incorretamente, como equivalente aos escores de testes padronizados, em vez de informações qualitativas. A MIDAS, assim como todas as outras avaliações para as IM, pode ser usada de maneira simplista para rotular os alunos, ou ser incorretamente vista como um substituto da atenção necessária para integrar as informações obtidas com a avaliação ao ensino e orientação na sala de aula.

DESAFIOS À ACEITAÇÃO E IMPLEMENTAÇÃO DE AVALIAÇÕES DAS IM

Juntamente com a dominância do QI, a avaliação de qualidade para as IM é desafiada pela necessidade de considerar contextos culturais variados e diferenças em tradições educacionais. Conheci essas variáveis inter-relacionadas por meio da minha experiência pessoal direta, lendo relatos de muitos países e por meio de dados que coletei em um questionário enviado por *e-mail* para 75 educadores e pesquisadores em 22 países. Recebi 55 respostas, e a metade era de educadores-pesquisadores que haviam usado alguma avaliação de IM como parte de sua tese ou dissertação de mestrado ou doutorado. Os outros eram educadores psicólogos ou conselheiros que haviam usado uma avaliação de IM por muitos anos. Alguns respondentes trabalhavam com uma avaliação para adultos e adolescentes, enquanto outros trabalham com crianças. Como a amostra não era aleatória, os resultados não podem ser generalizados. Todavia, oferecem alguma noção das barreiras, bem como das facilidades, do uso de avaliações de IM em culturas diferentes. Cito trechos de respostas dos questionários para demonstrar os diversos pontos de vista.

Preconceito cultural contra várias das inteligências

Em vários países, existe um forte preconceito contra algumas das IM. Por exemplo, saber trabalhar com as mãos foi igualado a trabalho manual, em vez de a algo inteligente, corporal-cinestésico. As atividades artísticas associadas às inteligências espacial e musical são rotuladas como "meras aptidões". Se uma cultura tem pouca associação com os animais, a avaliação das capacidades naturalistas de um indivíduo será muito difícil. Winnie Pong, do Nice Studio, em Hong Kong, descreveu esse problema: "De acordo com o ambiente em Hong Kong, os residentes da maioria dos estados são proibidos de ter animais de estimação; portanto, a inteligência naturalista seria facilmente subestimada".

As inteligências naturalista e cinestésica foram consideradas problemáticas no Irã e em países árabes, onde os indivíduos (especialmente as mulheres) são desestimulados a se envolverem em atividades que dependam desses potenciais. Alireza Manzour, da Universidade Azad, no Irã, também observa: "As questões [de avaliação] relacionadas com a inteligência musical são um problema nos países do Oriente Médio, onde a música não apenas é omitida do currículo nacional, como também é descartada em certas sociedades como meio educacional". Desse modo, a implementação e identificação de IM dependem da apreciação da cultura por atividades variadas que envolvam essas inteligências.

As habilidades intra e interpessoal às vezes são consideradas "características da personalidade" e não equivalem a "funções cognitivas superiores". C. C Wan, da Asian Association for Lifelong Learning, relata que os escores de testes acadêmicos em Hong Kong são de importância fundamental. Desse modo, os pais podem não valorizar as inteligências interpessoal e intrapessoal de seus filhos por causa das suas expectativas elevadas quanto ao desempenho acadêmico.

Visões filosóficas da educação incongruentes com as IM

A aceitação das IM muitas vezes é problemática em países onde todo o sistema de educação segue a tradição de testes padronizados escritos para avaliar habilidades. Esses sistemas deixam pouco espaço para avaliações baseadas no desempenho. É um refrão comum dizer que fazer avaliações das IM consiste em distração do negócio mais importante, que seria preparar os alunos intensivamente para alcançar escores elevados no vestibular, meio de ingresso na faculdade ou universidade. Essa questão foi descrita por Mania Ziridis: "Certas pessoas percebem a teoria das IM como algo inovador demais, especialmente considerando o sistema educacional grego, que se concentra muito na matemática e na língua grega. Existe um currículo bastante rígido, que deve ser seguido. Os exames para ingresso em uma universidade grega baseiam-se na simples memorização de fatos".

Um problema semelhante é citado por Joseph Tan, da Hwa Chong Institution, em Cingapura:

> No passado, houve vários desafios à aceitação de avaliações das IM em Cingapura. O principal fator foi que Cingapura, como uma sociedade em constante adaptação a uma era de grandes mudanças, valorizava a "eficiência" produtiva sobre a "inovação". Historicamente, as artes eram seguidas como passatempos para descanso e recreação, e aplicávamos muito mais rigor (e prioridade) às atividades consideradas acadêmicas. [...] No final, creio que a mentalidade dos vários atores deve ser transfigurada. Com tempo e um direcionamento claro, estamos confiantes de que é possível superar esse desafio.

Em comparação, algumas nações têm suas características históricas e ideais culturais singulares, que podem não ser congruentes com uma educação dominada por testes acadêmicos padronizados. Nelas, as escolas são mais que instituições semelhantes a fábricas, que produzem crianças que saibam ler, escrever e multiplicar. São o meio pelo qual o rico conhecimento cultural (implícito e também explícito) é transmitido de uma geração para outra. Mary Ann Toledo-Pitre, da Universidade do Caribe, observa: "Uma nação de herança espanhola como Porto Rico pode ser descrita como artística, musical e cinestésica. [...] Tratar das IM é apenas o que 'o médico mandou'". Essa observação está de acordo com as visões de muitos arte-educadores dos Estados Unidos que são atraídos para as IM por causa do seu gosto pelo pensamento criativo.

Variações em culturas com relação ao foco nas potencialidades do indivíduo

Outra barreira às IM e sua avaliação está no fato de que respeitar as capacidades intelectuais de cada criança não é um valor inerente a todas as culturas. Muitas vezes, os resultados de testes acadêmicos informam o planejamento e a definição curriculares sem considerar as outras potencialidades da criança. Alireza Manzour descreve o problema da seguinte maneira: "O perfil de IM tem algumas questões culturais, devido ao fato de que, em certas culturas do Oriente Médio e da Ásia [...] acredita-se que olhar para dentro para descobrir capacidades interiores é um grande desperdício de tempo".

Em comparação, dois educadores de escolas católicas enfatizam como valorizam as potencialidades individuais. A irmã Martha Moss, dos Estados Unidos, observou de maneira eloquente: "Uma compreensão maior das IM fortalece a autoaceitação dos jovens e lhes dá a chave de como podem aprender mais". De maneira semelhante, o irmão Robert Fanovich, do Presentation College, em Granada, diz: "Usei uma avaliação de IM com grupos de jovens da igreja para ajudá-los a desenvolver seus potenciais. Creio que o equivalente bíblico das IM seja 'talentos'".

Embora existam variações culturais com relação ao foco em potencialidades individuais, o valor de reconhecer o perfil singular de capacidades de cada aluno foi reiterado por vários indivíduos que responderam aos questionários em partes diversas do mundo. A maioria dos professores tende a ensinar da maneira como aprendeu, e isso geralmente está de acordo com seus próprios perfis de IM, acentuando suas potencialidades nas inteligências linguística, interpessoal e intrapessoal. A avaliação das IM ajuda os professores a entender que em suas salas de aula existem alunos com uma ampla variedade de potencialidades e necessidades de aprendizagem. Na Irlanda, o pesquisador e professor Declan Kelly observou que, "para os professores, existe a necessidade de mudar as estratégias instrucionais de um modo dinâmico. O *slogan* 'o aluno não é como eu' é bastante apropriado, pois as IM trazem a ideia de que a maneira como o professor aprende pode não ser a maneira como o aluno aprende".

Na Romênia, o professor-pesquisador Sorin-Avram Virtop cita o valor de ajudar os pais a enxergar as potencialidades dos estudantes: "Um dos principais benefícios [da avaliação das IM] para os pais foi conseguirmos fazê-los entender e ser mais abertos, para conhecer melhor os seus filhos".

O conhecimento das potencialidades individuais dos alunos foi considerado importante pelos próprios alunos. Zahra Zarat, da Universidade de Ciências Aplicadas e Tecnologia de Teerã, no Irã, relata: "Houve muitos casos entre os respondentes que me disseram que, antes de responder às avaliações das IM, eles mesmos não tinham consciência total de suas capacidades ou usavam essas capacidades para aprender". Em Hong Kong, C. C. Wan usou a avaliação de IM para superar "a noção de que você, uma vez identificado como 'um fracasso' na avaliação acadêmica tradicional, está condenado para sempre. Ao invés disso, meus alunos aprendem que existem outras áreas em que são ótimos. [...] Esse é o começo da jornada do aluno para adquirir autoconfiança".

Conforme ilustram esses exemplos, a avaliação das IM pode ser um poderoso meio de aumentar essa autocompreensão. Os exemplos também indicam que a necessidade de identificar as potencialidades de pelo menos alguns indivíduos pode ser uma boa rota para a implementação da teoria em culturas diversas.

CONCLUSÃO

> Ao contrário de uma "sociedade do teste", creio que a abordagem de avaliação e a escola centrada no indivíduo constituem uma visão educacional mais nobre. [...] Defino avaliação como a obtenção de informações sobre as habilidades e potenciais de indivíduos, com o objetivo duplo de proporcionar feedback *valioso aos indivíduos e dados valiosos à comunidade.*
> Howard Gardner (1993)

Apesar dos desafios técnicos e das complexidades culturais, pesquisadores e educadores de todo o mundo descrevem suas experiências positivas com a avaliação das IM e seus benefícios para estudantes, professores e pais. Os estudantes se beneficiam ao aprenderam mais sobre si mesmos e sobre as manifestações e usos práticos de suas múltiplas inteligências. Os professores e os pais se beneficiam por terem uma compreensão maior das potencialidades e limitações em IM dos alunos, e das implicações correspondentes para a instrução. Fazer avaliações de qualidade sobre as IM pode não ser rápido e fácil, mas certamente auxilia a melhorar a aprendizagem e a instrução. Talvez exija tempo e esforço para os educadores aprenderem a fazer um bom uso dessas informações em seus ambientes culturais específicos, de modo que é essencial um compromisso de longo prazo para se obter êxito.

A avaliação das IM também pode servir como um meio de investigar a validade científica da própria teoria. Entre os respondentes internacionais, 92% (33 em 36) relatam que a avaliação norte-americana MIDAS pode ser adaptada ou traduzida para suas culturas. Dos pesquisadores internacionais, 69% (22 em 32) dizem que existem evidências boas ou fortes de que o perfil de IM gera uma medida válida. Oito desses pesquisadores fizeram estudos empíricos de grande escala com estudantes (340 a 7.500 participantes para cada pesquisador). De maneira surpreendente, 72% dos respondentes relatam que as pessoas conseguem autoavaliar com precisão as suas capacidades em IM na maior parte do tempo. Os dados internacionais de validade assemelham-se aos resultados de pesquisas obtidas com amostras norte-americanas similares, corroborando a validade transcultural da teoria das IM.

Depois de 25 anos, a teoria das IM ainda é uma ideia jovem, e os pesquisadores do campo devem continuar a trabalhar arduamente para estabelecê-la como uma teoria científica respeitada no debate da reforma educacional. Um instrumento competente pode desempenhar o importante papel de demonstrar a eficácia da instrução com as IM a autoridades escolares e tomadores de decisões em educação.

Assim como os psicólogos há muito tempo debatem a legitimidade de diversas teorias da inteligência (mais recentemente, o QI *versus* a teoria triárquica *versus* a inteligência emocional), os professores em sala de aula e as iniciativas de reforma educacional estão em meio a uma grande controvérsia. Seus esforços para dar vida às IM em sala de aula e nas escolas muitas vezes são impedidos porque fazer mudanças duradouras na escolarização exige mais que uma boa teoria.

Mesmo que o ensino envolva partes iguais de arte e de ciência, ainda ocorre em um mundo dominado pelas ciências quantitativas. Por essa razão, deve haver uma avaliação quantificável das IM para contribuir nas tentativas dos educadores de implementar a teoria. Os professores precisam de instrumentos que orientem o uso das IM para maximizar o potencial dos alunos. Esses instrumentos também ajudarão professores, pais, escolas e líderes comunitários a trabalhar juntos para benefício final de cada estudante e, assim, para benefício da sociedade como um todo.

Referências

Anastasi, A. (1979). *Fields of applied psychology* (2nd ed.). New York: McGraw-Hill.

Armstrong, T. (1994). *Multiple intelligences in the classroom.* Alexandria, VA: ASCD. [*Inteligências múltiplas na sala de aula.* 2 ed. Porto Alegre: Artmed, 2001]

Bolaños, P. (1996). Multiple intelligences as a mental model: The Key Renaissance Middle School. *NASSP Bulletin, 80,* 24-29.

Block, N. J., & Dworkin, G. (1976). *The IQ controversy.* New York: Pantheon.

Chen, J., Krechevsky, M., & Viens, J. (1998). *Building on children's strengths: The experience of Project Spectrum.* New York: Teachers College Press.

Díaz-Lefebvre, R. (1999). *Coloring outside the lines: Applying multiple intelligences and creativity in learning.* Hoboken, NJ: Wiley.

Gardner, H. (1993). *Multiple intelligences: The theory in practice.* New York: Basic Books. [*Inteligências múltiplas*: a teoria na prática. Porto Alegre: Artmed, 1995]

Gardner, H. (1995). Reflections on multiple intelligences: Myths and messages. *Phi Delta Kappan, 77,* 200-209.

Herrnstein, R., & Murray, C. (1994). *The bell curve.* New York: Free Press.

Hoerr, T. (2000). *Becoming a multiple intelligences school.* Alexandria, VA: Association for Supervision and Curriculum Development.

Kagan, S., & Kagan, M. (1998). *Multiple intelligences: The complete MI book.* San Clemente, CA: Kagan Cooperative Learning.

Maker, C. J. (1992). Intelligence and creativity in multiple intelligences: Identification and development. *Educating Able Learners: Discovering and Nurturing Talent*, 17(4), 12-19.

Meisels, S. J. (1993). Remaking classroom assessment with the Work Sampling System. *Young Children*, 28(5), 34-40.

Montgomery County Public Schools. (1990). *Observational checklist for multiple intelligences*. Silver Spring, MD: Author.

Owens, W. (1976). Background data. In M. Dunnette (Ed.), *Handbook of industrial and organizational psychology* (pp. 609-644). Skokie, IL: Rand McNally.

Shearer, C. B. (2007). *The MIDAS: A professional manual* (rev. ed.). Kent, OH: MI Research and Consulting.

Silver, H. F., Strong, R. W., & Perini, M. (2000). *So each may learn: Integrating learning styles and multiple intelligences*. Alexandria, VA: ASCD.

Stefanakis, E. H. (2002). *Multiple intelligences and portfolios*. Portsmouth, NH: Heinemann.

Sternberg, R. J. (1985). *Beyond IQ: The triarchic theory of human intelligence*. Cambridge: Cambridge University Press.

Nota

1 Os portfólios e outras medidas de desempenho muitas vezes são complementados com testes escritos de conhecimento e de habilidades básicas. Mesmo a escola mais inspirada pelas IM usará uma forma híbrida de avaliação do desempenho e testes escritos. Os testes são empregados por razões variadas, incluindo a necessidade de cumprir padrões estatais e de satisfazer as expectativas dos pais e a sua familiaridade para professores e outros atores (por exemplo, admissão a outras escolas). Uma vantagem clara dos testes padronizados é que exigem o mínimo de conhecimento e investimento do tempo da equipe para serem administrados e concluídos.

Parte VI

SÍNTESE, REFLEXÃO E PROJEÇÃO

Nesta parte final, três especialistas da teoria e prática das IM refletem sobre padrões encontrados ao longo dos capítulos e no livro como um todo. Abordam questões subjacentes ao trabalho de colaboradores específicos: por que é importante desenvolver e educar as inteligências múltiplas? Como as aplicações da teoria das IM afetam as políticas educacionais? Que fatores ajudam a explicar as diferenças na sensibilidade das culturas à educação baseada nas IM? Reflexões profundas sobre essas questões estimulam leitores de todo o mundo a procurar novas iniciativas e aplicações adequadas e produtivas da teoria das IM.

POR QUE INTELIGÊNCIAS MÚLTIPLAS?

SEANA MORAN

As inteligências muitas vezes são consideradas como propriedade individual, mas são menos uma propriedade ou um fim em si mesmas e mais uma ferramenta para se chegar a objetivos culturais. Este capítulo examina o que os indivíduos fazem para afetar seus ambientes culturais: como as interações de inteligências acabam em contribuições que beneficiam a cultura. Cada um de nós oferece um perfil de inteligências que interagem entre si na mente de uma pessoa, com os perfis de inteligência de outras pessoas com quem a primeira trabalha e brinca, e com recursos culturais, interculturais e tecnológicos empregados com propósitos diversos. Essas interações criam mais oportunidades para darmos contribuições ao bem comum e ampliar nossos próprios horizontes, bem como os de outros, para a concretização de objetivos positivos da comunidade. À medida que mais do que somente as inteligências lógico-matemáticas passam a ser valorizadas e desenvolvidas em várias culturas, a gama de potenciais, capacidades e desempenhos cresce exponencialmente.

Os capítulos deste livro oferecem um quadro vibrante das estratégias usadas até agora para implementar a teoria das inteligências múltiplas (IM) em países de todo o mundo. Aplaudo a visão, a paixão e a perseverança dos formuladores de políticas, pesquisadores e profissionais que construíram alicerces firmes para o sucesso da teoria. Neste capítulo, dou um passo atrás para examinar por que o desenvolvimento das IM é importante para as culturas.

Não trato das razões pelas quais as inteligências são importantes para as culturas específicas, já que esse foco intracultural é tratado em vários outros autores. Battro, Pogré e Rogé, Vialle, Knoop e Fleetham visam a inclusão, possibilitando e convidando mais pessoas das origens mais diversas a se tornarem colaboradores produtivos de suas culturas. Chen enfatiza a harmonia – como cada um de nós pode contribuir para o bem-estar de outros e de nossa cultura. Barrera e León-Agustí, K. Cheung, Kim e Cha e Craft discutem a autoconsciência e o sentido pessoal, entendendo melhor quem somos, dirigindo como agentes nossos próprios esforços e avaliando nosso avanço. Barrera e León-Agustí, Howland e colaboradores, Kim e Cha, Shen e Craft sugerem a criatividade em termos de autoexpressão e de geração de mudança em nosso ambiente. Sahl-Madsen e Kyed e Canon-Abaquin discutem como fazer do mundo um lugar melhor tratando dos problemas mais prementes de nossas sociedades.

Em vez de propósitos intraculturais, examino como a interação de muitas inteligências dentro e entre indivíduos e culturas contribui para o desenvolvimento da cultura em geral. Como as inteligências compõem as formas de ser e conhecer a que chamamos cultura entre um grupo de pessoas? Por isso, tento levar a discussão do livro para uma visão ampla de cultura e de sua relação com as inteligências.

As inteligências são recursos que cobrem o espectro da interação entre pessoa e cultura. Por compartilhar uma cultura, os indivíduos não são completamente independentes. A cultura não está "aí", e sim é levada dentro das mentes e comportamentos dos indivíduos. A cultura está viva na medida em que as pessoas internalizam e usam a linguagem, os valores e os costumes. Por meio da socialização, da educação, da paternidade, do retorno e de outros mecanismos, cada um de nós reforça nossa cultura para outros. Interagimos por meio de "comunidades de práticas" (Lave e Wenger, 1991). Portanto, a cultura não está separada dos indivíduos: compomos o ambiente cultural uns dos outros.

As inteligências muitas vezes são consideradas como propriedade individual: uma pessoa "tem" inteligência linguística ou musical. Entretanto, elas são menos uma propriedade ou um fim em si mesmas e mais uma ferramenta para se chegar a bens culturais. Gardner (1983) insistiu que as inteligências devem ser empregadas para gerar produtos ou ideias dentro de contextos culturais. As inteligências dos indivíduos são recursos a ser desenvolvidos para dar uma contribuição que beneficie não apenas o indivíduo, mas também a comunidade mais ampla. Como disse Cheung, as inteligências devem ser "postas a bom uso".

O que torna as inteligências e os diversos perfis de inteligências das pessoas dentro das culturas tão relevantes é o padrão de interação entre elas. A maioria daqueles que realizam uma tarefa não isolam uma inteligência, e sim combinam inteligências para chegar a um propósito. Da mesma forma, a maioria dos desempenhos não é feito completamente por uma pessoa. Esta assimila ferramentas a partir de artefatos ou de outros indivíduos. Por meio de suas contribuições, uma pessoa altera o quadro cultural e oferece mais artefatos e recursos para que outros assimilem (Moran e John-Steiner, 2003). Essas interações movem a estabilidade cultural e a evolução cultural.

INTERAÇÕES ENTRE INTELIGÊNCIAS EM INDIVÍDUOS

Cada um de nós oferece um perfil de inteligências a ser empregado para vários propósitos, mas um perfil não é um gráfico de inteligências separadas. Elas afetam o desenvolvimento e a expressão umas das outras. As interações podem ajudar a explicar por que, mesmo dentro de uma inteligência específica, há bastante diversidade de expressão. Um bom orador e um escritor de talento têm, ambos, inteligências linguísticas, embora cada uma possa ser valorizada de forma diferente em distintas culturas. No primeiro, a inteligência linguística pode conjugar-se com as inteligências musical, corporal-cinestésica e interpessoal, para lhe dar uma presença de palco hipnótica. O escritor poderá mesclar inteligência linguística com inteligências existencial e lógico-matemática para elaborar uma narrativa ampla e bem estruturada. Essa natureza interativa das inteligências sugere que elas podem ser expressas de diversas maneiras, dependendo do contexto cultural, e os testes que as isolam não fazem justiça ao verdadeiro potencial de uma pessoa dentro de uma cultura.

A inteligências interagem entre si de três formas amplas – restrição, compensação e catálise (Moran e Gardner, 2006a) – e se restringem entre si: uma delas pode interferir na expressão e no desenvolvimento da outra. Um teste "universal" pode restringir expressões de inteligência porque requer ênfase em uma determinada inteligência ou porque a inteligência estudada é expressa de distintas formas, dependendo de como interage com outras que o estudante possui e com os valores de sua cultura. A restrição pode ocorrer quando as inteligências não linguísticas são acessadas usando-se testes escritos baseados na linguagem. Da mesma forma, o professor com forte inteligência linguística que força os alunos a responder somente por escrito pode estar gerando uma restrição. Um aluno pode expressar bem sua forte inteligência linguística somente de forma oral, enquanto outros a expressam bem por escrito. Talvez nenhum deles tenha bons resultados em testes que isolem a inteligência linguística de forma abstrata.

As inteligências compensam uma à outra: uma qualidade pode muitas vezes compensar os efeitos de uma limitação. A mente é plástica e se adapta a diferentes situações, restrições e objetivos de maneiras diversas. O exemplo de Shen, um aluno com baixa inteligência linguística somada à forte inteligência corporal-cinestésica no teatro, destaca essa compensação. Uma pessoa com baixa inteligência linguística ainda pode funcionar na sociedade devido à sua alta inteligência interpessoal (tenho um amigo disléxico, mas muito carismático, por exemplo) ou vice-versa (como o autor autista Temple Grandin, que tem doutorado). Uma pessoa com relativamente pouca inteligência lógico-matemática pode dar contribuições importantes à ciência em função de uma grande inteligência naturalista (Charles Darwin, por exemplo). Portanto, há muitos caminhos para o mesmo ponto final de "sucesso" ou "desempenho de boa qualidade" que precisam ser levados em conta nas intervenções e avaliações educativas. Devemos tomar cuidado para não descartar um aluno limitado em uma determinada inteligência. Em interação com outras, isso pode não ser uma limitação e acabar constituindo-se em um benefício se empregada para certos propósitos. Por exemplo, as pessoas criativas tendem a mostrar como as limitações intelectuais são benéficas por lhes ajudar a ver aspectos do mundo de formas não tradicionais. O comentário de H. Cheung sobre como "maus alunos ficam famosos" pode fazer alusão a essas situações.

Por fim, as inteligências catalisam-se mutuamente: uma pode estimular o crescimento da outra. A inteligência musical ou espacial pode tornar os poemas de um autor mais rítmicos ou ricos em imagens. A inteligência espacial pode tornar a inteligência naturalista mais "3D", ajudando a categorizar fenômenos em forma de mapa, em vez de tabela. A história de Vialle sobre como as inteligências pessoal e espacial de Peter catalisavam uma à outra dentro do teatro é um bom exemplo de catálise, assim como a sugestão de Battro de que Nico conecta as inteligências espacial e lógico-matemática. Se pretendemos maximizar os potenciais dos alunos e transformá-los em desempenhos, levar em conta a catálise pode nos ajudar a atingir esse objetivo com menos apoio externo à criança. Os projetos integradores e a solução de problemas em tempo real – descrita por vários autores, incluindo Maker e Sarouphim, Hoerr, Kunkel, Barrera e León-Agustí e Canon-Abaquin – consistem em uma forma particularmente frutífera de tornar visíveis as interações catalíticas.

INTERAÇÕES DE INTELIGÊNCIAS ENTRE DIFERENTES INDIVÍDUOS

Além de reconhecer as interações entre inteligências em uma pessoa, é útil observar as interações entre as inteligências de diferentes indivíduos, afinal de contas, no mundo do trabalho, a maioria das pessoas trabalha em relação ao trabalho de outras. As equipes eficazes são construídas com base na complementaridade de recursos e habilidades entre diversos trabalhadores, e não em um grupo de indivíduos idênticos. Para usar uma analogia, um quebra-cabeça é interessante porque diferentes imagens e formas se ajustam para compor uma imagem geral, e não porque todas as peças tenham uma imagem e uma forma idênticas. A partir dessa perspectiva interacionista, um sistema educacional com padrões universais faz pouco sentido (e muitas pessoas com conquistas extraordinárias não têm boas lembranças de seus dias de escola; ver Gardner, 1993; Moran, 2006). Torna-se mais difícil para indivíduos entender como eles se encaixam no quadro mais amplo de suas culturas se for exigido que sejam como os outros.

Os três tipos de interações também são vistos em equipes. Quando um aluno exige que todos os membros do grupo devem convencer aos outros dos méritos de suas ideias, sua forte inteligência interpessoal pode restringir as contribuições dos que talvez sejam menos habilidosos socialmente. Quando os estudantes com diferentes qualidades trabalham em grupo e respeitam suas diferenças, a compensação pode levar a um resultado melhor do que se cada um tivesse realizado um trabalho individual. A perspicácia matemática de um aluno talvez estimule um pintor com mais orientação espacial a incluir geometria ou fractais em seu trabalho, catalisando, assim, a aprendizagem e o desempenho deste. Um aluno fortemente naturalista, associado a fortes inteligências existencial e interpessoal, provavelmente poderia criar uma excelente campanha de utilidade pública para a conscientização ambiental. Como disse Knoop, podemos conquistar muito mais juntos do que por conta própria.

Uma criança com inteligência corporal cinestésica nascente pode não desabrochar até trabalhar com outra criança com forte inteligência musical e rítmica. Kaya e Selçuk descrevem como um aluno, Mehmet, conseguia influenciar outras crianças, apesar de sua pouca habilidade em inteligências linguística e lógico-matemática. A história triste de Díaz-Lefebvre sobre Javier e seus desenhos do cérebro sugere uma oportunidade perdida para que ele ilustre seus colegas em função de seus elevados padrões de desempenho "alto" e "baixo". Podemos estar limitando os recursos que temos em sala de aula – as várias inteligências dos membros da turma – quando restringimos as interações à mão única, de alunos "melhores" a "piores", a partir de um critério unidimensional.

INTERAÇÕES ENTRE INTELIGÊNCIAS SITUADAS EM CULTURAS DIFERENTES

As interações interculturais de inteligências também oferecem uma arena rica para a expressão e para o desenvolvimento de inteligências. A introdução das IM como teoria científica e alicerce para a prática educacional é um fenômeno intercultural. Ainda assim, sua aplicação, como demonstrado neste livro, é fundamentalmente intracultural – como as inteligências são interpretadas e valorizadas dentro de uma determinada cultura. As crianças são educadas dentro de uma cultura, e a maioria delas interage com as pessoas de outra cultura apenas mais tarde, em suas carreiras educacionais formais – em programas de intercâmbio no ensino médio ou universitário. Alguns poucos, que moram em cidades cosmopolitas ou viajam, entram em contato com diferenças culturais mais cedo. Contudo, com o crescimento dos meios de transporte, da imigração e da mídia eletrônica, pessoas de várias origens culturais interagem com mais frequência e de formas mais variadas.

Em interações interculturais, não apenas suas inteligências podem diferir, como também o sentido e o valor destas. Tais interações acrescentam mais um nível de possibilidade para a aprendizagem e para a compreensão, porque os valores e os sentidos não podem ser tidos como algo dado. Visitei várias escolas nos Estados Unidos, onde os diretores me disseram que agora precisam "lidar" com refugiados de outros países. Entendo que as barreiras linguísticas e os prejuízos dificultam as interações sociais em um primeiro momento, mas, a partir de uma perspectiva interacionista das IM, essa situação intercultural não constitui um problema, e sim uma oportunidade educacional que ainda tem que ser integralmente concretizada se os educadores a considerarem em termos de compensação e catálise, em vez de criarem gargalos baseados em concepções prévias.

Essas interações se tornam ainda mais intrigantes quando a tecnologia as afeta. Battro descreve de que modo os computadores podem ser usados como extensão da inteligência de uma pessoa, compensando limitações e potencializando as qualidades. Sahl-Madsen e Kyed descrevem como os assistentes pessoais digitais ajudam os visitantes do Danfoss Universe a fazer um uso mais eficaz de seu tempo dentro das atividades do Explorama. Em trabalho sobre envolvimento cívico de jovens, comentei como a internet se tornou a *civitas*, a praça pública e a arena política para os jovens adultos, alterando as oportunidades e estratégias daqueles que buscam ser líderes (Moran, 2007). A tecnologia amplia os recursos pessoais e estabelece pontes para atravessar fronteiras pessoais e culturais.

CONTRIBUIÇÃO À CULTURA

As inteligências não são objetivos em si mesmas, e sim recursos investidos em uma tarefa ou produto e valorizados por uma cultura. Se a tarefa ou o produto não forem valorizados, não é uma contribuição. As contribuições são o objetivo. O cultivo das inteligências faz sentido no contexto de como são usadas para afetar a comunidade. Elas podem ir desde a proficiência até a especialização na manutenção de práticas culturais existentes, chegando à criatividade ou à transformação cultural (Moran e Gardner, 2006b), à sabedoria ou a ações particularmente astutas que levam em conta múltiplas perspectivas dentro de uma situação ou cultura para ter um efeito positivo sobre o bem comum (Moran e Connell, 2008).

Muitas escolas não dão sustentação à contribuição. A contribuição é um passo além do envolvimento, do desempenho, da demonstração e da exposição do trabalho, que são elogiados com mais frequência como objetivos e benefícios de uma prática educativa. O envolvimento torna a aprendizagem mais prazerosa, e os estudantes assumem mais responsabilidades por ela. O capítulo de Hoerr chegou a aludir a como esse envolvimento pode ser malinterpretado pelos pais como se lhe faltasse rigor, já que os alunos estariam se divertindo demais! O desempenho e a demonstração tornam visíveis a aprendizagem e as competências, mostrando as capacidades dos estudantes. Vários capítulos descrevem o uso de mestres, profissionais que servem ao aprendizado dos alunos, portfólios e desempenhos de aprendizagem por meio dos quais os estudantes podem demonstrar suas competências. A exposição pública mostra orgulho do trabalho dos alunos. As escolas dos Estados Unidos, particularmente, fazem questão de usar seus corredores para exibir o avanço dos alunos, mas o envolvimento, o desempenho, a demonstração e a exposição não têm impacto na comunidade escolar mais ampla, no bairro ou além disso. Esses programas ainda mantêm os alunos segregados em relação ao potencial que têm para cumprir um papel real em suas culturas. Como proclamou Rizzo, o necessário é o relevante.

As implementações das IM parecem estar direcionadas aos adultos nos contextos educacionais – que seriam considerados o "ambiente" para a criança. Muitos usam uma zona de desenvolvimento proximal especialista-iniciante, na qual a pessoa mais velha e mais experiente dá a maior parte da contribuição, e a mais jovem e com menos experiência assimila mais (Vygotsky, 1987). Vários capítulos deste livro sugerem que, para que práticas culturais específicas sejam mantidas ou transformadas, são necessárias contribuições em todos os níveis de poder dentro do *establishment* educativo: formuladores de políticas, pesquisadores e professores. O que se descreve com menos frequência é como os estudantes contribuem. Embora menos experientes, são membros da cultura. Talvez sejam limitados naquilo que poderiam fazer: algumas dessas limitações se devem a desenvolvimento não acabado ou a capacidades imaturas, mas outras se devem a restrições culturais. Por exemplo, há restrições jurídicas e outras de caráter institucional a que os jovens dirijam, votem, trabalhem e deem outras contribuições comuns (Moran, 2007).

Keinänen menciona o que pode acontecer aos estudantes quando a contribuição não é levada e conta. A autora descreve como alguns alunos na Noruega abandonam a escola e se rebelam por nada ter a perder. Esses alunos estão desconectados: o que fazem ou deixam de fazer, de sua perspectiva, não importa. Na história de Díaz-Lefebvre, a falta de valorização da contribuição potencial de Javier levou-o a abandonar a faculdade. Vendo um aspecto positivo, a história de Kim e Cha sobre a inteligência naturalista de Ji-Min e seu amor pelos insetos mostra o que a contribuição pode fazer por uma criança. Quando os estudantes veem que o uso de suas inteligências tem um impacto real, eles crescem. Nas palavras tão eloquentes de Barrera e León-Agustí, os jovens conseguem "se pronunciar como pessoas".

Muitos jovens podem e querem contribuir, se lhes for dada oportunidade. Vários capítulos deste livro descrevem formas maravilhosas de como os jovens se constituem colaboradores integrais de suas comunidades. Na Colômbia, os alunos de origem pobre contribuem para uma sociedade menos violenta e mais justa, refletindo sobre seus próprios conflitos e solucionando-os. Na Argentina, os estudantes criaram uma antologia de trabalhos escritos que foi distribuída a outros. Na Dinamarca, os jovens ajudaram a projetar exposições em um parque de ciências. Na Inglaterra, os escoteiros ganham condecorações por meio de sua ação, e não apenas realizando atividades. Nas Filipinas, os alunos se tornam os herois uns dos outros e de pessoas de fora da escola e das pré-escolas ao reduzir o impacto ambiental por meio de programas de reciclagem. Os estudantes não estão aprendendo "sobre" um tópico, e sim aprendendo a se engajar verdadeiramente com uma questão, a ser parte da solução e a enxergar os efeitos de suas ações.

Entre os exemplos particularmente relevantes de contribuição que constam nesta obra estão a produção de livros, uma loja de molduras, uma empresa de festas de aniversário e empreendimentos jornalísticos na New City School, o Rainforest Café Project, que plantou árvores, e o brechó com vistas a levantar dinheiro a fim de comprar livros para os pobres nas Filipinas. Cada um desses programas requer a interação de indivíduos e de suas inteligências em direção a um resultado valorizado culturalmente. Os alunos percebem que são importantes, entendem como suas ações têm relevância e recebem retorno para ajudar a melhorar suas contribuições no futuro.

Outro forte exemplo vem de minhas visitas a várias escolas. Um estado tem um centro de educação técnica que não apenas forma jovens em várias habilidades, como desenho, produção de mídia ou desenvolvimento infantil, mas também contém uma cozinha onde alunos-chefes de cozinha preparam o almoço para os professores, uma oficina mecânica onde consertam os carros dos professores e dos membros da comunidade, e uma creche para onde os professores levam seus bebês. Os estudantes de edificações vão à comunidade para construir galpões e outros prédios; quando dirigem pela cidade, apontam exemplos de sua contribuição. Os que estudam temas no campo da saúde trabalham em hospitais em meio-expediente. Alunos de desenho e introdução à engenharia projetam soluções para organizações da comunidade, incluindo o departamento de polícia. Como sugerem Maker e Sarouphim em sua descrição da cultura diné, talvez o melhor "teste" é buscar soluções para problemas na vida real.

CONCLUSÃO

Pode ser mais simples ter uma inteligência geral e um conjunto de regras, padrões ou caminhos para todos. Se estabelecemos uma política, como a No Child Left Behind, dos Estados Unidos, ou o etos norueguês "não se destacar demasiado", para levar todos até uma "norma", e pressupomos que norma é sinônimo de "maximizar potencial", acreditamos ter feito nosso trabalho. Contudo, as pessoas não são idênticas. Cada um de nós tem um conjunto de recursos e potenciais diferentes de outros. O potencial de um estudante não é simplesmente superior ou inferior, mas, talvez, esteja em diferentes dimensões em relação ao de outro. Cada um de nós pode contribuir para nossas culturas de diversas formas, e os papéis que uma cultura proporciona são bastante variados. Para se tornar um carpinteiro ou pianista especializado, é necessário ter habilidades e recursos muito diferentes do que os de um poeta ou estatístico. E a maioria das culturas precisa de todos esses papéis.

O compromisso das múltiplas inteligências dos indivíduos com contribuir para um bem maior cria uma situação mais complexa para os educadores. As trajetórias educacionais dos estudantes, a formação de professores e os resultados da aprendizagem tornam-se mais interativos, não lineares e mais difíceis de prever. As abordagens baseadas nas IM também oferecem um futuro mais vibrante de oportunidades para todos. Podemos conquistar mais colaborando com pessoas diferentes, mas complementares em relação a nós, do que os cercando de imitadores iguais: um saxofone e um piano tocando em harmonia são mais provocadores do que dois violinos em uníssono.

Talvez nós estejamos de prontidão para viver o equivalente à explosão cambriana, um período pré-histórico caracterizado por imensa diversificação de espécies biológicas. À medida que mais do que apenas as inteligências lógico-matemáticas e linguísticas sejam valorizadas e desenvolvidas em várias culturas, e indivíduos e culturas interajam cada vez mais, a gama de potenciais, capacidades e desempenhos se multiplica. Em vez de apenas rótulos e medidas de inteligências separadas, as relações entre inteligências, indivíduos e culturas se tornam o ponto focal do desenvolvimento intelectual e cultural.

Uma das maiores esperanças da teoria das IM é que ela possa ajudar a catalisar todos nós, de várias culturas, para que consideremos, reflitamos e, de forma ideal, contribuamos para as realizações culturais permanentes, em grande escala. Ou seja, a teoria das IM torna visível um leque mais amplo de possibilidades aberto não apenas dentro de nossas culturas, mas à cultura em geral. Nossos perfis de inteligência são importantes em função das finalidades a que lhes dedicamos ao sustentar ou transformar aspectos das culturas das quais fazemos parte. A cultura é um processo, e as IM criam um horizonte mais amplo a ser almejado por nós.

Referências

Gardner, H. (1983). *Frames of mind*. New York: Basic Books. [*Estruturas da mente*: a teoria das inteligências múltiplas. Porto Alegre: Artmed, 1994]

Gardner, H. (1993). *Creating minds*. New York: Basic Books.

Lave, J., & Wenger, E. (1991). *Situated learning*. Cambridge: Cambridge University Press.

Moran, S. (2006). *Commitment and creativity*. Unpublished doctoral thesis, Harvard University.

Moran, S. (2007). *Commitment in democracy*. Paper presented to the Symposium on Social Understanding, Trust and Commitment at the Association of Moral Education Conference, New York.

Moran, S., & Connell, M. (2008). *All the wiser: Wisdom from a systems perspective.* Presentation at the University of Chicago Arete Initiative, Chicago.

Moran, S., & Gardner, H. (2006a). Multiple intelligences in the workplace. In H. Gardner, *Multiple intelligences: New horizons* (pp. 213-232). New York: Basic Books.

Moran, S., & Gardner, H. (2006b). Extraordinary cognitive achievements: A developmental and systems analysis. In W. Damon (Series Ed.) & D. Kuhn & R. S. Siegler (Vol. Eds.), *Handbook of child psychology*, Vol. 2: Cognition, perception, and language (6th ed., p. 905-949). Hoboken, NJ: Wiley.

Moran, S., & John-Steiner, V. (2003). Creativity in the making: Vygotsky's contribution to the dialectic of creativity and development. In R. K. Sawyer, V. John-Steiner, S. Moran, R. J. Sternberg, D. H. Feldman, J. Nakamura, & M. Csikszentmihalyi (Eds.), *Creativity and development* (p. 61-90). New York: Oxford University Press.

Vygotsky, L. S. (1987). *Mind in society.* Cambridge, MA: MIT Press.

O QUE AS POLÍTICAS TÊM A VER COM ISSO?

Uma perspectiva sobre a teoria das inteligências múltiplas a partir das políticas

MINDY L. KORNHABER

A teoria das IM, proposta como uma nova concepção da inteligência humana, em pouco tempo se tornou uma estrutura para a pedagogia e para a reforma escolar. Este capítulo explora a interseção entre essa teoria e as políticas sociais. Inicialmente, examino o ambiente de políticas para o desenvolvimento da teoria nos Estados Unidos e, depois, a trajetória de sua implementação, dadas as políticas existentes dentro deste e de outros países. Afirmo que, do ponto de vista das políticas, a teoria das IM serve como agente da igualdade cognitiva. Quando implementada de forma sólida, a teoria das IM possibilita que pessoas diversas façam bom uso de suas mentes. A teoria também é uma ferramenta democratizante: possibilita o desenvolvimento e a expressão de ideias por parte daqueles que, caso contrário, talvez permanecessem sem ser ouvidos.

Neste capítulo, trato da interseção entre a teoria das inteligências múltiplas (IM), de Howard Gardner (1983), e as políticas, ou seja, os meios de promover ou limitar ações na busca de um objetivo social (Pal, 1997). Analiso o desenvolvimento da teoria e seu uso nas escolas em resposta a problemas sociais, bem como as políticas existentes e a adoção da própria teoria como ferramenta de geração de políticas públicas. O tema central é que, de uma perspectiva das políticas, o uso da teoria deve desenvolver as mentes de uma gama muito mais ampla de estudantes do que as concepções psicométricas tradicionais.

Dado que várias implementações das IM conseguem fazer isso, a teoria é um agente da equidade cognitiva (Kornhaber, 1998): ela possibilita que uma maior diversidade de indivíduos faça bom uso de suas mentes. A teoria também é uma ferramenta democratizante: possibilita o desenvolvimento e a expressão de ideias por parte daqueles que, caso contrário, talvez permanecessem sem ser ouvidos em suas comunidades ou na sociedade mais ampla.

Como Gardner observou muitas vezes (ver, por exemplo, o Capítulo 1, neste livro), embora tenha pretendido influenciar o pensamento dentro da esfera da psicologia acadêmica, a teoria das IM foi adotada com muito mais prontidão no mundo da prática educativa, onde em pouco tempo se tornou um meio para abordar problemas relacionados a políticas. Apenas quatro anos após Gardner ter publicado a teoria, a Key School se estabeleceu, em grande parte com base nas IM, em resposta ao relatório *A Nation at Risk* (National Commission on Excellence in Education, 1983) e ao regime que se seguiu, de padronização e testagem (ver o Capítulo 24, neste livro).

Embora essa mudança de localização tenha surpreendido ao teórico, vale a pena observar que as IM, e todas as outras concepções de inteligência humana, resultam de contextos sociais, aos quais são centrais as questões de liderança, as interações de pessoas e grupos dentro de uma ordem social, a socialização de crianças nessa ordem e as bases em que residem essas coisas. Assim, ao mesmo tempo em que é revolucionária metodológica e politicamente, a teoria das IM também segue uma tradição que remonta a Platão, que dizia que a qualidade do metal no qual consistem as capacidades de cada indivíduo deve determinar seu lugar na sociedade (Plato, 1960). Colocar um homem de ferro em uma posição que demanda um homem de ouro certamente teria péssimas consequências para o Estado. Em essência, a forma como o "metal" de cada um é determinado trata-se fundamentalmente de uma questão de políticas sociais.

O DESENVOLVIMENTO DA TEORIA NOS ESTADOS UNIDOS

Como observou Thomas Armstrong no Capítulo 2, a teoria das IM foi exportada dos Estados Unidos. Faz muito sentido que essa teoria tenha sido produzida em um país cuja sociedade é conhecida por seu foco na identidade individual, e não na coletiva (Bellah, Madsen, Sullivan, Swidler e Tipton, 1985). (Para um caso contrário, ver o Capítulo 3, de Jie-Qi Chen, sobre a inteligência como característica familiar, e não individual, na China.) Culturalmente, é um lugar onde há muito se elogiam individualistas ferrenhos como Teddy Roosevelt. A individualidade valorizada pelos norte-americanos é legitimada, como em outros lugares, em seu direito constitucional à livre expressão. Com certeza, nem todas as pessoas eram igualmente livres para exercer esses e outros direitos, mas no longo prazo, embora irregular, a trajetória das políticas domésticas dos Estados Unidos tem sido a de ampliar os direitos àqueles situados em setores antes excluídos da sociedade (Patterson, 1995) e promover os direitos dos indivíduos "à vida, à liberdade e à busca da felicidade".

Contra este distante pano de fundo histórico, outros eventos próximos e poderosos estavam acontecendo na sociedade norteamericana. Mais ou menos a partir da época em que Howard Gardner entrou em Harvard, em 1961, uma série de movimentos políticos enfrentaram as limitadas oportunidades de educação e trabalho com que geralmente se deparavam os afro-americanos e outros grupos minoritários, mulheres e indivíduos portadores de deficiências (Farber, 1994). É justo dizer que poucos norte-americanos intelectualmente engajados não foram afetados por esses esforços para a conquista de direitos civis e a mudança de leis que reservavam papéis inferiores a muitos concidadãos.

A pesquisa de Gardner em neuropsicologia, no desenvolvimento cognitivo de crianças normais e superdotadas em vários domínios, artes e cognição humana foi central ao desenvolvimento da teoria (ver o Capítulo 1, neste livro). No decorrer dessa pesquisa, ele com frequência via contradições com a noção tradicional de inteligência geral, o que fez com que percebesse, como observou no Capítulo 1, que "há algo de podre no estado da inteligência". Está claro que o desenvolvimento da teoria se baseou profundamente no conhecimento de Gardner sobre psicologia e em sua revisão interdisciplinar de um leque amplo de pesquisas. Ainda assim, ao longo dessa investigação científica, eu afirmaria que ele e sua teoria, assim como acontece com todos os outros teóricos e teorias, são produtos de influências sociais distais e proximais (ver Gould, 1981).

ADOÇÃO INICIAL E TRAJETÓRIA NOS ESTADOS UNIDOS

Gardner observa no Capítulo 1 que sua teoria não foi pronta e amplamente aceita em todos os lugares; na verdade, foi duramente criticada por alguns psicólogos acadêmicos como ele. Vários deles consideravam a teoria das IM como algo que diluía ou obscurecia a "Inteligência" (com maiúscula), um construto central à psicologia. A teoria nem mesmo se baseava nos métodos aprovados pelo campo (Miller, 1983; Scarr, 1985). Esse tipo de crítica continua nos Estados Unidos e em outros países (White, 2005; Willingham, 2004), e sua dureza não surpreende. Do ponto de vista das políticas, o questionamento que Gardner faz do "metal" humano e dos métodos tradicionais usados para o experimento equivale a um ataque aos guardiões do estado de coisas.

Em outros territórios da aprendizagem, o debate entre psicólogos acadêmicos pouco importava. A maioria dos professores não se considerava metodólogos ou guardiões, e sim se concentrava nos desafios básicos de envolver e desenvolver os alunos. Para eles, a teoria e as evidências que estavam na sua base eram claramente contundentes, em sintonia com sua experiência de que os estudantes diferem em várias dimensões, aprendem de formas diferentes, e muitos têm um talento singular (Kornhaber e Krechevsky, 1995).

O sistema de educação norte-americano era terreno fértil para a aplicação inicial da teoria a contextos educativos. Precisamente em função de sua infraestrutura estatística e seu potencial inclinado a trazer as decisões racionais para ambientes organizacionais (Terman, 1919; ver Callahan, 1962), a visão psicométrica da inteligência e seu arsenal de avaliações nem sempre se adequavam confortavelmente à sociedade norte-americana. A partir da administração inicial de testes em massa entre militares e estudantes, críticos consideraram os testes e seus resultados como formas dúbias de limitar os direitos e as oportunidades dos indivíduos (ver Lemann, 1999; Lippmann, 1922a, 1922b). A teoria das IM, por sua vez, não sugere qualquer hierarquia intrínseca de habilidades nem, portanto, de direitos ou oportunidades. Além disso, na teoria de Gardner (1983), "inteligência" não se reflete em um resultado obtido em uma ou duas horas de questões de resposta objetiva, e sim em como a pessoa resolve problemas ou gera produtos valorizados culturalmente. Como sugeriu Armstrong no Capítulo 2, a teoria se ajusta bem à visão de mundo pragmática e otimista dos norte-americanos.

Aproximadamente 15 anos depois da adoção inicial das IM pela Key School, educadores norte-americanos que trabalhavam com todas as populações concebíveis – estudantes em escolas urbanas, rurais e suburbanas em todos o país, aprendentes superdotados, adultos com baixo nível de letramento, jovens em centros de detenção juvenil, universitários, crianças de pré-escola – procuraram a teoria. Eles a usaram para desenvolver as mentes dos estudantes e seu conhecimento disciplinar, e para conectá-los à escola e à sociedade mais ampla. Chris Kunkel fala desse processo no Capítulo 24: "Nossa maior esperança para os nossos estudantes é que usem suas potencialidades para fazer mudanças positivas em suas vidas e na comunidade global".

Entretanto, como indica Kunkel, as pressões para elevar os resultados dos alunos em provas, exacerbadas pela principal lei-símbolo do governo Bush para o país, a No Child Left Behind Act (NCBL) de 2001, restringiram os objetivos de muitos educadores. Essa limitação é maior em escolas que servem a alunos de grupos minoritários e mais pobres (ver Booher-Jennings, 2005; McNeil e Valenzuela, 2001; Neal e Schanzenbach, 2007). O efeito dessas políticas, nos Estados Unidos e em todos os ambientes onde foram usadas, é pressionar escolas, professores e alunos por uma linha muito mais uniforme de operação. Mesmo assim, a ênfase dada a resultados de provas, ou a qualquer indicador social superestimado, corrompe o processo pelo qual são gerados (Campbell, 1976). Dessa forma, nos oito anos da presidência de Bush, enquanto bilhões de dólares (ver General Accounting Office, 2003) foram gastos na aplicação da abordagem estreita da NCLB, e grande parte ia para empresas que produziam testes e materiais com vistas à preparação para esses mesmos testes, quase nenhum ganho importante se materializou e termos de avaliações independentes do desempenho nacional (Fuller, Gesicki, Kang e Wright, 2006; Lee, 2006; National Center for Education Statistics, 2007).

Como resultado da NCLB e de outras políticas relacionadas, o trabalho com a teoria das IM se contraiu nas escolas dos Estados Unidos. Isso fica claro no capítulo de Kunkel. Outro indicador é que das 44 escolas que participaram de longas entrevistas para o *Project on Schools Using MI Theory* (Projeto com Escolas que Usam a Teoria das IM, SUMIT) em 1998-1999 (Kornhaber, Fierros e Veenema, 2004), somente 14 responderam ao questionário de adesão a Gardner em 2006 (Gardner, comunicação pessoal, 2006). Por enquanto, a maioria das aplicações criativas das IM nos Estados Unidos está limitada a pré-escolas, contextos escolares privados ou ao nível universitário, que permanecem fora do alcance dos testes muito competitivos que afetam as escolas públicas dos Estados Unidos. Vemos exemplos desse tipo de trabalho neste livro, no Capítulo 25, de Tom Hoerr; no Capítulo 28, de Vincent Rizzo; e no Capítulo 26, de René Díaz-Lefebvre. A teoria também continua a florescer nos Estados Unidos fora dos contextos escolares, como em museus e organizações.

POLÍTICAS QUE DÃO SUSTENTAÇÃO À ADOÇÃO DAS IM FORA DOS ESTADOS UNIDOS

Como ilustra o caso do Estados Unidos, as políticas que assumem padrões estreitos e uniformes e classificações hierárquicas não são coerentes com a ampla adoção das IM. Em contraste, aquelas que buscam reduzir a hierarquia, ampliar os padrões e aceitar a diversidade são receptivas à teoria e à verdadeira equidade cognitiva. Em muitas partes do mundo, essas políticas são uma tendência. Dito isso, há considerável variação entre elas, incluindo seu alcance sistemático e seus objetivos imediatos. Esta seção examina usos da teoria atualmente em operação em nível nacional, depois em nível mais local, e os objetivos específicos em termos de políticas são analisados dentro de cada nível.

Implementação da teoria das IM em políticas nacionais

Mesmo que as políticas nacionais nos Estados Unidos desde 2001 tenham reduzido o uso das IM, em outros países, com outras políticas nacionais e posturas programáticas em relação a elas, a teoria começou a criar raízes e mesmo a florescer. Na Noruega, como escreve Mia Keinänen no Capítulo 12, a cultura existente favorecia o igualitarismo e a organização democrática, sendo "solo fértil para a teoria das IM". Em sintonia com essa cultura, o Ministério da Educação naquele país, na década de 1990, produziu um currículo central que não era informado pelas IM, mas ainda assim era muito receptivo a elas. As sete dimensões do currículo incluíam os aspectos "social", "criativo", "ambientalmente consciente" e a educação de forma liberal, além de uma lei de educação que estipulava que a escola se ajustaria à criança individual. Assim que ficou claro que a teoria das IM não era somente um meio de atender a crianças superdotadas, um grupo cujas necessidades não são realmente tratadas dentro da cultura igualitária da Noruega, os educadores gravitavam em torno da teoria. Seu ímpeto imediato era de que a teoria apresentava uma rota clara para responder às demandas da Noruega de políticas mais includentes e de atendimento às necessidades individuais de cada aluno.

Vários colaboradores deste livro observaram que a adoção da teoria das IM nas escolas, os programas de formação de professores e outros contextos acompanhavam a transição de seu país de governos autocráticos a outros mais participativos. Em nível nacional, Paula Pogré e Marcela Rogé ilustram essa questão no Capítulo 21: depois do final da ditadura militar argentina, a Lei Federal de Educação de 1993 estabeleceu "os princípios da educação para todos". Por sua vez, dizem, "um grupo de pesquisadores e profissionais da educação enxergou o potencial da teoria para transformar o sistema educacional, tornando-o mais democrático e inclusivo", e cumprir as metas da nova política. Não muito tempo depois, o próprio Ministério da Educação entendeu que as IM estavam em sintonia com sua política de "educação para todos". Desde então, começou a promover seu uso.

Na Irlanda, houve uma trajetória semelhante: uma política nacional voltada a promover a inclusão educacional incentivou a adoção das IM e, depois disso, a teoria foi adotada como política nacional. Como explicaram Áine Hyland e Marian McCarthy no Capítulo 17, Lei de Educação de 1998 e a Lei Universitária de 1997 foram implementadas em muito como resposta a uma grande onda de imigrantes que tinham sido atraídos pela riqueza e pelas oportunidades recém-descobertas que o país oferecia. Essas novas leis determinavam que todos os níveis do sistema de educação atendessem às necessidades dos aprendentes, "independentemente de suas capacidades, deficiências ou de suas origens culturais, sociais, linguísticas, étnicas ou religiosas". Como demonstram Hyland e McCarthy, a teoria das IM oferecia uma estrutura pela qual os educadores poderiam colocar em prática essa política. Como resultado dos esforços de Hyland e seus colegas para implementar as IM e a estrutura de ensino para a compreensão (Blythe, 1997; Stone-Wiske, 1997), e para educar os formuladores de políticas sobre os resultados positivos que obtinham, vários documentos nacionais sobre políticas incorporaram a teoria.

Na Escócia, Brian Boyd descreve, no Capítulo 18, a diminuição gradual das influências das classes sociais e de testes altamente competitivos nas oportunidades educativas pré-universitárias em seu país. O caráter cada vez mais inclusivo do sistema incentivou esforços para melhorar a aprendizagem em uma faixa ampla da população. Para fazer frente a esse desafio, as autoridades locais responsáveis pela educação na Escócia deram passos para incorporar a teoria. Em 2004, com a participação de Boyd, o Ministerial Review Group criou uma estrutura nacional de currículo que fazia um chamado por um amplo conjunto de competências acadêmicas, emocionais e sociais. O grupo assumiu as IM como uma forma de chegar a esses objetivos.

A Turquia e a Coreia pareceriam lugares improváveis para que a teoria das IM fosse incluída nas políticas nacionais. Cada um desses países há muito tem um currículo restrito e baseado em exames. Em ambos, os resultados de provas determinavam os destinos educacionais dos estudantes e suas futuras oportunidades no setor econômico. Mesmo assim, no Capítulo 20, Osman Nafiz Kaya e Ziya Selçuk revelam que a teoria penetrou na Turquia ao longo de 20 anos. Inicialmente, as IM eram implementadas em uma escola-laboratório filiada à universidade em que Selçuk atua e em outras escolas privadas, que têm menos limitações curriculares. Nas primeiras escolas a empregar as IM, os educadores começaram a levar a cabo mais trabalho interdisciplinar, reorientaram o diagnóstico – da medição à avaliação – e se tornaram mais inclusivos em suas visões de inteligência. Dadas essas mudanças, os programas de formação de professores incorporaram a teoria em seus cursos de psicologia da educação. Em 2003, Selçuk foi nomeado para o Departamento de Educação da Turquia e tem ajudado a incentivar as IM em uma grande revisão do currículo nacional. A adoção nacional foi acompanhada por amplo desenvolvimento profissional para formadores de professores e editores de livros-texto, de modo que a teoria pudesse ser solidamente implementada com vistas a estimular a compreensão disciplinar. A teoria das IM saiu das margens da prática escolar para tornar-se um recurso central no tratamento dos problemas de políticas, que vão desde a expansão de tecnologia a imperativos exigidos pela União Europeia.

Na Coreia, assim como na Turquia e na Irlanda, a incorporação da teoria à prática, e depois às políticas nacionais, começou com os pesquisadores e professores trabalhando por sua implementação em algumas escolas privadas. Nessas escolas, Myung-Hee Kim e Hyung-Hee Cha relatam, no Capítulo 8, que houve importantes melhorias em termos de desempenho e de atitudes em relação à aprendizagem. Os formuladores de políticas começaram a ver as IM como forma de abordar uma série de problemas educacionais, incluindo o baixo desempenho de alunos que perdiam o interesse em aprender e um sistema baseado em exames, altamente competitivo. Em 2005, o Ministério da Educação coreano apresentou seu Sétimo Currículo Nacional, que "adota a diversidade e a individualidade. O currículo busca proporcionar educação personalizada, passando de uma educação centrada no professor a uma centrada no aluno, e chama a atenção para o respeito às diferenças individuais e à adaptação do currículo a diferenças entre os estudantes". O currículo inclui as IM como estrutura teórica e de implementação.

Embora a China não tenha assumido as IM em documentos oficiais sobre suas políticas, a teoria é muito conhecida e amplamente usada em todo o país, mesmo em algumas áreas pobres e remotas, descritas por Zhilong Shen no Capítulo 5. Vários capítulos neste livro destacam as tradições culturais da China, incluindo a filosofia educacional confuciana e a variada expressão das capacidades e dos talentos humanos muito valorizados no país. Jie-Qi Chen, no Capítulo 3, e Happy Cheung, no Capítulo 4, também observam a importância para a economia chinesa de uma educação que estimule o desenvolvimento individual, a solução de problemas e a criatividade, além de bons resultados em testes. Por essas e outras razões, a China produziu uma série de documentos sobre políticas que fazem das IM uma ferramenta razoável para sua implementação. Por exemplo, K. C. Cheung, da Universidade de Macau, chama a atenção, no Capítulo 6, para o currículo de matemática da China, que declara que "cada aluno terá seu tipo específico de desenvolvimento". Em sintonia com essa tradição e com a orientação do governo central da China, o principal dirigente de Macau fez um discurso relevante sobre políticas que promovia as IM como "um importante meio de estimular o desenvolvimento integral da nova geração". Os capítulos escritos por Happy Cheung e por Zhilong Shen fazem menção à Política de Educação para a Qualidade, introduzida pela China em 1999, que clama a educadores e pais que prestem atenção não apenas aos conteúdos escolares, mas também à promoção de uma educação integral, incluindo as artes, os esportes e a educação moral. Como escreve Happy Cheung, "em um esforço para encontrar uma sustentação teórica [para a política chinesa de qualidade educacional], a teoria das IM serviu quase como uma poção mágica para a educação".

No mundo das políticas, não é raro encontrar diretrizes nacionais que colidem entre si. A Política de Educação para a Qualidade coexiste com uma tradição continuada de vestibulares competitivos. Com base no capítulo de Jie-Qi Chen, a resposta à pergunta de como as IM coexistem com esses testes pode beber em parte no tradicional equilíbrio chinês de necessidades individuais e coletivas. A reforma educacional chinesa contemporânea destaca a necessidade de desenvolver cada pessoa para que ela possa contribuir para a sociedade como um todo. A resposta também pode estar, em parte, no fato de que a grande maioria dos estudantes chineses não irá à universidade, de forma que os vestibulares podem ter menos força no sistema como um todo do que a política NCLB dos Estados Unidos, que está elaborada para avaliar cada escola pública e cada distrito escolar.

Essa contradição nacional em termos de políticas também parece se manifestar na Inglaterra. Anna Craft, no Capítulo 15, e Mike Fleetham, no Capítulo 16, observam a política Every Child Matters do país, iniciada em 2000. Essa política, como a descreve Fleetham, está voltada a ajudar cada criança a "ter satisfação e realizações, dar uma contribuição positiva, alcançar o bem-estar econômico". A política também destaca a "aprendizagem personalizada" e conclama as escolas a tratarem das diversas necessidades dos alunos. Embora a teoria das IM ofereça uma estrutura que complementaria esses objetivos, ela não é mencionada especificamente nessa política. Além disso, Fleetham questiona o caráter verdadeiro dessa política. Ela coexiste com o sistema inglês, de exames altamente competitivos em matemática, inglês e ciências. As pesquisas sobre esse sistema concluem que os professores da Inglaterra se sentem compelidos a ensinar para os exames, assim como acontece com muitos professores norte-americanos (Booher-Jennings, 2005;

Pedulla, Abrams, Madaus, Russell, Ramos e Miao, 2003; Neal e Schanzenbach, 2007; McNeil e Valenzuela, 2001).

Embora a China possa ter encontrado uma maneira de realizar seus exames junto com as IM, os esforços na Inglaterra e nos Estados Unidos para educar de forma inclusiva e tratar das necessidades de cada criança, acoplados com testes competitivos em um grupo restrito de disciplinas, refletem uma contradição fundamental em termos de políticas.

Implementação nos níveis local e programático

Muitos capítulos deste livro refletem iniciativas locais e programáticas, no nível escolar de implementação da teoria das IM. Essas iniciativas, assim como suas equivalentes de maior porte, buscam melhorar as oportunidades dos indivíduos de aprender, reduzir a hierarquia, aceitar a diversidade de pensamento e aprimorar a equidade cognitiva. Embora as metas imediatas desses esforços sejam mais locais, eu afirmaria que costumam ter influência nacional ou internacional ampla (como também é o caso da Key School e da New City School nos Estados Unidos).

Por exemplo, na Romênia, o trabalho do programa de formação de professores de Florence Mihaela Singer e Ligia Sarivan surgiu em resposta a políticas de educação da era comunista do país. Na época, o ensino escolar consistia em filas de alunos que "memorizavam uma visão única, do livro-texto único" e a reproduziam em exames. Com o fim do comunismo, desejos verdadeiros de implementar transformações educacionais significativas foram frustrados por um novo problema relacionado a políticas: os professores formados no velho sistema tinham dificuldade de adquirir e, portanto, usar outras abordagens pedagógicas ou uma profunda compreensão de suas disciplinas. O esforço programático de Singer e Sarivan, que elas descrevem no Capítulo 22, dedica-se a possibilitar que futuros professores desenvolvam compreensões ricas de suas áreas de conteúdo disciplinar e construam competência na elaboração de currículo. A teoria das IM foi usada para ajudar estagiários de educação a desenvolver múltiplas representações de conhecimento disciplinar e traduzir conhecimento disciplinar narrativo em conhecimento procedimental. Em vez de ter mentes alinhadas com as orientações do Estado, esses futuros professores são ajudados a desenvolver e dominar suas próprias ideias. Isso tem um efeito multiplicador: como escrevem Singer e Sarivan, "a voz única do professor dá espaço para as vozes múltiplas dos estudantes".

A MI International School, de Mary Joy Canon-Abaquin, uma escola privada nas Filipinas, combina a teoria das IM com as ideias do GoodWork Project (Gardner, Csikszentmihalyi e Damon, 2001), para alimentar a capacidade intelectual, o caráter e o compromisso dos jovens, para que eles enfrentem os muitos problemas relacionados a políticas da sociedade como um todo. Nessa escola, as IM dos estudantes são envolvidas em empreendimentos sociais para enfrentar problemas sociais verdadeiros, como a redução da floresta tropical e a pobreza infantil. Canon-Abaquin, assim como vários colaboradores deste livro, combina teoria das IM com outras estruturas desenvolvidas pelo Projeto Zero. Sua escola também se baseia no Projeto GoodWork, que enfatiza "o uso de conhecimento e inteligências para ter um impacto positivo" por meio de trabalho bom e socialmente responsável (Gardner et al., 2001). As crianças dessa escola já tiveram um efeito multiplicador e, embora só se venha a saber com o tempo, é razoável esperar que continuem a tê-lo.

IM E POLÍTICAS NO MUNDO

Na conclusão do Capítulo 22, que descreve de forma vigorosa seu trabalho no desenvolvimento de uma escola para crianças pobres em Bogotá, Colômbia, María Ximena Barrera e Patricia León-Agustí escrevem: "As estruturas tradicionais de educação tendem a reforçar um sistema hierárquico de desigualdade, não sendo capazes de reconhecer a agência de estudantes e professores. Também se negligenciam as necessidades das comunidades de que suas crianças e seus jovens sejam educados de forma a estarem preparados para enfrentar problemas profundos na sociedade". As autoras, assim como outros colaboradores deste livro, destacam que a teoria das IM oferece uma abordagem rica à educação de estudantes diversificados de modo a lhes possibilitar também o uso de suas mentes. Quando usada de forma reflexiva, a teoria promove a equidade cognitiva e é uma força em prol da democratização.

Como tal, do ponto de vista das políticas, o uso da teoria vai entrar e sair de moda. Em vários lugares e em várias épocas, líderes procurarão desenvolver ou diminuir o pensamento profundo e verdadeiro entre seus cidadãos. Levando-se em conta que a hierarquia enfraquece as vozes dos que estão nos níveis desfavorecidos, é de se questionar a crescente influência de políticas baseadas em exames competitivos em muitas partes do mundo.

A oportunidade de usar as IM por vezes entra em conflito com as políticas que demandam uniformidade no ensino e na aprendizagem, como os testes competitivos da NCLB ou o currículo rigidamente controlado da Romênia da era comunista. Não obstante, hoje existem evidências empíricas substancias para demonstrar que o caminho para o desenvolvimento de formas eficientes de compreensão não passa por mais políticas que induzam à uniformidade (Bransford, Brown e Cocking, 1999; Pellegrino, Chudowsky e Glaser, 2001). Em vez disso, o desenvolvimento da compreensão profunda depende de uma série de abordagens reflexivas, algumas ilustradas neste livro, que possibilitam a professores e estudantes se envolver, refletir regularmente sobre sua aprendizagem e ver a aprendizagem como uma abordagem intencional. Em uma era de problemas complexos em termos de políticas, cada país e o mundo como um todo obterão benefícios por levantar esse desafio.

Referências

Bellah, R. N., Madsen, R., Sullivan, W., Swidler, A., & Tipton, S. M. (1985). *Habits of the heart: Individualism and commitment in American life.* Berkeley: University of California Press.

Blythe, T. (1997). *Teaching for understanding.* San Francisco: Jossey-Bass.

Booher-Jennings, J. (2005). Below the bubble: "Educational triage" and the Texas accountability system. *American Educational Research Journal,* 42(2), 231-268.

Bransford, J. D., Brown, A. L., & Cocking, R. R. (Eds.). (1999). *Brain, mind, experience, and school.* Washington, DC: National Research Council/National Academy Press.

Callahan, R. (1962). *Education and the cult of efficiency.* Chicago: University of Chicago Press.

Campbell, D. T. (1976). Assessing the impact of planned social change. http://www.wmich.edu/evalctr/pubs/ops/ops08.html.

Farber, D. (1994). (Ed.). *The 60s: From memory to history.* Chapel Hill: University of North Carolina Press.

Fuller, B., Gesicki, K., Kang, E., & Wright, J. (2006). Is the No Child Left Behind Act working? The reliability of how states track achievement. http://eric.ed.gov/ERICDocs/data/ericdocs2sql/content_storage_01/0000019b/80/1b/d6/59.pdf.

Gardner, H. (1983). *Frames of mind: The theory of multiple intelligences.* New York: Basic Books. [*Estruturas da mente*: a teoria das inteligências múltiplas. Porto Alegre: Artmed, 1994]

Gardner, H., Csikszentmihalyi, M., & Damon, W. (2001). *Good work: When excellence and ethics meet.* New York: Basic Books. [*Trabalho qualificado*: quando a excelência e a ética se encontram. Porto Alegre: Artmed, 2004]

General Accounting Office. (2003). *Characteristics of tests will influence expenses: Information sharing may help states realize efficiencies.* http://www.gao.gov/new.items/d03389.pdf.

Gould, S. J. (1981). *The mismeasure of man.* New York. Norton.

Kornhaber, M. L. (1998). *A return to cautious optimism: In the black-white test score gap.* http://www.prospect.org/cs/articles?article the_blackwhite_test_score_gap.

Kornhaber, M., Fierros, E. G., & Veenema, S. A. (2004). *Multiple intelligences: Best ideas from research and practice.* Needham Heights, MA: Allyn & Bacon/Pearson.

Kornhaber, M. L., & Krechevsky, M. (1995). Expanding definitions of teaching and learning: Notes from the MI underground. In P. Cookson & B. Schneider (Eds.), *Transforming schools* (p. 181-208). New York: Garland.

Lee, J. (2006). *Tracking achievement gaps and assessing the impact of NCLB on the gaps: An in-depth look into national and state reading and math outcome trends.* http://www.civilrightsproject.ucla.edu.

Lemann, N. (1999). *The big test: The secret history of the American meritocracy.* New York: Farrar, Strauss, & Giroux.

Lippmann, W. (1922a). The mystery of the "A" men. *New Republic,* 32, 246-248.

Lippmann, W. (1922b). The abuse of the tests. *New Republic,* 32, 297-298.

McNeil, L. & Valenzuela, A. (2001). The harmful impact of the TAAS system of testing in Texas: Beneath the accountability rhetoric. In G. Orfield & M. L. Kornhaber (Eds.), *Raising standards or raising barriers?* (p. 127-150). New York: Century Foundation Press.

Miller, G. A. (1983). Varieties of intelligence. [Review of Frames of mind by H. Gardner]. *New York Times Book Review*, December 25, p. 5.

National Center for Educational Statistics. (2007). Mapping 2005 state proficiency standards onto the NAEP scales. http://nces.ed.gov/nationsreportcard/pdf/studies/2007482.pdf.

National Commission on Excellence in Education. (1983). A nation at risk. http://www.ed.gov/pubs/NatAtRisk/.

Neal, D., & Schanzenbach, D.W. (2007). Left behind by design: Proficiency counts and test-based accountability. National Bureau of Economic Research, working paper no. 13293. http://www.nber.org/papers/w13293.

Pal, L. A. (1997). Beyond policy analysis: Public issue management in turbulent times. Scarborough, ON: Nelson.

Patterson, O. (1995). For whom the bell curves. In S. Fraser (Ed.), *The bell curve wars*. New York: Basic Books.

Pedulla, J., Abrams, L., Madaus, G., Russell, M., Ramos, M., & Miao, J. (2003). *Perceived effects of state-mandated testing programs on teaching and learning: Findings from a national survey of teachers*. http://www.bc.edu/research/nbetpp/reports.html.

Pellegrino, J. W., Chudowsky, N., & Glaser, R. (Eds.). (2001). *Knowing what students know*. Washington, DC: National Research Council/National Academy Press.

Plato. (1960). *The republic, Book 3* (B. A. Jowett, Trans.). Classics.MIT.edu/Plato/republic.

Scarr, S. (1985). An author' s frame of mind. *New Ideas in Psychology*, 3(1), 95-100.

Stone-Wiske, M. (1997). *Teaching for understanding: Linking research with practice*. San Francisco: Jossey-Bass. *Ensino para a compreensão*: a pesquisa na prática. Porto Alegre: Artmed. 2007.

Terman, L. M. (1919). *The intelligence of school children*. Cambridge, MA: Riverside.

White, J. (2005). *Howard Gardner: The myth of multiple intelligences*. London: Institute of Education, University of London.

Willingham, D. T. (2004). Reframing the mind. *Education Next*, 4(3), 18-24.

ZONA DE DESENVOLVIMENTO PROXIMAL CULTURAL

Um construto para fazer avançar nossa compreensão em torno do mundo das IM

JIE-QI CHEN

Como documenta este livro, a teoria das IM foi introduzida e implementada com sucesso em vários países do mundo. A diversidade que caracteriza esses países é impressionante. Não há uma única característica comum ao trabalho de todos os colaboradores. Na busca de um meio de analisar e refletir sobre esses trabalhos, este capítulo propõe o construto de zona de desenvolvimento proximal cultural (ZDPC). Uma extensão da zona individual de desenvolvimento proximal, de Vygotsky, a ZDPC trata da relação entre uma cultura e o meme das IM. O capítulo explora o poder e a utilidade do construto da ZDPC para melhor entender a relação dinâmica e interativa entre forças culturais múltiplas e as implementações da teoria das IM. São abordadas três questões específicas: as múltiplas forças que dão forma à ZDPC, o rumo evolutivo que a desloca e as aplicações a que enriquecem. Discutem-se ideias e lições aprendidas a partir da aplicação do construto da ZDPC aos processos de implementação das IM descritos no livro.

No Capítulo 1, Gardner trouxe à nossa atenção o fenômeno do meme das inteligências múltiplas (IM). O meme é uma unidade de informação, como uma teoria ou um conjunto de práticas. Gerado em um determinado lugar e tempo, um meme pode ser transmitido de uma pessoa a outra, de um lugar a outro, e entre gerações. Este livro conta histórias de viagens do meme das IM pelo mundo nas duas últimas décadas. Enquanto Gardner desenvolveu a teoria das IM em 1983 com base em um conjunto de critérios e uma série de afirmações, o foco de aplicação do meme assume novas formas à medida que diferentes pessoas se deparam com ele em contextos culturais e educacionais diversos. Conforme o meme das IM viaja, surgem novas aplicações.

Embora Gardner não tenha mencionado o desenvolvimento de uma teoria da mente humana com implicações para a prática educativa, os educadores assumiram com entusiasmo o meme das IM. Com ele, encontram justificação e afirmação daquilo que acreditam ser verdade em relação aos estudantes e às melhores abordagens à educação, e usam a teoria das IM para uma série de propósitos: como estrutura conceitual para a reforma educacional, sobre um projeto para inovação de currículo e avaliação, como uma perspectiva alternativa sobre a educação de crianças superdotadas e com necessidades especiais, e como um guia para o desenvolvimento de programas educativos e de mídia para museus, para citar alguns exemplos.

O alcance e o impacto do meme das IM varia segundo as características da cultura com que se depara. O termo *cultura*, neste capítulo, refere-se a comportamentos e crenças característicos de um determinado grupo de pessoas ou ambiente: cidadãos de uma sociedade, residentes de uma comunidade e professores de uma escola, por exemplo. Cada escola tem uma cultura, e diferentes escolas têm culturas distintas. O mesmo se aplica a instituições, comunidades e sociedades. Cada uma delas tem sua própria cultura diferenciada. As histórias que constam deste livro estão inseridas em culturas diferentes de uma sociedade, bem como culturas de escolas e comunidades dentro da sociedade.

Ciente de que cada cultura é distinta, fiquei curioso para saber se as culturas que adaptam o meme das IM também têm aspectos em comum. Caso tenham, essas características compartilhadas poderiam ajudar a explicar por que e como algumas culturas foram mais longe do que outras na implementação das IM? Lendo os capítulos, encontrei características comuns entre algumas culturas, como os efeitos das políticas nacionais de educação na China, na Inglaterra, na Escócia e na Coreia do Sul. Mais reveladora do que a busca de atributos entre a culturas, contudo, é a observação das diferentes etapas de desenvolvimento nas quais escola, comunidade, instituto ou sociedade se envolve em atividades relacionadas às IM. Desse ponto de vista, a prontidão de uma cultura para a teoria das IM define até onde a teoria penetra e é implementada. Diferentemente das características compartilhadas entre culturas, essa prontidão descreve o desenvolvimento de uma única cultura, enfatizando que o nível de funcionamento desta influencia sua abertura àquela teoria. Nem a correção da teoria nem a sofisticação da cultura determina os resultados da aplicação do meme, que se baseiam em interações entre características desse meme e prioridades da cultura.

Para nos ajudar a conceituar a relação interativa entre o meme das IM e o contexto cultural, amplio a noção de Vygotsky (1978) de zona de desenvolvimento proximal de um indivíduo e proponho uma zona de desenvolvimento proximal cultural (ZDPC). A primeira representa a relação entre a aprendizagem e o desenvolvimento de uma criança, referindo-se à distância entre o nível real de desenvolvimento da criança em uma tarefa de aprendizagem e o desenvolvimento potencial que ela pode atingir com a orientação de adultos ou em colaboração com pares mais competentes (Vygotsky, 1978). Referindo-se a essa relação como uma zona, Vygotsky concebia o desenvolvimento não como uma escala linear, e sim como um terreno com muitas vias levando a um destino. Descrever a zona como proximal significa que comportamentos prontos a emergir vão se desenvolver com o suporte adequado (Bodrova e Leong, 2007).

Análoga ao conceito de ZDP de um indivíduo, a ZDPC contribui para entender a relação entre desenvolvimento cultural e o meme das IM. Uma ZDP cultural está relacionada à distância entre o nível de funcionamento de uma cultura e o nível que pode ser atingido com mais apoio, como liderança inovadora, contato com novos modelos e acesso a conhecimentos relacionados. Em relação ao meme das IM, a ZDPC indica o nível de prontidão de uma cultura para aceitar novas ideias em relação a ensino e aprendizagem e trabalhar com práticas educacionais alternativas. A maior receptividade e a germinação mais eficaz de ideias e práticas ocorrem dentro da ZDPC.

A prontidão cultural para uma nova ideia ou prática não é um estado fixo, e sim se desenvolve por meio de processos interativos com múltiplas forças, como ambiente político, influências históricas e prioridades educacionais. A ZDPC se desenvolve por meio da exposição a estímulos externos, bem como de oportunidades e pressões que surgem dentro da cultura. A questão da prontidão não é uma proposição do tipo excludente, e sim um indicador de capacidade cultural. A prontidão é uma questão de grau.

Neste capítulo, exploro questões relativas à ZDPC, um construto proposto para ajudar a organizar nosso pensamento sobre as viagens da teoria das IM pelo mundo. Com esse propósito, considero os capítulos dos colaboradores como dados que podem ser entendidos por meio da análise baseada no construto da ZDPC. Especificamente, exploro as múltiplas forças que definem esta zona, o rumo evolutivo que a desloca e as aplicações que a enriquecem. Meu objetivo é usar o construto da ZDPC para explorar a estrutura subjacente das implementações das IM na ampla gama de culturas representadas neste livro. Se a ZDPC contribui para entender melhor as implementações das IM em diferentes culturas, o construto pode ser aplicado de forma útil por outras pessoas envolvidas no processo de implementação da teoria ou que estejam refletindo sobre ele.

FORÇAS QUE AFETAM A PRONTIDÃO DE UMA CULTURA PARA DAR SUSTENTAÇÃO À IMPLEMENTAÇÃO DAS IM

Ao se deslocar, o meme das IM entra em contato com diferentes ZDPC. Uma ZDPC é afetada por diversos fatores, incluindo ideologias e valores, atividade política, estado da economia, fatores históricos, organização do sistema educacional e situação das escolas em termos de desempenho. As forças agem em diferentes níveis, do nacional ao da comunidade. Para entender como o meme das IM assenta ou não suas raízes, deve-se levar em consideração muitos fatores. Identificar o meme ou uma cultura como a causa básica de sua aceitação ou da rejeição pressupõe que possam ser separados e entendidos isoladamente – pensar nesses termos obscurece a relação entre a cultura e o meme, a qual é definida por ambas.

Vários colaboradores deste livro descrevem a relação interativa entre determinadas políticas educacionais e a introdução das ideias das IM (ver o capítulo de Kornhaber para mais detalhes). A estratégia Every Child Matters, na Inglaterra, o relatório Curriculum for Excellence, na Escócia, o Sétimo Currículo Nacional, na Coreia do Sul, e o movimento de educação para o caráter, na China, demonstram que as políticas nacionais de educação podem se tornar um estímulo para que os educadores introduzam e ativem o meme das IM. Também encontramos motivação para ativá-lo em demandas internas por mais desenvolvimento econômico competitivo, como descrito na obra de Kim e Cha na Coreia do Sul, de Craft na Inglaterra e de Chen na China.

As políticas nacionais de educação têm efeitos amplos. A atividade em nível de comunidade também é vital. Traduzir a teoria das IM em novas práticas requer contribuições e apoio de indivíduos a quem chamo de "portadores do meme das IM". Muitos colaboradores deste livro cumprem esse papel, como fontes de contágio local com relação à teoria das IM e suas aplicações, geradores de entusiasmo com relação ao poder dessa teoria sobre práticas educativas e disseminadores ativos, realizando oficinas e fazendo com que as ideias das IM estejam acessíveis ao público. O entusiasmo, a dedicação e a liderança visionária desses "portadores do meme" criam atração em nível local que liga o meme das IM à ZDPC.

Os portadores do meme das IM não podem funcionar sozinhos. A implementação bem-sucedida da teoria requer a cooperação de muitas outras forças: conquista dos professores, envolvimento da família, parcerias empresariais e comunitárias, apoio de membros de governos locais e colaboração entre pessoal das escolas e pesquisadores universitários. O trabalho de Pogré e Rogé na rede L@titud, a *Latin American Initiative toward Understanding and Development*, é um exemplo dessas forças trabalhando em sintonia. Colaborando com universidades e corporações em todo o país, a L@titud na Argentina criou redes difundidas de professores e implementou práticas de IM em várias escolas públicas e privadas. Gatmaitan-Bernardo também demonstrou claramente o valor de coordenar forças para formar coalizões entre escolas, famílias, comunidades locais e órgãos governamentais. Essas fortes alianças têm dado importantes contribuições à exitosa reforma das pré-escolas nas Filipinas. A coordenação de múltiplas forças potencializa a capacidade, diversifica a gama de conhecimentos e muitas vezes aumenta os recursos disponíveis a todos.

Embora sejam eficientes quando trabalham em sintonia, as múltiplas forças nem sempre avançam na mesma direção. Quando se opõem, suas interações criam fraturas e geram dissensão. Se as IM entram em conflito com as prioridades da cultura, a resposta desta provavelmente será fraca, e o impacto, pequeno. Kunkel esforçou-se para promover formas distintas de aprendizagem sob a legislação No Child Left Behind nos Estados Unidos. Shearer descreve os razoáveis obstáculos que encontrou em seus esforços para introduzir avaliações alternativas nas escolas e para disseminá-los entre professores nos Estados Unidos. Keinänen expressa preocupação com a possibilidade de que a ênfase em estatísticas na educação norueguesa dilua as práticas inspiradas nas IM e outras formas de educação progressiva. O baixo desempenho dos estudantes noruegueses no estudo com o Programa Internacional de Avaliação de Alunos (PISA) impulsionou essa mudança nas prioridades educacionais. Os valores e objetivos conflitantes dificultam ao meme das IM avançar para dentro da ZDPC. Forças opostas tendem a criar tensão na zona e torná-la menos flexível.

Ao situar as iniciativas de implementação das IM em relação às múltiplas forças que definem os contextos culturais, os educadores podem identificar as origens dos obstáculos a essa implementação e encontrar oportunidades de ampliar as aplicações bem-sucedidas da teoria das IM. Por exemplo, os educadores na China e na Coreia do Sul determinaram que o meme das IM estava dentro da ZDPC de seus países quando reconheceram oportunidades de reforma educacional criadas pelas mudanças políticas em direção a uma sociedade mais aberta. Também observaram as necessidades que a sociedade tem de uma abordagem educacional que prepare os cidadãos para o desenvolvimento rápido em uma economia global. Essas mudanças na posição política e nas demandas da força de trabalho ajudaram a reduzir a distância entre as prioridades culturais e as práticas relacionadas às IM. À medida que essa distância se reduzia, crescia a prontidão, e mais e mais educadores abriram suas escolas à teoria e à prática das IM. Como encontraram oportunidades de integrar a meme das IM ao movimento nacional de reforma educacional, os educadores da Coreia do Sul e da China fizeram mudanças significativas em espaços de tempo relativamente curtos.

Os autores dos capítulos concordam plenamente que a teoria das IM é atrativa, o que favorece a disseminação. Mesmo assim, o meme das IM consegue ir a diferentes lugares quando atinge as necessidades ou responde aos interesses de uma cultura. Quando a teoria das IM relaciona-se diretamente às necessidades e prioridades culturais, essa cultura é relativamente aberta ao meme das IM. A recepção tende a ser forte, e a implementação, eficaz. Exemplificando o sucesso da implementação das IM quando o meme corresponde às prioridades culturais, Hyland e McCarthy declaram que, por haverem chegado em uma década de reforma curricular na Irlanda, as IM estavam no lugar certo na hora certa. É importante observar que a relação entre cultura e o meme das IM não tem sentido se for algo isolado no tempo. Seguindo à implementação das práticas relacionadas às IM, o meme só permanece influente se continuar coerente com prioridades culturais.

É importante entender a zona ZDPC e os fatores específicos que informam o pensamento dos educadores em relação a onde a associação com as IM será mais próxima e quais aspectos da teoria demandarão as adaptações mais amplas. Entender a ZDPC também ajudará os educadores a antecipar as reações de diferentes membros da cultura escolar, incluindo administradores, professores e pais. Se o meme fica fora da ZDPC, os educadores podem aumentar as probabilidades de implementações bem-sucedidas, determinando como integrar as IM com práticas escolares existentes. Podem ajudar a reorientar a ZDPC, proporcionando oportunidades para o público ver as IM em ação e convidando o envolvimento de líderes da comunidade e dos pais.

A RELAÇÃO ENTRE ZDPC E O MEME DAS IM

A cultura é um colaborador ativo para encontros com o meme das IM, e não um receptor passivo. Sua contribuição reflete as múltiplas forças que dão forma à ZDPC. Em relação ao meme das IM, a cultura traz, por exemplo, modelos predominantes do processo de ensino-aprendizagem, práticas educativas atuais e um sistema de formação de educadores. Dentro da ZDPC, a cultura integra o meme das IM de modos coerentes com seus valores, seus objetivos e suas prioridades. A relação entre cultura e o meme é dinâmica, e não estática, é interativa em vez de unidirecional.

Embora o termo *zona* tenha uma conotação de espaço fixo, a ZPDC muda constantemente. A zona muda por meio da exposição a forças culturais externas e em resposta a novas oportunidades e pressões internas. O trabalho de Battro na Argentina foi iniciado em resposta a forças culturais externas e às novas oportunidades que elas criaram. Especificamente, a iniciativa foi uma resposta a uma revolução digital emergente. Antes de essa revolução ganhar força, é improvável que Battro tivesse se concentrado em práticas relacionadas às IM na era digital.

A Key Learning Community apresenta outro exemplo de mudança de ZDPC em relação à implementação do meme das IM. Vinte anos atrás, oito mulheres em Indianápolis leram a obra de Gardner, *Frames of Mind*. Comprometidas com a oferta a seus alunos de uma experiência escolar melhor, dirigiram por 10 horas para assistir à palestra de Gardner sobre a teoria das IM em Kutztown, Pensilvânia. Voltando para a escola com novas ideias e entusiasmo renovado, estavam prontas para aplicar suas ideias sobre a teoria das IM em sala de aula. Hoje, a Elementary Key School cresceu e se tornou a K-12 Key Learning Community. Sob liderança de Kunkel, a escola atingiu um novo nível de prontidão – fortalecendo uma ampla gama de potenciais intelectuais na população estudantil diversificada a que atende e envolvendo esses alunos na aprendizagem baseada em disciplina para o êxito escolar. Em todas as escolas, a relativa prontidão para a prática das IM reflete as variadas necessidades e os objetivos de contextos culturais específicos, bem como a motivação e a preparação dos educadores envolvidos. A ZPDC representa um avanço no desenvolvimento cultural. Dentro da zona, as interações com as forças internas e o meme das IM tendem a situar o desenvolvimento e pressionar o limite superior a novos níveis de funcionamento. O desenvolvimento da zona não segue progressões lineares previsíveis; a zona é um terreno com possibilidades de movimento em diferentes direções (Engestrom, 2008). As características de imprevisibilidade e surgimento ajudam a explicar os relatos neste livro sobre o caminho tortuoso que pode ser o processo da implementação das IM. Encontram-se altos e baixo em padrões normais de desenvolvimento.

Pode surgir um padrão desigual de desenvolvimento dentro da zona cultural quando uma cultura está pronta para avançar em uma área, mas não em outras. Como mostrado no capítulo de H. Cheung, a china está incentivando múltiplas formas de aprender e ensinar por meio das IM, mas ainda não está pronta para formas alternativas de avaliar a aprendizagem dos estudantes. Como uma grande população de estudantes de nível médio compete pelas vagas limitadas na educação superior, o vestibular é considerado uma ferramenta indispensável para identificar as formas mais apropriadas de desenvolvimento profissional para estudantes distintos. Não seria prático nem confiável basear essas decisões nos perfis intelectuais individuais das IM. A decisão de aplicar as IM ao ensino, mas não à avaliação, não é considerada incoerente, e sim uma combinação das melhores ferramentas e técnicas para atender às necessidades dos estudantes.

Além dos efeitos das interações entre questões culturais mais amplas e o meme das IM, as implementações da teoria também são afetadas pelas atividades de escolas e instituições específicas. Reconhecidas por seu sucesso na aplicação da teoria, a Key Learning Community e a New City School recebem várias centenas de visitantes de todo o mundo a cada ano. A observação e a conversa informal estimulam a reflexão sobre as possibilidades da teoria das IM, e os visitantes obtêm acesso às práticas em ação, que podem levar à sua escola. Por exemplo, adaptando a ideia de centros de atividades de fluxo da Key Learning Community, a Escola Municipal Rosenlund, na Dinamarca, implementou a prática de oficinas de fluxo, com materiais e atividades organizadas para exercitar as diferentes inteligências dos alunos.

Como se descreveu em vários capítulos, o Projeto Zero do Summer Institute de Harvard deu base crítica para o desenvolvimento das ZDPC ao oferecer novas ideias sobre práticas de IM, como ensino para a compreensão.

As viagens de Gardner a diferentes países são outro exemplo de influências externas que afetam as ZPDC. Ele transmitiu a essência do meme das IM a educadores, ampliando seu alcance e seus benefícios aos estudantes.

Tão importante quanto as forças externas, o avanço da ZDPC é pressionado pelas pessoas que fazem parte da cultura. A insatisfação interna com o que existe e a necessidade de algo novo, seja em um país, seja em uma escola, são a força motriz maior da mudança. Seis colaboradores descrevem as aplicações das IM dentro de ambientes escolares específicos: o Colegio Del Barrio, na Colômbia; a Escola Municipal Rosenlund, na Dinamarca; a Multiple Intelligence International School, nas Filipinas, e a New City School, a Key Learning Community e a Gardner School, nos Estados Unidos. Apesar das diferenças profundas entre as populações que cada escola atende e no modo de implementação das IM, todas as seis escolas têm uma característica em comum: seus educadores estavam insatisfeitos com as práticas existentes e determinados a realizar melhorias. São a motivação e a determinação que fazem com que as escolas trabalhem com a teoria das IM e a ajustem a fim de auxiliar os estudantes a aprender e a ter sucesso.

AMPLIANDO A ZDPC DA PRÁTICA DAS IM POR MEIO DE APLICAÇÕES

A zona cultural em que ingressa o meme das IM é uma terra de aprendizagem e desenvolvimento para todos os que a ela pertencem. Enquanto trabalham de forma diligente para entender a essência da teoria das IM e adaptá-la a necessidades nacionais e locais, os educadores comprometidos ampliam suas aplicações e contribuem para seu desenvolvimento. O meme das IM é aperfeiçoado e enriquecido por meio de aplicações. As extensões assumiram muitas formas. Por exemplo, a adaptação das práticas relacionadas às IM para uso em diferentes séries escolares, integrando-as a outras práticas educativas, formando professores e envolvendo pais, tem diferentes posturas em relação ao uso de IM. Menos comuns, mas igualmente importantes, são as adaptações envolvendo membros de governos locais e a aprendizagem fora da sala de aula. Os participantes deste livro oferecem exemplos dessa forma de colaboração.

Consideremos adaptações da prática das IM em termos de séries escolares. Os professores de todas as séries adaptam a prática para melhor alinhar as IM com as características dos alunos. Ao mesmo tempo, os professores de diferentes séries trabalham para aprender distintos objetivos educacionais. Examinando as aplicações da pré-escola ao ensino médio, vemos como a série influencia a forma de implementação da teoria das IM. Também entendemos melhor a gama de extensões e elaborações necessárias para adaptar as IM a todas as séries.

Na pré-escola, o currículo é mais flexível, e o uso de testes altamente competitivos é relativamente pouco frequente. Por meio de rotinas diárias e atividades lúdicas, os professores enfatizam o desenvolvimento integral da criança. Nesse nível, as ideias das IM geralmente são aplicadas para fortalecer o projeto de centros de aprendizagem e melhorar o desenvolvimento de sistemas de múltiplos símbolos. As histórias contadas por Canon-Abaquin e Gatmaitan-Bernardo nas Filipinas evidenciam o poder dos centros de aprendizagem inspirados nos princípios das IM. Ao serem expostas a um leque de experiências de aprendizagem, em vez de a áreas acadêmicas limitadas, como leitura e matemática, as crianças pequenas adquirem uma compreensão melhor de si e de seu entorno, além de desenvolverem mais ferramentas para reflexão, comunicação e expressão.

Na escola do ensino fundamental, muitas vezes se emprega uma abordagem baseada em projetos para dar aos estudantes múltiplos pontos de entrada à aprendizagem de conceitos. Na Gardner School for Discovery, descrita por Vincent Rizzo, um trabalho de redação em sala de aula ancora o currículo em cada série. A redação é organizada em torno do conceito de público. Os alunos se concentram em um determinado público que lhes é atribuído em aula, como pais, professores, mentores da comunidade e a população como um todo. Embora os trabalhos de redação se baseiem muito na inteligência linguística, também alimentam as inteligências intrapessoal, interpessoal e outras. A aprendizagem baseada em trabalhos ou projetos específicos não apenas incentiva os alunos a estudar um determinado tópico usando diferentes meios, mas também os estimula a expressar sua compreensão do tópico por meio de distintos métodos representativos, como escrita, formas tridimensionais e dramatizações. Essa abordagem, segundo Rizzo, possibilita que os alunos encontrem modos de aprender que estejam em sintonia com suas predisposições e, portanto, aumentem sua motivação e seu envolvimento no processo de aprendizagem.

Mais próximo do final do ensino fundamental e no ensino médio, o desafio para os educadores das IM é estabelecer a interface com o ensino de currículo bem consolidado e compartimentado. Enfatizar a compreensão em profundidade dos conteúdos por parte dos estudantes é a prioridade. Para garantir o domínio do conhecimento dos conteúdos, o currículo foi organizado de forma tradicional em torno de objetivos para um grupo de alunos de uma determinada série. As aplicações das IM reorientam a atenção, que passa desses objetivos coletivos para o aluno individual. Os muitos benefícios dessas mudanças já foram descritos por vários autores neste livro. Mantendo uma ênfase no conteúdo, foi possível integrar a estrutura de ensino para a compreensão com estudantes em séries mais elevadas. O ensino de conhecimento disciplinar com atenção a grandes ideias, conceitos-chave e habilidades fundamentais em disciplinas é relatado por Pogré e Rogé, da Argentina, Kunkel, dos Estados Unidos, e Hyland e McCarthy, da Irlanda.

Para implementar a prática das IM nas salas de aula, a formação de professores é fundamental. Muitos colaboradores relatam programas para práticas de ensino e para professores que já exercem a atividade. O meme das IM no desenvolvimento profissional de professores enfatiza a interação entre currículo, instrução e avaliação. Como todas as inteligências são igualmente valiosas, os professores precisam desenvolver currículos que englobem uma ampla gama de áreas temáticas, incluindo, e depois superando, o desenvolvimento de habilidades em leitura, redação e aritmética. Como variam as formas de cada criança perceber e processar as informações, os professores tornam o ensino e a aprendizagem mais eficazes quando enfatizam múltiplas vias. Seguindo o propósito de desenvolver inteligências, que é gerar produtos e resolver problemas, as avaliações fiéis ao espírito das IM têm como referência formas de conhecer e entender os estudantes baseadas em desempenho, relacionadas à instrução e adequadas em termos de desenvolvimento. Enriquecer o desenvolvimento de professores pela busca desses objetivos e de outros relacionados é uma extensão natural das aplicações da teoria das IM.

Enquanto os professores ampliam e lapidam as aplicações das IM para ajudar aos estudantes a cumprir objetivos em nível de desenvolvimento e educação, o meme das IM também é aplicado para aumentar o envolvimento dos pais. O envolvimento dos pais há muito tem sido documentado como fundamental para o sucesso dos estudantes nas escolas. Reconhecendo este papel fundamental nas escolas, os educadores das IM dedicaram muita atenção à educação dos pais. Claramente ilustrado no capítulo de Hoerr, a compreensão das IM por parte dos pais os ajuda a apoiar os professores nas atividades de sala de aula. Também os auxilia a reforçar a aprendizagem em sala de aula por meio de experiências em casa. Embora a teoria das IM se concentre no indivíduo, entender um estudante no contexto da família pode beneficiar a ele próprio, aos professores e aos pais. Conhecendo mais o contexto familiar, os professores ganham uma compreensão mais completa do leque dos interesses da família e suas competências. Essa compreensão funciona como ponte entre os ambientes da casa e da escola, e melhora as oportunidades de aprendizagem da criança em ambos.

O envolvimento de representantes do governo não costuma ser necessário para a implementação de um programa relacionado às IM, mas uma elaboração que atraia sua participação pode aumentar a credibilidade e a sustentabilidade do programa. Na China, na Turquia, no município de Tagbilaran, da província filipina de Bohol, as vozes de importantes líderes educacionais e membros do governo chamaram a atenção, obtiveram apoio e influenciaram consideravelmente o pensamento e a ação dos educadores. Isso também é relevante na difusão da educação relacionada às IM porque essas lideranças pertencem a redes estabelecidas que estão conectadas regional ou nacionalmente.

Descrita por Armstrong, Happy Cheung, Sahl-Madsen e Kyed, e Boyd, a cultura da prática das IM não se limita a escolas, mas se estende a museus e à mídia, como programas de rádio e televisão. O Explorama, um parque temático de ciências, dá vida às IM, convidando os visitantes a vivenciar o uso de várias inteligências para resolver problemas da vida cotidiana. Envolvendo-se em atividades divertidas e exploratórias, os visitantes desenvolvem uma compreensão básica de como funcionam as diferentes inteligências. A escola ao ar livre que Armstrong encontrou na Kollmyr School, em Skien, é um ambiente de aprendizagem para o naturalista que vai muito além de um passeio ocasional na natureza. O trabalho desses colaboradores nos lembra de que ambientes projetados para educar por meio das IM não se limitam às fronteiras das salas de aula tradicionais. Nossos pressupostos sobre a localização de ambientes educativos precisam ser ampliados.

Como ilustram essas formulações, a teoria das IM tem vida própria. Ela continua a se desenvolver e a atender a necessidades educacionais de novas maneiras. Os educadores que utilizam essa teoria oferecem uma fonte de ideias e contextualizam seu meme para melhor atender às necessidades de uma determinada escola, instituição ou comunidade. A teoria das IM potencializa a prática educativa; por sua vez, as práticas educativas enriquecem o meme entre diferentes zonas culturais.

CONCLUSÃO

Como é atestado neste livro, a teoria das IM foi introduzida e implementada com sucesso em vários países do mundo. Este é o primeiro livro que analisa, sintetiza e reflete sobre esse fenômeno transcultural e educacional único. Por meio de síntese e reflexão, obtemos uma compreensão renovada e mais completa da teoria das IM. Da mesma forma, desenvolvemos conhecimentos mais específicos sobre por que a teoria das IM foi bem recebida em tantos países, como seu uso pode ser apropriado em culturas tão diversas e o que sustentou e estimulou que o meme percorresse tantos lugares. A síntese e a reflexão podem nos levar um passo à frente para considerar o que acontece depois da bem-sucedida movimentação do meme; em um determinado momento, pode ser desejável que ele faça mais do que visitas. Como acontece a transição do meme de visitante para residente? Os mesmos fatores que contribuem para sua movimentação também contribuem para sua residência?

Tornar-se residente significa que as IM permeiam o processo educativo e entram em uma nova fase de desenvolvimento. Essa transformação requer uma mudança qualitativa naquilo que fazem os educadores. Por exemplo, é necessário planejamento adicional e novas estratégias quando se leva a abordagem das IM de uma sala de aula ou de uma escola a outras no mesmo sistema. A perspectiva de avançar de viajante a residente levanta várias perguntas. Em primeiro lugar, o meme das IM pode se tornar residente local sem ser distorcido por meio da assimilação a visões e práticas existentes? Em segundo, as habilidades usadas pelos inovadores iniciais dos programas relacionados às IM são as mesmas necessárias para conduzir os programas baseados nelas em direção à permanência local? Por fim, há questões mais filosóficas e especulativas. É desejável que as IM se tornem residentes em vez de visitantes? A educação relacionada às IM é a melhor abordagem para todos os alunos? Essas questões finais para reflexão partem dos muitos territórios inexplorados nas ZDPC e nos conceitos e práticas das IM.

Neste capítulo, propus e apliquei o construto de ZDPC. Sugerido inicialmente pelas referências dos colaboradores à relação entre sua iniciativa e o contexto cultural, explorei essa relação ampliando o conceito de Vygotsky de ZDP para o individual. O valor do construto está em usá-lo para explorar as características das implementações das IM que, em princípio, parecem ser caracterizadas apenas por diferenças. A percepção dos elementos comuns nos ajuda a entender mais sobre o trabalho de cada colaborador e sobre os deslocamentos do meme das IM. Junto de todos os colaboradores e membros da equipe editorial, espero que os leitores possam ir além do livro, explorar as muitas questões relacionadas à prática das IM e usar o conhecimento obtido para levá-las a novos lugares do mundo.

Referências

Bodrova, E., & Leong, D. J. (2007). *Tools of the mind: The Vygotskian approach to early childhood education* (2nd ed.). Upper Saddle River, NJ: Pearson.

Engestrom, Y. (2008, setembro). *The future of activity theory: A rough draft*. Comunicação apresentada no Third Congress of International Society for Cultural Activities and Research, San Diego, CA.

Vygotsky, L. (1978). *Mind in society*. Cambridge, MA: Harvard University Press.

APÊNDICE
TEMAS E QUESTÕES ABORDADOS NOS CAPÍTULOS

Os capítulos deste livro são organizados por região geográfica. A base para esse agrupamento visa ter sensibilidade para com o contexto cultural e ser de fácil compreensão. Para leitores interessados em temas específicos, a tabela a seguir fornece uma visão geral do conteúdo de cada capítulo. Observe que todos os capítulos abordam mais de um tema. A maioria deles se concentra em várias questões educacionais com alunos de uma faixa etária específica e em um cenário específico. Use a tabela como referência rápida para temas e questões abordados nos capítulos.

Categorias cruzadas		Avaliação	Análise cultural	Currículo e instrução	Sistema educacional	Foco nas artes	Envolvimento dos pais	Influência política	População especial	Formação de professores	Uso de tecnologia	Escola independente	Rede de escolas	Escola pública	Outros ambientes	Escolas	Fundamental	Séries finais	Ensino médio	Educação superior
Região e país																				
Visão geral	EUA (Gardner)		✓		✓															
Ásia e regiões do Pacífico	EUA (Armstrong)		✓	✓		✓							✓		✓					
	China (Shen)		✓			✓														
	China (H. Cheung)		✓	✓													✓	✓	✓	
	China (Chen)		✓	✓									✓				✓	✓	✓	✓
	China (K. Cheung)						✓									✓				
	Japão (Howland, Fujimoto, Ishiwata e Kamijo)	✓	✓	✓	✓									✓		✓				
	Coreia (Kim e Cha)	✓		✓	✓		✓	✓												
	Filipinas (Canon-Abaquin)			✓	✓		✓		✓	✓										
	Filipinas (Gatmaitan-Bernardo)	✓		✓	✓				✓	✓										
	Austrália (Vialle)			✓	✓									✓						
Europa	Noruega (Keinänen)		✓	✓	✓												✓	✓	✓	
	Dinamarca (Knoop)		✓	✓	✓			✓	✓					✓			✓	✓	✓	

INTELIGÊNCIAS MÚLTIPLAS AO REDOR DO MUNDO **417**

Dinamarca (Sahl-Madsen e Kyed)		✓							✓		
Inglaterra (Craft)		✓	✓	✓		✓	✓	✓	✓	✓	
Inglaterra (Fleetham)		✓	✓	✓		✓	✓	✓	✓	✓	✓
Irlanda (Hyland e McCarthy)	✓	✓	✓	✓		✓	✓		✓	✓	
Escócia (Boyd)											
Romênia (Singer e Sarivan)											
Turquia (Kaya e Selçuk)											
América do Sul	Argentina (Pogré e Rogé)	✓	✓	✓	✓	✓	✓	✓	✓			
	Colômbia (Barrera e León-Agustí)	✓	✓	✓	✓	✓			✓			
	Argentina (Battro)											
Estados Unidos	Kunkel			✓	✓	✓	✓	✓	✓			
	Hoerr		✓	✓	✓	✓	✓	✓	✓	✓		
	Díaz-Lefebvre	✓	✓					✓	✓			
	Maker e Sarouphim	✓	✓	✓				✓	✓			
	Rizzo	✓										
	Shearer											
Síntese, reflexão e projeção	Moran								✓			
	Kornhaber								✓	✓		
	Chen								✓	✓		

ÍNDICE ONOMÁSTICO

A
Aabrandt, S., 174-181, 183
Aasrud, T., 164-165
Abaquin, M. J., 23-24
Abdelhak, H., 37-39
Abrams, L., 397-398, 400-401
Adizes, I., 327-328, 330-331
Amabile, T. M., 349, 355-356
Amagi, I., 94-95, 106-107
Anastasi, A., 371-372, 376-377
Aquino, C., 132-133
Arbuthnott, K. D., 206-207, 210-211
Arellano, L. M., 340-341, 343
Armstrong, H., 175-176, 182-183
Armstrong, T., 22-25, 33, 36-40, 268-269, 271-272, 368-369, 376-377

B
Balls, E., 212-213
Bandler, R., 206-210
Barrera, M. X., 283
Barth, R., 322-323, 330-331
Basbay, A., 266-267, 271-272
Battro, A. M., 294-302
Becher Trier, M., 182-183
Begay, H., 345-346, 352-353, 355-356
Bellah, R. N., 390-392, 399-400
Berg, J. P., 168-169
Berlin, I., 31-32, 39-40
Bidell, T. R., 297-298, 301-302
Birkeland, K., 35-36
Block, N. J., 367-368, 376-377

Blythe, T., 227-228, 232-233, 395-396, 399-400
Bodrova, E., 404-405, 412-413
Bolaños, P., 26-27, 304, 315-316, 368-369, 376-377
Booher-Jennings, J., 393-394, 397-400
Borgen, J. S., 162-163
Bowes, K., 23-24
Boyd, B., 23-24, 234-235, 244-245
Boyer, E. L., 229-230, 232-233, 308-309, 316-317
Boyle, M., 201-202, 211
Braggett, E. J., 151-152, 155-156
Bransford, J. D., 399-400
Brighouse, T., 23-24
Brown, A. L., 399-400
Bruner, J., 16, 237-238, 242-245
Bryant, P., 206-207, 209-210
Bümen, N., 266-267, 271-272
Bunting, M., 36-37
Burnard, P., 203-204, 208-209

C
Çakir, I., 266-267, 271-272
Callahan, R., 392-393, 399-400
Campbell, B., 22-23, 268-269, 272
Campbell, D. T., 393-394, 399-400
Campbell, L., 22-23, 268-270, 272
Canon-Abaquin, M. J., 125
Carbo, M., 180-183
Cathrine, E., 167-168

Ceci, S. J., 49-50, 54-55
Cha, K. H., 109, 117-118, 123-124
Chapman, A., 203-204, 208-209
Chappell, K., 201-202, 208-209
Charles, R. E., 349, 355-356
Chávez, C., 341-342
Chen, J. Q., 23-24, 42, 117-118, 123-124, 368-371, 376-377, 402
Cheung, H. H.-P., 23-25, 56
Cheung, K. C., 80, 83-85, 87-89
Chislett, M.S.C., 203-204, 208-209
Chiu, K. H., 84-85, 89
Chudowsky, N., 399-401
Clausen, A., 191-194
Clausen, J. M., 191-192
Clausen, P. M., 191-192
Claxton, G., 203-204, 207-209
Clemet, K., 168-169
Climbie, V., 202-203, 212
Cocking, R. R., 399-400
Coffield, F., 206-209
Coleman, J. S., 162-163, 170
Confucius, 46-47, 74-75, 83, 131-132
Connell, M., 385-386, 388-389
Cornell, D., 151-152, 156-157
Craft, A., 199, 201-204, 207-209
Cremin, T., 203-204, 208-209
Csikszentmihalyi, M., 104-105, 107-108, 125-126, 130-131, 134-135, 171, 175-176, 180-183, 232-233, 306-307,

309-310, 316-317, 346-347, 355-356, 398-400

D
Daanen, H., 201-202, 209-210
Dalrymple, W., 33, 39-40
Damon, W., 104-105, 107-108, 125-126, 130-131, 134-135, 232-233, 398-400
Darwin, C., 382-383
Davies, L., 203-204, 209-210
Dawkins, R., 21-22
Dehaene, S., 300-302
DeLozier, J. A., 206-207, 209-210
Demirel, Ö, 268-269, 272
Denham, P. J., 296-299, 301-302
Dewey, J., 28-29, 31-33, 39-40, 43-44, 54-55, 130-131, 308-309, 316-317
Díaz-Lefebvre, R., 332, 335, 337, 339, 342-343, 368-369, 376-377
Dickinson, D., 268-269, 272
Dilli, R., 266-267, 272
Dilts, R. B., 206-207, 209-210
Dogan, Ö, 266-267, 272
Domingo, P., 341-342
Dooley, L., 230-231
Druckman, D., 206-207, 209-210
Drudy, S., 225, 232-233
Dunn, K., 163-164, 170, 206-207, 209-210
Dunn, R., 163-164, 170, 180-181, 183, 206-207, 209-210
Dweck, C. S., 239-240, 244-245
Dworkin, G., 367-368, 376-377

E
Ebenezer, J., 269-270, 272
Ecclestone, K., 206-209
Emerson, R. W., 104-105
Engestrom, Y., 408-409, 412-413
Entwistle, N., 206-207, 209-210

Erstad, O., 162-163
Esposito, J. L., 37-40
Evans, T., 204-205
Ezaki, R., 95-96, 106-107

F
Facer, K., 201-202, 209-210
Fanovich, R., 374-375
Farber, D., 392-393, 399-400
Feldman, D. H., 43-44, 54-55, 295-296, 301-302, 309-310, 316-317
Feuerstein, R., 236-239, 244-245
Fierros, E. G., 393-394, 400-401
Finnegan, P., 335, 343
Fischer, K. W., 295-298, 301-302
Fleetham, M., 212
Fox, V., 341-342
Freire, P., 275-276, 282, 307-308, 316-317
Frost, R., 203-204, 209-210
Fry, R., 340-341, 343
Fujimoto, T., 90-91, 106-108
Fuller, B., 393-394, 399-400
Furuichi, N., 100, 102-103

G
Gagné, F., 148-149, 155-156
Gallagher, J. J., 151-152, 155-156
García Márquez, B., 341-342
Gardner, H., 16, 29-32, 34-35, 37-40, 48-52, 54-55, 58-61, 65-66, 68-73, 76-79, 104-105, 107-108, 119-120, 123-126, 130-131, 133-135, 171, 175-176, 180-181, 183, 195-199, 203-204, 207-210, 222, 228-229, 232-233, 250-251, 254-256, 259-261, 263-264, 268-269, 272, 290-291, 293-296, 298-299, 304-306, 309-310, 316-319, 330-331, 335, 343, 346-349, 355-364, 366, 370-371, 375-377, 381-386, 388-390, 393-394, 398-400

Gatmaitan-Bernardo, C., 136
Geldof, B., 33, 34-35
Gesicki, K., 393-394, 399-400
Getzels, J., 346-347, 355-356
Gibson, K., 151-152, 155-156
Glaser, R., 399-401
Glassick, C. E., 229-230, 232-233
Gögebakan, D., 266-267, 272
Goleman, D., 22-23, 29-30, 320-321, 330-331
Goswami, U., 206-207, 209-210
Gould, S. J., 392-393, 400-401
Grandin, T., 382-383
Gray, T., 234-235
Gregorc, A. F., 206-207, 209-210
Greve, G., 100, 102, 107-108
Grinder, J., 206-210
Gruber, H., 43-44, 55
Grundtvig, N.F.S., 171-174
Gu, J., 109-110, 123-124
Guevara, A., 341-342

H
Hall, E., 206-209
Han, J., 110-111, 123-124
Hargreaves, D., 203-204, 209-210, 212-213, 220
Harvey, D., 201-202, 209-210
Haugen, B., 166-167
Havgaard, P., 182-183
Hernandez, V., 132-133
Hernes, G., 161-163, 165-166
Herrnstein, R., 367-368, 376-377
Higgins, P., 35-36, 39-40
Higgs, B., 230-231, 233
Hirahara, H., 94-95, 107-108
Hirsch, E. D., 162-163, 170
Ho, E., 82
Hoerr, T., 20-21, 115-116, 123-124, 318-319, 330-331, 368-369, 376-377
Holden, G., 203-204, 209-210
Honda, K., 106-107
Honey, P., 206-207, 210-211

Howland, D., 90
Huber, M. T., 229-233
Hutchings, P., 230-233
Huttenlocher, P. R., 252-253, 259-261
Hyland, Á., 23-24, 221, 230-231, 233

I

Igari, H., 106-107
Immordino-Yang, M. H., 297-298, 301-302
Isberg, E., 117-118, 123-124
Ishiwata, K., 90, 97-100, 107-108
Ito, A., 94-95, 107-108
Iura, L., 22-23

J

Jalal al din Rumi, 37-40
James, W., 31-32, 33, 39-40, 305-306
Jeffrey, B., 199, 208-211
Jeffrey, R. J., 201-202, 211
Jensen, M. R., 238-239, 244-245
John-Steiner, V., 381-382, 388-389
Jølstad, M.., 167-168
Jung, T. H., 115-116, 123-124

K

Kagan, M., 368-369, 376-377
Kagan, S., 368-369, 376-377
Kahlo, F., 341-342
Kamii, C., 283-285, 293
Kamijo, M., 90, 102-103-108
Kang, E., 393-394, 399-400
Kaptan, F., 266-267, 272
Karasawa, H., 103-104, 107-108
Katagiri, Y., 94-95, 107-108
Kaya, O. N., 262, 266-270, 272
Kayýlý, H., 264-265, 272
Keinänen, M., 160
Kelly D., 374-375
Kim, H. H., 109
Kim, M. H., 23-24, 112-113, 115-116, 123-124

Kim, Y. B., 115-116, 123-124
Kim, Y. C., 115-116, 123-124
Kimura, Y., 94-95, 107-108
Kito, H., 90-91, 94-95, 107-108
Knoop, H. H., 171, 180-181, 183, 193-194
Ko Man-Hing, A., 203-204, 209-210
Kobayashi, K., 106-107
Kolb, D. A., 206-207, 210-211
Kold, C., 173-174
Korkmaz, H., 266-267, 272
Kornhaber, M. L., 25-26, 390, 392-394, 400-401
Kratzig, G. P., 206-207, 210-211
Krechevsky, M., 117-118, 123-124, 148-149, 155-156, 368-369, 376-377, 392-393, 400-401
Kronstad, B., 169-170
Kubo, Y., 94-95, 107-108
Kunkel, C. D., 304-308, 310-311, 316-317
Kuo, F. E., 35-36, 40
Kyed, P., 184

L

Lacey, J., 97-98, 107-108
Lam, I. S., 84-85, 89
Lambert, A., 213-214
Lao, Z., 75-77, 79
Lapus, J., 125-126
Lave, J., 381-382, 388-389
Lazear, D., 22-23, 269-270, 272
LeCon, T., 76-77, 79
Lee, C. L., 84-85, 87-89
Lee, H., 109-110, 123-124
Lee, J., 393-394, 399-400
Lee, K. H., 115-116, 123-124
Lemann, N., 393-394, 400-401
Léna, P. J., 295-296, 301-302
León-Agustí, P., 283
Leong, D. J., 404-405, 412-413
Lévi-Strauss, C., 31-32, 39-40
Li, L., 73-74, 79

Lim, D. N., 136-138, 144-145
Lipman, M., 238-239, 244-245
Lippmann, W., 393-394, 400-401
Lou, L. H., 84-85, 89
Luria, A., 18-19
Lyhne, J., 180-181, 183
Lynch, K., 225, 232-233

M

Maale, S., 175-176
Madaus, G., 397-398, 400-401
Madsen, R., 390-392, 399-400
Maeroff, G. I., 229-230, 232-233
Magnus, C., 161-162, 169-170
Maker, C. J., 25-26, 344-347, 349, 352-353, 355-356, 370-371, 376-377
Manzour, A., 372-374
Marr, A., 213-214
Marzano, R., 358-360, 366
Matsumoto, K., 91-92, 107-108
Maysuyama, T., 106-107
McCarthy, M., 221, 230-231, 233
McCaulley, M. H., 206-207, 210-211
McDowall, M., 235-236
McNeil, L., 393-394, 397-398, 400-401
McNeill, B. W., 340-341, 343
McShane, J., 205-206, 210-211
Meech-Pekarik, J., 93, 107-108
Meisels, S. J., 368-369, 376-377
Menand, L., 33, 39-40
Mendes, C., 341-342
Miao, J., 397-398, 400-401
Miller, G. A., 392-393, 400-401
Misje, I. M., 35-36

Monsen, Ø., 164-165, 167-169
Montes, N. T., 136-138
Moore, M., 28-30
Moran, S., 380-389
Morishima, M., 94-95, 108
Morreale, S. P., 230-233
Morris, C., 23-24
Moseley, D., 206-209
Moss, M., 373-375
Mumford, A., 206-207, 210-211
Murray, C., 367-368, 376-377
Myers, I. B., 206-207, 210-211

N

Nan HuaiJin, 66-67
Neal, D., 393-394, 397-398, 400-401
Negroponte, N., 298-299, 301-302

O

O Donnchadha, G., 226-227, 233
Odeèn, K., 164-167
Okabe, Y., 95-96, 108
Okakura, T., 93, 108
Okut, L., 264-265, 272
Osler, D., 201-202, 210-211
Owens, W., 371-372, 377

P

Pal, L. A., 390, 400-401
Palmer, P., 336, 343
Papert, S., 295-297, 301-302
Park, S., 110-111, 124
Parker, L., 153-155
Patterson, O., 390-392, 400-401
Pedulla, J., 397-398, 400-401
Pellegrino, J. W., 399-401
Perini, M., 368-369, 377
Perkins, D., 227-228, 238-239, 244-245
Perrone, V., 227-228
Perry, J., 154-157, 205-206
Perry, M., 359-360
Peterson, D., 171-172, 183

Piaget, J., 16, 277-278, 295-296
Pinker, S., 36-37, 40, 171-172, 183
Plato, 390-392, 401
Pogré, P., 274
Pong, W., 372-373
Popham, W. J., 305-306, 316-317

Q

Quiroga, A., 277-278, 282

R

Raggi, A., 199, 210-211
Ramón y Cajal, S., 341-342
Ramos, M., 397-398, 400-401
Ramsey, G., 150-153, 156-157
Rasmussen, G., 175-179
Reggini, H. C., 296-297, 302
Renzulli, J. S., 349, 355-356
Riding, R., 206-207, 210-211
Rikyu, S., 91-92
Rizal, J., 133-134
Rizzo, V., 357-358
Robinson, A., 151-152, 156-157
Røe, I. L., 165-166
Rogé, M., 274
Rogers, J. A., 349, 355-356
Rønhof, C., 191-192
Rorty, R., 31-32, 40
Rousseau, J. J., 171-172
Rue, B., 120-121, 124
Runco, M. A., 349, 355-356
Russell, M., 397-398, 400-401

S

Sacks, O., 18-19
Sacks, P., 305-306, 316-317
Sahl-Madsen, C., 184
Sahm, K., 305-306
Said, E., 37-38, 40
Sakai, K., 106-107
Sakamoto, N., 98-99, 108
Sakamoto, S., 108
Sakata, T., 94-95, 108
Sandemose, A., 161-162

Santana, C., 341-342
Sarivan, L., 246-248, 250-252, 259-261
Sarouphim, K. M., 344, 349, 352-353, 355-357
Saunes, A., 166-167
Scarr, S., 392-393, 401
Schanzenbach, D. W., 393-394, 397-398, 400-401
Scharmer, C. O., 311-312, 316-317
Schiever, S. W., 346-347, 355-356
Schmidle, N., 37-38, 40
Schmidt, S. E., 180-181, 183
Selçuk, Z., 262, 264-265, 270-271, 272
Sen, S., 93, 108
Sezginer, Y. O., 266-267, 272
Shearer, C. B., 21-22, 112-113, 367-369, 371-372, 377
Shen, Z., 23-24, 69-71, 74-75, 79
Shin, W. S., 112-113, 124
Shore, B., 151-152, 156-157
Shulman, L., 230-231, 233
Silver, H. F., 368-369, 377
Simonton, D. K., 349, 357
Singer, F. M., 246, 253-254, 259-261
Singer, M., 24-25, 250-251, 259-261
Sit, P. S., 85-87, 89
Sjøberg, S., 191-192
Smith, B., 204-205
Socrates, 310-311
Song, I., 109-110, 124
Spence, J., 48-49, 55
Steenbeek, H., 297-298, 302
Stefanakis, E. H., 368-371, 377
Sternberg, R. J., 49-50, 55, 206-207, 210-211, 367-368, 377
Stone-Wiske, M., 227-228, 233, 399-401
Strong, R. W., 368-369, 377
Sullivan, W., 390-392, 399-400

Sullivan, W. C., 35-36, 40
Swets, J. A., 206-207, 209-210
Swidey, N., 36-37, 40
Swidler, A., 390-392, 399-400

T

Tachibana, T., 94-97, 108
Talu, N., 266-267, 272
Tan, J., 373-374
Tang, H. S., 84-85, 89
Tarman, S., 266-267, 272
Taylor, A. F., 35-36, 40
Terman, L. M., 392-393, 401
Thomson, P., 202-203, 210-211
Thune, T., 161-162, 170
Tipton, S. M., 390-392, 399-400
Tjeldvoll, A., 161-162, 170
Tobias, C. U., 37-38, 40
Toledo-Pitre, M. A., 373-374
Torrance, E. P., 349, 357
Toulouse, A., 230-231
Toyoma, S., 106-107
Trefi l, J. S., 170
Troman, G., 199, 201-202, 210-211
Twining, P., 201-204, 208-209, 210-211

U

Ubac, M., 125-126, 134-135
Ueno, C., 90-91, 108

V

Valente, J., 297-298, 302
Valenzuela, A., 393-394, 397-398, 400-401
Van Geert, P., 297-298, 302
Veenema, S. A., 393-394, 400-401
Velásquez, R. J., 340-341, 343
Vialle, W., 146, 151-157
Viens, J., 117-118, 123-124, 368-369, 376-377
Vinson, T., 150-151, 156-157
Virtop, S.-A., 374-375
Vygotsky, L., 16, 48-49, 55, 277-278, 385-386, 388-389, 402-404, 412-413

W

Wada, H., 90-91, 95-96, 108
Wai, F. L., 84-85, 89
Walsh, B. E., 206-207, 210-211
Walworth, A., 33, 40
Wan, C. C., 372-375
Ward, V., 151-152, 156-157

Watanabe, S., 106-107
Waterhouse, L., 33, 40
Weber, E., 231-232
Weisberg, R. W., 349, 357
Welle-Strand, A., 161-162, 170
Wenger, E., 381-382, 388-389
White, J. P., 23-24, 202-203, 207-208, 210-211, 392-393, 401
Williams, C., 203-204, 209-210
Williams, L., 215-217, 219-220
Willingham, D. T., 392-393, 401
Wiske, M. S., 278-279, 282
Woods, P., 201-202, 211
Wrangham, R., 171-172, 183
Wright, J., 393-394, 399-400

Y

Yamashita, H., 203-204, 209-210
Yosa, B., 100, 102

Z

Zarata, Z., 374-375
Zhan, C., 74-75, 79
Ziridis, M., 373-374
Zuckerman, H., 349, 357

ÍNDICE REMISSIVO

A

A Nation at Risk (National Commission on Excellence in Education), 304-306
Ambiente, impacto nas inteligências, 352-355. *Ver também* Contexto cultural
Argentina, 274-282
  chegada da teoria das IM à, 275-278
  história da educação pública na, 274-276
  impacto da teoria das IM na, 281-282
  L@titud na, 274-275, 277-282
  pedagogias na, 277-278
  políticas públicas em favor da adoção das IM na, 394-396
  prontidão para implementar IM na, 407-408
Artes: foco chinês nas, 74-75
  capacidades variadas nas, 17-18
  conexão entre as inteligências e, 74-76
  tradicionais de espetáculo do Japão, 91-93
Artful Scribbles (Gardner), 17-18
Austrália, 146-156
  a influência das IM na educação especial na, 153-156
  influência das IM sobre educação para alunos talentosos na, 150-156
  talento entre estudantes na, 146-149
  uso indevido da teoria das IM por programa educacional na, 20-21
  visão geral do sistema escolar na, 148-151
Autoavaliações, 371-372
Avaliação: mudança na, na China, 72-73
  com Multiple Intelligences/Learning for Understanding (MI/LfU), 337-339
  de crianças na Inglaterra, 212-216
  Gardner sobre, 363-365, 374-376
  implementação como motivação, 367-369
  na Coreia do Sul, 113-117, 119-121. *Ver também* Inteligências múltiplas (IM), avaliação
  na Gardner School, 363-365
  na Key Learning Community, 308-311
  na New City School, 324-330
  nas Filipinas, 129-131
  no projeto DISCOVER, 346-349, 354-355
Avaliação das IM. *Ver* Avaliação das inteligências múltiplas (IM)
Avaliação das inteligências múltiplas (IM), 367-377
  barreiras à, 367-368, 371-375
  estado atual da, 375-377
  falta de instrumentos de uso fácil para, 367-369
  funções da, 367-368
  métodos para, 368-372
  programas de computador para, em Macau, 84-89
  Avaliações baseadas no desempenho, 368-371. *Ver também* Portfólios

B

Becoming a Multiple Intelligences School (Hoerr), 318-319, 327-328
Bernard Van Leer Foundation, 17-18
Birmingham Grid for Learning, 203-204, 208-209
Boletins: adição de *feedback* sobre inteligências pessoas a, 325-328
  substituição por, 308-310
Brain-Based Recommendations for Intellectual Development and Good Education (BRIDGES), 84-85, 87-89

C

Celebrating Multiple Intelligences (Faculty of the New City School), 318-319
Children's Plan (Inglaterra), 212-214
China, 42-55, 56-89
  aculturação das IM na, 48-54
  apresentação da teoria das IM para a, 58-60, 69
  contexto cultural na, 43-49, 51-54, 81-82
  disseminação da ideia de IM na, 22-28
  "Educação para a qualidade" na, 56-58, 59-60, 64-65, 396-397
  "educação voltada a exames" na, 56-58, 64-67, 397-398

educação para o caráter na, 71-74
estado atual da prática de IM na, 54-55
exemplo de implementação da teoria das IM na, 33-35
experimentos de ensino com IM em, 80-89
foco nas artes na, 74-76
futuro da educação na, 66-68
Gardner e as IM na, 47-49, 60-61, 69, 72-73
inteligência existencial na, 75-77
mudanças devidas à implementação da teoria das IM na, 71-73
Multiple Intelligences Education Society of China (MIESC) in, 60-67
pensamento tradicional sobre educação na, 72-74, 82-85
política de filho único na, 54-55, 75-76, 78-79
políticas públicas em favor da adoção das IM na, 396-398
popularidade da teoria das IM na, 42-43, 53-54, 60-61, 69-71, 76-78
problemas com a implementação da teoria das IM na, 77-79
Projeto Using MI Theory to Guide Discovery of Students' Potential na, 42, 43, 52-53
razões para aceitação da teoria das IM na, 72-76
reforma curricular na, 61-64
Churston Ferrers Grammar School, 205-209
Colômbia, escola para crianças em desvantagem social, 283-293
contexto para, 283-288
grupo de estudos sobre funcionamento, 287-289
relevância das IM para, 283-285, 292-293
revisando o currículo para, 288-291
usando as IM para mudar a conduta dos estudantes na, 290-293
Computadores: para crianças em países em desenvolvimento, 298-301
educando crianças deficientes com o uso de, 296-298
novo tipo de inteligência baseado em, 298-301
Comunidades: construção, nas Filipinas, 132-134
contribuições para, com o uso das IM, 385-388
Confucionismo: ênfase nas artes, 74-75
ideias sobre educação, 72-74, 82-85, 115-117
pluralismo do, 45-47
Construcionismo: e instrução de crianças deficientes com o computador, 297-298
construtivismo ampliado para, 295-297
programa One Laptop Per Child (OLPC) baseado no, 298-301
Construtivismo, 295-296
Contexto. *Ver* Contexto cultural
Contexto cultural: como barreira à avaliação das IM, 367, 371-375
contribuição para a aceitação da teoria das IM, 25-28
da nação Diné, 344-346
efeito do, sobre as inteligências, 352-355
na China, 43-49, 51-54, 81-82
na escola para crianças em desvantagem social na Colômbia, 283-288
variedade de, e aplicações da teoria das IM, 33-39. *Ver também* Cultura
Coreia. *Ver* Coreia do Sul
Coreia do Sul, 109-124
adaptação e adoção da teoria das IM na, 110-114
aplicações futuras da teoria das IM na, 119-121
avaliação na, e teoria das IM, 113-117, 119-121
benefícios de integrar a teoria das IM na, 115-120, 122-124
contexto da educação na, 109-111
disseminação da ideia das IM na, 23-24
evidência de universalidade da teoria das IM na, 120-123
Gardner e as IM na, 112-113
políticas públicas em favor da adoção das IM na, 395-397
preocupações dos professores com a implementação das IM na, 115-116
Creches, Filipinas, 136-145
Crianças em desvantagem social. *Ver* Colômbia, escola para crianças em desvantagem social na
Crianças Navajo. *Ver* Diné (Navajo), crianças
Cultura: chinesa, implementação das IM na, 48-54
forças que afetam a prontidão para implementar as IM, 404-408
impacto da, na prontidão para o meme das IM, 402-404
importância das inteligências na, 380-382
interações entre inteligências na, 384-386
variedade da, e a teoria das IM, 31-32. *Ver também* Contexto cultural

Currículo: na Austrália,
149-151
  base teórica do, na Key
  Learning Community,
  175-177, 305-308
  da escola para crianças em
  desvantagem social na
  Colômbia, 288-291
  na China, 61-64, 81,
  85-89
  na Coreia do Sul, 113-116,
  396-397
  na Escócia, 237-238,
  240-244
  na Irlanda, 223-225
  na Noruega, 168-169
  na Turquia, 395-397
  nacional, introduzido na
  Inglaterra, 200-202
  reforma do filipino, 126-
  129, 141-143

D

Danfoss Universe, 184-198
  arcabouço conceitual para,
  194-198
  atividades de IM no Explorama, 184-191
  desenvolvimento do Ex-
  plorama pela, 193-197
  envolvimento de Gardner
  com, 184-185, 191-194,
  197-198
  estabelecimento da Uni-
  verse Foundation pela,
  191-194
  fundação da, 191-192
Desenvolvimento profissional: de atendentes de creche
nas Filipinas, 139-141
  de professores na Coreia
  do Sul, 117-118
Dinamarca, 171-198
  aceitação da teoria das IM
  na, 173-174
  histórica da educação na,
  171-174
  intervenção televisiva para
  alunos com dificuldades
  de aprendizagem na,
179-183. *Ver também*
Danfoss Universe
  teorias das IM e do fluxo
  aplicadas na, 174-180
Diné (Navajo), crianças,
344-345
  contexto geográfico e cultural das, 344-346
  definição de testes para,
  344-345
  projeto DISCOVER com,
  345-355

E

Educação: implicações da
teoria das IM para, 21-22
  popularidade do meme
  das IM na, 402-404
  reação inicial da teoria das
  IM na, 19-21
Educação especial: na Austrália, 149-150, 153-156
  na China, 61-63
  na Escócia, 240-242
Educação para o caráter: na
China, 71-74
  na Coreia do Sul, 115-117
  nas Filipinas, 131-133
Educação vocacional, 62-64,
122-123, 386-388
Education Reform Act (Inglaterra), 200
Entrevistas estruturadas,
371-372
Envolvimento comunitário:
  na educação com as IM nas
  Filipinas, 142-145
  por meio de aprendizado
  com mestres na Gardner
  School, 360-362
Escócia, 234-245
  disseminação da ideia de
  IM na, 23-24
  evolução da educação na,
  235-237
  futuro das IM na, 243-245
  Gardner e as IM na, 242-
  243
  IM no currículo na, 240-
  244
políticas públicas em favor
da adoção das IM na,
395-397
  professores entrevis-
  tados sobre as IM na,
  238-241
  revisão do currículo na,
  237-238
Estados Unidos: adoção da
teoria das IM nos, 392-395
  desenvolvimento da teoria
  das IM nos, 390-393
  valores culturais dos, na
  teoria das IM, 31-33
Estudantes com desempenho
baixo, na Coreia do Sul,
117-120
Estudantes étnicos, método
de avaliação do projeto DIS-
COVER, 346-349, 354-355.
Ver também Diné (Navajo),
crianças
  estudantes latinos
Estudantes latinos, 332-343
  abordagem Multiple In-
  telligences/Learning for
  Understanding (MI/LfU)
  com, 335-343
  fracasso, com avaliação
  tradicional, 332-334
  frustração do instrutor que
  trabalha com, 332-333
  inclusão de termos e
  líderes que falam espa-
  nhol em material para,
  340-342
Estudantes talentosos: projeto DISCOVER, sobre identificação, 345-355, 370-371
  educação de, na Austrália,
  149-156
  identificando, na Inglaterra, 204-206
Every Child Matters, política
pública (Inglaterra), 202-
204, 212-213, 397-398
Explorama: desenvolvimento
do, 193-197
  atividades de IM no, 184-
  191

F

Família, foco chinês na, 49-51. *Ver também* Pais

Filipinas, 125-145
avaliação em programas baseados nas IM nas, 129-131, 138-140
conferência sobre IM nas, 23-24, 132-134
desenvolvimento profissional de atendentes de creche nas, 139-141
ensino para compreensão nas, 128-130
fundação de escola das IM nas, 125-126
incentivando o envolvimento da comunidade nas, 142-145
Multiple Intelligence International School nas, 125-135, 398-399
objetivos da reforma das creches nas, 136-139
políticas públicas em favor da adoção das IM nas, 398-399
reforma curricular nas, 126-129, 141-143
reforma de creche baseada nas IM na cidade de Tagbilaran, 136-145
reformando a cultura nas, 125-128
usando as IM para construir capacidades, caráter e comunidade nas, 130-134

Formação de professores: na Irlanda, 228-229
Macau, China, 85-89
na Romênia, 249-261
na Turquia, 266-271
prontidão para implementar as IM ampliada pela, 410-411

Frames of Mind (Gardner):
critérios para identificar as inteligências, 18-20
e a Key Learning Community, 304-306, 407-408
e a New City School, 320-321
na formação de professores na Turquia, 268-269
New City School inspirada por, 318-322
publicação de, 16
reações iniciais a, 19-21
sobre a inteligência, conforme definição cultural, 222

França, 23-25

G

Gardner, Howard, obras de:
Artful Scribbles, 17-18
A Nova Ciência da Mente, 295-296
Intelligence Reframed, 22-23, 363-364
Multiple Intelligences: Interviews and Essays, 263-264
Multiple Intelligences: Theory in Practice, 69-71
"Reflections on Multiple Intelligences: Myths and Realities,*"* 20-21
The Arts and Human Development, 17-18
The Disciplined Mind, 65-66, 254-256
The Shattered Mind, 17-18
The Unschooled Mind, 65-66, 361-362. *Ver também Frames of Mind* (Gardner)
To Open Minds: Chinese Clues to the Dilemma of Contemporary Education, 34-35, 48-49

Gardner, Howard: definição de avaliação por, 374-376
definição e descrição das inteligências por, 17-22
desenvolvimento da teoria das IM por, 16-20
disseminação do meme das IM por, 408-409
e a Key Learning Community, 305-307, 314-315
e a New City School, 318-319
e as IM na China, 47-49, 60-61, 69, 72-73
e as IM na Coreia do Sul, 112-113
e as IM na Escócia, 242-243
e as IM na Irlanda, 225
e as IM nas Filipinas, 132-133
e as IM no Japão, 90-91, 103-106
e Danfoss Universe (Dinamarca), 184-185, 191-194, 197-198

Gardner School. *Ver* Howard Gardner School for Discovery (HGSD)

Glendale Community College, abordagem Multiple Intelligences/Learning for Understanding (MI/LfU) no, 332, 335-343

Globalização: e o modelo de ensino para compreensão de Gardner, 103-106
habilidades necessárias com, 298-301

H

Howard Gardner School for Discovery (HGSD), 357-366
aprendizagem com mestres na, 360-362
avaliação na, 363-365
confiar nos alunos na, 364-366
individualidade na, 359-361
projetos na, 362-364
teoria das IM como base da, 357-360

I

Índia, 24-25

Indivíduos deficientes, instrução computadorizada para, 296-298. *Ver também* Lesão cerebral

Inglaterra, 199-209, 212-220
aplicações da teoria das IM na, 203-206, 215-220

avaliação de crianças na, 212-216
Children's Plan na, 212-214
críticas à teoria das IM na, 23-24, 205-208
envolvimento e voz dos alunos para transformar a educação na, 202-204
medidas de reforma educacional na, 200-203
política Every Child Matters na, 202-204, 212-213, 397-398
políticas públicas em favor da adoção das IM na, 397-398
razões para a popularidade da teoria das IM na, 199, 207-209
visão da inteligência na, 213-216
Inteligência: concepção chinesa da, 49-50
  definição de Gardner da, 18-19
  digital, 298-301
  tipos específicos de inteligência
  tipos identificados por Gardner, 19-20. Ver também Inteligências múltiplas
  visão inglesa da, 213-216
  visão ortodoxa como QI, 16
Inteligência corporal-cinestésica, 19-20, 189-190
Inteligência digital, 298-301
Inteligência Emocional (Goleman), 22-23, 320-321
Inteligência Emocional (QE), 22-23
Inteligência espacial, 19-20, 188-190
Inteligência existencial, 19-20, 37-39, 75-77
Inteligência interpessoal, 19-20, 191, 326-327
Inteligência intrapessoal, 19-20, 191, 310-312, 325-327

Inteligência linguística, 19-20, 188-189
Inteligência lógico-matemática, 19-20, 186-187
Inteligência matemática. Ver Inteligência lógico-matemática
Inteligência musical, 19-20, 190
Inteligência naturalista, 19-20, 36-37
Inteligências humanas, 17-19. Ver também Inteligência
Inteligências múltiplas: contribuições para a comunidade com o uso de, 385-388
  definição e descrição de Gardner de, 17-22
  disseminação da ideia de, 22-26. Ver também Inteligência
  importância das, em culturas, 380-382
  interações entre, nas relações entre as pessoas, 383-385
  interações entre, no mesmo indivíduo, 381-384
  interações transculturais entre, 384-386
  resultados do projeto DISCOVER sobre relações entre, 349-352
  Teoria das inteligências múltiplas (IM)
  viés cultural contra, 372-373
Inteligências pessoais. Ver Inteligência interpessoal
  Inteligência intrapessoal
Intelligence Reframed (Gardner), 22-23, 363-364
Irlanda, 221-233
  aplicações das IM no nível universitário na, 229-232
  contexto para a educação na, 221-222
  currículo da escola de ensino fundamental na, 223-224

currículo da escola secundária na, 224-225
disseminação da ideia de IM na, 23-24, 225-230
ensino para compreensão (TfU) na, 23-24, 226-231
Gardner e as IM na, 225
IM incluídas na formação de professores na, 228-229
impacto positivo das IM na, 231-233
legislação exigindo igualdade em educação na, 222
linguagem para *inteligente* na, 223
políticas públicas em favor da adoção das IM na, 395-396
teste de QI na, 223

J
Japão, 90-107
  aplicação das IM em programas educacionais no, 96-103
  artes tradicionais no, 91-93
  disseminação da ideia de IM no, 23-24, 90-91, 105-107
  Gardner e as IM no, 90-91, 103-106
  modelo de ensino para compreensão aplicado no, 91-92, 102-106
  profissionais de destaque nas IM, 106-107
  sistema educacional oficial no, 93--96
  soluções baseadas nas IM para problemas educacionais no, 95-97
  terakoya no, 90-92

K
Key Learning Community, 304-317
  A Nation at Risk como ímpeto para, 304-306

abordagem temática na, 307-309
avaliação na, 308-311, 370-371
base teórica do currículo da, 175-177, 305-308
classes pod na, 307-308, 313-316
como primeira escola inspirada pelas IM, 20-21, 390-392
concepções equivocadas sobre, 314-315
desenvolvimento da inteligência intrapessoal na, 310-312
disseminação da ideia de IM pela, 24-25, 71-73, 315-317, 321-322, 408-409
e testes padronizados, 305-306, 312-315
envolvimento de Gardner com, 305-307, 314-315
evolução da prontidão para implementar IM na, 26-27, 407-408
mudanças recentes na, 311-315
salas de aula multietárias na, 307-308, 313-314
Key School de Indianápolis. *Ver* Key Learning Community

L

L@titud: fundação da, 274-275
princípios, para implementação de IM, 277-279
projetos relacionados com as IM, 278-282
Learning for Understanding (LfU). *Ver* Multiple Intelligences/Learning for Understanding (MI/LfU)
Legislação No Child Left Behind (NCLB): pouco interesse na teoria das IM devido à, 328-329, 393-394
testes padronizados como resultado da, 304-306, 313-314

versus a teoria das IM, 368-369, 387-388
Lei de Jante (Noruega), 161-162, 167-168
Lesão cerebral: efeito sobre as inteligências, 18-19, 295-296
MIDAS, desenvolvido com sobreviventes de, 371-372
observações de Gardner da inteligência após, 16-18
pouca compreensão de estudantes latinos sobre, 332-334
Listas, 203-205, 229-230, 347-348, 368-371

M

Macau, China, 80-89
contexto cultural em, 81-82
desenvolvimento de avaliações inspiradas nas IM em, 84-85, 87-89
fomentando práticas educacionais individualizadas em, 85-89
Meme das IM, 21-22, 402. *Ver também* Teoria das inteligências múltiplas (IM)
Mídia: intervenção dinamarquesa para estudantes com dificuldades de aprendizagem na televisão, 179-183
ideia das IM disseminada na China pela, 64-67
vista pelos modelos de Gardner, 102-106
Modelo de ensinar para compreensão (TfU): aplicado ao Japão, 91-92, 102-106
na Irlanda, 23-24, 226-231
nas Filipinas, 128-130
Multiculturalismo, 31-32
Multiple Intelligence International School (Filipinas), 125-135, 398-399
Multiple Intelligences: Interviews and Essays (Gardner), 263-264

Multiple Intelligences: Theory in Practice (Gardner), 69-71
Multiple Intelligences Developmental Assessment Scales (MIDAS), 371-372
Multiple Intelligences Education Society of China (MIESC): fundação da, 60-61
trabalho com a mídia, 65-67
trabalho com escolas, 60-64
trabalho com pais, 63-65
trabalho com professores, 63-64
Multiple Intelligences in the Classroom (Armstrong), 33
Multiple Intelligences/Learning for Understanding (MI/LfU): avaliação com, 337-339, 341-343
aspecto de opção de aprendizagem da, 336-337
no Glendale Community College, 332, 335-343

N

National Commission on Excellence in Education, 305-306
New City School, 318-331
avaliação na, 324-330
contato inicial com a ideia das IM na, 318-321
disseminação da ideia de IM pela, 24-25, 318-319, 327-329, 408-409
educando os pais sobre as IM na, 322-328
evolução da implementação das IM na, 327-330
futuro das IM na, 329-331
primeiros anos de implementação das IM na, 321-323
Noruega, 160-170
aceitação da teoria das IM na, 162-164

esforços da reforma de Promoção do Conhecimento na, 167-170
falta de conhecimento sobre as IM na, 166-168
observação de Armstrong da educação natural na, 34-37
políticas públicas em favor da adoção das IM na, 394-395
popularidade da teoria das IM na, 163-167
valores culturais na educação na, 161-163

O

Oriente Médio, 24-25, 382-383

P

Pais: mudando ideias de, nas Filipinas, 125-128
e prontidão para implementar as IM, 410-412
educando, sobre as IM na New City School, 322-328
incentivando o envolvimento dos, nas Filipinas, 142-145
trabalhando com, na China, 49-51, 63-65
Parque temático de ciências. *Ver* Danfoss Universe
Pluralismo: ideal norte-americano de, 31-32, 36-37
da teoria das IM, 51-52, 153-154
do pensamento tradicional chinês, 45-48
Políticas públicas, 390-400
educação nacional, e prontidão para implementar as IM, 405-406
em conflito com a ideia de IM, 399-400
em favor da adoção da teoria das IM fora dos Estados Unidos, 394-399
em favor do desenvolvimento da teoria das IM nos Estados Unidos, 390-393
que influenciam a adoção da teoria das IM nos Estados Unidos, 392-395
Políticas sociais. *Ver* Políticas públicas
Portadores do meme das IM, 405-406
Portfólios: na Gardner School, 361-365
como método de avaliação das IM, 368-371
na Key Learning Community, 310-311
na New City School, 327-330
Problemas de comportamento, alunos com: mudança de conduta na Colômbia, 290-293
educação natural para, na Noruega, 35-36
reformando o currículo para, na China, 62-63
Project on Schools Using MI Theory (SUMIT), 393-394
Project Spectrum, avaliação, 370-371
Project Zero
Project Zero. *Ver* Harvard
Projeto DISCOVER: avaliação no, 346-349, 354-355, 370-371
contexto geográfico e cultural do, 344-346
definição de talento para, 346-347
estudos sobre o efeito do contexto nas inteligências, 352-355
estudos sobre relações entre inteligências, 349-352
Projeto One Laptop Per Child (OLPC), 298-301
Projeto Using MI Theory to Guide Discovery of Students' Potential (China), 43, 52-53
Projeto Zero de Harvard: trabalho de Gardner no, 16-18
iniciativa de ensino para compreensão (TfU) do, 23-24, 91-92, 104-105, 226-231, 288-289
iniciativa latino-americana do, 274-275, 278-279
Instituto de verão do, 90-91, 100, 102, 274, 408-409
Projeto Spectrum do, 363-364
visita das fundadoras da Key School ao, 306-307

Q

Questionários, 371-372

R

"Reflections on Multiple Intelligences: Myths and Realities" (Gardner), 20-21
Romênia, 246-261
disseminação da ideia das IM na, 24-25
políticas públicas em favor da adoção das IM na, 397-399
primeiras iniciativas com IM na, 247-251
proposta de formação de professores baseada nas IM na, 250-253
sob comunismo, 246-248
treinamento de representações múltiplas (TRM) de professores na, 252-261
Rússia, 24-25

S

School-Based Multiple Intelligences Learning Evaluation System (SMILES), 84-85, 87-89
Software, para avaliar as IM, 84-89
Succeeding with Multiple Intelligences (Faculty of the New City School), 318-319

T

Teoria das IM. *Ver* Teoria das inteligências múltiplas (IM)

Teoria das inteligências múltiplas (IM), 372-373
  base científica da, 75-76
  compreensões equivocadas comuns, 20-22
  desenvolvimento da, 16-20, 390-393
  disseminação da, ao redor do mundo, 22-26, 402-413
  e o construcionismo (trabalho de Papert), 295-298, 300-301
  e o construtivismo (trabalho de Piaget), 295-296
  implementação chinesa, por meio da aculturação, 48-54
  meme das IM versus, 21-22, 402
  origem deste livro, 21-23
  primeira escola baseada na, 20-21, 305-307, 390-392
  tipos de inteligência descritos pela, 19-20. *Ver também* Teoria das inteligências múltiplas, aceitação da
  valores culturais norte-americanos na, 31-33
Teoria das inteligências múltiplas, aceitação da: estado atual da, 28-30
  futuro da, 387-389
  obstáculos à, 28-29, 367-369, 371-375, 399-400
  políticas norte-americanas que influenciam, 392-395
  políticas públicas em favor da, além dos Estados Unidos, 28-29, 394-399
  por educadores, 19-22, 402-404
  segundo contextos culturais variados, 25-28, 33-39

Teoria das inteligências múltiplas. *Ver* Teoria das inteligências múltiplas (IM)
Teoria do fluxo: combinada com as IM na escola dinamarquesa, 175-180
  no currículo da Key Learning Community, 306-308
Teste de QI: na Austrália, 149-152
  aceitação ampla do, 367-368
  desenvolvido na França, 24-25
  na Escócia, 235-236
  na Irlanda, 223
Testes: conforme definição das crianças Diné (Navajo), 344-345
  em escolas das IM, 376-377n1. *Ver também* Testes de QI
Testes padronizados
Testes padronizados: aceitação da teoria das IM prejudicada por, 372-374
  e IM na Noruega, 167-170
  e Key Learning Community, 305-306, 312-315
  maior uso de, 304-306
  na Coreia do Sul, 109-111
  na Noruega, 167-168
The Arts and Human Development (Gardner), 17-18
The Disciplined Mind (Gardner), 65-66, 254-256
The Mind's New Science (Gardner), 295-296
The Multiple Intelligences of Reading and Writing (Armstrong), 36-38
The Shattered Mind (Gardner), 17-18
The Unschooled Mind (Gardner), 65-66, 361-362
To Open Minds: Chinese Clues to the Dilemma of Contemporary Education (Gardner), 34-35, 48-49
Tradições religiosas: aceitação da teoria das IM por, 36-39
Transtorno de déficit de atenção/hiperatividade (TDAH), educação natural para crianças com, 35-36
Turquia, 262-272
  contexto da educação na, 262-263
  implementações iniciais das IM na, 263-267
  primeiras discussões sobre a teoria das IM na, -264
  teoria das IM na formação de professores na, 266-271
  teoria das IM na reforma da educação nacional na, 270-272
  visão geral do sistema educacional da, 262-264

U

Uruguai, programa One Laptop Per Child (OLPC) no, 298-300

V

Valores: americanos, na teoria das IM, 31-33
  Cultura noruegueses, 161-166. *Ver também* Contexto cultural
Zona Cultural de Desenvolvimento Proximal (ZCDP), 402-413
  ampliando aplicações, 409-412
  definição, 48-49, 404-405
  forças que definem, 404-408
  interações entre o meme das IM e, 407-410